本书为国家社会科学基金项目“评价论视域中的社会自我批判”
（项目号：14BZX007）

上海大学马克思主义中国化研究丛书

社会自我批判论

陈新汉　著

中国社会科学出版社

图书在版编目（CIP）数据

社会自我批判论／陈新汉著．—北京：中国社会科学出版社，2021.10

（上海大学马克思主义中国化研究丛书）

ISBN 978－7－5203－9353－9

Ⅰ.①社…　Ⅱ.①陈…　Ⅲ.①社会批判论　Ⅳ.①C91

中国版本图书馆 CIP 数据核字(2021)第 238345 号

出 版 人　赵剑英
责任编辑　喻　苗
责任校对　胡新芳
责任印制　王　超

出　　版　中国社会科学出版社
社　　址　北京鼓楼西大街甲 158 号
邮　　编　100720
网　　址　http://www.csspw.cn
发 行 部　010－84083685
门 市 部　010－84029450
经　　销　新华书店及其他书店

印刷装订　三河弘翰印务有限公司
版　　次　2021 年 10 月第 1 版
印　　次　2021 年 10 月第 1 次印刷

开　　本　710×1000　1/16
印　　张　24.5
字　　数　389 千字
定　　价　129.00 元

《上海大学马克思主义中国化研究丛书》编委会

总　序

中国共产党即将迎来建党100周年，这也是马克思主义“中国化”、“化中国”的100年。100年来，中国共产党始终坚持马克思主义基本原理与中国革命、建设、改革的具体实践相结合，形成了一系列与时俱进的理论创新成果，深刻回答了什么是社会主义、怎样建设社会主义，建设什么样的党、怎样建设党，实现怎么样的发展、怎样发展，新时代坚持和发展什么样的中国特色社会主义、怎样坚持和发展中国特色社会主义等一系列重大课题；并带领中国人民从“站起来”走向“富起来”、“强起来”，为解决人类共同问题提供了“中国智慧”和“中国方案”。迈入全球化、信息化、智能化时代，面对新的时代背景、新的实践基础和新的人民诉求，进一步梳理马克思主义中国化的进程和成果，深化马克思主义中国化研究，仍然是摆在我们面前的时代课题。

上海大学是一所具有“红色基因”的高等学府。1922年10月23日，国共两党合作创办了上海大学，成为中国共产党传播马克思主义、培养革命干部的重要舞台。瞿秋白、邓中夏、蔡和森等一大批早期共产党人曾任职上海大学，积极宣传、传播马克思主义，推动了马克思主义中国化的历史进程。今天的上海大学秉承老上海大学的红色传统，一直将马克思主义中国化、培养新时代的马克思主义者视为自己的神圣使命。上海大学马克思主义学院在此方面，自然更是肩负使命，责无旁贷。2015年，上海大学马克思主义学院获批上海市马克思主义理论学科发展同城平台、上海高校“马克思主义理论高原学科”，2016年获批上海市示范马克思主义学院，2018年获批上海高校“马克思主义理论高峰学科”和马克思主义理论研究智库，2019年获批上海市习近平新时代中国特色社会主义思想研究基地和上海市高水平地方高校重点创新团队。以上述平台为依托，学院组织力量，积极开展20世纪20年代上海大学马克思主义中国化的文献整理和研究，开展马克思主义中国化的历史、理论和实践研究，为推动马克思主义中国化贡献“上大力量”。

在多年的研究过程中，上海大学马克思主义学院在马克思主义中国化方面，逐渐形成了智能时代的马克思主义、马克思主义价值思想中国化、思想政治教育课改革与创新等特色研究方向，逐渐形成了与当年的红色传统遥相呼应的“上大特色”。特别是以上海高校马克思主义理论高峰学科建设为依托，正在努力探索马克思主义中国化的当代学术形态，并以之为特色灌注到学生培养的全过程，培育立场坚定、业务过硬、勇于担当的“时代新人”。

策划、出版这套《上海大学马克思主义中国化研究丛书》，正是上海大学马克思主义学院不忘初心，传承红色基因，推进当代马克思主义中国化的重要举措。我们衷心地希望，能够以更加开阔的胸怀，凝聚更多的力量参与这项工作，推出一系列重要成果，培育一大批时代英才，在今日的上海大学续写马克思主义中国化的新篇章。

孙伟平　邱仁富

2020年10月1日

目　　录

上　　编

中 编

下 编

引　言

一

我是粉碎“四人帮”后恢复高考的第一届即77届大学生，在1982年1月于华东师范大学本科毕业后就留校当哲学专业专职教师，在2017年10月年满70岁后退休，先后在华东师范大学哲学系、上海财经大学人文学院和上海大学哲学系从事哲学教学和研究，屈指算来已经有三十五年多了。人生正如白驹过隙！现在回想起年轻时读辛弃疾词《丑奴儿》时对其中“却道天凉好个秋”一句的难以理解，确实是含有辛酸的好笑，对人生的快而不是短算是有了丰富的体会。这就是黑格尔说的，对于“同一句格言”的内涵年轻人与老年人确实有不同的理解。

回想三十多年走过来的教师人生，我主要从事哲学的教学和研究，这两者是作为一个高校教师的立身之本。就我的教学而言，我曾先后为本科生、硕士研究生和博士研究生以及MBA等上过与哲学相关的十几门课程。在哲学教学过程中，我深深地感到不能仅仅传授知识，还必须在“转识成智”方面下功夫。为此，我在《光明日报》理论版上发表了《“转识成智”与哲学教学》，在其他刊物上也发表过问题与哲学教学的教学文章；并带领团队在哲学教学实践中探索，以“‘转识成智’与哲学教学”为名获得“高校教育上海市级教学成果一等奖”。在三十多年的教学生涯中，我曾获得宝钢优秀教师奖、上海市教书育人奖、上海市园丁奖、上海市首届高校名师称号等十余项荣誉。就我的学术研究而言，主要是从事认识论研究，尤其是其中的评价论研究。我的学术研究轨迹大致从广义认识论到一般评价论、社会评价论、核心价值体系论，最后到现在的社会自我评价论中的社会自我批判论，可以大致地分为在时间上首尾交错的五个阶段。兹做些阐述，由于学术思想总是前后相衔的，以期通过这样的阐述能使读者对本书内容的理解有所裨益，同时也算是我对自己几十年学术生涯的一个总结。

记得 1982 年初我大学本科毕业后，留在母校政教系的马克思主义哲学原理教研室当助教。当时有老师问我，今后准备研究什么专题。我对于被问到这个问题感到很茫然，对我而言，既然在哲学原理教研室，研究专题好像就成为一个不问自明的问题了。在以后两三年的教学中我逐渐领悟到，哲学博大精深，作为马克思主义哲学的原理，内容其实也非常多，因此必须缩小我研究的口子。经过几年对哲学本科专业的马克思主义哲学原理教学实践，我把教学中遇到的问题作为我研究的专题并发表了几篇小论文，其中有一篇商榷的文章竟发表在《中国社会科学》上。后来，我逐渐地把研究的口子集中于认识论。我学术生涯的第一阶段即广义认识论研究阶段就由此开始。

当时的马克思主义哲学原理教科书有很多版本，但基本上大同小异。在我的印象中，真正有影响的主要是艾思奇的《马克思主义哲学原理》、肖前等主编的《辩证唯物主义》和《历史唯物主义》以及高清海主编的《马克思主义哲学原理》。这三种哲学原理教科书都把认识活动理解为人对外部世界是什么的反映，并在此基础上形成关于外部世界的知识，认识论就是对这种认识活动及认识成果予以研究的学说。在教学实践中，我逐渐产生了对这种在当时中国学术界占主流地位观点的一些想法。

我于 1987 年在《华东师范大学学报》上发表了以我的硕士学位论文《论理念》为基础形成的文章。理念作为哲学的一个重要范畴，在哲学史中逐渐从本体论转到认识论。黑格尔把理念规定为概念发展的最高阶段，是世界的精神性本原。在认识论视域中，理念是结晶在思维形式中的客体，由于其内在运动，必然要在客观世界中实现自身。由于实践创造真善美，因此理念作为在实践基础上形成的认识发展的最高阶段，具有关于客观事物的最真实的内容；反映了现实发展规律所提供的可能性，体现了人的意志和目的；具有一定程度的使主体感到愉悦的感性表象。我在这里实际上指出了，认识内容不仅包括“客观事物的最真实的内容”的“真”，而且包括“体现了人的意志和目的”的“善”以及“使主体感到愉悦的感性表象”的“美”，即是真善美的统一。这是我学术生涯中

第一篇真正意义上的学术论文。

1993 年，我的《马克思主义认识论与真善美》出版。实践所创造的体现真善美统一的为我之物要在人们的实践中得到贯彻和实现，就必须首先在实践主体的观念中予以体现，这就意味着人的认识活动中应该包含有关真善美的内容。在认知活动中，主体揭示事物的本质和规律，即事物的“种的尺度”，从而达到对于“真”的把握。在评价活动中，主体以自身的需要，即以“自身的内在尺度”来看待客体属性对于满足主体需要所具有的意义，从而实现对于“善”的把握。在审美活动中，主体“在他所创造的世界中直观自身”，揭示了“种的尺度”和“自身的内在尺度”的统一或和谐，引起主体自身情感上的愉悦，从而实现对于“美”的把握。既然认识活动包括认知、评价和审美，那么三者之间处于怎样的关系？这是我构建认识活动结构的一个难点。记得当时，我把审美活动理解为是认知活动和评价活动的统一，由此就构成了认识活动中的正、反、合结构，体现了我对广义认识论思考的基本思路，为此我兴奋了好几天，至今还历历在目。这是我学术生涯中第一本算是真正学术意义上的专著。

对于客体的正确认知不存在主体差别，主体的变化不影响客体的本质以自身的状况显现，因而认知活动是“无我有物”，主客体之间的关系是外在的。评价活动在于反映客体属性与主体需要之间的价值关系，关心的主要不是客体本身，而是主体需要的满足，主体的状况和客体所显现的功能互为条件、相互依存，因而是“有我无物”，主客体之间的关系是内在的。审美活动作为认识活动必须在主客体之间的关系中进行，由于审美活动有别于认知活动和评价活动，因而主客体之间的关系就既不能是外在的，也不能是内在的，从而就陷入悖论。根据黑格尔说的悖论在于“破除知性形而上学的僵硬独断”以“指引到思维的辩证运动的方向”，由此就决定了审美活动既具有认知的“无我”特点，又具有评价的“有我”特点，从而是认知活动和评价活动的统一，因而体现着“物我一体”“天人同一”。我在《光明日报》的理论版上发表了《审美活动的认识论新审视》，此文被《新华文摘》全文转载，以后经过了约十年的磨炼，于 2002 年发表了拙著《审美活动认识机制论》。

在《马克思主义认识论与真善美》中，我用两章篇幅阐释评价论机制，为我的学术生涯中的第二个阶段即研究评价活动的一般机制打下了基础。我于 1992 年在《哲学研究》上发表了《关于评价活动的认识论机制》。主体的需要是主体对客体进行评价活动的出发点，利益是需要在意识中的反映。主体在进行评价活动时，总是自觉地用自身利益来衡量客体属性对于满足主体需要所具有的意义。与概念、判断和推理是认知活动中主体反映客体的基本思维形式相对应，规范、价值判断和评价推理是评价活动中主体反映主客之间价值关系的基本思维形式。价值是客观的，但必须通过评价活动在主体所赋予的意义中显现出来。意义具有多元性，然而多元性决不意味着不确定性，它所反映的价值关系尽管具有主体特征，但仍然是客观的。这篇文章的发表标志着我的学术生涯中第二阶段的一个进展。

我于 1995 年出版《评价论导论——认识论的一个新领域》。该书较为系统地研究了评价活动在认识活动中的地位和作用；研究了评价活动机制中的选择评价标准环节和整合价值信息环节；研究了意义作为评价活动成果的存在形式及其结构；研究了规范、价值判断和评价推理等评价活动中的具体思维形式；研究了以主体自身为对象的自我评价活动；研究了以社会群体为主体的社会评价活动的一般机制；还研究了中国特色社会主义社会价值观念体系的建设等。时隔 20 多年，我还是认为在这本著作中我的关于评价论思想的原创性最多，以后的一些著作从某种意义上说，都是这本著作中原创思想的进一步展开。

在以后的几年中，我逐渐从评价活动一般机制的研究转向对于社会评价活动机制的研究。这就是我的学术生涯中的第三个阶段。在 1997 年出版的《社会评价论》里，与某些学者把社会评价界定为以社会为对象的观点不同，我把社会评价论界定为以社会为评价主体的学说，为此我特地在本书的标题中加了一个副标题“——社会群体为主体的评价活动思考”。我认为社会群体在评价活动中的实际主体作用必然以两种现实形态即“无机”的民众评价活动和“有机”的权威评价活动体现出来，并且特别指明个体评价活动不能作为社会评价活动的第三种现实形式，由此就对社会评价活动的机制做了一个概括式的研究。

在此基础上，我对社会评价活动中的两种现实形式分别做了较为深入的研究，从而于 2004 年和 2006 年先后出版了《民众评价论》和《权威评价论》姐妹篇。在《民众评价论》里，我着重分析了在一个国家范围内社会民众评价活动的机制，研究了社会民众评价活动如何在众多个人评价活动及其传播的相互作用的基础上形成，研究了社会民众评价活动形态中作为一般形式的社会舆论、作为否定形式的社会谣言、作为艺术形式的民谣以及作为宏观形式的社会思潮，研究了社会民众评价活动中的悖论等问题。在《权威评价论》里，我着重分析了在一个国家范围内国家权威评价活动的机制，研究了国家权威评价活动中标准的“软件”和“硬件”以及国家权威评价活动中的决策机制，研究了作为国家权威评价活动主要类型的法律评价、行政评价、权威道德评价等，研究了国家权威评价活动中的基本矛盾和内在悖论，并对国家权威评价活动如何科学化从学理上进行了思考。

以社会民众评价活动和国家权威评价活动为现实形式的社会评价活动必然会涉及在社会意识中形成社会价值观念以及以什么样的社会价值观念作为社会主导价值观念的问题。这就形成了我学术生涯中关于评价论研究的第四个阶段。

2007 年和 2008 年我分别在《哲学研究》和《马克思主义研究》上发表了《社会主义核心价值体系——从价值哲学的角度看》和《论核心价值体系》。研究核心价值体系需要问题意识，社会主义核心价值体系的问题意识在当前就是关于核心价值体系“边缘化危机”的忧患意识。为此，我与另一位年轻老师于 2011 年出版了《坚持核心价值体系的人民主体性——关于克服社会主义核心价值体系“边缘化危机”的思考》。我还带领“价值与社会研究中心”团队一起研究，于 2008 年出版了《社会主义核心价值体系的价值论研究》，于 2012 年出版了《社会主义核心价值体系论研究》。我于 2016 年出版了《核心价值体系论导论》，在此书的成稿过程中，我几乎把所有章节的内容都整理成论文并予以发表，此书是我对价值观问题研究的一个小结。我认为“核心价值体系”是比“社会主义核心价值体系”更为一般的、普遍的概念。“低等动物身上表露的高等动物的征兆，只有在高等动物本身已被认识之后才能理解”（马克思），通过特殊固然能够揭示一般，然而通过处于高级阶段的特殊，由于能充分地展示仅仅体现为“征兆”形式的处于低级阶段的特殊，从而就能更深刻地理解一般。研究了核心价值体系在当今中国社会生活中所具有的客观根据，就能深刻地理解作为一般的核心价值体系在人类社会生活中所具有的客观根据，这样反过来就又能给当前社会主义核心价值体系的建设予以启示。

以上的评价论研究都是关于主体对外部世界的评价活动的，研究的逻辑需要返回自身，即要研究主体对内部世界的评价活动。不能把自我只是与个体相联系，自我不仅包括个体自我，也包括社会自我，因此自我评价论就既要研究个体对自我的评价，也要研究群体或社会对自我的评价，而社会自我评价活动研究离不开社会民众评价和国家权威评价及其关系，还要研究个体自我评价与社会自我评价之间的关系。从研究对外评价活动回归到研究对内评价活动，从分别研究一个具体评价活动到研究几个评价活动之间的关系，这就形成了笔者关于评价论研究轨迹的一个“圆圈”。这就是我学术生涯中的第五个阶段。

我于2006年发表《论群体自我评价活动的机制》，于2007年发表《自我评价活动论纲》，同年又发表《哲学审视中的我》，关于自我评价的思想就在酝酿之中。《自我评价论》的书稿于2010年被列入首届“国家哲学社会科学成果文库”，此文库被誉为“体现我国哲学社会科学的学术创造力”，从而由全国哲学社会科学规划办公室组织于2011年出版。此书把关于“我”的研究作为逻辑起点，自我意识作为精神的自我映象是意识的最高形态，存在于个体和社会之中。个体自我评价活动是人的生存方式，自爱、自尊、自信和耻感是个体自我评价活动的几个基本范畴。良心活动典型地体现着个体自我评价活动的基本特征。个体对自我人生价值的肯定就是对自身作为生命过程存在意义的确认。国家权威评价活动和社会民众评价活动尽管把社会运动、社会事件和社会问题作为直接评价对象，然而由于认识活动中的主客体相关律，寓于国家权威评价活动和社会民众评价活动中的社会主体必然会把寓于社会运动、社会事件和社会问题中所体现的社会主体作为评价客体，于是国家权威评价活动和社会民众评价活动必然在实际上成为社会自我评价活动的两种现实形式。互联网所形成的公共领域使得人们获得了前所未有的人际之间的沟通自由，从而对社会民众评价活动和国家权威评价活动产生重大影响，自媒体和电子政府使社会民众评价活动和国家权威评价活动发生革命性变化，使其带上时代特征。自我评价活动通过其内在具有的自为性的中介，通过个体自我评价活动和社会自我评价活动的相互作用，能够由自在转化为自觉。此书是我学术生涯中的一个制高点。

二

社会自我批判作为特殊的社会自我评价是我在自我评价论研究方面的一个深入，因此是我学术生涯中第五阶段的继续。其实，我对于社会自我批判的思考和研究已经有十余年了。我于 2008 年完成论文《论社会的自我批判——马克思社会自我思想引出的思考》，此文在《学术交流》的 2008 年第 3 期在头版位置刊出。记得 2008 年 4 月上旬的一天，上午 8 点多钟我把文章通过电子邮箱（当时还没有微信）发给该刊主编张正明教授，想不到上午十点多钟，他就从哈尔滨打电话到上海我的住宅，说此文要用，不要投寄其他刊物。此文是我学术生涯中论文从投寄到得到要用通知的最快的一篇文章，也算是我学术生涯中使我不能忘怀的一件逸事。此文刊出后即被《中国社会科学文摘》详细摘载。在作为 2010 年"国家哲学社会科学成果文库"入选书稿的《自我评价论》里，我把社会自我批判作为社会自我评价的特殊形态予以阐述，专列为一章。在 2014 年第 5 期的《江汉论坛》中，我又发表了《评价论视域中的社会自我批判论纲》，此文实际上是我申请国家课题"评价论视域中的社会自我批判研究"的一个扩展版。正是在此文的基础上，我顺利地成功申请了国家课题。此后经过近 5 年的艰苦研究，才形成课题的结题报告，于 2018 年 12 月上报，2019 年 6 月得到全国哲社办的结题评价："良好。"

呈现在读者面前的《社会自我批判论》可分为上、中、下编。上编只有 1 章，主要阐述马克思批判哲学中以"人体解剖"命题为核心的社会自我批判思想；中编有 3 章，在"人体解剖"命题的观照下，遵循着从抽象到具体的逻辑，形成关于评价论视域中的社会自我批判概念体系；下编有 3 章，用中编所获得的社会自我批判基本原理分析历史上比较典型的社会自我批判三个案例，此外，特别分析中国已经进行了 40 多年的作为"第二次革命"的社会主义改革，并对其深化做了努力合乎逻辑的探索，这既是对中编所阐述的理论予以论证，又是进一步把中编所阐述的理论予以具体化和深刻化地展开。本书可以从五个方面予以分析。

其一，以“人体解剖”集中体现的社会自我批判思想在马克思主义中的地位。

马克思的哲学批判指向社会的宗教、政治、经济等各个领域，同时又在社会批判中形成其哲学的特质。批判性是马克思哲学中与实践性相并列的一个根本特征。康德哲学指出，“批判总内蕴着自我批判”。然而，这一命题只有与社会批判相联系才能予以具体理解。这是因为，由于主客体相关律，以社会为主体的批判总是以社会为客体，故内蕴着社会的自我批判。马克思对社会批判的彻底性与“人体解剖”命题中的社会自我批判思想联系在一起。对于此命题，国内外大多数学者主要从“历史的逆向研究”的方法论方面来理解之，尽管也有学者从社会自我认识和社会自我批判的方法论方面来解读，但并没有做系统的阐释，更谈不上从评价论的独特角度来进行系统的分析。

由于“人体解剖”通过对“最发达的和最多样性的历史的生产组织”的批判，能形成社会生活中“真实的抽象”，从而就与剩余价值的发现和唯物史观的创立直接或间接地联系在一起。本篇从马克思的批判哲学到“人体解剖”命题中内蕴的社会自我批判思想，再到社会自我批判思想与马克思的两大发现即“剩余价值”的发现和“人类历史的发展规律”的发现之间内在关联的分析，来理解社会自我批判思想在马克思主义的三个组成部分中的地位。可以说，马克思的批判正是资产阶级社会实现的一种意义上的体现为“自我阐明”式的自我批判。由于作为马克思主义哲学瑰宝的自我批判思想在以往的研究中是多少地被遮蔽的，这就更凸显了本书的创新意义。

其二，从评价论角度来理解社会自我批判的意蕴。

（1）评价、自我评价和社会自我评价是社会自我批判的理论基础。根据本书的题意，把《评价论导论》《社会评价论》《民众评价论》《权威评价论》和《自我评价论》等著作中的相关内容浓缩提炼。在浓缩和提炼中，突出评价在认识中的优先地位、评价的内在结构、评价尤其是自我评价对于主体意识自觉的意义、社会评价和社会自我评价中的两种现实形态以及社会自我评价对于社会意识自觉的意义。由此，为社会自我批判的研究奠定评价论的理论基础。

（2）社会自我批判具有“人体解剖”式的深刻性。认识活动至少包括认知和评价，社会评价活动与社会认知活动相对应。批判内蕴着主客体结构，是评价的特殊形态。社会自我批判与一般社会评价活动相比较，总能从否定方面来理解社会自身并予以反思；社会自我批判与狂风暴雨式的社会革命相比较，由于能调动社会统治阶级和社会民众上、下两个方面力量的积极性，从而就能克服这两个方面力量中各自所固有的局限性。由此，就能促使社会自我意识的理性确立。

（3）社会自我批判包括“两个批判”环节和“自上而下”“自下而上”两种态势。社会自我批判由“批判的武器”和“武器的批判”两个环节组成；前者是“头脑的激情”，属于理论意义上的批判，后者是“激情的头脑”，属于实践意义上的批判。在这两个环节中，贯穿着以“自上而下”态势和“自下而上”态势进行着的国家权威批判活动和社会民众批判活动。在由人的活动参与其中的社会自我批判中，两个环节不仅是前因后果，而且又相互作用；两种态势在贯穿两个环节始终的过程中相互作用，体现着有机与无机、自觉与自发的统一。

（4）社会自我批判是人文精神展现的生动体现。“观乎人文，以化成天下”，与“天文”相对应，“人文”就在于通过人的活动形成“各得其分”的“文明”。“人文精神”是没有相应西文词相匹配的地道的“中文词”，是人类作为“类活动”的实践在社会意识中由历史积淀而形成的人类追求自由的主体意识，是黑格尔所谓的“世界精神”。当价值世界构建活动发生严重问题而导致特定的社会危机时，人文精神就会通过人的热情甚至激情顽强地发生作用，尤其是通过“世界历史个人”的引导，通过广大民众的基础活动，由不自觉转化为自觉，于是社会自我批判就在由人文精神所赋予的“势”中生动地展开。社会自我批判中的目的和手段的形成离不开价值理性和工具理性，两者与人文精神之间的关系是“用”与“体”的关系。当价值理性和工具理性发生异化时，人文精神就会通过人的作用自觉或自发地对其异化进行批判，体现了人类创造历史的能动性。

（5）社会自我批判机制中的“忧患意识”“实践意志”和“真”等范畴。

作为社会自我批判范畴的忧患意识。在社会自我批判中，忧患意识是以感性形式呈现的关于“吉凶成败”的心理状态，不同于悲观意识和宿命意识，体现着社会主体责任的自觉。忧患意识以社会危机及其引发的社会自我批判为源，又以“集体意识”和“集体无意识”方式弥漫于社会，它像“本能的驱使那样”对浸淫其中的社会自我批判起到动员、聚焦和担当作用。在社会自我批判中，忧患意识是具有“潮头”和“潮流”的社会思潮，相与响应，奔腾不息，是人文精神所赋予社会自我批判“势”的一种体现。

作为社会自我批判范畴的实践意志。无论在中文还是西文中，“意志”总与人的行为相联系，由此就能理解黑格尔把“意识”称为“实践意志”。实践意志是由理论到实践的中介。在社会自我批判活动中，存在着由理论形态的“批判的武器”环节到实践形态的“武器的批判”环节转化中作为中介的实践意志，它是目的和方法的理性内容与冲动的感性形式的统一，贯穿在“武器的批判”始终。“意志薄弱”与“武器的批判”中的盲目性、自发性相联系，与批判客体中人的反抗相联系，也与批判主体中理性与意欲间张力的变化相联系。克服社会自我批判中的“意志薄弱”，必须遵循“知行统一”的原则，实现“批判的武器”与“武器的批判”两个环节之间的相互转化。

作为社会自我批判范畴的“真”。黑格尔从认识论和本体论对“真”的两层含义做了深刻的分析。“批判的武器”和“武器的批判”分别追求与人文精神相联系的认识论意蕴的“真”和本体论意蕴的“真”。后者在直接性上与前者所形成的社会价值观念相联系，由此就能理解在“武器的批判”环节中形成的“内在于事物的神圣的思想”（黑格尔）。社会主体把体现“批判的武器”中获得的认识论意蕴“真”的社会价值观念，通过“武器的批判”转化为体现为本体论意蕴“真”的社会基本制度，使社会主体感受到主客体之间的融洽和和谐，形成体现为情感愉悦的美感。社会自我批判既是追求真的过程，又是创造美的过程。推而广之，整个人类社会就是在人类的“类活动”即实践的过程中追求真并创造美的过程。

其三，社会自我批判视域中的人民主体作用。

（1）社会自我批判视域中的人民概念。应该从形式逻辑的集合概念和辩证逻辑的辩证概念的双重意蕴来理解“人民”，于是就能理解马克思的现实的“个人们”思想的深刻性，由此也就能理解马克思所说的类发展和个人发展相统一的思想。把“人民”仅仅作为一个集合概念来理解，是整体主义时代的产物，在改革开放的新时代尤其要强调其辩证概念的内涵。尽管在迄今为止的历史中，“由于世俗基础的自我分裂和矛盾”（马克思），人民主体作用的一部分必须通过统治阶级国家机器的运作体现出来，但人民主体意识作为社会意识的“庙堂里至圣的神”（黑格尔）却成为基本社会价值观念，有作为的统治者必然自觉或被迫地敬畏之。

（2）利益是人民意愿表达的根本动因。追求和维护自身利益的斗争是人民主体作用得以发生的根本机制，是人们通过体制外和体制内途径表达意愿的最终动力。社会自我批判中人民主体的作用与人民利益受到损害而必欲否定之的意愿表达是联系在一起的，想堵是堵不住的，确实如古谚所云“防民之口甚于防川”。人类生活在以互联网为技术基础的数字化环境中，自媒体引发的信息源革命和信息渠革命使人民意愿的表达进入了一个新时代。然而必须看到自媒体是一把“双刃剑”，既使人民意愿的表达更为“本真”，又会引发一些问题。

（3）“批判的武器”环节中的人民主体作用。在社会自我批判活动中，具有现实而不是现存属性的国家机器能在相当程度上感受到社会基本矛盾运动中的否定因素；受到利益损害的人民群众必然会在社会活动中把自己的价值诉求表达出来。由此就形成在“批判的武器”中“自上而下”与“自下而上”态势及其相互作用。这是社会主体能进行“一种普遍意义的反思”的题中应有之义。体现为“自上而下”态势的社会自我批判，即使是主动地发动的，由于“生产物质生活本身”矛盾运动的激化是社会危机之源，而人民群众是“生产物质生活本身”的主体，因而在根本上仍然是人民主体作用的体现。人民主体作用是“批判的武器”环节得以发动和进行的根据。

（4）“武器的批判”环节中的人民主体作用。在“武器的批判”中，尽管国家机构是“自上而下”态势的现实主体，然而人民主体在其中起着根本作用。社会基本矛盾运动激化中否定因素对人民群众利益的损害，使人民群众必然产生要求克服否定因素的愿望。这种愿望与由人民群众在“生产物质生活本身”中直接参与所获得的社会认识成果相结合，必然会形成与实践意志的目的和方法相关的观念。这些观念尽管朦胧，然而由于其“直接性”，就更具有真实性。正是这种愿望和观念以具有巨大力量的社会民众批判为载体，在“武器的批判”环节中产生巨大作用。人民主体作用是“武器的批判”环节得以发动和进行的根据。

（5）社会自我批判中的“世界历史个人”与人民主体作用。在贯穿“两个批判环节”的“自上而下”和“自下而上”态势中都存在着“世界历史个人”，由他们把作为“一切个人内在的灵魂”的“世界精神”从不自觉带到自觉。恩格斯从必然和偶然的关系来考察历史人物的作用，考茨基从历史的大时空角度来考察历史人物的作用。在社会自我批判中，世界历史人物在“自上而下”和“自下而上”态势中的作用，与国家权威批判和社会民众批判及其相互作用联系在一起，与来自以人民为主体的“生产物质生活本身”所产生的社会基本矛盾运动的激化及其所引发的社会危机联系在一起，归根到底体现着人民主体作用。因此，对于“世界历史个人”在社会自我批判中的作用，既不能否定，更不能扩大。

其四，历史中只有典型没有例外的三个社会自我批判案例。

从评价论角度尤其是从“人体解剖”高度来理解社会自我批判，然后用由此获得的理论成果分析三个处于历史中不同时期的较为典型的社会自我批判案例。作为社会自我批判的“文景之治”与如何避免秦王朝“二世而亡”相联系，由汉高祖初露端倪，经汉文帝在“恐事之不终”中开创，然后在《日食罪己诏》中达到自觉，最后由汉景帝基本完成；其间既体现了“罪在躬亲”的“自上而下”，也体现了在“求直言以匡朕之不逮”鼓励下的“自下而上”。与“戊戌变法”同时期的体现为社会自我批判的“明治维新”，由二元政体下的“自下而上”批判首先发动，包括知识分子对幕府意识形态的批判和“国诉”“可好啦”等下层民众的社会骚乱；在此基础上，由睦仁天皇通过颁布《王政复古大号令》等发动断断续续的讨幕战争，在“自上而下”的改革中实现由幕藩体制转化为朝藩体制。彼得一世所生活的“俄国十七世纪末到十八世纪头二十五（1689—1725）”年代被公认为是“彼得一世的改革时期”。彼得一世的改革是在封建农奴制基础上进行的旨在加强地主和新兴商人阶级的民族国家的社会自我批判，向西方学习的“欧化”是这次社会自我批判的主要特征，然而“用野蛮制服了俄国的野蛮”，给人们带来了深重的灾难。

“以史为鉴，可以知兴替”，历史案例就是镜子。从三个历史案例中可以得出三点启示：在历史领域中没有例外，只有典型，对于典型案例的分析具有“人体解剖”的意义；特定的社会危机即“社会危机的严重尚没有使社会崩溃”，是社会自我批判的触发机制和动力机制；社会自我批判的形态尽管形形色色，然而“批判的武器”和“武器的批判”两个环节及贯穿于其中并相互缠绕的“自上而下”和“自下而上”两种态势却是其基本结构，调动了上层和下层批判的积极性。由此，这三个社会自我批判的典型案例就在人类历史长河中熠熠发光。

其五，从社会自我批判的角度来理解社会主义改革及其深化。

用社会自我批判的理论分析已在中国当代史中进行了40多年的社会主义改革，是本成果的重要创新之处。

（1）世界社会主义运动的曲折和改革探索。乌托邦社会主义既具有空想成分又具有理想成分，把它仅归之于空想是对“outopia”的片面理解。社会主义成为现实后的实践经历了一个曲折的过程，世界上几个社会主义国家例如越南和古巴等正在改革中呈现蓬勃生机。西方学者对社会主义在计划经济体制下的经济运行方式和对斯大林模式极权主义所做的批判，其中有误读和歪曲，但也有切中要害的真知灼见，从而是一份宝贵的学术资源。

（2）社会自我批判是社会主义改革的本质。社会规律以生活于社会中人的活动作为其发生作用的内在环节，从而为人民创造历史的能动性提供了历史空间。新中国成立后的两个历史阶段，这两个阶段既有重大区别，又相互联结在一起，体现了中国特色社会主义探索的艰巨性。社会主义改革在本质上就是“很少而且只是在特定条件下才能够进行”（马克思）的社会自我批判。在社会主义改革历程中，存在着“批判的武器”和“武器的批判”两个环节以及贯穿于其中的“自上而下”和“自下而上”两种态势。先是“自上而下”，然后是“自下而上”与“自上而下”的辩证运动，这就体现了成为社会自我批判的当代中国社会主义改革的基本特点。

（3）在社会自我批判中确立社会主义社会的历史地位。关于社会形态的发展存在着“五形态论”和“三形态说”之争。对于马克思的跨越“卡夫丁峡谷”思想，“五形态论”认为，跨越“卡夫丁峡谷”就是跨越资本主义社会形态，由封建主义社会直接进入共产主义的初级阶段即社会主义社会；“三形态说”认为，跨越“卡夫丁峡谷”就是用社会主义制度代替资本主义制度，跨越后的社会主义社会与从资本主义社会中经过长期“阵痛”而“脱胎”出来的社会主义社会不一样，因为它不具备马克思所设想的作为共产主义初级阶段的社会主义社会的某些基本特征。把社会主义社会的两种类型予以混淆，并急于向共产主义社会的高级阶段过渡，是共和国历史中发生社会危机的重要思想根源。在社会自我批判中，全党逐渐把目前中国的社会主义社会定位在由“不发达”向“发达”过渡的“初级阶段”上。必须实现以计划经济体制向市场经济体制为基础的社会转型，正是在以经济体制转型为基础的过程中，自然经济社会形态向商品经济社会形态的社会转型就体现在其中了。

（4）从“为人民服务”到“以人民为中心”的人民主体意识创新。从“为人民服务”到“以人民为中心”，是习近平在新时代对“人民主体意识”的重大发展。应该对人民“主人翁”心理失落具有忧患意识，这绝不是杞人忧天。共产党作为人民主体核心其形成和确立是有条件的，即共产党必须始终代表人民的利益、不断提出适合时代要求的奋斗目标、其组织及成员要充分发挥堡垒和先锋模范作用。人民主体与作为人民主体核心的共产党联系在一起，但不能把人民主体与人民主体的核心予以混淆或错位。

（5）在社会自我批判深化中凸显“人民当家作主”。发展市场经济极大地推动了中国社会在各方面的发展，但我们不得不面对商品经济社会形态中社会关系物化所产生的消极后果，由此产生“建设现代化经济体系是跨越关口的迫切要求”“城乡区域发展和收入分配差距依然较大”和“反腐败斗争形势依然严峻复杂”（习近平）等深层次的问题。“问题就是时代的口号”（马克思）。新时期中国社会主要矛盾的转化所提供的新内容，可以从需求侧和供给侧两个方面予以分析。与人的尊严相关联的政治生活和社会生活成为新时代人们对于美好生活的内在要求，由此对深化社会主义改革的启示是：与市场经济提供经济活动的激励机制相对应，真正能提供政治激励机制的是以人民当家作主为本质的社会主义民主政治。

第一，正确理解“人民当家作主”与坚持党的领导、依法治国之间的辩证关系。人民当家作主是社会主义民主政治的本质特征。人民当家作主离不开作为根本保证的党的领导和作为重要保障的依法治国，然而坚持党的领导的目的是使人民当家作主通过依法治国能得到实现；坚持依法治国的目的是使人民当家作主能在党领导下的治理实践中得到贯彻。人民当家作主属于价值理性；坚持党的领导以及依法治国属于工具理性。价值理性离不开工具理性；然而，价值理性更为根本。

第二，落实“权为民所赋”的授权机制。马克思主义的权力观是，“权为民所赋，权为民所用”（习近平），“权为民所赋”决定“权为民所用”。在实行“按劳分配”的社会主义初级阶段，劳动属于经济范畴，劳动者的行为遵循亚当·斯密的“利益最大化”的经济人行为假设。对于大多数把运用权力的劳动理解为“谋生手段”的官员而言，实现由民所赋的权力为民所用，必须要有由政治和法律形成人民授予权力的机制所产生的动力。恩格斯强调巴黎公社原则中的一切职位交给由普选选出的人担任和选举者可随时撤换被选举者，这正是马克思所宣称的“公社的原则是永存的”。在社会主义深化改革中，需要进一步形成具有政治和法律效力的人民授予权力的机制，由此所形成的动力使权力不能不为民所用。

第三，实现体现“人民当家作主”的法治建设。“不是国家制度创造人民，而是人民创造国家制度”，“在这里法律是人的存在”（马克思）。“人民当家作主”是法治国家的根本，这就要维护法律权威，尤其要在厘清“法治与人治的关系”“依法独立”“党大还是法大”等问题中维护宪法的权威；要在选举民主与协商民主的相互结合、相得益彰中体现“人民当家作主”。

第四，在言论自由中凸显“人民当家作主”。言论自由具有哲学和政治学双重意蕴，前者与主体能力相联系，后者与主体所处的政治环境相联系。言论自由的内在价值在于：言论自由是人民当家作主的内在要求；否则，在国体中就谈不上当家，在政体中就谈不上作主。言论自由的手段价值在于：民意表达的本真性与在体制内和体制外表达中的畅通联系在一起，而民意的本真性与民意的正确性尽管不能等同，但具有很强的相关性；言论畅通使社会有一个必须存在的“发泄口”。以互联网为技术基础的自媒体彰显了公众的话语权，对言论自由起到了巨大促进作用，但必须注意到自媒体的“双刃剑”效应。应该把保障言论自由的制度建设提高到把“人民当家作主”“必须落实到国家政治生活和社会生活”

（习近平）的基本制度建设的高度；同时应把言论自由的边界确定作为制度建设的题中应有之义。

三

自2014年以来在本课题研究的五年时间中，作为阶段性成果的社会影响可分为以下三类。

其一，《关于“人民主体”的一些思考》和《马克思的社会自我批判思想及其当代意义》先后于2016年和2018年被上海市哲学社会科学评为优秀论文二等奖。《社会自我批判视域中的“四个全面”及人民主体意识》和《在社会主义深化改革中凸显“人民当家作主”》《社会主义改革的社会自我批判本质及其深化》分别被上海市社联评为2016年度和2018年度上海市社联年会论坛、上海市“庆祝改革开放40周年”理论研讨会优秀论文。

其二，在CSSCI刊物上共发表阶段性成果25个。它们是：《民众意愿在数字化时代的表达——以社会自我批判为视域》（《华中科技大学学报》2021年第1期）、《价值形态世界构建论纲》（《江汉论坛》2020年第7期）、《社会自我批判中的人文精神》（《江西社会科学》2020年第6期）、《社会自我批判中的真》（《哲学动态》2020年第2期）、《论价值理性及其异化》（《学术界》2020年第1期）、《社会自我批判中的忧患意识》（《江汉论坛》2019年第9期）、《社会自我批判中的实践意志》（《学术界》2019年第4期）、《价值世界构建中活动的人文精神》（《天津社会科学》2019年第4期）、《在凸现“人民当家作主”中深化社会主义改革》（《上海师范大学学报》2018年第6期）、《社会自我批判机制中的人民主体作用及其引发的新时代深化改革思考》（《天津社会科学》2018年第4期）、《“人体解剖”命题的意蕴及当代启示》（《学术界》2017年第8期）、《马克思的社会自我批判思想及其当代意义》（《社会科学》2017年第1期）、《从社会自我批判角度理解“四个全面”及其人民主体意识》（《中国地质大学学报》2016年第4期）、《意识形态概念的演化与马克思意识形态思想的当代诠释》（《思想理论教育》2016年第1期）、《社会价值观念与国民结合的重要维度——“熵”对于理解意识形态机制的启示》(《哲学动态》2016 年第 3 期)、《价值观念导向中的教导文明和对话文明》(《探索与争鸣》2016 年第 5 期)、《社会主导价值观念导向中几个问题的哲学思考》(《学术界》2016 年第 5 期)、《论价值形态世界》(《江汉论坛》2015 年第 11 期)、《评价论视域中的社会自我批判论纲》(《江汉论坛》2014 年第 5 期)、《关于社会价值观念与国民结合中的信仰问题的若干思考》(《天津社会科学》2015 年第 6 期)、《核心价值体系是文化精髓的哲学意蕴》(《上海大学学报》(2014 年第 4 期)、《关于"人民主体"的一些思考》(《哲学研究》2014 年第 1 期)、《认同、共识及其相互转化》(《江西社会科学》2014 年第 4 期)、《哲学视域中的社会价值观念共识》(《哲学动态》2014 年第 4 期)、《哲学视域中的认同》(《湖南师范大学学报》2014 年第 4 期)。

其三，被全文转载或长篇摘载的论文有：《马克思的社会自我批判思想及其当代意义》《论价值形态世界》被《新华文摘》数字版全文转载，《论价值形态世界》被《中国社会科学文摘》长篇摘载，《论价值世界构建活动中的人文精神》被《高等学校文科学术文摘》长篇摘载，《论价值世界构建活动中的人文精神》《价值理性及其异化》被人大复印资料《哲学文摘》长篇摘载，《社会自我批判中的人文精神》《论社会自我批判中的忧患意识》《论价值世界构建活动中的人文精神》《价值理性及其异化》《价值形态世界构建论纲》《关于"人民主体"的一些思考》《哲学视域中社会价值观念的共识机制》《认同、共识及其相互转化——关于社会价值观念与国民结合的哲学思考》《社会价值观念与国民结合的重要维度——"熵"对于理解意识形态机制的启示》《社会主导价值观念导向中几个问题的哲学思考》、《论社会自我批判中的实践意志》等被人大复印资料《哲学原理》等全文转载。

四

人们用不同的方式把握世界，世界通过"表象和直观"在被"加工成概念这一过程的产物"(马克思)中呈现于人的意识。在哲学社会科学中，人们通常用人类学、社会学、经济学、政治学、宗教、哲学等方式来把握世界。我们用价值论的方式来把握世界，就会在我们的意识中呈现出一个不同于其他学科的世界图景。这是我下一步研究的方向，如果在我的余生中还有精力和时间。

上　编

第一章 马克思的社会自我批判思想

集中体现在马克思“人体解剖”命题中的社会自我批判思想是本书研究的理论基石，由此形成了本书研究的视域，因此对马克思的社会自我批判思想的具体理解就成为本书的逻辑起点和理论基础。马克思的社会自我批判思想是马克思批判哲学中的瑰宝，一百多年来的世界尽管风云变幻，然而如习近平所断言，“马克思的学说依然闪烁着耀眼的真理光芒”。马克思批判哲学与现实紧密结合，与辩证法紧密结合，其批判所指深入社会的包括宗教、政治、经济等在内的各个领域，成为贯穿在马克思著作中的“当代的自我阐明”。“人体解剖”中社会自我批判思想之长期被遮蔽，说明了必须深入研究其出场语境，以激活其生命力，这是当代马克思主义研究者的一个重要使命。由于“人体解剖”通过对“最发达的和最多样性的历史的生产组织”的批判，能形成社会生活中“真实的抽象”，从而就与剩余价值的发现和唯物史观的创立直接或间接地联系在一起，由此就决定了社会自我批判思想在马克思主义体系中的地位。

第一节 孕育社会自我批判思想的马克思批判哲学

马克思的社会自我批判思想是马克思批判哲学中的瑰宝。为深刻理解马克思的社会自我批判思想，就要较为具体地理解马克思的批判哲学。批判性是马克思哲学中与实践性相并列的一个根本特性，以至于直接地体现在他的很多著作的标题中。马克思把批判哲学与现实紧密结合，与辩证法紧密结合，致使他的批判哲学与康德的批判哲学和黑格尔的辩证法哲学体系有明显不同，体现着理论的彻底性和革命性。马克思的哲学批判对宗教、政治、经济等领域所做的批判，体现着社会的“当代的自我阐明”。

一 标题中带有“批判”的马克思著作

在维诺格拉茨卡娅撰写的马克思夫人传记《燕妮·马克思》中有这样的一段文字：“为了说明《资本论》作者和他的孩子们之间的关系”，“长期保存在大女儿燕妮的纪念册里有一张马克思的‘自白（问答表）’”，“这张问答表就是孩子们请求她们的父亲填写的”，“对于‘您喜爱的座右铭’”的问答题，马克思的回答是“怀疑一切”。[①]“怀疑”就是“对传统常识、观念和已有理论的琢磨、推敲和疑问”。[②] 笛卡尔提出“普遍怀疑”的原则，认为“凡是我从前信以为真的东西，没有一件我不能加几分怀疑；我的怀疑并不是由于漫不经心或轻率的，而是有很强的考虑成熟的理由的”。[③] 黑格尔说，怀疑就是“要人们对确实的和有限的东西进行证明，指出它们的不稳定来”，“积极的哲学本身之中都具有怀疑论的否定方面”。[④] 在马克思那里，“怀疑一切”体现的就是一种彻底的批判精神。

“‘批判性’和实践性被视为马克思哲学的两个特性，因为马克思不再满足于传统理论的静观和解释，而是始终努力从批判旧世界中发现新世界，努力介入现实。”[⑤] 在马克思的著作中，批判是贯穿于其中的一个重要精神，这在他的很多著作的标题中就可以看出来。如《黑格尔法哲学批判》《〈黑格尔法哲学批判〉导言》《神圣家族，或对批判的批判所

---

① ［苏］波·维诺格拉茨卡娅：《燕妮·马克思》，高宁哲、赵德成译，生活·读书·新知三联书店1981年版，第250页。

② 冯契主编：《哲学大辞典》，上海辞书出版社2001年版，第554页。

③ 北京大学哲学系外国哲学史教研室编译：《十六—十八世纪西欧各国哲学》，生活·读书·新知三联书店1958年版，第159页。

④ ［德］黑格尔：《哲学史讲演录》第3卷，贺麟、王太庆译，商务印书馆1959年版，第106页。

⑤ 谢永康：《理论批判与改变世界——从康德到阿多诺的哲学实践》，《马克思主义与现实》2013年第6期。

做的批判》[①]《政治经济学批判》,《德意志意识形态》的副标题是“对费尔巴哈、布·鲍威尔和施蒂纳所代表的现代德国哲学以及各式各样的德国社会主义的批判”,《资本论》的副标题是“政治经济学批判”,等等。正是马克思哲学的批判体系孕育着社会自我批判思想。

马克思在1843年3月到9月撰写了《黑格尔法哲学批判》,对黑格尔的《法哲学原理》一书中的第261—313节做了全面的分析和批判,指出“国家是从作为家庭和市民社会的成员而存在的这种群体中产生出来的,思辨的思维却把这一事实说成是理念活动的结果,不说成这一群体的理念,而说成不同于事实本身的主观的理念活动的结果”,于是“作为出发点的事实并不是被当做事实本身来看待,而是被当做神秘主义的结果”,“但是除了这种现象,理念便没有任何其他的内容”。[②] “马克思从黑格尔的法哲学出发,得出这样一种见解:要获得理解人类历史发展过程的锁匙,不应当到被黑格尔描绘成‘大厦之顶’的国家中去寻找,而应当到黑格尔所那样蔑视的‘市民社会’中去寻找。”[③] “在《黑格法哲学批判》的现存手稿中,从开始到结束,马克思对黑格尔(现代国家)和市民社会之间的二元论批判反复出现,表明这正是马克思的批判的真正关切之所在。”[④] 正是对黑格尔的这种“二元论”的反复批判,成了马克思社会自我批判思想得以形成的肥沃土壤。

马克思于1843年10月到12月撰写了《〈黑格尔法哲学批判〉导言》。在此文中,马克思首先把批判的矛头指向宗教:是“人创造了宗教,而不是宗教创造人”,“谬误在天国为神祇所作的雄辩一经驳倒,它在人间的存在就声誉扫地了”。随后,马克思就转入对社会的政治批判:“这个国家、这个社会产生了宗教,一种颠倒的世界意识,因为它们就是颠倒的世界”,于是“对天国的批判变成对尘世的批判、对宗教的批判变

---

① 此书原先拟用的标题是《对批判的批判所做的批判》,“在排印过程中,马克思在标题上又加了‘神圣家族’几个字”,参见《马克思恩格斯全集》第27卷(人民出版社1972年版)的第641页“注释”。

② 《马克思恩格斯全集》第2卷,人民出版社1956年版,第252—253页。

③ 《马克思恩格斯全集》第16卷,人民出版社1964年版,第409页。

④ 朱学平:《异化的摒弃人:从政治批判到社会批判——马克思〈黑格尔法哲学批判〉解读》,《华东师范大学学报》2007年第3期。

成对法的批判，对神学的批判变成对政治的批判”。随后，马克思写下了著名的“批判的武器”和“武器的批判”思想。[①] 这两个“批判”“高度概括了马克思关于革命力量、途径、理论、实践等思想”。[②] 关于这两个批判的命题，我们在后面要根据我们的题意予以解读。在阐述这两个命题时，马克思认为，“理论只要彻底就能说服人［ad hominem］，就能掌握群众”；而理论的彻底就在于抓住作为“事物的根本”，而“人的根本就是人本身”。于是“对宗教的批判最后归结为人是人的最高本质这样一个学说，从而也归结为这样的绝对命令：必须推翻那些使人成为被侮辱、被奴役、被遗弃和被蔑视的东西的一切关系”。[③] 通过“批判的武器”和“武器的批判”达到“推翻那些使人成为被侮辱、被奴役、被遗弃和被蔑视的东西的一切关系”，这些关系主要体现在当时的社会制度上，由此就为社会自我批判设定了作为“绝对命令”的目标：“向德国制度开火。”[④]

1845 年秋至 1846 年 5 月左右，马克思恩格斯共同撰写了《德意志意识形态》书稿，此书稿的副标题是“对费尔巴哈、布·鲍威尔和施蒂纳所代表的现代德国哲学以及各式各样的德国社会主义的批判”。马克思和恩格斯概括了从施特劳斯到费尔巴哈的批判路径：“从施特劳斯到施蒂纳的整个德国哲学批判都局限于对宗教观念的批判”；青年黑格尔派的进步在于，既然“人们之间的关系、他们的一切举止行为、他们受到的束缚和限制，都是他们意识的产物”，那么就“要用人的、批判的或利已的意识来代替他们现在的意识，从而消除束缚他们的限制”；费尔巴哈对他们的批判是“我们存在于、生活于并活动于自然界里面”，因此批判的出发点是“我的实体本身”。“费尔巴哈设定的是‘一般’人，而不是‘现实的历史的人’”，马克思的超越则在于“不是从口头上说的、思考出来的、设想出来的、想象出来的人出发，去理解有血有肉的人”，“思辨终止的地方，即在现实生活面前，正是描述人们的实践活动和实际发展过程的真正实证的科学开始的地方”，这就是“市民社会”，即从“市民社会”

① 《马克思恩格斯选集》第 1 卷，人民出版社 1995 年版，第 1—9 页。

② 刘世昱：《“批判的武器”与“武器的批判”——读〈黑格尔法哲学批判〉有感》，《辽宁行政学院学报》2012 年第 1 期。

③ 《马克思恩格斯选集》第 1 卷，人民出版社 1995 年版，第 9—10 页。

④ 同上书，第 4 页。

出发“去理解有血有肉的人”。他明确指出，一切社会冲突都根源于市民社会中“生产力和交往形式之间的矛盾”，由此提出以下我们已耳熟能详的命题：“对实践的唯物主义者即共产主义者来说，全部问题都在于使现存世界革命化。”① 社会自我批判的过程就是在“实际地反对并改变现在的事物”过程中，“使现存世界革命化”，其动力正在于以社会冲突形式体现出来的“生产力和交往形式之间的矛盾”。

马克思一生的精力集中于政治经济学的批判，先后形成政治经济学批判的三部手稿，即《1857—1858 年手稿》《1861—1863 年手稿》和《1863—1865 年手稿》，其中包括大家都很熟悉的写于 1857 年 8 月的《〈政治经济学批判〉导言》和为成稿于 1858 年 11 月至 1859 年 1 月的《政治经济学批判》第 1 分册所写的《〈政治经济学批判〉序言》。史学界把这三部手稿合在一起，称为《政治经济学批判》。在《政治经济学批判》中，马克思通过对商品和货币这些资本主义社会最普遍的“事实”所予以的分析，科学地阐述了资本主义社会的生产和交换规律，“既然经济学家无非是这些规律的代言人和辩护人，那么，这种阐述同时也就是对全部经济学文献的批判”②。社会自我批判思想的提出就是马克思对资本主义进行政治经济学批判的一个重要成果。

正是在这些手稿的基础上，马克思完成了作为他“毕生研究的成果和最主要的著作”③ 的《资本论》，而《资本论》的副标题就是“政治经济学批判”。诚如马克思在 1867 年《资本论》第 1 版“序言”所说：“我把这部著作的第一卷交给读者。这部著作是我 1859 年发表的《政治经济学批判》的续篇”④，“我要在本书研究的，是资本主义生产方式以及和它相适应的生产关系和交换关系”⑤。为此研究，马克思花费了一生中的三十多年时间！《资本论》的体系展开体现的正是资本主义社会自我批判的政治经济学图景。

---

① 《马克思恩格斯选集》第 1 卷，人民出版社 1995 年版，第 64—75 页。

② 《马克思恩格斯选集》第 2 卷，人民出版社 1995 年版，第 40 页。

③ 同上书，第 658 页。

④ 《马克思恩格斯全集》第 44 卷，人民出版社 2001 年版，第 7 页。

⑤ 同上书，第 8 页。

二 马克思批判哲学的两个特质

马克思的一生可以说是批判的一生，马克思的著作中充满了批判性，以至于加拿大学者 G. 提波说，“几乎马克思的所有著作都可以冠以‘批判’的标题或者副标题”，尽管“对于‘批判’的含义可以说是众说纷纭”。[①] 无论是马克思的朋友还是敌人，“批判性”被公认为是马克思哲学的特质，以至于可以用“批判哲学”来大致地概括马克思的全部哲学。

批判哲学的诞生不是马克思的专利，在马克思的青年时代，“批判”是当时的流行词汇，斯特劳斯、鲍威尔等都以“批判的哲学家”自居，把自己的工作理解为“批判”或“批判的批判”。但马克思认为他们的批判都只是形式上的批判，于是开始了“对批判的批判所作的批判”[②]。通过哲学批判，马克思实现了自身理论的革命，他的批判哲学具有两个鲜明的特质。

其一，批判哲学与现实紧密结合。

康德把自己的时代称为“是真正批判的时代，一切都必须经受批判”[③]，构成了所谓“真”“善”“美”的独特的批判哲学体系，为此他构建了包括《纯粹理性批判》（1781 年）、《实践理性批判》（1788 年）和《判断力批判》（1790 年）在内的批判哲学体系。在这三本著作中，他分别阐释了他的认识论思想、伦理学说和美学观点，从而在德国开启了哲学上的一个批判时代。我们在第二章里对康德的批判哲学还要根据我们的题意予以进一步阐述。

康德哲学的批判精神对马克思研究的影响很大，但随着研究的深入，马克思发现康德哲学的内在缺陷在于，用“纯粹理性”与“具体现实”相对应，用“应有”来否定和批判“现有”，结果现实本身并没有得到揭露和改造。为此他写道：康德的哲学在太空中飞翔，因此就只能“对未

---

① Gary Teeple, *Marx's Critique of Politics* 1842 – 1847, Toronto Buffalo London: University of Toronto Press, 1984, p. 18.

② 《马克思恩格斯文集》第 1 卷，人民出版社 2009 年版，第 249 页。

③ ［德］康德：《纯粹理性批判》，邓晓芒译，人民出版社 2004 年版，第 3 页。

知世界在黑暗中探索”，“而我只求深入全面地领悟在地面上遇到的日常事物”。[①] 这就要求“我们必须从对象的发展上细心研究对象本身，而决不允许任意划分；事物本身的理性在这里应当作为一种自身矛盾的东西展开，并且在自身中求得自己的统一”[②]。

马克思在1842年3月为《莱茵报》撰稿、随后当该报主编、至1843年4月该报被普鲁士政府查封的“《莱茵报》时期”，在“遇到要对所谓物质利益发表意见的难事”时，积极投身于社会活动，把研究转向现实生活，由此“得出这样一个结果：法的关系正像国家的形式一样，既不能从它们本身来理解，也不能从所谓人类精神的一般发展来理解，相反，它们根源于物质的生活关系”，[③] 这就是市民社会，“市民社会作为私人领域，是人生活的真实社会，体现着人与人之间的真实关系”，[④] 因此研究必须紧密结合作为现实展开的市民社会。这就要求在研究中，必须把“一个本身自由的理论精神变成实践的力量，并且作为一种意志走出阿门塞斯的阴影王国，转而面向那存在于理论精神之外的世俗的现实”。为此，哲学就要不断地“世界化”，即必须走向现实世界中的生活，而“世界的哲学化同时也就是哲学的世界化”。[⑤] 马克思强调哲学必须指向现实生活，实现与现实的紧密结合，这样就开启了批判哲学的正确方向。

其二，批判哲学与辩证法紧密结合。

恩格斯指出，“黑格尔哲学（我们在这里只限于考察这种作为从康德以来的整个运动的完成的哲学）的真实意义和革命性质，正是在于它彻底否定了关于人的思维和行动的一切结果具有最终性质的看法”，正是这种辩证法使得“黑格尔的观点自觉地或不自觉地大量渗入了各种科学，也渗入了通俗读物和日报”，从而使“黑格尔的体系在德国的富有哲学味道的气氛中曾发生了多么巨大的影响”，[⑥] 包括对恩格斯本人的影响。马克思则认为，

① 《马克思恩格斯全集》第40卷，人民出版社1982年版，第651—652页。

② 《马克思恩格斯全集》第47卷，人民出版社2004年版，第8页。

③ 《马克思恩格斯全集》第31卷，人民出版社1998年版，第412页。

④ 丰子义：《走向现实的社会历史哲学：马克思社会历史理论的当代价值》，武汉大学出版社2010年版，第50页。

⑤ 《马克思恩格斯全集》第40卷，人民出版社1982年版，第258页。

⑥ 《马克思恩格斯选集》第4卷，人民出版社1995年版，第216—220页。

“德国的国家哲学和法哲学在黑格尔的著作中得到了最系统、最丰富和最终的表述”,[①] 并公开承认“我是这位大思想家的学生”,“甚至卖弄起黑格尔特有的表达方式”。[②] 然而，马克思在把哲学批判与现实相结合时，在思考《莱茵报》时期产生的“苦恼的疑问”的过程中，对“头足倒置”的黑格尔辩证法进行了批判：“辩证法在黑格尔手中神秘化了”，“为了发现神秘外壳中的合理内核，必须把它倒过来”。[③] 由此黑格尔的辩证法经过马克思的批判，在马克思的批判哲学里凸显了其两个合理内核。

（1）辩证法的批判性和革命性。“辩证法，在其合理形态上，引起了资产阶级及其夸夸其谈的代言人的恼怒和恐怖，因为辩证法在对现存事物的肯定的理解中同时包含对现存事物的否定的理解，即对现存事物的必然灭亡的理解；辩证法对每一种既成的形式都是从不断的运动中，因而也是从它的暂时性方面去理解；辩证法不崇拜任何东西，按其本质来说，它是批判的和革命的。”[④] 这就形成了马克思批判哲学的批判性和革命性。

（2）辩证法的“巨大的历史观”。“黑格尔的思维方式不同于所有其他哲学家的地方，就是他的思维方式以巨大的历史感作基础”,[⑤]“在所有这些不同的历史领域中，黑格尔都力求找出并指明贯穿这些领域的发展线索”，从而“在各个领域中都起了划时代的作用”。[⑥] 这个划时代的历史观是新唯物主义观点形成的直接的理论前提，单单由于这种历史观，就为马克思批判哲学的逻辑方法提供了一个出发点。对此，恩格斯说：“马克思对于政治经济学的批判就是以这个方法作基础的，这个方法的制定，在我们看来是一个其意义不亚于唯物主义基本观点的成果。”[⑦] 正是运用了这个方法，马克思在对市民社会的批判中，把逻辑和历史统一起来，指出其历史趋势必然是“资产阶级的灭亡和无产阶级的胜利是同样不可避免的”,[⑧] 并由此进一步发现了贯穿于整个人类历史的基本规律。

---

① 《马克思恩格斯选集》第1卷，人民出版社1995年版，第8页。

② 《马克思恩格斯全集》第44卷，人民出版社2001年版，第22页。

③ 《马克思恩格斯选集》第1卷，人民出版社1995年版，第112页。

④ 同上。

⑤ 《马克思恩格斯选集》第2卷，人民出版社1995年版，第42页。

⑥ 《马克思恩格斯选集》第4卷，人民出版社1995年版，第219页。

⑦ 《马克思恩格斯选集》第2卷，人民出版社1995年版，第43页。

⑧ 《马克思恩格斯选集》第1卷，人民出版社1995年版，第284页。

这就在黑格尔历史观的基础上形成了马克思批判哲学所特有的“巨大的历史观”，即历史唯物主义。

正是辩证法中的“批判性和革命性”与“巨大的历史观”的结合，在庸俗经济学家普遍认为资本是一种善的时候，马克思就能指出，“内部联系一旦被了解，相信现存制度的永恒必要性的一切理论信仰，还在现存制度实际崩溃以前就会破灭”①，指出了其历史必然趋势。辩证法的“批判性和革命性”中体现着“巨大的历史观”，而“巨大的历史观”则以“批判性和革命性”作为内在环节。没有把这两个合理内核融合在一起的辩证法，马克思就不可能对资本社会进行科学的说明和批判。

在批判与现实社会相结合中体现辩证法，就使马克思的哲学批判具有彻底性，这种彻底的批判精神成为马克思全部学说的生命力。马克思哲学正是在彻底的批判精神推动下，一步步地深入社会的包括宗教、政治、经济等在内的各个领域，形成了以批判为特色的理论体系。

三　马克思的哲学批判是“当代的自我阐明”

马克思用与现实和辩证法紧密结合的哲学对当时处于人类社会“最高阶段的资本主义社会”的包括宗教、政治和经济等各个领域予以无情的批判，这正是社会主体通过马克思的哲学批判对于“当代的自我阐明”。兹分别做些分析。

其一，马克思批判哲学对宗教的批判。

马克思的时代，宗教正遭受启蒙学者的普遍而猛烈的批判。康德在他的批判哲学体系中把宗教限定在单纯理性的范围之内，把基督教的本质归结为道德；黑格尔把上帝看作他的逻辑体系得以展开的绝对精神，并用“辩证法达到的真理全体代替宗教信仰的直接性和宗教情感的直观”②；费尔巴哈在以《基督教的本质》为代表的著作中把基督教理解为人的本质的异化，“上帝之意识，就是人的自我意识”，当然“这并不是说信宗教的人会直接意识到他的关于上帝的意识乃是他自己的本质之自

---

① 《马克思恩格斯选集》第4卷，人民出版社1995年版，第581页。

② 赵敦华：《马克思批判哲学的诞生》，《江淮论坛》2010年第2期。

我意识”。[①]

在马克思的批判哲学中，“这个国家、这个社会产生了宗教，一种颠倒的世界意识，因为它们就是颠倒的世界”[②]，“世俗基础使自己从自身中分离出去，并在云霄中固定为一个独立王国，只能用这个世俗基础的自我分裂和自我矛盾来说明”，[③] 因此“对于世俗家庭本身就应当从理论上进行批判，并在实践中加以变革”[④]。

马克思还宣布：“宗教是被压迫生灵的叹息，是无情世界的心境，正像它是没有精神活力的制度的精神一样。宗教是人民的鸦片。”[⑤] 在我国，有相当一部分学者把“宗教是人民的鸦片”理解为宗教是统治者欺骗人民的邪恶工具，这样的理解在实际上是把马克思的宗教观降低到了 18 世纪无神论如拉美特利、爱尔维修、狄德罗等的水平了。马克思用黑体强调的“鸦片”不仅是指毒品，而且是指药品。“毒药”在古希腊有两重含义，即“毒”和“药”。在古希腊神话中，药神阿斯克雷皮阿斯理所当然地掌管毒药。在《柏拉图全集》里就记载了苏格拉底在被判处死刑而饮鸩之前，要求弟子向药神祭献一只公鸡以感谢药神所掌管的毒药帮助苏格拉底得以解脱。[⑥] 马克思精通希腊典故，对他来说当然知道“鸦片”既是毒品又是具有治疗作用的药品，这可以从上文的“宗教是被压迫生灵的叹息，是无情世界的心境”中得到理解。对于马克思来说，“批判宗教不是要完全抛弃宗教的形式，而是要把宗教的内容归结为现实的世界和现实的人”。[⑦]

其二，马克思批判哲学对政治的批判。

马克思批判哲学对于政治的批判是从批判黑格尔的法权哲学开始的。黑格尔在《法哲学原理》中颠倒了人与国家的关系，否认人民的主权，“国家是绝对自在自为的理性东西，因为它是实体性意志的现实”，“由于

---

① ［德］费尔巴哈：《基督教的本质》，荣振华译，商务印书馆 1984 年版，第 29、42 页。

② 《马克思恩格斯选集》第 1 卷，人民出版社 1995 年版，第 1 页。

③ 同上书，第 55 页。

④ 同上书，第 59 页。

⑤ 同上书，第 2 页。

⑥ ［德］《柏拉图全集》，王晓朝译，人民出版社 2002 年版，第 11a 页。

⑦ 赵敦华：《马克思批判哲学的诞生》，《江淮论坛》2010 年第 2 期。

国家是客观精神，所以个人本身只有成为国家成员才具有客观性、真理性和伦理性"。[①] 对此，马克思指出"正如同不是宗教创造人，而是人创造宗教一样，不是国家制度创造人民，而是人民创造国家制度"；因此，民主"是一切国家制度的本质，作为特殊国家制度的社会化的人"，"在民主制中，不是人为法律而存在，而是法律为人而存在"。在这里，马克思把民主制理解为国家的"现实的基础"，而不是特殊的政体，因此一切国家形式包括君主制、君主立宪制、共和制等"都以民主为自己的真实性，正因为这样，它们有几分不民主，就有几分不真实"，而体现真正真理的民主制是人民可以决定自己的事物，是"人的自由的产物"。[②] 这是马克思对民主制的深刻见解。

马克思进一步认为，政治领域同宗教领域一样，存在着异化，"政治领域到目前为止一直是宗教领域，是人民生活的宗教，是同人民生活现实性的尘世存在相对立的人民生活普遍性的天国"，"君主制是这种异化的完备表现。共和制则是这种异化在它自己领域内的否定"[③]。马克思对现实政治制度的批判，其结论就在于"把人的世界和人的关系还给人自己"[④]。

其三，马克思批判哲学对经济的批判。

马克思对政治的批判必然导致对经济的批判，对此他说："我的研究得出这样一个结果：法的关系正像国家的形式一样，既不能从它们本身来理解，也不能从所谓人类精神的一般发展来理解，相反，它们根源于物质的生活关系，这种物质的生活关系的总和，黑格尔按照 18 世纪的英国人和法国人的先例，概括为'市民社会'，而对市民社会的解剖应该到政治经济学中去寻求。"[⑤]

马克思对政治经济学批判的主要目的就是对劳动异化的揭示和扬弃。不是由于社会的剥削制度引起异化，而是由于异化引起社会的剥削制度，"有产阶级和无产阶级同样表现了人的自我异化"[⑥]，"不过这里涉及的

① ［德］黑格尔：《法哲学原理》，范扬、张企泰译，商务印书馆 1961 年版，第 253—254 页。

② 《马克思恩格斯全集》第 3 卷，人民出版社 2002 年版，第 40—42 页。

③ 同上书，第 42 页。

④ 《马克思恩格斯全集》第 1 卷，人民出版社 1956 年版，第 443 页。

⑤ 《马克思恩格斯选集》第 2 卷，人民出版社 1995 年版，第 32 页。

⑥ 《马克思恩格斯文集》第 1 卷，人民出版社 2009 年版，第 261 页。

人，只是经济范畴的人格化”[①]，因而都是“非人”。那么，异化是怎样产生的？“我的观点是把经济的社会形态的发展理解为一种自然史的过程”[②]，因此人的异化是在生产劳动中自发产生的，顺理成章地私有制度就成为劳动异化的结果，“私有财产是外化劳动即工人对自然界和对自身的外在关系的产物、结果和必然后果”[③]。“为了揭示‘劳动异化’的机制，马克思在《资本论》中研究了资本主义生产和消费的全过程。在这一过程中阐述的是政治经济学的理论，但贯穿的却是人本主义的精神：揭示造成人异化的原因和规律，寻求消除异化的途径。”[④] 马克思指出，由此异化劳动就成为资本主义社会种种异化现象的总根源。

因此，必须在劳动中消灭劳动异化，这就要求从“人对物的依赖关系”进入“人与人的自由联合体”，这就是自由王国。“这个领域内的自由只能是：社会化的人，联合起来的生产者，将合理地调节他们和自然之间的物质变换，把它置于他们的共同控制之下，而不让它作为一种盲目的力量来统治自己”，“在最无愧于和最适合于他们的人类本性的条件下来进行这种物质变换。”[⑤] 这就是经过“人的依赖关系”的社会形态和“以人的依赖性为基础的人的独立性”的社会形态后，达到的“建立在个人全面发展和他们共同的社会的生产能力成为人人属于他们的社会财富这一基础上的自由个性”，[⑥] 这就是社会形态发展中的“第三阶段”，也就是共产主义社会形态。

马克思的哲学批判指向社会的宗教、政治、经济等各个领域，同时，也正是在社会各个领域的批判中形成了自己哲学的批判特质。黑格尔说：“某一特定哲学之出现，是出现于某一特定的民族里面的”，“它是精神的整个形态的概念，它是整个客观环境的自觉和精神本质，它是时代的精神、作为自己正在思维的精神”，[⑦] 哲学正体现了所属民族所处时代的自

---

① 《马克思恩格斯全集》第44卷，人民出版社2001年版，第10页。

② 同上。

③ 《马克思恩格斯选集》第1卷，人民出版社1995年版，第50页。

④ 赵敦华：《马克思批判哲学的诞生》，《江淮论坛》2010年第2期。

⑤ 《马克思恩格斯文集》第7卷，人民出版社2009年版，第928—929页。

⑥ 《马克思恩格斯全集》第8卷，人民出版社2009年版，第52页。

⑦ ［德］黑格尔：《哲学史讲演录》第1卷，贺麟、王太庆译，商务印书馆1959年版，第56页。

觉性。当然，在黑格尔的体系中这一所属民族所处时代自觉性的“珍宝”，是以哲学作为绝对观念自我展开的一个环节而出现的。马克思把黑格尔的哲学“颠倒”过来，强调哲学必须“用脚站在地上”，“并用双手攀摘大地的果实”，“对于哲学来说，而且在外部通过自己的表现，同自己时代的现实世界接触并相互作用。那时，哲学不再是同其他各特定体系相对的特定体系，而变成面对世界的一般哲学，变成当代世界的哲学”。正是在此基础上，马克思提出了一个著名的命题：“任何真正的哲学都是自己时代的精神上的精华。”① 由此，我们就能理解作为自己时代精神精华的哲学对自己时代所做的批判，就是“对当代的斗争和愿望作出当代的自我阐明”②。马克思在此还特别用括号的方式指明“批判的哲学”，强调“这是一项既为了世界，也为了我们的工作。它只能是联合起来的力量的事业”。从这个意义上说，马克思的批判哲学对宗教、政治和经济基础等领域所做的批判，作为人类“联合起来的力量的事业”，就是社会所进行着的“当代的自我阐明”。马克思还在这段话后，意味深长地说：“人类要使自己的罪过得到宽恕，就只有说明这些罪过的真相。”③ 正是从这个意义上说，人类的发展离不开批判哲学，离不开哲学的批判所揭示的体现为“这些罪过”的社会发展过程中的否定方面。

第二节　马克思的“人体解剖”思想

马克思对社会批判的彻底性与社会自我批判思想是联系在一起的。马克思的“人体解剖”命题集中体现了马克思的社会自我批判思想，然而长期被遮蔽，因此需要对马克思这一重要命题的出场语境做些分析。由于“人体解剖”命题是在《〈政治经济学〉导论》中的“政治经济学的方法”中提出的，中外学者往往从认识前资本主义社会的方法论角度来理解这一命题，但确有学者从中揭示了其所内蕴的社会自我批判思想。深入研究马克思的文本，激活“人体解剖”命题所内含的生命力，就能

① 《马克思恩格斯全集》第 1 卷，人民出版社 1995 年版，第 220 页。
② 《马克思恩格斯文集》第 10 卷，人民出版社 2009 年版，第 10 页。
③ 《马克思恩格斯全集》第 47 卷，人民出版社 2004 年版，第 67 页。

使其对现实社会的哲学批判意蕴充分地展现出来，这本身就是习近平指出的“理论的生命力在于创新”[①] 的一个重要方面。

一 “人体解剖”命题的出场语境

马克思在“人体解剖”命题及其前后文字中所体现的社会自我批判思想，是在《〈政治经济学批判〉导言》（以下简称《导言》）的“政治经济学的方法”一节中写到“资产阶级社会的自我批判”时提出来的。“只不过，马克思把这一概念当作一个现成的东西拿来即用，并没有对这一概念作系统的分析”，这就成为这一思想长期处于遮蔽状态的一个原因。国内外很多研究马克思思想的学者“主要引证马克思的上述引文并清理其内在逻辑，并没有做详细阐发”[②]。由此就要求我们对马克思这一重要思想的出场语境做些分析，即把马克思的这一思想放在文本的具体时间和空间中予以分析，以便能具体地理解这一概念的内涵。

《导言》被编入马克思的作为“对当代的斗争和愿望作出当代的自我阐明”的《1857—1858 年经济学手稿》之中。从 1843 年起，马克思开始了为撰写政治经济学巨著的准备工作，历经 13 年后，于 1857 年正式着手撰写政治经济学批判，形成了数目浩繁的文字材料。对于这些文字材料，马克思说，“形式上都是专题论文，它们是在相隔很久的几个时期内写成的，目的不是付印，而是自己弄清问题，至于能否按照上述计划对它们进行系统整理，就要看环境如何了”[③]。

《导言》是如本章第一节所提到的是《1857—1858 年经济学手稿》的开头部分，是一篇没有完成的经济学巨著的“总导言”草稿。对于《导言》，马克思在 1858 年 11 月 12 日致斐迪南·拉萨尔的信中说：“这部著作第一次科学地表述了关于社会关系的重要观点”，“它是 15 年的、即我一生中的黄金时代的研究成果”，“我所追求的不是优美的叙述，而只是写出我平素的风格”。[④] 由于马克思当时的健康状况和家庭经济状况

---

① 《习近平在纪念马克思诞辰 200 周年大会上的讲话》，人民出版社 2018 年版，第 20 页。

② 吕敬美：《马克思的社会自我批判及其当代意义》，《上海行政学院学报》2013 年第 4 期。

③ 《马克思恩格斯选集》第 2 卷，人民出版社 1995 年版，第 31 页。

④ 《马克思恩格斯文集》第 10 卷，人民出版社 2009 年版，第 167—168 页。

以及考虑到“预先说出正要证明的结论总是有妨害的”，因此他“把已经起草好的一篇总的导言压下了”。[①] 尽管《导言》是一篇没有完成的草稿，由于是马克思在“黄金时代”中研究成果的一种凝结，因而在马克思思想中占有十分重要的地位。

《导言》共分四节。第一节是“生产”。马克思认为：生产“首先是物质生产”[②]，物质生产“总是指在一定社会发展阶段上的生产”[③]，因而总是具体的；“一切生产阶段所共有的、被思维当作一般规定而确定下来的规定，是存在的，但是所谓一切生产的一般条件，不过是这些抽象要素，用这些要素不可能理解任何一个现实的历史的生产阶段”[④]。

第二节是“生产与分配、交换、消费的一般关系”。马克思认为：“在生产中，社会成员占有（开发、改造）自然产品供人类需要；分配决定个人分取这些产品的比例；交换给个人带来他想用分配给他的一份去换取的那些特殊产品；最后，在消费中，产品变成享受的对象，个人占有的对象”[⑤]；生产、分配、交换、消费“构成一个总体的各个环节、一个统一体内部的差别”，“每一个有机整体都是这样”，[⑥] 这就是社会的生产方式。然而，马克思指出，这样的分析仅仅是“肤浅的表象”[⑦]，还需要做进一步的分析。

第三节是“政治经济学的方法”。马克思具体地阐述了他研究政治经济学的方法论思想：“作为思想具体，事实上是思维的、理解的产物”，[⑧] 具体之所以是具体，因为它是许多规定的综合，“因此它在思维中表现为综合的过程，表现为结果，而不是表现为起点，虽然它是现实中的起点，因而也是直观和表象的起点”；由此，“科学上正确的方法”是，在“完整的表象蒸发为抽象的规定”的基础上，“抽象的规定在思维行程中导致

① 《马克思恩格斯选集》第2卷，人民出版社1995年版，第31页。
② 同上书，第1页。
③ 同上书，第3页。
④ 同上书，第6页。
⑤ 同上书，第6—7页
⑥ 同上书，第17页。
⑦ 同上书，第6页。
⑧ 同上书，第19页。

具体的再现”，“是一个具有许多规定和关系的丰富的总体”；① 只有“被理解了的世界本身才是现实的世界”②，否则世界尽管是客观的，但对于生活于其中的人而言并不是现实的。

马克思在阐述他的方法论思想时着重指出，由范畴构成的“具体的再现”体现着对“历史上最发达和最复杂的生产组织”即资产阶级社会的理解，由此就能在整体的范畴结构中理解构成范畴结构的“那些表现它的各种关系的范畴”。而积淀在范畴体系中的各种关系的范畴是与历史上各种已经覆灭的社会形式的结构和生产关系联系在一起的，因为“资产阶级社会借这些社会形式的残片和因素建立起来，其中一部分是还未克服的遗物继续在这里存留着，一部分原来只是征兆的东西，发展到具有充分意义”。通过对范畴体系中“各种关系的范畴”的理解，就“能使我们透视一切已经覆灭的社会形式的结构和生产关系”。③ 由此就能理解，“最一般的抽象总只是产生在最丰富的具体发展的场合，在那里，一种东西为许多东西所共有，为一切所共有”④。

第四节是“生产。生产资料和生产关系。生产关系和交往关系。国家形式和意识形式同生产关系和交往关系的关系。法的关系。家庭关系”。⑤ 从标题上看，马克思想建构一个关于社会形态的“具体的再现”的范畴体系，以贯彻他在第三节中所阐述的方法论思想，可惜没有完成。

然而，从《导言》的四节，尤其是第三节所阐述的方法论思想中，已经可以看出马克思在尚未完成的政治经济学批判巨著中的主题。马克思的政治经济学批判的对象不是历史上各种已经覆灭的社会形式的结构和生产关系，也不是一般社会的结构和生产关系，而是“历史上最发达和最复杂的生产组织”⑥ 即资产阶级社会，“现代资产阶级生产——这种生产事实上是我们研究的本题”⑦。只有深刻理解了资产阶级社会，才能

---

① 《马克思恩格斯选集》第2卷，人民出版社1995年版，第18页。

② 同上书，第19页。

③ 同上书，第23页。

④ 同上书，第22页。

⑤ 同上书，第27页。

⑥ 同上书，第23页。

⑦ 同上书，第3页。

理解前资产阶级社会；而理解前资产阶级社会的目的是深刻理解资产阶级社会。这两者是互为前提、自我缠绕的。从这个意义上说，两者的相互关系已经蕴含着关于资产阶级社会的自我批判思想。

在《导言》的第三节“政治经济学的方法”中，马克思写下了大家都很熟悉的两段文字。笔者认为，正是这两段文字较为集中地体现了马克思的社会自我批判思想：

> 资产阶级社会是最发达的和最多样性的历史的生产组织。因此，那些表现它的各种关系的范畴以及对于它的结构的理解，同时也能使我们透视一切已经覆灭的社会形式的结构和生产关系。资产阶级社会借这些社会形式的残片和因素建立起来，其中一部分是还未克服的遗物，继续在这里存留着，一部分原来只是征兆的东西，发展到具有充分意义，等等。人体解剖对于猴体解剖是一把钥匙。低等动物身上表露的高等动物的征兆，只有在高等动物本身已被认识之后才能理解。因此，资产阶级经济为古代经济等等提供了钥匙。但是，决不是像那些抹杀一切历史差别、把一切社会形式都看成资产阶级社会形式的经济学家所理解的那样。人们认识了地租，就能理解代役租、什一税等等。但是不应当把它们等同起来。”
>
> （资产阶级经济学家）“所说的历史发展总是建立在这样的基础上的：最后的形式总是把过去的形式看成是向着自己发展的各个阶段，并且因为它很少而且只是在特定条件下才能够进行自我批判，——这里当然不是指作为崩溃时期出现的那样的历史时期，——所以总是对过去的形式作片面的理解。基督教只有在它的自我批判在一定程度上，可说是在可能范围内完成时，才有助于对早期神话作客观的理解。同样，资产阶级经济学只有在资产阶级社会的自我批判已经开始时，才能理解封建的、古代的和东方的经济。在资产阶级经济学没有用编造神话的办法把自己同过去的经济完全等同起来时，它对于以前的经济，特别是它曾经还不得不与之直接斗争的封建经济的批判，是与基督教对异教的批判或者新教对旧教的批判相似的。①

① 《马克思恩格斯选集》第2卷，人民出版社1995年版，第23—24页。

在这两段文字中，马克思提出了一个重要的命题“人体解剖”。怎样理解这一命题及其前后文字中所包含的社会自我批判思想，中外学者中都有不同的理解。

二 中外学者关于“人体解剖”命题的解读

马克思是在《导言》的“政治经济学的方法”一节中写下上述两段文字的。因此，我国学者大多数从认识前资本主义社会的方法论角度来理解它们。孙伯鍨在《马克思的社会存在论——兼评卢卡奇的社会存在概论》中引用了马克思的“人体解剖对于猴体解剖是一把钥匙”后，指出：“显然，马克思认为资本主义的存在和系统结构，具有认识论上的优先性，在解剖学上具有对‘过去’的显现、引导功能。”他进一步认为，“在马克思看来，对成熟的资产阶级社会的批判分析，能‘使我们透视一切已经覆灭的社会形式的结构和生产关系’”，这是因为“资本主义标志着一个制高点，一旦呈现为一个功能系统，它在理论上可用作为其过去以及未来发展的一条原则”①。俞吾金在《人体解剖是猴体解剖的钥匙——历史主义批判》的标题下，强调历史的座右铭不是曾经耳熟能详的“不懂得过去，就不能了解现在”，而是“不理解现在，就不能解释过去”。接着，作者在引用了马克思“人体解剖是猴体解剖的钥匙”的原话后，指出“为什么马克思不是把对低等动物的认识置于对高等动物的认识之前，而是采用倒过来的认识路线呢？因为在他看来，低等动物身上显露出来的某些征兆，在人们认识高等动物的结构之前是难以获得确切的认识的”；这就启示我们，“不是先去研究古代社会的经济，然后才去研究当代资产阶级社会的经济”，而是“先研究当代资产阶级社会的经济，然后才可能对古代社会的经济做出合理的说明”。② 这样的理解当然是正确且深刻的，但仅仅是一方面的理解；然而，正是这种片面的理解使得马克思的社会自我批判思想，这一历史唯物主义中的十分重要思想，

---

① 孙伯鍨：《马克思的社会存在论——兼评卢卡奇的社会存在概论》，《江苏行政学院学报》2001 年第 2 期。此外，在冯景源的《人类境遇与历史时空——〈人类学笔记〉、〈历史学笔记〉研究》（中国人民大学出版社 2004 年版，第 71 页）中也有这种观点。

② 俞吾金：《人体解剖是猴体解剖的钥匙——历史主义批判》，《探索与争鸣》2007 年第 1 期。

在我国研究马克思主义的学术界中长期处于被遮蔽的状态。

尽管我国学者对马克思的批判哲学和社会批判思想研究很多，然而，直到20世纪90年代，据笔者所知，只有李亚宁和王仲士在他们合写的《关于马克思的社会自我批判的思想》中，从“资产阶级社会的自我批判”角度研究了马克思的社会自我批判思想。论文在文前序中直截了当地指出，“社会自我批判思想是马克思在《〈政治经济学批判〉导言》的‘政治经济学的方法’中提出来的”。文章把马克思的“社会自我批判”命题置于本体论、认识论的架构基础上，分析了作为社会自我批判主体的社会的实在性，即“劳动生产基础上的人与自然、人与社会三位一体的统一”；分析了个人意识与社会意识、个人的自我意识与社会的自我意识之间的关系，把社会自我意识理解为“是社会分工、阶级分化的产物”；分析了“社会自我批判是社会自我意识的否定方面”，真正意义上的社会自我批判“是‘社会政治现实本身受到批判’”，“是‘对现存的财产关系予以批判’”，“它不仅在各个阶级关系上，而且在当前交往的一切范围和形式上，指出现代生活的矛盾和反常现象”。[①]

进入21世纪后，我国有些学者认识到马克思的《导言》中所包含的“社会自我批判”思想。谭清华和郭湛在《论马克思的社会自我批判思想》中指出，“马克思在《导言》中提出的‘自我批判’的概念”，“从具体语境来看，显然指的是‘社会自我批判’，具体来说，指的是‘资产阶级社会的自我批判’”；“社会自我批判既基于又高于通常意义上的社会认识，是对通常意义上的社会认识和这种社会认识所反映的社会存在的反思”；“社会自我批判归根到底需要通过个人对社会认识的批判以及对社会存在的批判来实现”，然而“社会自我批判并不等同于个人对社会认识及社会存在的批判”，“社会自我批判是一种集体意识，是整合了众多个人对社会存在和认识进行反思、批判的群体意识”。[②] 陈新汉在《论社会的自我批判——对马克思社会自我批判思想引出的思考》[③] 中指出，

---

① 李亚宁、王仲士：《关于马克思的社会自我批判的思想》，《四川大学学报》1995年第4期。

② 谭清华、郭湛：《论马克思的社会自我批判思想》，《中国人民大学学报》2008年第3期。

③ 陈新汉：《论社会的自我批判——对马克思社会自我批判思想引出的思考》，《学术交流》2008年第3期。

“社会自我批判就是社会对自身的‘人体解剖’”，在本质上属于评价或自我评价范畴，是特殊的社会自我评价活动，“但马克思的这一思想一直处于被遮蔽状态”，“社会主义改革是一场深刻的社会自我批判”，“联系当代中国的实践，研究马克思社会自我批判思想对社会主义改革产生的方法论启示”具有重要意义。

在国外对马克思思想的研究中，同中国学者一样，大多数学者是从认识前资本主义社会的方法论角度来理解马克思的“人体解剖”命题的。伯特尔·奥尔曼指出，马克思的“人体解剖”命题，“在本质上是指导我们研究方向的路标，并且它所指的方向是向后的”，从结果来探讨前提，“这是一个追寻什么是它的前提的问题”，“我们对现在即结果已经知道了什么有助于找到答案”，这就是“历史的逆向研究”。[①] 河上肇在《“资本论”入门》中也是从逆向认识的角度来理解马克思的“人体解剖”命题的，认为社会不能进行自我批判，既不能“知道自己是会死的，并知道不久就会由别的更高级的与自己完全不同种类的形态所代替”，也“不会了解过去的各种形态也是‘彼此有根本的不同’”，“这正和不能自我批判的人就不能认识别人品质一样”。[②]

然而，也有不少学者把马克思的“人体解剖”理解为具有社会“自我认识”的方法论意义。在《历史与阶级意识》中，卢卡奇提到马克思的“人体解剖”命题时，强调了社会的“自我认识”对于社会自身的作用。他指出，“无产阶级是用迫使资产阶级社会去自我认识的方法来同资本主义进行斗争的，这种自我认识必然会使这个社会以不可避免的结果从内部显得成了问题”[③]。阿尔都塞在《读〈资本论〉》中说：“马克思在这里描述了黑格尔在‘反思’历史中曾经批评过的回溯。这种必然的回溯只有在现实存在达到认识自身、批判自身、自我批判，也就是说，只有在现实存在是一种使本质变得可见的‘本质切割’

---

① ［美］伯特尔·奥尔曼：《辩证法的舞蹈：马克思方法的步骤》，田世钉、何霜梅译，高等教育出版社2006年版，第149—150页。

② ［日］河上肇：《“资本论”入门》上册，仲民译，生活·读书·新知三联书店1959年版，第12—13页。

③ ［匈］卢卡奇：《历史与阶级意识——关于马克思主义辩证法的研究》，杜章智、任立、燕宏远译，商务印书馆1992年版，第311页。

时，才是科学的。”① 在这里，阿尔都塞把马克思的“人体解剖”理解为“一种使本质变得可见的‘本质切割’”式的社会自我批判。值得指出的是，尽管卢卡奇和阿尔都塞等学者都注意到了马克思“人体解剖”命题中所内含的社会自我批判思想，然而他们都未能把这一思想作为马克思哲学中的一个重要范畴来予以专题研究。这就为我们对于这个问题的研究留下了理论空间。

三　“人体解剖”命题中的社会自我批判意蕴

仔细地研读上面列出的马克思的两段文字，我们发现，马克思不是一般地强调“资产阶级经济为古代经济等等提供了钥匙”，而是特殊地强调“资产阶级经济只有在资产阶级社会的自我批判已经开始时，才能理解封建的、古代的和东方的社会”（着重号为引者所加）。“资产阶级社会是最发达和最多样性的历史的生产组织”，通过对“表现它的各种关系的范畴以及对于它的结构的理解”，就“能使我们透视一切已经覆灭的社会形式的结构和生产关系”。② 换言之，只有在“资产阶级社会的自我批判”中对资产阶级社会做了“人体解剖”后，才能理解资产阶级社会以前的社会形态，即理解“封建的、古代的和东方的社会”等社会形态的经济形式，从而为“猴体解剖”提供了一把“钥匙”。

如果不能对资产阶级社会做“人体解剖”，——在医学上，解剖就是把通常作为“黑体”的人体或动物体剖开，以便深入地研究其组织构造——那么，正像尚没有进入自我批判阶段的基督教对作为其来源的早期神话不能做客观的理解一样，或如“基督教对异教或者新教对旧教”的错误批判一样，就不能对前资产阶级社会形态即“封建的、古代的和东方的社会”等各种经济形式做出客观的理解或正确的批判。

同时，理解前资产阶级社会的经济形式是为了揭示资产阶级经济学家“总是对过去的形式作片面的理解”，即他们认为，“所谓的历史发展总是建立在这样的基础上，最后的形式总是把过去的形式看成是向着自

① ［法］路易·阿尔都塞、艾蒂安·巴里巴尔：《读〈资本论〉》，李其庆、冯文光译，中央编译出版社2001年版，第142页。

② 《马克思恩格斯选集》第2卷，人民出版社1995年版，第23—24页。

己发展的各个阶段”,[①] 从而把资产阶级社会的经济形式永恒化和绝对化,即由过去来说明现在。马克思强调的是，通过对前资产阶级社会形态的各种经济形式的理解，认识到资产阶级社会形态的经济形式同已经过去了的经济形式一样，是历史的和暂时的。对前资产阶级社会形态的经济形式的理解构成了对资产阶级社会形态的经济形式理解的不可缺少的组成部分。

马克思还特别指出，资产阶级经济学家之所以“总是对过去的形式作片面的理解”的原因，就在于非崩溃时期的社会自我批判“很少而且只是在特殊的条件下才能够进行”。其中蕴含的意思是：社会的崩溃时期总是与社会的自我批判联系在一起；非崩溃时期的社会自我批判由于需要特殊的条件，因而在历史上是很少的；由于资产阶级经济学家不能理解处于非崩溃时期的资产阶级社会的自我批判，因而就“总是对过去的形式作片面的理解”。广义的社会自我批判包括崩溃时期的社会自我批判和非崩溃时期的社会自我批判；狭义的社会自我批判仅指非崩溃时期的社会自我批判，马克思在这里所指的社会自我批判是狭义的。本书中的社会自我批判如没有特别指出，概指非崩溃时期的社会自我批判。

马克思把“解剖”理解为“自我解剖”，因此“人体解剖”就与社会自我批判直接地联系了起来。在马克思看来，“资产阶级社会是最发达和最多样性的历史的生产组织”，因此“资本主义社会不但为人们科学认识资本主义社会之前的社会组织形式提供了历史条件，而且也为人们认识和批判资本主义社会本身创造了历史条件”。[②] 曼海姆在研究意识形态发展史时指出，18 世纪的工业革命大大地促进了社会自我意识的凸显，因此这里的作为“认识和批判资本主义社会”的“人们”，“并非是具体的个人”，是“社会意识自身”，从而使得在历史上意识形态特殊概念基础之上而形成的“意识形态总体概念在理解我们的社会生活方面具有特别的意义和关联”，并在对社会生活的反映中“产生出了我们在目前的理

---

① 《马克思恩格斯选集》第 2 卷，人民出版社 1995 年版，第 23—24 页。

② 谭清华、郭湛：《论马克思的社会自我批判思想》，《中国人民大学学报》2008 年第 3 期。

智状态中所感受到的深刻不安”。[①] 概而言之，历史发展到资本主义社会，就在客观上和主观上为社会的自我认识或自我批判创造了历史条件。为此，我们就可以理解马克思的哲学批判是“对当代的斗争和愿望作出当代的自我阐明”[②]。

在这里，马克思通过把“资产阶级社会的自我批判”比喻为“人体解剖”，通过对资产阶级经济学家对“过去的形式作片面的理解”的批判，在实际上提出了“社会自我批判”的重要思想：社会自我批判就是处于非崩溃时期的社会对自身的“人体解剖”；由于需要特殊条件，这种类型的社会自我批判在历史上是很少出现的；这就使这种类型的社会自我批判对于理解社会自身就具有特殊的深刻性。

马克思在《1844 年哲学经济学手稿》《德意志意识形态》，尤其是在《资本论》以及为此所准备的数目浩繁的政治经济学批判手稿中，对资本主义社会进行了迄今为止尚不可企及的深刻批判。可以说，马克思的批判正是资产阶级社会通过马克思所实现的一种意义上的社会自我批判。

德里达强调马克思在人类历史中的地位：“不能没有马克思，没有马克思，没有对马克思的记忆，没有马克思的遗产，也就没有将来：无论如何得有某个马克思，得有他的才华，至少得有他的某种精神。”[③] 如何理解马克思或马克思思想？伽达默尔在《真理与方法》中认为，文学作品的真正存在只在于被展现的过程（Gespieltwerden）。[④] 同理，马克思思想的真正存在也只在于其文本被展现的过程。因此，深入研究马克思的文本，通过与“自己时代的现实世界接触并相互作用”，对马克思的文本予以诠释，激活其理论的生命力，使其对现实社会的哲学批判力充分地展现出来，这是当代马克思主义研究者的一个重要使命。由此就能理解习近平说的，“马克思主义能够永葆其美妙之青春，不断探索时代发展提

---

① ［德］卡尔·曼海姆：《意识形态与乌托邦》，黎鸣、李书崇译，商务印书馆 2000 年版，第 76、70—71 页。

② 《马克思恩格斯文集》第 10 卷，人民出版社 2009 年版，第 10 页。

③ ［法］德里达：《马克思的幽灵：债务国家、哀悼活动和新国际》，何一译，中国人民大学出版社 1999 年版，第 21 页。

④ ［德］伽达默尔：《真理与方法》上卷，洪汉鼎译，上海译文出版社 2004 年版，第4 页。

出的新课题、回应人类社会面临的新挑战”[①] 的深刻内涵。在当今世界学说繁多的时代中，只有马克思主义能担当此重任。

第三节 社会自我批判思想在马克思主义中的地位

马克思主义具有体系，其“三个组成部分”与马克思的两大发现即唯物史观和剩余价值学说内在地联系在一起。由于“人体解剖”通过对“最发达的和最多样性的历史的生产组织”的批判，就能形成社会生活中最真实的抽象，从而与剩余价值学说的发现直接地联系在一起，与唯物史观的创立间接地联系在一起。由此就决定了集中体现在马克思“人体解剖”命题中的社会自我批判思想在马克思主义体系中的地位。

一 马克思主义的“三个组成部分”与“两大发现”

历史上一个成熟的学说，尤其是在历史长河中熠熠发光的学说，总会以一个体系的形式在思想史中存在着。黑格尔是德国古典哲学的集大成者，其学说必然以体系的形式存在着。马克思是承认作为体系的黑格尔学说的，称之为“黑格尔体系的大厦”[②]，在给友人写到自己的研究过程时也说到“我最后的命题是黑格尔体系的开端”[③]；然而，马克思反对黑格尔“从先验观念出发、从孤寂头脑中构造出关于世界的话语体系”[④]。同样，恩格斯也承认作为体系的黑格尔学说。对于黑格尔体系，恩格斯指出，“由于‘体系’的需要，他在这里常常不得不求救于强制性的结构”，但“人们只要不是无谓地停留在它们面前，而是深入到大厦里面去，那就会发现无数的珍宝，这些珍宝就是在今天也还保持充分的价值”；[⑤] 然而恩格斯在另一篇文章中又不无惋惜地说，“黑格尔的体系作为体系来说，是一次巨大的流产”[⑥]。

---

① 习近平：《纪念马克思诞辰200周年大会上的讲话》，《求是》2018年第10期。

② 《马克思恩格斯全集》第2卷，人民出版社2005年版，第335页。

③ 《马克思恩格斯全集》第47卷，人民出版社2004年版，第13页。

④ 任平：《论马克思主义的出场语境》，《河北学刊》2005年第4期。

⑤ 《马克思恩格斯选集》第4卷，人民出版社1995年版，第219页。

⑥ 《马克思恩格斯选集》第3卷，人民出版社1995年版，第363页。

马克思学说同样存在着体系。恩格斯在讲到马克思在创立其学说中的贡献时，尽管承认自己“在一定程度上独立地参加了这一理论的创立，特别是对这一理论的阐发”，然而强调“绝大部分基本指导思想（特别是在经济和历史领域内），尤其是对这些指导思想的最后的明确的表述，都是属于马克思的”，“而只有极小的一部分属于我的”；并结论式地断言：“这个理论用他的名字命名是理所当然的。”① 在此之后，以马克思名字命名的体系即马克思主义，“已远远越出欧洲的范围，在一切有无产者和无畏的科学理论家的国家里，都受到了重视和拥护”②，这已在国际共产主义运动中乃至在世界思想领域中成为一种共识。毛泽东的一个经典表述即“指导我们思想的理论基础是马克思列宁主义”③，就肯定了作为“马克思列宁主义”之首要组成部分的“马克思主义”体系在社会主义中国意识形态中的指导地位。习近平更是指出：“马克思给我们留下的最有价值、最具影响力的精神财富，就是以他名字命名的科学理论——马克思主义。”④

在德国社会民主党中影响颇大的杜林出版了《国民经济学和社会主义批判史》（1871 年）、《国民经济学和社会经济学教程》（1873 年）、《哲学教程——严格科学的世界观和人生观》（1875 年）。在这些著作中，“自命为社会主义信徒的杜林，对马克思主义进行了极其猛烈的攻击”⑤。对应杜林三本著作的相关内容，恩格斯在《反杜林论》的“哲学篇”“政治经济学篇”和“社会主义篇”里，在对杜林的批判中深刻地阐述了马克思主义内容中的哲学、政治经济学和科学社会主义理论，以无可辩驳的论据证明了马克思主义的完整性和系统性，“因此消极的批判成了积极的批判；论点转变成对马克思和我所主张的辩证方法和共产主义世界的比较连贯的阐述”⑥。《反杜林论》尽管是一本论战式的著作，但被誉为是马克思主义百科全书式的著作，马克思还撰写了其中第二篇的第十章，

---

① 《马克思恩格斯选集》第 4 卷，人民出版社 1995 年版，第 242 页。
② 《马克思恩格斯选集》第 3 卷，人民出版社 1995 年版，第 347 页。
③ 《毛泽东文集》第 6 卷，人民出版社 1999 年版，第 350 页。
④ 习近平：《纪念马克思诞辰 200 周年大会上的讲话》，《求是》2018 年第 10 期。
⑤ 《马克思恩格斯选集》第 3 卷，人民出版社 1995 年版，第 829 页。
⑥ 同上书，第 347 页。

该著作在国际共产主义运动中产生了巨大的影响。

列宁根据《反杜林论》的启示，在《马克思的三个来源和三个组成部分》中指出："马克思学说是人类在19世纪所创造的优秀成果——德国的哲学、英国的政治经济学和法国的社会主义的当然继承者"，并进一步指出："马克思主义的哲学就是唯物主义"，"这些成果中最重要的就是辩证法"，而"马克思的历史唯物主义是科学思想中的最大成果"；"剩余价值学说是马克思经济理论的基石"；"空想社会主义不能指出真正的出路"，而马克思"阐明资本主义制度下雇佣奴隶制的本质"，"发现资本主义发展的规律"，"找到能够成为新社会的创造者的社会力量"。为此，列宁充分肯定地指出，"马克思的天才就在于他最先从这里得出了全世界历史揭示的结论"。[①] 习近平在《纪念马克思诞辰200周年大会上的讲话》中完全赞同列宁关于马克思主义三大组成部分的论断，指出"马克思主义主要由哲学、政治经济学、科学社会主义三大组成部分构成"[②]。现在公认的马克思主义内容的三大组成部分的结构正是源自恩格斯的《反杜林论》和列宁的《马克思的三个来源和三个组成部分》这两个文献。

马克思逝世后，恩格斯在《在马克思墓前的讲话》中盖棺论定地概括了马克思一生中的两大发现：唯物史观和剩余价值学说。"正像达尔文发现有机界的发展规律一样，马克思发现了人类历史的发展规律"，这就是，"直接的物质的生活资料的生产，从而一个民族或一个时代的一定的经济发展阶段，便构成基础，人们的国家设施、法的观点、艺术以至宗教观念，就是从这个基础上发展起来的，因而，也必须由这个基础来解释"；"马克思还发现了现代资本主义生产方式和它所产生的资产阶级社会的特殊的运动规律"，[③] 这就是，"无偿劳动的占有是资本主义生产方式和通过这种生产方式对工人进行的剥削的基本形式"，"这种剩余价值归根到底构成了有产阶级手中日益增加的资本量由以积累起来的价值量"，"这样就说明了资本主义生产和资本生产的过程"。[④]

---

① 《列宁选集》第2卷，人民出版社1995年版，第309—314页。

② 习近平：《纪念马克思诞辰200周年大会上的讲话》，《求是》2018年第10期。

③ 《马克思恩格斯选集》第3卷，人民出版社1995年版，第776页。

④ 同上书，第740页。

前一发现与马克思的唯物史观联系在一起，由于“马克思的历史唯物主义是科学思想中的最大成果”，从而构成了马克思主义哲学的最重要内容。后一发现与马克思的政治经济学联系在一起，“剩余价值学说是马克思经济理论的基石”，“由于剩余价值的发现，这里就豁然开朗了”，[①]从而构成了马克思主义政治经济学的基石。“这两个伟大的发现——唯物主义历史观和通过剩余价值揭开资本主义生产的秘密”，使“社会主义变成了科学”。[②] 由上就说明了马克思的这两大发现与马克思主义的哲学、政治经济和科学社会主义之间的关系，它们构成了马克思主义中的精髓，没有这两大发现，就没有马克思主义的哲学、政治经济学和科学社会主义理论，也就没有马克思主义。

我们要研究马克思的“人体解剖”在马克思主义中的地位，就要研究体现“人体解剖”的社会自我批判思想对于马克思“两大发现”的意义。“剩余价值的发现”是与马克思的社会自我批判思想直接地联系在一起的，唯物史观的发现是与马克思的社会自我批判思想间接地联系在一起的。这就构成了下面论述的两个内容。

二　社会自我批判与“剩余价值”的发现

马克思一生的精力主要集中于对资产阶级社会的政治经济学批判，其最重要的成果就是“剩余价值的发现”。如前所述，“人体解剖”概念的提出出自《手稿》中的《导言》。《导言》对于拟撰写为政治经济学著作的研究起着提纲挈领的作用，社会自我批判思想对于马克思的政治经济学批判的意义就顺理成章地直接体现了出来。这种意义主要体现在以下两个方面。

其一，在社会自我批判的视域中揭示异化劳动所必然导致的剩余价值。

马克思在《导言》中说，“哪怕是最抽象的范畴，虽然正是由于它们的抽象而适用于一切时代，但是就这个抽象的规定性本身来说，同样是历史条件的产物，而且只有对于这些条件并在这些条件之内才具有充分

---

① 《马克思恩格斯选集》第3卷，人民出版社1995年版，第776页。

② 同上书，第366页。

的适用性"①。这就决定了，只有在把"最发达的和最多样性的历史的生产组织"置于社会自我批判的总体视域中，"'劳动'、'劳动一般'、直截了当的劳动这个范畴的抽象"，即"这个被现代经济学提到首位的，表现出一种古老而适用于一切社会形式的关系的最简单的抽象，只有作为最现代的社会的范畴，才在这种抽象中表现为实际上真实的东西"。②

于是在"劳动不仅在范畴上，而且在现实中都成了创造财富一般的手段"③ 中就能从中发现内蕴于其中的异化劳动。所谓异化劳动就是"把自主活动、自由活动贬低为手段，也就把人的类生活变成维持人的肉体生存的手段"，从而导致"人的本质同人相异化"。④ 离开了资本主义社会的自我批判视域，就不可能把握劳动一般的概念，从而就不能从中揭示作为劳动自我展开的异化劳动。

通过异化劳动的分析，"即从外化的人、异化劳动、异化的生命、异化的人这一概念得出私有财产这一概念"，⑤"私有财产的关系潜在地包含着作为劳动的私有财产的关系和作为资本的私有财产的关系，以及这两种表现的相互关系"；⑥ 在对异化劳动的进一步分析中，通过考察"商品的这种二重存在体现着生产商品的劳动的二重性"，"论证了剩余价值本身是从劳动力特有的'特殊的'使用价值中产生的"。⑦ 由此如恩格斯所说的，最终发现了体现为"无偿劳动的占有是资本主义生产方式和通过这种生产方式对工人进行的剥削的基本形式"的剩余价值，"这样就说明了资本主义生产和资本生产的过程"，⑧ 揭示了以劳动为"存在形式和存在规定"的资产阶级社会在自我展开中的内在矛盾运动。

其二，在社会自我批判中"说明资本主义生产和资本生产过程"的辩证意蕴。

在黑格尔的哲学体系中，理性构成了世界的内在本性，"理性是世界

---

① 《马克思恩格斯选集》第 2 卷，人民出版社 1995 年版，第 23 页。
② 《马克思恩格斯选集》第 3 卷，人民出版社 1995 年版，第 23—29 页。
③ 《马克思恩格斯选集》第 2 卷，人民出版社 1995 年版，第 22 页。
④ 《马克思恩格斯全集》第 3 卷，人民出版社 2002 年版，第 274 页。
⑤ 同上书，第 277 页。
⑥ 同上书，第 283 页。
⑦ 《马克思恩格斯全集》第 19 卷，人民出版社 1963 年版，第 414 页。
⑧ 《马克思恩格斯选集》第 3 卷，人民出版社 1995 年版，第 740 页。

的主宰，世界历史因此是一种合理的过程”[①]；理性作为内蕴于世界发展中的绝对观念的范畴体系，呈现为一种自我发展的辩证运动。这种自我发展源自它自身所具有的矛盾，“矛盾是推动整个世界的原则，说矛盾不可设想，那是可笑的”；“矛盾会通过自己本身扬弃自己”，矛盾的“每一方都是对对方的扬弃，并且又是对它自身的扬弃”，[②] 于是矛盾就会通过自己本身扬弃自己，从而也就是自我否定和自我发展。对于这种蕴含否定的概念运动所体现的辩证法，马克思在对黑格尔的《精神现象学》评论中，把它称为“作为推动原则和创造原则的否定性”[③] 的辩证法，在这种“否定性的辩证法”中潜在地包含着社会自我批判的“一切要素，而且这些要素往往已经以远远超过黑格尔观点的方式准备好和加过工了”。[④]

在社会自我批判中，“马克思对黑格尔辩证法的超越”在于凸显了“作为黑格尔辩证法‘伟大之处’的内在‘推动原则和创造原则’——自我否定原则”[⑤]。黑格尔“自我否定的辩证法”作为一种“基本结构模式”充当了马克思对资本批判的“逻辑语言”。[⑥] “资本主义的局限性必须从资本主义的最大优点所包含的不足中去寻找——也就是说，用辩证的方法去寻找。”[⑦] 马克思在政治经济学批判中所使用的正是这种辩证法，绝不是对资产阶级社会的外在揭露，而是从资本主义社会的内部发现和发掘出其自行瓦解的运作机制，从而揭示资本社会自己否定自己的“自我否定”。

正是从社会自我批判所内蕴的自我否定的辩证法出发，马克思在政治经济学批判中，以对劳动异化的分析为出发点，对资本主义生产、交换、消费和流通的全过程进行分析，发现了资本为增殖自己而导致自身无法克服的内在矛盾，以致自己否定自己而达到“剥夺者被剥夺”[⑧] 的历

---

① ［德］黑格尔：《历史哲学》，王造时译，上海书店出版社1999年版，第9页。

② ［德］黑格尔：《小逻辑》，贺麟译，商务印书馆1980年版，第258—259页。

③ 《马克思恩格斯全集》第3卷，人民出版社2002年版，第320页。

④ 同上书，第320、319页。

⑤ 白钢：《从“概念辩证法”到“资本辩证法”——马克思对黑格尔辩证法的扬弃》，《江海学刊》2009年第2期。

⑥ 参见［英］伯尔基《马克思主义的起源》，华东师范大学出版社2007年版，第92页。

⑦ ［英］梅格纳德·德赛：《马克思的复仇》，中国人民大学出版社2006年版，第9页。

⑧ 《马克思恩格斯全集》第31卷，人民出版社1972年版，第340页。

史进程，从而就能“把历史的内容还给历史”，当然“历史不是神的启示，而是人的启示”,[①] 这样就能“驱除历史认识上的各种迷雾，解开‘历史之谜’”[②]。马克思在政治经济学批判中，正是从资本主义社会的内部发现和发掘出其自行瓦解的运作机制，从而揭示资本主义社会自己否定自己的“自我否定”。离开了社会自我批判内蕴的自我否定的辩证法，就不能说明“资本主义生产和资本生产的过程”。

由上可知，离开了社会自我批判的视域和其内蕴的自我否定的辩证法，就不能理解剩余价值规律的发现和说明资本主义生产和资本生产的过程及其自我否定的规律。社会自我批判思想与“现代资本主义生产方式和它所产生的资产阶级社会的特殊的运动规律”的发现是直接地联系在一起的。

三 社会自我批判与“人类历史的发展规律”的发现

如果说，社会自我批判是与马克思的“剩余价值”发现，从而与“资产阶级社会的特殊的运动规律”的揭示是直接地联系在一起的；那么，社会自我批判与马克思发现“人类历史的发展规律”即唯物史观的创立则是间接地联系在一起的。兹从以下三个方面具体地分析之。

其一，社会自我批判对于从特殊中理解唯物史观规律的一般意义。

“人类历史的发展规律”与“现代资本主义生产方式和它所产生的资产阶级社会的特殊的运动规律”之间的关系是普遍与特殊的关系。关于普遍与特殊，黑格尔分别从本体论和认识论意蕴上做了分析：“普遍的东西在特殊性中，并不是在一个他物那里，而是完全在自己本身那里”，普遍内蕴于特殊之中，不能在特殊之外来寻找普遍；“特殊的东西不仅包含普遍的东西，而且也通过它的规定性展示了普遍的东西”,[③] 因此必须通过特殊性的研究来揭示内蕴于其中的普遍本质，舍此没有其他途径。

马克思对黑格尔的超越在于，在《导言》中指出，“最一般的抽象总只是产生在最丰富的具体发展的场合”。马克思的“人体解剖”是特指对

---

① 《马克思恩格斯全集》第3卷，人民出版社2002年版，第520页。

② 丰之义：《社会批判视域中的马克思社会发展理论》，《江苏大学学报》2012年第3期。

③ ［德］黑格尔：《逻辑学》下卷，杨一之译，商务印书馆1976年版，第273页。

资本主义社会这个“最发达的和最多样性的历史的生产组织”的批判，由此就能揭示内蕴于其中的“最一般的抽象”；这种抽象由于与“最丰富的具体发展”联系在一起，因而就成为“实际上真实的东西”。[①] 在社会自我批判的视域中，对资本主义社会进行了“人体解剖”，从中所揭示的作为“最一般的抽象”的“人类历史的发展规律”就成为“实际上真实的东西”。

其二，在社会自我批判中确立对作为唯物史观特定基础的“市民社会”的理解。

恩格斯把“人类历史的发展规律”概括为：“人们首先必须吃、喝、住、穿，然后才能从事政治、科学、艺术、宗教等等；所以，直接的物质的生活资料的生产，从而一个民族或一个时代的一定的经济发展阶段，便构成基础，人们的国家设施、法的观点、艺术以至宗教观念，就是从这个基础上发展起来的，因而，也必须由这个基础来解释，而不是像过去那样做得相反。”[②] 马克思在政治经济学批判中把“这个基础”定位为“市民社会”：“这种物质的生活关系的总和，黑格尔按照 18 世纪的英国人和法国人的先例，概括为‘市民社会’。”[③]

由于“市民社会”与“最发达的和最多样性的历史的生产组织”联系在一起，内蕴于其中的“最一般的抽象”的作为人类历史基础的社会存在就成为“实际上真实的东西”。“对市民社会的解剖应该到政治经济学中去寻求”，[④] 由此就能在“最发达的和最多样性的历史的生产组织”中抽象出最一般的“生产关系”即“受到迄今为止一切历史阶段的生产力制约同时又反过来制约生产力的交往形式”。[⑤] 在政治经济学批判中，马克思通过对资本主义社会基本矛盾运动的分析，得出历史的全部运动“既是它的现实的产生活动——它的经验存在的诞生活动，——同时，对它的思维着的意识来说，又是它的被理解和被认识到的生成运动”[⑥]，并

① 《马克思恩格斯选集》第 2 卷，人民出版社 1995 年版，第 22 页。

② 《马克思恩格斯选集》第 3 卷，人民出版社 1995 年版，第 776 页。

③ 《马克思恩格斯选集》第 2 卷，人民出版社 1995 年版，第 32 页。

④ 同上。

⑤ 《马克思恩格斯文集》第 1 卷，人民出版社 2009 年版，第 540 页。

⑥ 《马克思恩格斯全集》第 3 卷，人民出版社 2002 年版，第 297 页。

进一步概括为“把经济的社会形态的发展理解为一种自然史的过程”①。“从近代历史即资本主义历史中发现唯物史观，然后用它们来解释一切人类历史的发展规律，这其实正是市民社会理论之通达历史唯物主义的逻辑的一种延伸和发展。”②

唯物史观的创立是与对“实际上真实的东西”的深刻研究和理解联系在一起的。只有在社会自我批判的视域中，才能通过“市民社会”对人类历史中作为基础的社会存在的结构做深刻的分析；只有从社会自我批判所内蕴的自我否定的辩证法出发，才能通过“市民社会”对人类历史中作为基础的社会存在的矛盾运动做深刻的分析。正是从这个意义上说，离开了在社会自我批判中对所确立的“市民社会”的深刻理解，就没有唯物史观。

其三，在社会自我批判中体现关于唯物史观的证明。

在政治经济学批判与唯物史观创立之间的关系中，马克思的研究思路是，在政治经济学批判的基础上形成唯物史观，又用唯物史观来指导政治经济学批判。这就是他所说的，“我所得到的、并且一经得到就用于指导我的研究工作的总的结果”③。这不仅在于“以其人之道还治其人之身”，而且还在于只有通过这样的对于在政治经济批判中的运用，才能使唯物史观得到丰富和发展，并且更重要的是才能使唯物史观至少在逻辑上得到证明。尽管实践检验具有绝对性，但逻辑证明不能缺少，在逻辑上不能得到证实的认识必然不能在实践中得到检验。

《政治经济学批判》第 1 分册的出版作为“多年诚实研究的结果”——“不管人们对它怎样评论，不管它多么不合乎统治阶级的自私的偏见”④——“标志着马克思主义政治经济学创立中的一个重要阶段”⑤。其所体现的政治经济学批判体系在逻辑上证实了唯物史观作为其指导思想所起作用的正确性。“在大陆上常常被称为‘工人阶级的圣经’”的

① 《马克思恩格斯文集》第 5 卷，人民出版社 2009 年版，第 10 页。

② 李佃来：《论马克思市民社会理论的两种逻辑》，《哲学研究》2010 年第 12 期。

③ 《马克思恩格斯选集》第 2 卷，人民出版社 1995 年版，第 32 页。

④ 同上书，第 35 页。

⑤ 中共中央马克思恩格斯列宁斯大林著作编译局为《马克思恩格斯选集》第 2 卷所做注释，《马克思恩格斯选集》第 2 卷，人民出版社 1995 年版，第 648 页。

《资本论》所体现的政治经济学批判体系更是在逻辑上证实了唯物史观作为其指导思想所起作用的正确性，“任何一个熟悉工人运动的人都不会否认，本书所作的结论日益成为伟大的工人阶级运动的基本原则”[①]。由于《政治经济学批判》和《资本论》对于“资本主义生产和资本生产的过程”的说明离不开把“最发达的和最多样性的历史的生产组织”置于社会自我批判的视域中，因此正是在这个意义上说，唯物史观的丰富和发展，更重要的是至少在逻辑上的证实，离不开社会自我批判思想。

---

① 《马克思恩格斯全集》第44卷，人民出版社2001年版，第34页。

中　编

第二章

社会自我批判的意蕴

马克思的社会自我批判思想是历史唯物主义中的一个重要原理，是本书体系得以展开的一个逻辑“原点”，这就决定需要对其意蕴进行深入的分析。社会自我批判原理是在从评价到自我评价再到社会自我评价范畴发展的历程中合乎逻辑地展开的结果。作为评价论范畴的批判和自我批判是评价和自我评价的特殊形态。社会自我批判需要特殊条件，具有极大的深刻性。在对“社会很少进行自我批判”的商榷中探讨社会自我批判的条件、主体形式及社会自我批判能否成为社会常态等问题，以期具体地理解社会自我批判。进一步分析社会自我批判的机制，分析其中作为“两个批判”环节和贯穿其中的“两个态势”在社会自我批判中的作用，是理解社会自我批判意蕴的题中应有之义。人文精神就是唯物主义地理解的黑格尔的“世界精神”，社会自我批判是人文精神能动性的生动体现，是深刻理解社会自我批判意蕴的必然。

第一节　评价、自我评价和社会自我评价

评价、自我评价和社会自我评价是理解社会自我批判的理论前提，从评价论来研究社会自我批判是本研究的一个最重要特点。本节对笔者在《评价论导论》《社会评价论》和《自我评价论》等著作中对评价、自我评价以及社会自我评价的意蕴和机制有针对性地做些概括。人类的认识活动不能离开与认知活动相对应的评价活动。社会评价活动以社会

为主体，国家权威评价活动和社会民众评价活动是其运作的两大现实形态。以范围广、影响大的社会现实为客体的社会评价活动在本质上就是社会自我评价活动。社会主体在历史的进化过程中必然会同时运用国家权威评价活动和社会民众评价活动并使之相互作用，社会自我意识的自觉在这种相互作用中实现。

一 冯契“哲学认识论”视域中的评价

在中国的当代哲学史中，据笔者所知，冯契是第一个明确指出认识活动包括认知和评价，并对评价活动做了独到而深入分析的学者。冯契把认识的辩证过程理解为“存在和自我、天和人之间的关系”的运动，并把研究这种认识辩证过程“基本原理”的认识论称为“哲学认识论”;[①]“认识论也不能离开‘整个的人’，我以为应该是用 Epistemology 来代替 Theory of knowledge。广义的认识论不应限于知识的理论”[②]。“Epistemology”就是不限于知识理论的广义认识论。兹从三个方面予以分析。

其一，认识活动包括认知和评价。冯契说：“认识活动包括认知和评价，二者不能分割，但可以区分。”[③] 可以把体现主体与客体之间辩证过程的认识活动称为认知活动；可以把体现主体与主客体之间辩证过程的认识活动称为评价活动。

（1）认知活动以客体为对象，揭示作为对象的客体事物的本质和规律。认知活动普遍地存在于人们所从事的各个领域里。对自然领域里的事物进行认识，就其中的基础研究而言，一般属于认知活动。社会领域里的事物离不开人的活动，但不以人的意志为转移，因而也是客观存在的事物；当我们把它们当作与主体相对立的客体并作为对象来研究的时候，我们所进行的认识活动就是认知活动。

在认知活动中，主客体之间的关系是外在的。作为对象的客体可以被看作外在于主体的，“主体状况的变化并不影响客体的本质和规律以自

---

① 冯契：《认识世界和认识自己》，华东师范大学出版社 1996 年版，第 102 页。

② 同上书，第 8 页。

③ 同上书，第 55 页。

身的状况显现出来”[①]。认知活动虽然离不开主体的作用，但科学的认知内容不以主体的状况为转移。正确的认知成果具有不依赖于主体特征的普遍性，这就是认知活动的一元性。认知活动中主客体之间的外在关系决定了认知活动的客体性原则，即在认知活动中，主体要尽可能地排除主体因素对于认知内容的干扰，以达到对于作为客体的事物的如实反映。

（2）评价活动以主客体之间的价值关系为对象，揭示其本质和规律。冯契举例说，“水”的定义就不只是“氢氧化合物”等光溜溜的自然属性，而包括“水是饮料，水力能发电”等自然物与“我”之间的价值关系；因此，“人对客观事物的认识不是单纯的认知（cognition）而且还包含着评价（evaluation）”[②]。评价活动普遍地存在于人们所从事的各个领域里。对自然领域里的事物进行认识，就其中的应用研究而言，就属于评价活动。社会领域里的事物离不开人的活动，总与人有着千丝万缕的利害关系，因而对于社会领域里事物的认识主要是评价活动。

评价活动把握的是客体对作为主体的“我”所显现出来的功能，即反映主客体之间的价值关系。因此，尽管主客体之间的价值关系或价值是不以人的意志为转移的，但就这种关系而言，主体和客体之间的关系是内在的。在这种关系中，主体的状况与客体所显示的功能互为条件、互相依存。由于在评价活动中价值主体和评价主体是同一的，这里的主体既可以理解为价值主体，也可以理解为评价主体。因此，“主体的需要改变，客体的功能也显出不同，即主客体之间的内在关系，就既可以从价值角度来理解，也可以从评价角度来理解”。从价值角度来理解，价值作为客体属性对于主体需要所显示的功能，体现着“主客体之间的一种统一状态”，[③] 主客体之间的内在关系属于本体论领域。从评价角度来理解，客体对于主体的意义也就是在主体意识中客体属性对于主体所显示的功能。客体属性满足主体需要，主体就赋予客体以肯定性的意义，反之就赋予否定性的意义。于是，主客体之间的内在关系就属于认识论领

① 冯契：《人的自由和真善美》，华东师范大学出版社1996年版，第66页。

② 同上书，第64页。

③ 李德顺、马俊峰：《价值论原理》，陕西人民出版社2002年版，第106页。

域。由此，本体论领域的主客体之间的内在关系，就转化为认识论领域的主客体之间的内在关系。

主客体之间的内在关系决定了主体在评价活动中总要从主体自身出发，来评价客体对于主体所具有的意义，也就是说，具有强烈的主体特征，这就是评价活动中的主体性原则。与认知结果具有不依赖于主体特征的普遍性不同，评价活动中主体性原则使评价活动总具有个体差异性。评价活动的多元性是指，对于同一客体，不同的主体可以有不同的正确评价。但不能由此就可以推断出评价活动具有主观随意性。这是因为，主客体之间的价值关系即价值是客观的。处于健康而清新状态中的主体一般总能如实地感受到自身需要与客体属性之间的关系，主体对于客体的评价具有确定性。"如果我们把经过正确选择的主客体之间的价值关系看成是一个与主体相对立的新客体，那么主体对于客体的评价活动就转化为主体对于新客体的认知活动了。主体对于新客体的认知成果只有并且只能是一个。"① 因此，评价的多元性与认知的一元性在本质上是相通的，评价活动的主体性原则与认知活动的客体性原则在本质上也是相通的，在前者的规定中已经把后者的规定包含在内，"认知的一元性必然体现在评价的多元性上"②。

（3）认识活动中认知与评价不可分离。虽然一个具体的认识活动可以侧重于认知或评价，然而没有绝对的离开评价的纯粹认知和离开认知的纯粹评价，认知和评价总是联系在一起的。认知活动和评价活动是相互联结并相互促进的。没有对客体属性和人本身需要的认知，就不可能有评价，即使有对客体意义的意识，这种意识也是很朦胧的；人们之所以要进行认知活动，就是为了要改造世界，人们对于客观事物的认知总是与探求客观事物对于人的意义相联系，否则，尽管个别人可以从兴趣中获得认识的动力，但就大多数人而言，就没有动力。

其二，评价活动中的两个环节。

相比较而言，评价活动的结构比认知活动复杂。一个评价活动中包括两个前后相继的环节。

---

① 陈新汉：《关于评价活动的认识论机制》，《哲学研究》1992 年第 2 期。

② 陈新汉：《自我评价论》，上海人民出版社 2011 年版，第 68 页。

（1）主体选择评价标准。主体自身的需要是主体对于客体进行评价活动的出发点。需要与对需要的意识不一样，属于两个领域，只有被主体意识到了的需要才能作为主体进行评价活动的出发点。主体在进行评价活动时，总要自觉或不自觉地用意识到了的需要来衡量客体属性对满足自身需要所具有的意义。主体的需要是多方面、多层次的，有些需要在一定条件下甚至会相互冲突。主体在评价活动中必然会对进入意识中的主体各种需要进行比较和权衡，根据主体所处的具体情况，选择用何种具体需要作为评价标准。这些活动构成了评价活动的第一个环节。

（2）主体反映经过选择的价值关系。评价活动就在于把第一个环节中经过主体选择的价值关系反映到主体意识中来，以便在主体中经过整合形成价值意识。价值意识的整合必然要涉及主体反映价值的思维形式。如果说，认知活动中主体从客体事实中揭示本质和规律的主要思维形式是概念、判断、推理；那么，评价活动中主体从价值事实中揭示本质和规律的主要思维形式就是规范、价值判断和评价推理。评价成果作为价值的观念产物有一个对价值是否正确反映的问题。[①] 这里的正确反映，既涉及主体正确选择评价标准，从而正确地把一定的主客体之间的价值关系作为反映对象；又涉及对这种经过选择的价值关系的信息予以正确地整合。主体赋予客体的意义，“只能是我的一种本质力量的确证”[②]。评价成果作为意义正是意识到了的价值，从而揭示了主体的本质力量。这些活动构成了评价活动的第二个环节。

其三，评价活动在认识活动中的地位。

（1）评价活动形成认识活动中的注意。心理学中的注意指的是意识在特定对象上的指向和集中。注意作为“意识行为是神经印象转变为心灵感觉的必要条件”，如果没有“注意这个意识行为”，那么“对世界的认识就没有可能”。[③] 这里的世界包括外部世界和内部世界，因此这里的注意既是指意识对外部事物的指向和集中，也是指意识对内部事物的指

---

① 陈新汉：《关于评价活动的认识论机制》，《哲学研究》1992 年第 2 期。

② 《马克思恩格斯全集》第 3 卷，人民出版社 2002 年版，第 305 页。

③ ［苏］乌申斯基：《人是教育的对象》第 1 卷，李子卓等译，科学出版社 1959 年版，第 201 页。

向和集中。当意识中很多意识材料浮现时，需要运用注意，使被指向和集中的意识材料凸显，从而“转变为心灵的感觉”①。注意在个体认识活动中不可缺少，同样在社会认识活动中也不可缺少。

冯契对注意与评价活动之间的关系做了很好的说明。“注意一个事物，可能有外在的原因，譬如说强烈的刺激”，“但是在人的感性经验中的注意更多的是由于主体的意向，有主体的欲望、意志、情感在其中起作用”。有了注意，求索的对象就突出了；有了注意，就有所选择，“即使是与本能相联系着的‘好好色、恶恶臭’，也不仅对颜色、臭味有认知，而且包含了权衡、选择”，“好看的颜色就喜爱，难闻的气味就厌恶，这里就作了评价”。② 因此，注意作为意识行为必然包含着评价因素。认识活动离不开注意，“只有经过这个门，外在世界的印象”，“才能在心灵中引起感觉”，③ 世界才能进入主体的意识；注意与评价活动密切地联系在一起，由此可以说，只有经过评价活动的“这个门”，世界才能进入主体的意识。

（2）评价活动比认知活动更为优先。有一种较为流行的观点认为，没有对客体属性和主体需要的认知，评价活动就无从发生，因此认知活动先于评价活动。其实，如果从认识发生学的角度来分析，可以说是先有评价活动后有认知活动。瑞士心理学家皮亚杰在以自己的孩子为实验对象研究儿童心理发生的机制时指出，儿童最初的认识兴趣“主要在求得实际效果，而不在阐明实际情况”④。人类祖先的意识发生状态与儿童意识发生状态在某种意义上可以说是相同的。人类学家布留尔在深入研究太平洋岛屿中尚处于原始状态的人群部落时谈道，原始人“所追求的往往是某种实际效果，而这种实际效果正是和集团的利益密切相关的”⑤。原始人正是在对自己所属集团利害的关注中，才反映与他们利益密切相

① ［苏］乌申斯基：《人是教育的对象》第1卷，李子卓等译，科学出版社1959年版，第218页。

② 冯契：《认识世界和认识自己》，华东师范大学出版社1996年版，第137页。

③ ［苏］乌申斯基：《人是教育的对象》第1卷，李子卓等译，科学出版社1959年版，第218页。

④ ［瑞］皮亚杰：《儿童心理学》，吴福元译，商务印书馆1980年版，第5页。

⑤ ［法］列维·布留尔：《原始思维》，丁由译，商务印书馆1981年版，第103页。

关联的客体属性的本质，由此与之相连的认知活动也就开始了。夏甄陶对此十分赞同地指出，“在人类认识产生的最初阶段，构成认识内容的基本成分是什么呢？笼统地说，这是认识与价值的混合体。如果加以具体的考察就会发现，在这个混沌的认识中，占主导地位的并不是有关物体自然属性的认识，而是有关对象的价值的认识（即评价——引者注）”①。

人类认识活动的历史过程，可以说，以简约的形式浓缩在现实的认识活动发生过程中。在现实的认识活动中，固然很难规定到底是认知活动在先，还是评价活动在先；然而，既然在逻辑上我们把实践作为认识的前提，必须在实践活动的基础上认识活动才能发生；那么我们同样可以在逻辑上把评价活动作为认知活动的前提，认为先有评价活动才会产生认知活动。这是因为，实践活动就是在改造世界中创造价值，以满足人类需要的物质活动，这就在逻辑上决定了人们首先关心的是对自己需要的满足情况，由此才产生对客体认知的兴趣。评价活动在人类认识世界的逻辑上先于认知活动，也就肯定了对于主体而言，评价活动比认知活动更为根本、更为重要。这个结论在总体上是符合人类生存规律的。人类的行为总是以高级形式体现着生物界趋利避害的基本生存规律。而对于“利”和“害”的认识就首先与评价活动联系在一起。

二　自我认识中的自我评价

自我评价是自我认识的组成部分，又与自我认知相对应，对自我意识的自觉具有重要意义。兹从三个方面来理解自我评价的内涵。

其一，与对外认识相对应的自我认识。

认识活动包括以外部世界为对象的对外认识和以内部世界为对象的自我认识。在自我认识活动中主体两重化了，既是主体，又是客体。虽然处于主体地位的主体与处于客体地位的主体是同一个主体，但两者的作用不一样。前者总是调动其所具有的物质因素和精神因素，以能动的一方，来发动、组织和调控主客体之间的关系，既使作为客体的主体以客体事实的形式呈现在主体的意识中，又使主客体之间的价值关系以价值事实的形式呈现在主体的意识中。主体通过自我认知活动和自我评价

---

①　夏甄陶：《认识发生论》，人民出版社1991年版，第348页。

活动，对呈现在意识中的“我”的状况及其活动进行各种抽象，进而形成观念中的具体。在自我认识活动中，主体揭示作为客体的“我”的状况及其活动的本质和规律，揭示作为客体的“我”的状况及其活动与主体之间的价值关系的本质和规律，从而形成关于“我”的状况及其活动的客体意识和价值意识。这两方面的意识就构成了主体的对内意识，主体意识中的“我”作为“纯粹的‘自为存在’”,[①] 正是对内认识活动所形成的自我意识的升华或结晶。

粗浅的思索经常会使人认为，人类始初阶段的认识活动一定首先是与探求外部世界的活动联系在一起的，因为人类对自然界的依赖必然会以强制性的方式使人把目光首先投向外部世界，从而就使对外认识在先，而对内认识在后。人类学家卡西尔把这种由粗浅思索形成的粗浅观点斥之为“生物学的观点”。仔细地对认识起源予以推究，人们就会发现，从人类意识萌发之初开始，人类就把对外部世界的认识与对内部世界的认识不可分离地结合了起来。“在对宇宙的最早的神话学解释中，我们总是可以发现一个原始的人类学与一个原始的宇宙学并肩而立：世界的起源问题与人的起源问题难分难解地交织在一起。”[②] 自哲学产生至今，认识自我甚至被认为是哲学探究的最高目标。古希腊德尔菲神庙中的铭言“认识你自己”，历经千年沧桑，对于每一个膜拜者来说，就是“认识我自己”。各派哲学在许多问题上争论不休，唯独对认识自我共守始终，“它已经被证明是阿基米德点”。[③]

主体的对外认识和对内认识是联系在一起的。首先，对外认识和对内认识共同构成了人对于世界的完整理解。不能把人的世界观仅仅理解为人对于外部世界是什么的基本观点，而必须把世界对于人具有什么意义的基本观点包括在内。而世界对于人所具有的意义，本身就与对人自身的认识联系在一起。其次，认识活动从来不是单向的，而是主客体之间相互作用的过程。对外认识总是主体自我意识到了的意识，因而对外认识必然凸显对内认识；认识自身的需要和目的就为对外认识指出了方

---

① ［德］黑格尔：《小逻辑》，贺麟译，商务印书馆 1980 年版，第 81 页。

② ［德］恩斯特·卡西尔：《人论》，甘阳译，上海译文出版社 1985 年版，第 5 页。

③ 同上书，第 3 页。

向和提供了动力，从而促进了对外认识。主体对外认识和对内认识不可分割的基础就在于作为人的“类活动”的实践。实践活动是主体通过目的和方法所控制的改造外部世界的物质活动，即按照“内在的尺度”和“任何一个种的尺度”即“物的尺度”来进行的“生产”活动。[①] 由此，实践活动就包含两个方面：对对象的了解和对自我的了解；对物的控制和对自我的控制。因此，实践活动就分别促进了对外的意识活动和对内的意识活动，从而也就顺理成章地使实践主体具有了对外意识和对内意识。

其二，与自我认知相对应的自我评价。

自我认识活动包括自我认知活动和自我评价活动。自我认知活动和自我评价活动相结合，实现主体对自我的完整认识，从而形成完整的自我意识。在自我认识活动中，无论是缺少了认知及其所形成的内容，还是缺少评价及其所形成的内容，都不能构成完整的自我意识。

主体在自我认知活动中把自我本身作为认知对象，以揭示处于客体地位的主体的本质和规律，从整体上回答关于处于客体地位的主体“我是什么”的问题。由于既是主体又是客体，主客体之间的自我缠绕就使自我认知活动具有与对外认知活动不同的特点。自我认知是与对外认知相对应的特殊类型的认知活动。

在自我评价活动中，主体把自身置于评价客体的位置上，揭示主体与处于客体地位的主体之间价值关系的本质和规律，即处于主体地位的主体从自身需要出发来看待处于客体地位的主体属性。主体是物质和精神的统一，主体的需要是多方面的，主体的属性是多方面的。主体的需要本身可以是处于客体地位的主体属性，主体的活动既可以看作主体的延伸，也可以理解为包括在处于客体地位的主体属性范围内。作为主体的主体需要与处于客体地位的主体属性相联系，就形成具有客观性的价值关系。自我评价活动把经过选择的价值关系反映到主体意识中来，形成关于处于客体地位的主体各种属性乃至各种属性之整体的主体对于处于主体地位的主体而言的意义，以回答关于“我对于我有什么意义”的问题。

---

① 《马克思恩格斯全集》第3卷，人民出版社2002年版，第274页。

与评价活动一样，自我评价活动中主体与处于客体地位的主体之间的关系是内在的，主体用不同的需要作为评价标准能赋予处于客体地位的主体的同一属性以不同的意义。自我评价活动遵循评价活动的主体性原则，主体最终关心的是处于主体地位的主体需要是否或能否得到满足。自我评价活动的认识成果同评价活动一样是多元的，主体从不同的主体需要出发，对自身的同一种状况可以有多种不同的评价结论。在一般情况下，主体在自我评价活动中往往会对多种不同的评价结论予以综合，以赋予处于客体地位的主体属性乃至整个主体以综合性的肯定或否定的意义以及肯定或否定意义的程度，形成关于自我的综合评价。从这个意义上说，自我评价活动的认识成果又是一元的。

自我评价活动有正确与错误之分。自卑与自谦不同，自负与自信有别，如何正确地评价自我，对于主体的行为具有极大的影响。正确的自我评价活动必然与主体正确地选择一定的需要作为评价标准联系在一起，也必然与主体正确地整合主体需要与处于客体地位的主体属性之间的价值关系的信息联系在一起。在一般情况下，没有任何一种外在力量"能够强制处在健康清醒状态"① 的主体放弃自己所选择的评价标准或否定自己所形成的评价结论。正确地选择评价标准和正确地运用评价活动所特有的思维形式及对多种评价结论的选择和综合，体现着主体的理性能力。

自我评价活动是评价活动的特殊类型，因而又以特殊的形式体现着一般评价活动的规律。在对外评价活动中，主体和客体处于认识结构的两端，评价内容和评价对象也处在反映和被反映的两个层面上。自我评价活动的最大特点就是主体以自身为客体，这就使得处于认识结构两端的评价主体和评价客体不断地相互转化，就使得处于反映层面的评价内容与处于被反映层面的评价对象不断地自我缠绕，从而增加了自我评价活动的复杂性和困难性。

其三，自我评价对于自我意识的意义。

对于自我意识的自觉，冯契指出："严格地讲，有思维，才有理性，才有意识（明觉）"，"'觉'是指进入主体的意识领域，为主体所把

---

① 《马克思恩格斯选集》第3卷，人民出版社1995年版，第426页。

握”。[①] 这就需要主体借意识之光“用来反照自己”，反照就是“以自身为对象进行思维，也就是常说的反思”。人凭借着意识之光不仅用来通过对外认识以照亮外在世界，而且用来通过对内认识以反照自己，使“人对自我有了越来越明白的意识”，从而使自我意识“提高了自觉性”[②]。这种“反照”绝不是“塞其兑，闭其门，终身不勤”（《老子·五十二章》）[③] 式的自我冥思苦想；而是必须“凭着化自在之物为为我之物的运动，自我才能够自在自为地发展”[④]。人把“自己的生命活动本身变成自己意志和意识的对象”[⑤]，正是有了对自己生命活动所进行的自我认知和自我评价，才有了人所独有的自我意识；也只有在实践基础上的自我认知和自我评价及其相互作用的过程中，自我意识的自觉才能不断地予以提升。

主体自我肯定的理性确立包括对于“我对于我是什么”的把握和“我对于我具有什么意义”的理解。前者与自我认知活动相联系，后者与自我评价活动相联系。“我”对于我自己的认识离开了“我是什么”的内容就没有意义；自我评价活动离开了自我认知的内容就不可能进行。然而，自我评价的内容对于“我”的意识的意义更大。只有在人生对于“我”具有意义而“我”又不满足于这种意义时，人们才能为自己的生存和发展而奋斗。离开了“我对于我具有什么意义”的意识，就谈不上自我意识的理性确立，自我意识必然是朦胧的，更谈不上自我意识的自觉。

人们关于外部世界的基本观点的基石是“世界是什么”；然而，人们最感兴趣的却是建立这个基石上的世界对于“我”的生存和发展所具有的意义，以便于使自己的行为能“趋利避害”。可以说，世界对于“我”的生存和发展之具有什么意义是人们从“我”出发对于世界是什么的理解，它构成了世界观的核心内容。同理，“我”对于“我”具有什么意

① 冯契：《人的自由和真善美》，华东师范大学出版社 1996 年版，第 151 页。

② 冯契：《认识世界和认识自己》，华东师范大学出版社 1996 年版，第 216 页。

③ 关于“勤”，马叙伦认为这里是指病。参见冯契《中国古代哲学的逻辑发展》上册，上海人民出版社 1993 年版，第 124 页。

④ 冯契：《认识世界和认识自己》，华东师范大学出版社 1996 年版，第 216—217 页。

⑤ 《马克思恩格斯全集》第 3 卷，人民出版社 2002 年版，第 273 页。

义，是人们从“我”出发对于“我”是什么的理解，它构成了人生观的核心内容。离开了自我评价，即使有自我认知，主体仅仅知道“我是什么”，而不能对“我是什么”予以理解，就不能理性地确立自我肯定。自我意识由自在阶段经自为阶段达到作为前两个阶段之统一的自觉阶段的发展，固然离不开自我认知活动，然而更加依赖于自我评价活动。我们可以从以下两个方面来分析之。

（1）主体通过自我评价活动凸显关于“我”的意识。自我评价活动以“我”为客体，亦即以包括“我”的所作所为在内的“我”的状况为客体，揭示关于“我是什么”对于主体的“我”所具有的意义。价值作为一种主客体之间与利害相联系的关系范畴，从本质上说，“是一种主体性现象”①，当然这并不意味着价值不具有客观性，不能把“主体性”与“主观性”相混同。这就使评价活动在形成价值意识时能凸显“主体性现象”中的“我”。自我评价活动不仅作为评价活动，由此能凸显“主体性现象”中作为主体的“我”；而且作为关于“我是什么”的理解活动，更是促进自我意识予以凸显和清晰。对此，黑格尔说，“凡是在我的意识中的，即是为我而存在的”②，“人的这种性能（指能动性——引者注）的最初发动，即在于当他知道他是我的时候。”③ 凸显了主体的“我”，正是自我意识自觉的重要内容。

（2）主体通过自我评价活动在赋予客体“我”的意义中提高对行为控制的意识自觉。自我评价活动把“我”作为客体。作为主体的“我”总是从“我”出发，以反映“我”的需要的利益为标准来评价处于客体地位的“我”的所作所为。当处于客体地位的“我”的所作所为有利于满足处于主体地位的“我”的需要时，处于主体地位的“我”就赋予处于客体地位的“我”以肯定性意义；否则，就赋予否定性意义。正是通过处于主体地位的“我”对处于客体地位的“我”的所作所为所赋予的意义，达到了对于“我是什么”的理解。自我意识的能动性就在于促进与肯定性价值判断相对应的主体的所作所为，抑制与否定性价值判断相

① 李德顺、马俊峰：《价值论原理》，陕西人民出版社 2002 年版，第 142 页。

② ［德］黑格尔：《小逻辑》，贺麟译，商务印书馆 1980 年版，第 81 页。

③ 同上。

对应的主体的所作所为，以使处于主体地位的“我”对自己的行为处于自觉控制之中，而这种自觉控制与提高主体“我”的意识自觉是联系在一起的。这是离开了对于“我”的理解就谈不上自我意识自觉的最为深沉的理由。

三　社会评价和社会自我评价

社会成为评价活动的主体何以可能？社会评价活动是如何现实在进行的？怎样理解社会评价总意味着社会自我评价？这三个问题是理解社会评价和社会自我评价的关键，兹做以下分析。

其一，社会成为评价活动主体的根据。

“社会……是人们交互活动的产物。”[①] 人们通过共同活动、相互作用和时间持续形成群体。可以把群体分为有形体的群体和无形体的群体，前者如政党、公司、学校、学会；后者如民族、为某一社会事件而激发的舆论群。生活在有形群体的人们通过一定的形式组织起来并发动协调的行动，群体的界面比较清楚，群体意识也比较强；生活在无形群体的人们未通过一定的形式组织起来，群体的界面不清晰，群体与成员之间往往没有明确的义务与责任关系，由此产生的结果是，群体的意识比较弱。群体是广义的社会，社会是狭义的群体。从历史上看，一个相对完整的社会总与“共同的经济生活”及与之相应的经济基础相联系，而“共同的经济生活”是一个民族形成的“最主要的标志”。[②]

同个体一样，社会作为人群的集合体具有使自身得以存在和发展的需要。这种需要是人的需要，因而具有人的需要的一切本质特征；但它又不是群体所属的众多单个人需要的总和，“有的群体需要只是单个人需要中的一部分，也就是群体内众多单个人的需要中的共同需要”，如社会的安全需要；“有的群体需要只是单个人部分需要的基础，也就是群体内众多单个人共同需要的基础”，[③] 如社会再生产自身生产关系的需要。社会的机体组织所产生的需要总会自觉或不自觉地反映

① 《马克思恩格斯全集》第 30 卷，人民出版社 1995 年版，第 221 页。
② 冯契主编：《哲学大辞典》，上海辞书出版社 2001 年版，第 1004 页。
③ 陈新汉：《民众评价论》，上海人民出版社 2004 年版，第 35、36 页。

在社会意识中。由需要转化而来的利益总体现着主体的意向，而“人的目的是意向之所向”①。于是，利益就通过与意向相联系的目的成为意志形成的根据。“要有同样的意志，这些多数人就要有同样的利益、同样的生活状况、同样的生存条件”。② 这就指出了意志与利益、生活状况、生存条件之间的关系。与个体具有意志一样，社会也具有意志。“理智的工作仅在于认识这世界是如此，反之，意志的努力即在于使得这世界成为应如此”③，这就使意志成为能动性之源。具有意志的社会由此就成为主体。

社会同个体一样具有需要，需要体现了社会在生存和发展中的一定匮乏状态。为了克服这种匮乏状态，社会主体必然感兴趣于客体对于满足主体需要所具有的意义，由此就推动了社会的评价活动。社会主体的能动作用贯彻在社会自我评价活动的作为评价活动的两个环节中：在第一个环节中，社会主体在选择用何种主体需要作为评价标准中发挥能动性，以确定以何种主体需要与作为客体的主体属性之间的价值关系作为反映对象；在第二个环节中，社会主体在反映和整合主体与作为客体的主体之间价值信息中发挥主体能动性，通过规范、价值判断和评价推理，整合价值信息，使之能清晰地呈现在社会主体的意识中。社会主体的能动作用尤其体现在促使社会评价活动向社会实践活动的转化上，以进行能满足自己生存和发展需要的社会改造。

其二，社会评价活动的两种现实形态。

社会能作为主体，但与具有有形形体的个体主体不一样，社会主体没有具体形体，以社会为主体的评价活动必须通过国家权威评价活动和社会民众评价活动来体现。社会评价活动除了这两种现实形态外没有其他现实形态。兹分析如下。

社会是由国家将众多个人结合起来的人群集合体构成的。在阶级社会中，国家“照例是最强大的、在经济上占统治地位的阶级的国家”④。

---

① 冯契：《逻辑思维的辩证法》，华东师范大学出版社1996年版，第368页。

② 《马克思恩格斯全集》第6卷，人民出版社1961年版，第235页。

③ ［德］黑格尔：《小逻辑》，贺麟译，商务印书馆1980年版，第420页。

④ 《马克思恩格斯选集》第4卷，人民出版社1995年版，第172页。

国家机构处于社会层层相叠的权力结构中的“金字塔”顶端，代表着以国家形式呈现的社会主体意志，是社会的法人代表，从而被认为是以“整个社会的等级”身份实现对社会的“普遍统治”。[①]“民主政体的国家和专制政体的国家之间的区别不在于有没有权威金字塔”[②]，而在于行使权威的方式不同。国家权威机构为实现对社会的有效统治，必然要对以社会现象形式体现出来的由人们的所作所为所形成的社会运动、社会事件和社会问题等进行评价活动。国家权威评价活动是社会评价活动的一种现实形态。

广大民众生活在社会基层的各个领域，切身地感受到以社会现象形式体现出来的社会运动、社会事件和社会问题对于自己利益所发生的影响。民众的利益尤其是切身利益一旦被触动，便“如鲠在喉，不吐不快”，因此必然会对这些社会现象议论纷纷，从而形成社会民众评价活动。这里的“民”与“官”相对应，意谓平民；这里的“众”与“寡”相对应，意谓多。在“民众”前加上“社会”两字，意谓不仅人数巨大，而且涉及面广，否则就不配冠以“社会”的定语。在社会民众评价活动中，“个人所享有的形式的主观自由在于，对普遍事务具有他特有的判断、意见和建议，并予以表达”，因而表面上林林总总，似乎是混乱的和杂乱无章的；然而，“绝对的普遍物、实体性的东西和真实的东西”却由此体现了出来，[③] 因而总体现着社会主体的意志。社会民众评价活动是社会评价活动的又一种现实形态。

其三，社会评价活动在本质上就是社会自我评价活动。

需要作为社会主体生存和发展的匮乏状态，不仅体现着对于外部事物的依赖，而且体现着对于主体自身的依赖。于是社会主体就必然感兴趣于作为客体的社会对于满足社会主体需要所具有的意义，由此就推动了社会自我评价活动。虽然处于主体地位的社会和处于客体地位的社会是同一个社会，但主体的需要与主体的属性是不同的；尽管社会主体的

---

① 《马克思恩格斯选集》第1卷，人民出版社1995年版，第13页。

② Comter & Marks, *Main Current in Sociological Thought Bantam Doubleday*, Dell Oublishing Group, Ine New York, 1989, p. 203.

③ ［德］黑格尔：《法哲学原理》，范扬、张企泰译，商务印书馆1961年版，第332页。

需要本身也可以作为客体，但处于客体地位的社会主体需要以属性的形式呈现出来。

作为社会评价活动客体的社会总是以社会现实的形式存在着。社会现实总是以纷繁复杂、光怪陆离的社会现象的形式呈现出来，社会现象总体现着社会现实。“现象是存在的根据，是比存在更为丰富的范畴。”①把握了社会现象，也就把握了社会现实，从而也就把握了社会本身。由社会现象体现出来的社会现实有大有小，从理论上说，凡社会现实都是社会的体现，但只有范围广、影响大的社会现实才能直接和全面地体现社会。范围广、影响大的社会现实主要通过社会运动、社会事件、社会问题等社会现象现实地呈现出来。

社会主体通过直接对社会运动、社会事件、社会问题等社会现象的评价活动，也就是在对体现在社会现象中的社会现实进行评价。对于社会现实，马克思说：“随着对象性的现实在社会中对人来说到处成为人的本质力量的现实，成为人的现实，因而成为人自己的本质力量的现实，一切对象对他来说也就成为他自身的对象化，成为确证和实现他的个性的对象，成为他的对象，这就是说，对象成为他自身。”② 马克思的这段话是对作为人的本质力量体现的现实说的，社会“是人们交互作用的产物”，因而马克思的这段话对于社会来说也是适用的，即社会现实是社会主体本质力量的体现。社会主体对社会现象的评价活动，就是揭示作为客体的社会属性与作为主体的社会需要之间的关系，从而赋予作为客体的由社会主体的所作所为所形成的社会状况以肯定或否定的意义，由此也就实现了对社会主体自身的评价。社会评价活动在本质上就是社会自我评价活动，尤其是在把范围广、影响大的社会现实作为评价客体时，社会评价活动直接就是社会自我评价活动。社会评价活动把国家权威评价活动和社会民众评价活动作为其得以运作的现实形态，顺理成章，国家权威评价活动和社会民众评价活动也就成为社会自我评价活动的现实形态，此外没有其他现实形态。

其四，社会自我评价活动对于社会自我意识自觉的意义。

---

① ［德］黑格尔：《小逻辑》，贺麟译，商务印书馆1980年版，第276页。

② 《马克思恩格斯全集》第3卷，人民出版社2002年版，第304页。

上面我们分析了自我评价活动对于自我意识的意义，顺理成章地就要分析社会自我评价对于社会自我意识的意义。社会意识包括社会意识形式和社会心理，意识形态是社会意识形式的核心。社会自我意识的自觉是与国家权威评价活动和社会民众评价活动对于意识形态和社会心理的作用联系在一起的，社会自我评价对于启迪社会自我意识的自觉具有重要的意义。兹做以下分析。

（1）国家权威评价活动与意识形态。意识形态是统治者为“调节着自己时代的思想的生产和分配”[①] 通过国家权威评价活动自觉建构的，具有“抽象的和独立的形式”，被描绘成“具有普遍意义的思想”，在本质上是对社会存在的反映。意识形态作为“精神的太阳”[②]，能对现存社会做合法性论证。国家权威评价活动通过意识形态的规范作用，把社会主导价值观念与国民融合。国家权威评价活动是社会自我评价活动的现实形式，由此就可以把意识形态理解为社会自我意识的具体体现，于是就能理解“意识形态的总体概念在理解我们的社会生活方面具有特别的意义和关联”[③]。

（2）社会民众评价活动和社会心理。社会心理是人们在其日常生活和相互交往中自发产生的不系统不定型的社会意识，“反映着一定社会当时的现实需要，反映着社会不同阶层（集团）人们的现实需要——利益关系”[④]。社会心理通过社会民众评价活动体现出来，社会民众评价活动以“以逻辑的式固定下来”[⑤] 积淀为社会心理。社会民众评价活动“包含着现实界的真正需要和正确趋向”[⑥]，能“本真”地体现社会自我意识，社会心理就成为社会自我意识的“本真”体现。

（3）国家权威评价活动和社会民众评价活动相互作用与社会意识的自觉。社会自我评价活动把国家权威评价活动作为其中的一种现实形态，

---

① 《马克思恩格斯全集》第3卷，人民出版社1960年版，第52页。

② 《马克思恩格斯全集》第1卷，人民出版社1995年版，第111页。

③ ［德］卡尔·曼海姆：《意识形态与乌托邦》，黎鸣、李书崇译，商务印书馆2009年版，第71页。

④ 赵泳：《社会自我意识研究》，陕西人民出版社1998年版，第79页。

⑤ 《列宁全集》第55卷，人民出版社1990年版，第186页。

⑥ ［德］黑格尔：《法哲学原理》，范扬、张企泰译，商务印书馆1980年版，第332页。

然而由于某种原因，如后面要论述到的认识论或本体论等原因，国家权威机构有可能不能站在或不能正确地站在社会主体的立场上进行评价活动。社会自我评价活动把社会民众评价活动作为其中的一种现实形态，社会民众评价活动一般说来能“本真”地使社会主体实现对社会自我的评价，然而由于其特有的自发性所产生的盲目性，在某些情况下容易受到某种误导或操纵，不能或不能很好地“本真”地体现社会自我意识。为了实现对自身的自我评价，社会主体在历史的漫长进化过程中必然会同时运用这两种现实形态并使之相互作用。国家权威机构在社会中所处的地位使它往往会以内在认可的方式接受社会民众评价活动的意见；当前者不能认同后者时，后者就往往会以强制的方式使前者认同，这就是“影响社会心理，也就是影响历史事变”①。国家权威评价活动通过国家机器的强制力量或形成宣传舆论对社会民众评价活动发生作用。国家权威评价活动与社会民众评价活动之间的相互作用与意识形态或社会意识形式与社会心理之间的相互作用联系在一起。于是，社会自我意识的自觉就在社会意识的内部运动即在社会意识形式，尤其是其中的意识形态与社会心理之间的相互作用中不断地实现。

第二节　社会自我批判的内涵

马克思用“人体解剖”来言说社会自我批判，是个形象的比喻，作为本书研究的一个核心概念，需要对社会自我批判的内涵做学理上的具体规定。批判和自我批判属于评价和自我评价范畴，由于其特有的否定和反思特性，就成为评价和自我评价的特殊形态。社会自我批判需要特殊条件，具有极大的深刻性，是社会自我评价的特殊形态。对“社会很少进行自我批判”引发的思考，能在如何理解社会自我批判的条件、社会自我批判的主体形式和社会自我批判能否成为社会的常态等方面对社会自我批判予以更为具体的理解。

---

① ［苏］普列汉诺夫：《论个人在历史中的作用问题》，唯真译，生活·读书·新知三联书店 1961 年版，第 39 页。

一 评价论视域中的批判和自我批判

《汉语大词典》对“批判”的诠释是：（1）批示判断；（2）评论、评断；（3）对所认为错误思想、言行进行批判否定[①]。在日常生活中，人们主要是从第三个诠释框架来理解和运用“批判”概念的，即把批判理解为“对错误的思想、言论或行为做系统的分析，加以否定”，“分析判别，评论好坏”。[②] 例如，对某一种错误行为的批判，对某种错误思潮的批判，批判地继承文学艺术遗产，等等。这样的理解当然是不错的，但太狭窄了。在英语语词中，“批判”和“批评”是同一个单词“criticize”，源自古希腊语词中作为动词的“krino”和作为名词的“krisis”，通常用于日常生活中的批评和文学上的评价。[③] 显然，如果主要从这两方面来理解“criticize”，那么同样还是太狭窄了。

批判是“生命体所特有的生机与活动的表现”，“只要看到生命的进步，就意味着有抛弃、有变革、有更新、有创造，这一切的前提用今天的话题来说，就是批判”。[④] 哲学意义上批判的含义显然要比日常生活的意义要宽泛和深刻得多。“批判”是一个重要的哲学范畴。然而，在我国出版的哲学辞典，无论是《哲学大辞典》还是《中国大百科全书》的“哲学卷”里，竟然都没有“批判”的条目，也就无从谈起关于“批判”的哲学意蕴，这是颇为费解的。

在西方，康德之前的“‘批判’（Kritik）还是一个非哲学的词汇”，“古希腊的日常语言中，‘批判’（Kritik）意味着一种‘评判’的技艺（Kunst der Beurteilung），包含着一种理性分析、评判的能力，同时也是说服别人的能力”；“后来，批判的对象范围逐渐扩展，判断一个社会制度是否合理公正，一件作品是否具有艺术价值，甚至考证一个文献的真伪”

---

① 罗竹凤：《汉语大词典》，汉语大词典出版社 1990 年版，第 366 页。

② 中国社会科学院语言研究所编辑室编：《现代汉语词典》，商务印书馆 2012 年第 6 版，第 984 页。

③ ［美］韦勒克：《批评的概念》，张今言译，中国美术学院出版社 1999 年版，第 20—21 页。

④ 欧阳康：《批判性思维的前提性反思》，《高等教育研究》2012 年第 11 期。

等，都被称为批判。[①]

到了康德时代，“批判”已经成为启蒙运动的基本词汇，成为理性时代的代名词。康德说，“我们的时代是真正批判的时代，一切都必须经受批判”，经受理性“自由而公开的检验”。[②] 这就是要“委任一个法庭，这个法庭能够受理理性的合法性保障的请求，相反，对于一切无根据的非分要求，不是通过强制命令，而是能按照理性的永恒不变法则来处理”[③]。康德进一步指出，“批判，而且只有批判才含有能使形而上学成为科学的、经过充分研究和证明的整个方案，以至一切办法，别的途径和办法是不行的”[④]。为反对独断论，在对莱布尼茨—伏尔夫的“形而上学”体系展开批判的过程中，康德建立起包括第一章所述三大巨著在内的批判哲学体系。康德对后来哲学发展的影响主要是他的哲学批判思想。

对于批判，康德说：“不是用来扩展我们的理性，而是用来澄清我们的理性，以避免犯错误”，这就决定了批判“是对一般形而上学的可能性和不可能性进行裁决，对它的根源、范围和界限加以规定，但这一切都是出自原则”。[⑤] 康德的批判思想很明确：任何自身一致的形式系统都是不完备的，必须超越系统对其前提的合理性提出质疑，从而进行分析即批判。康德将他自己通过理性批判所带来的成果称为哲学史上的“哥白尼式的革命”，确实，“他的哲学标志着启蒙运动理智上成就的高峰”。[⑥]

马克思的批判哲学继承并发展了康德的批判思想。如我们在第一章所分析的，马克思的批判哲学有两个特质，即把批判与现实紧密结合，强调把“理论的批判”与“实践的批判”结合起来；把批判与辩证法中的否定环节联系在一起，批判就在于揭示事物内在的否定环节，从而促使事物的发展。正是在这个意义上，马克思理论的“全部价值在于这个理论‘按其本质来说，它是批判的和革命的’”，从而对“世界各国社会

---

① 谢永康：《理论批判与改变世界——从康德到阿多诺的哲学实践》，《马克思主义与现实》2013 年第 6 期。

② 《康德哲学讲演录》，邓晓芒译，人民出版社 2005 年版，第 125 页。

③ ［德］康德：《纯粹理性批判》，邓晓芒译，人民出版社 2004 年版，第 3 页。

④ ［德］康德：《形而上学导论》，庞景仁译，商务印书馆 1982 年版，第 121 页。

⑤ ［德］康德：《纯粹理性批判》，邓晓芒译，人民出版社 2004 年版，第 18、4、3 页。

⑥ 朱高正：《康德批判哲学的启蒙意义——谈文化主体意识的重建》，《哲学研究》1999 年第 7 期。

主义者”具有不可遏制的吸引力。[①]

批判内蕴着主客体结构，在此结构中，主体指向客体，批判总是主体对客体的批判，主体和客体是批判活动中的两极。批判在本质上就是评价，从而属于评价范畴。在评价活动中，主体指向客体，评价总是主体对客体的评价；这种指向在实质上是主体从自身的需要出发，反映客体及其属性对于主体所具有的意义，从而形成价值意识。在主体对客体的批判中，同样具有一个评价活动的结构，即主体从自身的需要出发，反映客体及其属性对于主体所具有的否定意义，从而形成否定性的价值意识，并对此否定性意识予以反思。批判属于评价范畴，但又不同于一般的评价，比一般评价更为深刻。这可以从以下几个方面来予以分析。

其一，主体赋予客体的意义主要与否定联系在一起。

在一般的评价活动中，主体以利益即意识到了的主体需要作为标准，当客体及其属性满足主体需要从而符合主体利益时，主体就赋予客体及其属性以肯定性的意义；当客体及其属性不能满足主体需要甚至危害主体从而与主体利益背道而驰时，主体就赋予客体及其属性以否定性的意义。在批判活动中，主体尽管也赋予客体及其属性以肯定性的意义，但主要把握没有满足主体需要的主客体之间的价值关系，因而主要是赋予客体及其属性以否定性的意义。否定比肯定更深刻，这是因为：

（1）否定的思维比肯定的思维更体现辩证法。“如果我们仅仅停留在肯定的东西上，这就是说，如果我们死抱住纯善”，“那么，这是理智的空虚规定”，[②] 这意味着思维还处于知性阶段，尚没有达到理性阶段；“辩证法在对现存事物的肯定的理解中同时包含对现存事物的否定的理解，即对现存事物的必然灭亡的理解”[③]。（2）否定比肯定更能揭示事物的本质。“在发展进程中，以前一切现实的东西都会成为不现实的，都会丧失自己的必然性、自己存在的权利、自己的合理性”，而随着时间推移都会“注定是不合理性的”，就意味着“一开始就包含着不合理性”。[④] 因此，

---

① 《列宁选集》第 1 卷，人民出版社 1995 年版，第 82—83 页。

② ［德］黑格尔：《法哲学原理》，商务印书馆 1961 年版，第 145 页。

③ 《马克思恩格斯全集》第 44 卷，人民出版社 2001 年版，第 22 页。

④ 《马克思恩格斯选集》第 4 卷，人民出版社 1995 年版，第 216 页。

在一开始就能抓住事物所存在的否定因素就能更深刻地揭示事物的本质。批判不是歌功颂德，总使作为客体的“现实黯然失色”[①]。这正是批判比一般评价能更为深刻的根据。

其二，主体对主客体之间价值关系否定环节的揭示与反思联系在一起。

在一般的评价活动中，主体揭示主客体之间的价值关系，经历着从感性认识到理性认识的发展，从而使呈现为体现价值关系事实的认识，从现象进入本质。在批判活动中，主体对客体的批判，即主体对主客体之间否定性价值关系的揭示，除了具有一般认识活动的特点外，还具有“反思”的特点。

黑格尔指出：“批判即需要一种普遍意义的反思。”[②] 没有反思就无所谓批判。“后思（Nachdenken），亦即反思”，“反思以思想的本身为内容，力求思想自觉其为思想”。[③] 这就是说，在批判活动中，主体不仅要在揭示主客体之间的否定价值关系中经历着从感性到理性的历程，而且要把所赋予的否定意义本身作为内容予以“反思”，以“力求思想自觉其为思想”，由此就要超越否定意义本身而对其前提进行分析，从而就能揭示作为否定意义前提中的否定性环节。而没有把反思作为环节包含于其中的知性，必然“对于它所包含的固定的前提也缺乏怀疑的能力”[④]。批判总与反思相联系，这正是批判比一般评价更为深刻的又一个根据。

其三，主体对客体的批判包含着主体对自身的自我批判。

批判总与反思相联系，由于“反思以思想的本身为内容”，而思想总是主体自身的思想，即使思想的内容是关于主体以外的事物，也总是通过主体以诠释的方式所创造的思想，“凡是在我的意识中的，即是为我而存在的”[⑤]，从而在一定程度上也是主体自身的思想，因此批判总意味着自我批判。“千万不要以为批判性思维仅仅是指向对象的，它首先是指向

---

① ［捷］弗·布罗日克：《价值与评价》，李志林、盛宗范译，知识出版社 1988 年版，第 111 页。

② ［德］黑格尔：《小逻辑》，贺麟译，商务印书馆 1980 年版，第 7 页。

③ 同上书，第 39 页。

④ 同上书，第 7 页。

⑤ 同上书，第 81 页。

我们自己的。”[①] 对此，康德说：在批判的时代，“它要求重新接过它的一切任务中最困难的那件任务，即自我认识的任务”[②]。由此就可以理解，“这种哲学批判便是理性的自我批判”[③]。这是批判比一般评价更为深刻、更为深沉的根据。

评价可以做很多分类；同样，属于评价范畴的批判也可以做很多分类。评价活动可划分为对外的评价活动和对自身的评价活动，同样批判活动也可以划分为对外批判活动（即使对外批判也具有自我批判的内容）和对自身的批判活动。在对自身的批判即自我批判中，主体以自身为客体，也就是主体对自身予以批判。在自我批判活动中，主体两重化了，既是主体，又是客体。处于主体地位的主体以能动的一方来发起、组织和调控主客体之间的关系，体现主体对作为客体的主体的批判；处于主体地位的主体从自身需要出发来对待处于客体地位的主体属性，反映作为客体的主体及其属性对于主体所具有的否定意义并对否定意义予以反思。

一般地理解，批判比一般评价更为深刻，自我批判比自我评价更为深刻。这种深刻既体现为对自我的否定性评价上，使主体在作为客体的自我黯然失色中能更深刻地认识自我和更辩证地对待自我；又体现为包含着反思环节，从而揭示出作为自我否定意义前提中的否定性因素。

特殊地理解，自我批判比自我评价更能促进主体自我意识的自觉。上面我们说道，自我评价凸显主体关于“我”的意识，能在赋予客体“我”的意义中提高主体对行为控制的意识自觉。如果说自我评价主要是从肯定的方面来凸显主体关于“我”的意识，来理解“我对于我具有什么意义”，以促使自我意识的理性确立；那么，自我批判则从否定的方面来凸显主体关于“我”的意识，来理解“我对于我具有什么意义”。自我批判不是单纯地否定自我，而是以“以否定现实存在的价值对象性的方式来确证自己的存在”[④]，以否定自身的方式来肯定自身，因此自我批判

---

① 欧阳康：《批判性思维的前提性反思》，《高等教育研究》2012 年第 11 期。

② ［德］康德：《纯粹理性批判》，邓晓芒译，人民出版社 2004 年版，第 3 页。

③ 谢永康：《理论批判与改变世界——从康德到阿多诺的哲学实践》，《马克思主义与现实》2013 年第 6 期。

④ ［捷］弗·布罗日克：《价值与评价》，李志林、盛宗范译，知识出版社 1988 年版，第 110 页。

就能更为自觉地凸显主体的“我”；自我的否定方面总与某种意义上的主体的“恶”相联系，自我批判就是“对现存的恶所作出的思维上的和观念上的否定”①，内蕴着主体要去克服这种“恶”的责任和担当。因此，自我批判就以要自我改变的方式来凸显主体关于“我”的意识，来提升“我对于我具有什么意义”，从而就能更自觉地促使自我意识的理性确立。

自我评价包括自我批判，但自我批判不能完全归结于自我评价。自我批判是自我评价活动的特殊化或特殊形态。与对外批判相比较，自我批判是自我认识的重要组成部分。“批判是一切任务中最困难的那件任务”（康德），对于自我批判而言，尤其如此。

二 社会自我批判是社会自我评价的特殊形态

与自我批判相对应，社会自我批判就是社会对社会自身的批判。在社会自我批判中，社会两重化了，既是主体又是客体。社会自我批判就是作为主体的社会对作为客体的社会的批判；就是作为主体的社会从自身的需要出发，反映作为客体的社会对于主体所具有的否定意义并对否定意义予以反思的过程。

当然，这里所谓的社会自我批判，就是马克思所指出的“不是指作为崩溃时期出现的”那种社会自我批判。社会处于崩溃时期，社会上的各种矛盾异常尖锐，于是整个社会就会发生改朝换代的变动。这种社会大变动在以往的历史中通常是与战争联系在一起的。马克思主义者把这种社会大变动称为社会革命，“革命究竟是什么意思呢？这就是用暴力打碎陈旧的政治上层建筑，即打碎那种由于同新的生产关系发生矛盾而到一定的时候就要瓦解的上层建筑”②，“革命是暴动，是一个阶级推翻另一个阶级的暴烈的行动”③。这种社会大变动，总意味着社会自我批判，并且具有不能替代的深刻性。然而，处于急风暴雨时期的社会自我批判和处于非崩溃时期的社会自我批判，尽管都可以说是社会自我批判，但毕

① ［捷］弗·布罗日克：《价值与评价》，李志林、盛宗范译，知识出版社 1988 年版，第 110 页。

② 《列宁选集》第 1 卷，人民出版社 1995 年版，第 631 页。

③ 《毛泽东选集》第 1 卷，人民出版社 1991 年版，第 17 页。

竟是有深刻区别的，不能把两者混为一谈。如在第一章所指出的，下面所说的社会自我批判如果没有特别指出，是专指社会处于非崩溃时期的社会自我批判。

一般地理解，批判属于评价范畴，自我批判属于自我评价范畴，因此顺理成章，社会自我批判属于社会自我评价范畴。具体地理解，社会自我批判活动与社会自我评价活动的结构相同，都以社会自身为对象即以社会主体为客体；社会自我评价活动以国家权威评价活动和社会民众评价活动作为其现实形态，同样社会自我批判活动也必须以这两种现实的评价活动的特殊形态作为其现实形态，即以由国家权威评价活动转化而来的国家权威批判活动和由社会民众评价活动转化而来的社会民众批判活动作为其现实形态，舍此就无法现实地进行。然而，社会自我批判活动属于社会自我评价活动，但又不同于一般的社会自我评价活动，是社会自评价活动的特殊形态。这可以从以下三个方面来理解。

其一，社会自我批判活动需要特殊条件。社会通过自我认知活动和自我评价活动来认识自身，因此只要社会存在并在运行之中，社会总要进行自我评价。可以说，不存在没有社会自我评价活动的社会。而对于社会自我批判活动，如马克思说的，社会“很少并且只是在特定条件下才能够进行自我批判”。马克思的这个思想，可以从两个方面来分析。

第一，必须具备“特定条件”。当一个在非崩溃时期的社会处在社会基本矛盾运动的辩证关系尤其是其中的矛盾冲突能较为充分地展开时，即一个社会处于特定的社会危机时期，这既意味着社会自我批判活动的主体趋于成熟，即社会主体能进行“一种普遍意义的反思”[①]；也意味着社会自我批判活动的客体趋于成熟，即社会客体的丰富规定已经呈现或正在呈现。社会主体趋于成熟，意味着具有现实性的社会统治阶级能在意识形态层面较为自觉地以国家权威批判活动揭示社会的否定方面并予以反思；同时也意味着社会民众能在社会心理层面较为自主地以社会民众批判活动揭示社会的否定方面并予以反思；并且国家权威批判活动与社会民众批判活动之间能在比较宽松的社会氛围中相互作用，从而就能较为深刻地揭示社会的否定方面并予以反思。没有这种社会的主体条件，

① ［德］黑格尔：《小逻辑》，贺麟译，商务印书馆1980年版，第7页。

社会自我批判活动就很难进行。社会客体的趋于成熟与风起云涌的社会事件、社会运动和社会问题联系在一起，社会基本矛盾运动辩证关系的丰富规定正呈现于其中。“人类始终只提出自己能够解决的任务，因为只要仔细考察就可以发现，任务本身，只有在解决它的物质条件已经存在或者至少是在生成过程中的时候，才会产生。”① 没有这种社会的“特定条件”，社会自我批判活动就很难进行。只有主客体的“特定条件”成熟了或正在趋于成熟，社会才能提出自我批判的“任务”，于是社会自我批判活动就开始了。

第二，社会“很少”进行自我批判。社会自我批判活动所要求的“特定条件”，既然是“特定”的，就不是一般的，就不是经常能够具备的。因此，社会总是在进行社会自我评价活动，但社会并不总是在进行社会自我批判活动。回顾人类的历史，社会具备“特定条件”，从而能进行自我批判活动的时期是很少的。在中国历史上，“总计大小数百次的起义，都是农民的反抗运动，都是农民的革命战争”②，可以说，每一次“农民的革命战争”都是狂风暴雨式的社会革命，因而都意味着是处于社会崩溃时期的社会自我批判。然而，作为社会非崩溃时期的社会自我批判活动，由于既要求社会基本矛盾运动的辩证关系尤其是其中的矛盾冲突能较为充分地展现出来，又要求社会处于相对稳定的非崩溃状态，即社会处在特定的社会危机时期，在中国历史上尽管有，如汉王朝的“文景时期”和唐王朝的“贞观年间”，但并不多见；在世界历史上尽管有，如日本的“明治维新”时期和俄国的彼得一世“欧化”和“野蛮”改革时期，但并不多见。可以说，作为崩溃时期的社会自我批判活动的次数要比作为社会非崩溃时期的社会自我批判活动的次数多得多，因而也就更显得后者在历史长河中的熠熠发光。

其二，社会自我批判具有极大的深刻性。一般地理解，作为社会自我批判中现实形态的国家权威批判活动和社会民众批判活动，批判是其主要特征，因此要比一般的国家权威评价活动和社会民众评价活动深刻得多，尽管它们仍然属于国家权威评价活动和社会民众评价活动范畴。

---

① 《马克思恩格斯选集》第2卷，人民出版社1995年版，第33页。

② 《毛泽东选集》第2卷，人民出版社1991年版，第625页。

在社会自我批判时期，社会主体以自身在历史发展中的需要和利益为标准，通过国家权威批判活动和社会民众批判活动，对作为客体的社会的所作所为予以否定性的揭示，并对所揭示的否定环节予以深刻的反思。正是在从对自身深刻认识的意义上，马克思把社会自我批判喻为“人体解剖”，而与之相对应，我们可以把一般的社会自我评价理解为仅仅是对人体的“X光透视”或“超声波检查”。特殊地理解，我们可以分别从非崩溃时期的社会自我批判与一般社会自我评价活动以及崩溃时期的社会自我批判予以对照。

第一，社会自我批判与一般社会自我评价相比较，具有极大的深刻性。在社会自我批判活动中，由于社会处于特定的社会危机时期，社会基本矛盾运动的辩证关系尤其是其中的矛盾冲突的较为充分展现，使得体现社会基本矛盾运动的社会运动、社会事件和社会问题等层出不穷地涌现，从而也使得反映社会运动、社会事件和社会问题的国家权威批判活动和社会民众批判活动相当活跃。国家权威批判活动和社会民众批判活动的活跃，为社会主体进行“一种普遍意义的反思”提供了条件；社会运动、社会事件和社会问题的层出不穷，为社会基本矛盾运动丰富规定的呈现提供了条件。正是有了这种主体条件和客体条件，社会才能进行否定和反思。社会通过自我批判活动的两种现实形态及其互相作用，在深刻揭示其矛盾运动的辩证过程中，必然与社会历史发展中的否定环节联系在一起，因而社会自我批判必然蕴含着社会的自我否定；同时，社会自我批判总与反思联系在一起，把社会发展中的否定环节以“思想自觉其为思想”的形式呈现在社会意识中，因而社会自我批判必然蕴含着社会自我否定的自觉性。由此，社会自我批判总能深刻地从否定的方面来理解社会自身，使社会主体更自觉地促使自我意识的理性确立。一般社会自我评价活动由于缺少“特定条件”，就不能具有社会自我批判活动所特有的深刻性。

第二，社会自我批判与崩溃时期的社会自我批判相比较，在某种程度上具有更大的深刻性。马克思就巴黎公社起义的历史作用，曾形象地说：“革命是历史的火车头。”① 在以往的历史中，社会崩溃往往与战争联

① 《马克思恩格斯选集》第1卷，人民出版社1995年版，第456页。

系在一起。伴随着社会崩溃的作为一种革命的战争，在社会发展和历史进步中确实起着重大的推动作用，其所带来的巨大的社会变革，无论在广度上还是深度上，都是和平发展时期无法比拟的。从这个意义上说，作为社会崩溃时期以战争形式出现的革命，其所进行的社会自我批判具有极大的深刻性。然而，战争时期的革命是暴力运动，战争时期所体现的社会自我批判主要与社会民众批判活动联系在一起，国家权威的活动作为革命的破坏力量不能以国家权威批判活动的形态纳入社会自我批判之中。我们这里所说的社会自我批判是处在社会的非崩溃时期，社会把国家权威批判活动和社会民众批判活动及其相互作用作为其实现自我批判的机制，从而就能发挥国家权威批判活动和社会民众批判活动两种现实形态力量的作用。这两种现实形态之间相互作用，就能在一定程度上克服各自自身所固有的片面性，就会产生比其中任何一种现实形态所产生的社会自我批判更大的作用，从而就能实现对于社会的“人体解剖”。正是从这个意义上说，作为非崩溃时期的社会自我批判比崩溃时期的以战争形式体现出来的社会自我批判具有更大的深刻性。

其三，社会自我批判更能启迪社会自我意识的自觉。一般地理解，社会自我批判属于社会自我评价范畴，社会自我评价对于社会自我意识的自觉所具有的意义，即“社会自我意识的自觉就在社会意识的内部运动即在社会意识形式，尤其是其中的意识形态与社会心理之间的相互作用中实现”，必然体现在社会自我批判对于社会自我意识自觉的作用上。特殊地理解，作为其特殊形态的社会自我批判对于社会自我意识的自觉就具有特殊意义。如前所述，社会自我批判比一般社会自我评价具有极大的深刻性。这种深刻性与社会通过自我批判活动的国家权威批判活动和社会民众批判活动及其互相作用中的否定和反思联系在一起，正是这两个因素，更能促进社会自我意识的自觉。兹从两个方面分析之。

第一，社会自我意识的自觉与社会自我批判的否定。在社会处于非崩溃时期，社会意识的自觉固然与社会意识的自我肯定联系在一起；但在社会基本矛盾尖锐化的情况下，揭示社会基本矛盾运动中的否定环节，就能明了阻碍社会发展的问题之所在，由此就指出了社会意识中自我肯定的边界，于是就能从对立方面的统一中来理解社会基本矛盾的辩证运动，从而就使对社会的自我理解更具体。黑格尔把知性与抽象性相联系，认为知性把概念“仅被当作是抽象的统一”；把理性与具体性相联系，“理念包含有知性的一切关系在内，但是包含这些关系于它们的回复和自身同一之中”，从而“正当地理解为具体的统一”，因此“惟有理念才是自由的”。[①] 由此就能理解，社会自我批判通过揭示社会基本矛盾运动中的否定环节，在社会自我意识自觉中的作用。

第二，社会自我意识的自觉与社会自我批判的反思。社会自我批判总与反思联系在一起。“知性总以为它的反思——即认那自身同一的理念包含着它自己的否定或包含着矛盾——仅是一外在的反思，而不包含在理念自身之内”；而理念则是“全部过程的进展的成果，……既是直接的，又是经过中介的”，“只有这样，理念才是永恒的创造，永恒的生命和永恒的精神”。[②] 社会自我批判不仅揭示了社会否定环节，而且把否定环节作为对象予以反思，把否定环节理解为“全部过程的进展的成果”，尽管有外部原因，但更有其内在根据，从而就能把握否定环节在社会基本矛盾辩证运动中的来龙去脉。正是通过反思，使之在对社会的自我理解中达到“思想自觉其为思想”。由此就能理解，社会自我批判通过对揭示社会基本矛盾运动中的否定环节的反思促进社会自我意识的自觉了。

三　关于“社会很少进行自我批判”引发的思考

根据马克思关于社会自我批判思想的相关文字，我们引出的解读之一就是如上所述：由于社会自我批判需要特殊的条件，因此在历史上，社会很少进行自我批判。笔者在《论社会的自我批判——马克思社会自我批判思想引出的思考》[③] 和《自我评价论》[④] 以及发表的很多与此主题相关的文章中都持这个观点。有论文对这个观点提出质疑。由于涉及如何理解社会自我批判的内涵和机制，笔者在此做些较为详细的分析，并由此提出一些新的思考。

该文指出，马克思的原意并没有“社会很少进行自我批判”，问题在于

---

① ［德］黑格尔：《小逻辑》，贺麟译，商务印书馆1980年版，第398—402页。

② 同上书，第400、401页。

③ 陈新汉：《论社会的自我批判——马克思社会自我批判思想引出的思考》，《学术交流》2008年第3期。

④ 陈新汉：《自我评价论》，上海人民出版社2011年版，第428页。

如何理解马克思说的“它很少而且只是在特殊条件下才能够进行自我批判，——这里当然不是指作为崩溃时期出现的那样的历史时期——……”按照该文的意思，“从语法上分析：破折号之间部分作为插入语正是为了解释前面的原因，是为了解释‘很少’、‘特定条件’，或者说，是对‘很少’、‘特定条件’进行范围的限定”。马克思的本意应该是：“除了‘崩溃时期’而‘很少’、除了‘崩溃时期’而‘只是在特定条件下’‘才能进行自我批判’。”① 崩溃时期的社会由于需要“特定条件”，因而只能“很少”进行社会自我批判，也就是说，崩溃时期的社会如果不具备“特定条件”，就不能形成“很少”的社会自我批判，或者说，崩溃时期的社会一般不能进行社会自我批判。

该文接着“在更宽泛的基础上来分析”，“资本主义及其之前的社会制度和社会关系是对人的异化和桎梏”，“历史上，在统治阶级的意识形态的控制之下，无论一般社会个体还是统治阶级的成员，无论单独个人还是结社群体，都不可能通畅自由地对所处时代和社会进行自我批判”，“因此，整个既往历史及现实社会就‘很少’‘能够进行自我批判’”。该文还进一步指出，社会进入资本主义社会后，由于社会自我意识自觉性的提高，“社会自我批判应该成为社会的常态”。② 这里涉及以下三个问题。

第一个问题是，怎样理解社会自我批判的条件？该文把能够“通畅自由地对所处时代和社会”进行批判作为社会自我批判的条件。社会自我批判的条件，如上面所述，是特定社会危机中的社会基本矛盾运动的辩证关系尤其是其中的矛盾冲突在社会非崩溃状态中能较为充分地展现出来。这个条件属于社会存在，不属于社会意识的意识形态和社会心理，由此就能理解“历史是人的真正的自然史”③，它具有不以人的意志为转移的客观性。正是有了这个条件，从而就能推绎出社会主体能进行“一种普遍意义的反思”和社会客体的丰富规定已经呈现或正在呈现，于是

---

① 黄全利：《论社会自我意识的自觉——马克思社会自我批判思想的思考》，《理论与改革》2015 年第 2 期。

② 同上。

③ 马克思：《1844 年经济学哲学手稿》，载《马克思恩格斯全集》第 3 卷，人民出版社 2002 年版，第 326 页。

也就具有了社会自我批判的主客体条件。这就说明了为什么“历史上，在统治阶级的意识形态的控制之下”，尽管“不可能通畅自由地对所处时代和社会”进行批判，但社会自我批判仍然存在——尽管“很少”——的现象。

第二个问题是，进行社会自我批判的主体形式是什么？该文说：“无论一般社会个体还是统治阶级的成员，无论单独个人还是结社群体，……‘才能进行社会自我批判’。”[①] 言下之意是，社会自我批判的主体形式是“一般社会个体”或“统治阶级的成员”或“结社群体”。其实，社会自我批判的主体是社会，其主体形式，不能是个体，无论是作为民众的个体还是作为统治阶级成员的个体，都不能作为社会自我评价活动的主体形式。虽然社会自我批判离不开现实个人对社会的认识和批判，“但是个人对社会的认识和批判并不等同也无法代替社会总体的自我批判”[②]。一般的结社群体中也存在着居于组织结构顶端的权威机构，由于这些权威机构不能纳入国家权威机构所属的各级权威机构范畴，结社群体所属的权威机构也就不能作为社会自我批判的主体形式。社会自我批判作为社会主体对自身的批判，如前所述，以国家权威批判活动的形态和社会民众批判活动的形态现实地体现出来。

确实，统治阶级中一些领袖人物的批判活动对社会自我批判具有巨大的贡献，如黑格尔所尊崇的恺撒和拿破仑的批判活动，历史由“那些伟大人物带到自觉”，但他们是国家权威机构的人格化，他们的批判活动应该归之于国家权威评价活动，一旦他们的活动离开了国家权威机构，“他们便凋谢零落，就像脱却果实的空壳一样”。[③] 处于统治阶级之外的一些杰出人士的批判活动对社会自我批判具有巨大的贡献，他们把社会民众中尚处于朦胧状态的要求和想法以理性的形式表达出来，他们是民众的代表，他们的作为往往能做到“登高一呼，应者云集”的效果，但他们的批判活动应该归之于社会民众评价活动，而且这些杰出人士的自觉

---

① 黄全利：《论社会自我意识的自觉——马克思社会自我批判思想的思考》，《理论与改革》2015 年第 2 期。

② 吕敬美：《马克思的社会自我批判及其当代意义》，《上海行政学院学报》2013 年第 4 期。

③ ［德］黑格尔：《历史哲学》，王造时译，上海书店出版社 1999 年版，第 32 页。

活动并不能由此改变社会民众评价活动表面上的林林总总，以致“这种实存是经常存在的自相矛盾”① 的状况。

第三个问题是，社会进入资本主义社会后“社会自我批判应该成为社会的常态”是否可能？马克思认为，资本主义社会发展到一定阶段，具备了社会自我批判得以发生的特殊条件，因此体现为“人体解剖”的社会自我批判就开始了。这是因为社会发展到这一阶段，“资产阶级社会是最发达的和最多样的历史的生产组织”②，其社会基本矛盾运动的辩证关系尤其是其中的矛盾冲突就能较为充分地展现出来。从社会的主体方面来说，既意味着作为社会统治阶级的资产阶级已经成熟，“从大工业和世界市场建立的时候起，它在现代的代议制国家里夺得了独占的政治统治”，并在一定程度上感受到了社会基本矛盾运动的辩证过程；也意味着作为“现今社会的最下层”的无产阶级已经成熟，“无产阶级的运动是绝大多数人的、为绝大多数人谋利益的独立的运动”，③ 于是如前所述，社会主体就能进行“一种普遍意义的反思”。从某种意义上说，这种“普遍意义的反思”是“两个历史地产生的阶级即无产阶级和资产阶级之间斗争的必然产物”。④ 从社会的客体方面来说，社会基本矛盾运动所体现出来的对抗已经“从个人的社会生活条件中生长出来”⑤，于是如前所述，社会客体的丰富规定通过社会运动、社会事物和社会问题已经呈现或正在呈现。因此，资本主义社会就有条件进行社会自我批判，并且正在进行着社会自我批判。马克思的《资本论》作为资本主义社会自我批判的结晶，固然与马克思的名字联系在一起，但毕竟与资本主义社会基本矛盾运动的辩证关系尤其是其中的矛盾冲突能较为充分地展现出来，是内在地联系在一起的，因而具有必然性。

资本主义社会的社会自我批判能否由此就成为社会的常态？问题在于社会基本矛盾运动的辩证关系尤其是其中的矛盾冲突是否在资本主义社会处于非崩溃状态中都能充分地展现出来。历史上所出现的两次世界

---

① ［德］黑格尔：《法哲学原理》，范扬、张企泰译，商务印书馆 1961 年版，第 332 页。

② 《马克思恩格斯选集》第 2 卷，人民出版社 1995 年版，第 23 页。

③ 《马克思恩格斯选集》第 1 卷，人民出版社 1995 年版，第 274、283 页。

④ 《马克思恩格斯选集》第 3 卷，人民出版社 1995 年版，第 739 页。

⑤ 《马克思恩格斯选集》第 2 卷，人民出版社 1995 年版，第 33 页。

大战和以“十月革命”为代表的社会主义革命说明了，作为非崩溃时期的社会自我批判不可能成为资本主义社会的常态。其根源还是在于资本主义社会的内在矛盾，即“生产的社会性和资本主义占有的不相容性”，这就决定了社会基本矛盾运动发展到了一定阶段，“资产阶级的生产关系和交换关系，资产阶级的所有制关系，这个曾经仿佛用法术创造了如此庞大的生产资料和交换手段的现代资产阶级社会，现在像一个魔法师一样不能再支配自己用法术呼唤出来的魔鬼了”，[①] 于是“生产方式起来反对交换方式”[②]。这就决定了，在历史的发展趋势中，社会必然要由“以物的依赖性为基础的”商品经济社会形态进入“建立在个人全面发展和他们共同的社会的生产能力成为从属于他们的社会财富这一基础上”的产品经济社会形态。[③] 在这两个社会形态之间必然有一个社会的“崩溃时期”，与前一个社会形态联系在一起的“全部庞大的上层建筑”必然会在这一时期“或慢或快地发生变革”，[④] 由此就使与上层建筑联系在一起的作为社会自我批判现实形态的国家权威批判活动不可能存在。在这一时期所体现的社会自我批判肯定不可能是马克思说的非崩溃时期的社会自我批判类型。当然，对于这样的一个社会“崩溃时期”，是否一定是狂风暴雨式的暴力革命时期，还可以再研究，但在那个时期肯定不会存在处于社会非崩溃时期的社会自我批判活动，这是可以肯定的。

对于产品经济社会形态，恩格斯说，在那个社会里，“人们自己的社会行动的规律，这些一直作为异己的、支配着人们的自然规律而同人们相对立的规律，那时就将被人们熟练地动用，因而将听从人们的支配”，“这是人类从必然王国进入自由王国的飞跃”。[⑤] 在那样的社会形态中，社会是否需要进行自我批判，以怎样的方式进行社会自我批判，确实是那个时代人们所思考的问题了。

---

① 《马克思恩格斯选集》第 1 卷，人民出版社 1995 年版，第 277—278 页。
② 《马克思恩格斯选集》第 3 卷，人民出版社 1995 年版，第 627 页。
③ 《马克思恩格斯全集》第 30 卷，人民出版社 1995 年版，第 107—108 页。
④ 《马克思恩格斯选集》第 2 卷，人民出版社 1995 年版，第 33 页。
⑤ 《马克思恩格斯选集》第 3 卷，人民出版社 1995 年版，第 758 页。

第三节 社会自我批判中的“两个批判”和“两种态势”

为具体地理解作为本书研究核心概念的社会自我批判的意蕴，应该进一步分析社会自我批判中的“两个批判”和“两种态势”。马克思的“两个批判”思想对于社会自我批判机制的理解有重大启示。社会自我批判中包含着“批判的武器”和“武器的批判”两个环节，两者前后衔接又相互作用；贯穿在“两个批判”环节中的是以“自上而下”态势呈现的国家权威批判活动和以“自下而上”态势呈现的社会民众批判活动，体现了“有机”与“无机”、自觉与自发的统一。正是在两个批判环节和两种态势的相互作用中，社会自我批判活动就能不断地深入。

一 马克思的“两个批判”思想及解读

马克思于1843年3月到9月对黑格尔的法哲学进行了批判，写下了《黑格尔法哲学批判》（又名《克罗茨纳赫手稿》），从中得出这样一个结论，法的关系正像国家的形式一样，“既不能从它们本身来理解，也不能从所谓人类精神的一般发展来理解，相反，它们根源于物质的生活关系”，这种物质的生活关系的总和可“概括为‘市民社会’”。[①] 在此研究的基础上，马克思于1843年10月至12月写下了《〈黑格尔法哲学批判〉导言》，以进一步批判这种产生了宗教——“一种颠倒的世界意识”——的这个“颠倒的世界”，“于是，对天国的批判变成对尘世的批判，对宗教的批判变成对法的批判，对神学的批判变成对政治的批判”。[②] 对于《〈黑格尔法哲学批判〉导言》，列宁在《卡尔·马克思》中写道：马克思于1844年发表在《德法年鉴》上的《论犹太人问题》和《〈黑格尔法哲学批判〉导言》标志着“从唯心主义向唯物主义、从革命民主主义转向共产主义”[③]。

正是在《〈黑格尔法哲学批判〉导言》中，马克思写下了脍炙人口的

---

① 《马克思恩格斯选集》第2卷，人民出版社1995年版，第32页。

② 《马克思恩格斯选集》第1卷，人民出版社1995年版，第1、2页。

③ 《列宁专题文集·论马克思主义》，人民出版社2009年版，第39页。

一段文字：

> 批判的武器当然不能代替武器的批判，物质力量只能用物质力量来摧毁；但是理论一经掌握群众，也会变成物质力量。理论只要说服人［ad hominem］，就能掌握群众；而理论只要彻底，就能说服人［ad hominem］。所谓彻底，就是抓住事物的根本。但是，人的根本就是人本身。德国理论的彻底性从而其实践能力的明证就是：德国理论是从坚决积极废除宗教出发的。对宗教的批判最后归结为人是人的最高本质这样一个学说，从而也归结为这样的绝对命令：必须推翻那些使人成为被侮辱、被奴役、被遗弃和被蔑视的东西的一切关系，……①

马克思在这里提出了著名的“两个批判”思想，即“批判的武器”和“武器的批判”。“批判的武器”和“武器的批判”都是形象的说法，就其实质而言，前者主要是指理论意义上的批判，后者主要是指实践意义上的批判。显然，理论意义上的批判作为“它的主要情感是愤怒，它的主要工作是揭露”，属于意识范畴，是第二性的；实践意义上的批判作为“不是头脑的激情，它是激情的头脑”，② 属于物质范畴，是第一性的。对于上面引述的马克思的这段文字，可做如下分析。

其一，不能用“批判的武器”代替“武器的批判”。“批判的武器”最终必须要落实到“武器的批判”，这是因为“物质力量只能用物质力量来摧毁”。这是由实践唯物主义哲学的最基本特征“问题在于改变世界”所决定的，而以往的“哲学家们只是用不同的方式解释世界”。③ 这个“世界”就是价值世界，是在人类构建为我关系中创立的“完全独立于一个在其中显现出来的善业世界的此在”④。价值世界以物理世界为载体，是物质世界存在形态无限多样性的一个方面。

---

① 《马克思恩格斯选集》第1卷，人民出版社1995年版，第9页。

② 同上书，第4页。

③ 同上书，第61页。

④ 冯平主编：《现代西方价值哲学经典：心灵主义路向》，北京师范大学出版社2009年版，第210页。

其二，“武器的批判”离不开“批判的武器”。“武器的批判”必须以“批判的武器”为前提，这是因为只有通过理论意义上的“批判的武器”，才能“抓住事物的根本”，由于“人的根本就是人本身”，抓住了根本就是抓住了人本身，于是就能掌握群众，从而形成物质力量。由此，“头脑的激情”就会转化为“激情的头脑”，具有实践意义上的“武器的批判”就会发生。

其三，在“批判的武器”和“武器的批判”的相互作用中使批判走向彻底。这个彻底在观念层面上就是“抓住事物的根本”，归根到底是为了人，而人的根本不是宗教意义上的神，而是必然会“最后归结为人是人的最高本质”；这个彻底在实践层面上就是“归结为这样的绝对命令：必须推翻那些使人成为被侮辱、被奴役、被遗弃和被蔑视的东西的一切关系”，这就是“现实本身应当力求趋向思想”的政治革命。[①] 在马克思所处的时代中，马克思把这种政治革命概括为“向德国制度开火，一定要开火”[②]。这是因为国家制度总与社会秩序相联系，没有社会秩序，家庭和市民社会就成为“黑暗的天然的基础”，向“使人成为被侮辱、被奴役、被遗弃和被蔑视”的国家制度开火，就在于“燃起国家的火炬”，以照亮“成为黑暗的天然的基础”。[③] 这就说明了制度变革的重要性，从而也就从根本上说明了体现为“武器的批判”的社会变革主要是就与制度变迁相联系的社会制度的变革而言的意义。

二 社会自我批判中的“两个批判”

社会自我批判意味着批判，这是题中应有之义；然而不能把批判仅仅理解为理论的批判，而是既包含着理论的批判，也包含着实践的批判。这是因为，社会自我批判中的“批判”不仅是情感的“愤怒”，不仅是“揭露”，“不是要驳倒这个敌人，而是要消灭这个敌人”；[④] 否则就不能理解具有“人体解剖”式的深刻性，也就无所谓“很少而且只是在特定

① 《马克思恩格斯选集》第1卷，人民出版社1995年版，第9—11页。

② 同上书，第4页。

③ 《马克思恩格斯全集》第1卷，人民出版社1956年版，第249页。

④ 《马克思恩格斯选集》第1卷，人民出版社1995年版，第4页。

条件下才能够进行”的社会自我批判。于是，马克思的“两个批判”思想对我们论题的启示就是，“批判的武器”和“武器的批判”是社会自我批判的两个环节，如果说前一个环节是手段，那么后一个环节就是目的；如果说前一个环节是原因，那么后一个环节就是由原因产生的结果。在社会自我批判中尽管“批判的武器”和“武器的批判”地位不同，作用不同，但两者不可偏废，并且相互作用。

在社会自我批判中，首先是“批判的武器”，没有“批判的武器”就不可能有“武器的批判”。当一个在非崩溃时期的社会处在已将自己较为丰富的具体展现出来时，社会基本矛盾运动的辩证关系，尤其是其中的矛盾冲突就能较为充分地展开，而处在特殊的社会危机时，这就为社会自我批判中“批判的武器”提供了主客体条件。于是，“批判的武器”就开始了。作为社会自我批判环节的“批判的武器”与一般批判的不同之处，在于其全面性和深刻性。它不是仅仅停留在对社会中某些问题的否定，而是通过对这些问题的否定达到一定程度上的对社会中产生这些问题的“现代国家的隐蔽的缺陷”[①] 即某些基本制度的否定；它不是仅仅停留在对社会中某些问题否定的反思，而是通过对这些问题否定的反思，达到一定程度上的彻底，“所谓彻底就是抓住事物的根本”。而“人的根本就是人本身”，人就是以自己为目的，从而是价值形态世界的最高目的。因此“批判的武器”的彻底就与集中体现“人的根本就是人本身”的人文精神自觉或不自觉地弘扬联系在一起。否则，“批判的武器”就“会认为自己的对象所处的水平低于这个对象的实际水平”，[②] 就不能成为社会自我批判的有机环节。

“批判的武器”进展得越是深刻，社会自我批判就越是彻底，从而就越是能“说服人”，这种批判“一经掌握群众，也会变成物质力量”。[③] 于是，作为社会自我批判环节的“批判的武器”就通过实践意志，转化为社会自我批判的下一个环节即“武器的批判”。由于社会自我批判处在社会“非崩溃时期”，“武器的批判”就不能理解为大规模的狂风暴雨式

① 《马克思恩格斯选集》第1卷，人民出版社1995年版，第5页。

② 同上书，第6页。

③ 同上书，第9页。

的武装起义或革命战争，尽管并不排除由社会上层中央内部、中央与地方之间、地方与地方之间的流血斗争或小规模武装斗争等以及社会下层中小规模的武装斗争或社会骚乱、较为激烈的群体性事件等所体现的社会动荡，但主要是指制度层面的社会改革。根据“批判的武器”所揭示的社会基本矛盾运动中的否定方面及由此引起的反思，“武器的批判”就主要集中在对体现在经济基础和上层建筑两个领域中这些否定方面所涉及的某些基本制度予以改革。社会经济基础中社会基本矛盾运动的否定方面主要体现为生产关系在一定程度上成为生产力发展的“桎梏”，于是“武器的批判”就在于改革成为“桎梏”的生产关系所涉及的经济制度。由于体现为经济基础的生产关系的变动与上层建筑的变动必然地联系在一起，经济制度的变革就必然与作为上层建筑的政治制度的变动联系在一起。对此，邓小平说，“不进行政治体制改革，不可能顺利进行四个现代化建设”,[①] 当然其进展“是根据我国的实际情况决定的”。[②] 于是，“武器的批判”在改革生产关系所涉及的经济制度的同时必然要改革政治制度。

诺思对制度的变迁做了深入的研究，就与我们论题相关的部分可分析为以下几点：(1) “制度变迁是演进的”，“制度变迁则决定了社会演进的方式，因此，它是理解历史变迁的关键”。(2) 制度变迁“一般是对构成制度框架的规则、准则和实施组合的边际调整”。(3) “制度变迁一般是渐进的，而非不连续的”，同时也存在着很少的“完全非连续性的变迁，如‘革命’或‘武装征服’”。[③] 体现为“武器的批判”的社会变革主要是指非崩溃时期的社会基本制度的变迁或变革，因而不是“完全非连续性变迁”，然而与纯粹的“渐进的，而非不连续”的变迁又有区别，属于量变中的质变，即“总的量变过程中有部分质变”。[④] 一个社会的制度是一个系统，“武器的批判”可以使作为整个系统的制度变迁呈现为“量变中的质变”状态，然而并不排斥某些制度变迁包括某些基本制度变

---

① 《邓小平年谱（1975—1997）》上卷，中央文献出版社 2004 年版，第 688 页。

② 《邓小平文选》第 3 卷，人民出版社 1993 年版，第 178 页。

③ ［美］C. 诺斯：《制度、制度变迁与经济效绩》，刘守英译，生活・读书・新知三联书店 1994 年版，第 6—7 页。

④ 冯契主编：《哲学大辞典》，上海辞书出版社 2001 年版，第 854 页。

迁呈现为“质变”状态。例如，从计划经济体制到市场经济体制的制度变迁，就计划或市场在资源配置中起主要作用而言，由前者向后者（尽管在前面加上了“社会主义”的定语）的转化就是质变，当然这并不影响整个体系的“量变”状态。

在社会自我批判的过程中，就社会主体能动性的发挥而言，“批判的武器”是手段，“武器的批判”是目的；就社会作为历史过程的展开而言，“批判的武器”是原因，“武器的批判”是结果。在人类社会生活中，任何一个现实的事物都存在于空间（即“此处”）和时间（即“此刻”）之中，“这种此处与此刻的统一”便是该事物的“位置”,[①] 由此决定了该事物的确定性。在社会自我批判中，首先是“批判的武器”，然后是“武器的批判”，两者分别作为“此处与此刻的统一”，存在于各自所特有的不同时空位置上，都是确定的。通过因果关系联结起来的“批判的武器”和“武器的批判”之间的关系不容混淆，不能颠倒。否则，由无限因果系列所构成的物质世界的展开就无法理解。

然而，人类社会与自然界的不同在于，前者的展开是以人的实践活动作为其内在环节的。在社会时空结构中，“批判的武器”和“武器的批判”不仅是前因后果，而且又相互作用，原因作用于结果，结果又反作用于原因。对于“批判的武器”作用于“武器的批判”，可以理解，就是因为由前因产生后果；问题是由“批判的武器”产生的“武器的批判”反作用于产生其自身的“批判的武器”如何理解，即后果如何作用于前因？这可以从两个方面来予以理解。

第一，作为结果的“武器的批判”以尚未实现的目的形式对作为原因的“批判的武器”发生作用。马克思说：“劳动过程结束时得到的结果，在这个过程开始时就已经在劳动者的想象中存在着”，这个观念存在着的目的“是作为规律决定着他的活动的方式和方法的，他必须使他的意志服从这个目的”，在实践过程中“他不仅使自然物发生形式变化，同时他还在自然物中实现自己的目的”。[②] 这就是说，结果作为尚未实现的目的以观念的形式作用于作为原因的实践活动，“在劳动过程中，不仅有

---

① ［德］黑格尔：《自然哲学》，梁志学、薛华译，商务印书馆1980年版，第56页。

② 《马克思恩格斯选集》第2卷，人民出版社1995年版，第178页。

过去对现在和未来的决定，而且有未来对现在的决定”，“不仅可以从过去‘顺流向’现在，而且未来也可以‘倒流向’现在”。[①] 社会自我批判的自觉性决定了“武器的批判”作为尚未实现的目的总会在作为原因的“批判的武器”中体现为规律，通过社会主体的“活动的方式和方法”而发生作用，这就是“最蹩脚的建筑师从一开始就比最灵巧的蜜蜂高明的地方”[②]。由此就可以理解，没有“武器的批判”，“批判的武器”就没有方向和归宿，离开了“武器的批判”，“批判的武器”即使发生也不能持续，更谈不上深刻化。

第二，“批判的武器”和“武器的批判”进展的不平衡使得处于不同时间上的前因后果转化为同一空间中的相互作用。黑格尔把运动理解为时间和空间的本质，“运动的本质是成为时间和空间的直接统一”，否定了“以为时间和空间是完全分离”的观点。[③] 马克思指出，“社会生活在本质上是实践的”[④]，在社会生活中“时间实际上是人的积极存在”，“是人的发展的空间”。[⑤] 在社会生活中的时间和空间是“由人通过实践活动创造出来的”，由此就能理解在人类的实践活动中通过“时间的空间化和空间的时间化”而实现的时间与空间之间的相互转化。[⑥] 尽管在社会自我批判的总体结构中，作为原因的“批判的武器”在先，作为结果的“武器的批判”在后；然而就社会自我批判整体展开的空间而言，其中“批判的武器”和“武器的批判”的进展都是不平衡的。在空间上，作为社会自我批判之环节的“批判的武器”在某些领域或某些方面发展得快一些，在另一些领域或另一些方面发展得慢一些；相应地，在时间上，作为社会自我批判之环节的“武器的批判”在某些领域或某些方面的展开就会比在另一些领域或另一些方面的展开领先一些。根据作为“物质广延性和伸张性”的空间是“一切物质系统中各个要素的共存和相互作用

---

① 陈新汉：《文化比较与社会时间》，《江苏行政学院学报》2002 年第 2 期。

② 《马克思恩格斯选集》第 2 卷，人民出版社 1995 年版，第 178 页。

③ ［德］黑格尔：《自然哲学》，梁志学、薛华译，商务印书馆 1980 年版，第 59 页、第 48 页。

④ 《马克思恩格斯选集》第 1 卷，人民出版社 1995 年版，第 60 页。

⑤ 《马克思恩格斯全集》第 47 卷，人民出版社 1979 年版，第 532 页。

⑥ 刘奔：《时间是人类发展的空间——社会时—空特性初探》，《哲学研究》1991 年第 10 期。

的标志”的规定，[①] 在“批判的武器”环节以及“武器的批判”环节的各自进展过程中，作为结果的“武器的批判”在某些领域或某些方面与作为原因的“批判的武器”在另一些领域或另一些方面，由于处在同一个空间中，就会相互发生作用；反之，作为原因的“批判的武器”在另一些领域或另一些方面与作为结果的“武器的批判”在某些领域或某些方面，由于处在同一空间，就会相互发生作用。在“批判的武器”的进程中，存在着“武器的批判”，于是“武器的批判”为“批判的武器”的深刻提供契机；在“武器的批判”进展中，又存在着“批判的武器”，于是“批判的武器”为“武器的批判”的彻底提供观念上的动力。

作为一个完整运动的社会自我批判包括“批判的武器”和“武器的批判”两个环节，两个环节缺一不可；并且“批判的武器”转化为“武器的批判”，两者不可颠倒。在社会自我批判活动的现实进程中，由于社会自我批判的自觉性，“武器的批判”总会以目的的形式观念地在“批判的武器”中发生作用；由于社会自我批判的不平衡性，“批判的武器”和“武器的批判”在时间上的前因后果就转化为同一空间两个因素之间的相互作用。社会自我批判正是在“批判的武器”和“武器的批判”之间的前后衔接和相互作用中走向深刻和彻底。

三　贯穿“两个批判”中的“自上而下”和“自下而上”态势

社会自我批判把国家权威批判活动和社会民众批判活动作为其得以运作的现实形态。这两种现实形态在社会自我批判中以“自上而下”态势和“自下而上”态势相结合的方式，贯穿在“批判的武器”环节和“武器的批判”环节作为过程的始终。

社会自我批判必然把国家权威批判活动作为其运作的现实形态。值得一提的是，在历史哲学中，“现实”和“现存”是两个不同的概念。现实性作为一种政治状态并不是社会事物无条件地“在一切环境和一切时代所具有的属性”[②]。国家机器必须是现实的，从而就能担当起“真正是

① 冯契主编：《哲学大辞典》，上海辞书出版社 2001 年版，第 760 页。

② 《马克思恩格斯选集》第 4 卷，人民出版社 1995 年版，第 215 页。

社会的头脑和社会的心脏"[①] 作用，以其为主体的国家权威批判活动才能成为社会自我批判的现实形态。以不具有现实性的国家机构为主体的社会评价活动，尽管能形成社会自我评价活动得以运作的"自上而下"态势，但不能形成国家权威批判活动，因此就不能成为社会自我批判的现实形态。

在国家权威评价活动中，处于金字塔顶端的国家权威机构，一般总是能自上而下地对处于层层相叠结构中的由社会运动、社会事件和社会问题构成的社会现象进行评价。这就使国家权威批判活动具有"自上而下"态势，由此就决定了把国家权威批判活动作为现实形态的社会自我批判所具有的"自上而下"态势。这种"自上而下"的态势既体现在具有理论批判意蕴的"批判的武器"环节中，又体现在具有实践批判意蕴的"武器的批判"环节中。可以对社会自我批判活动中的"自上而下"态势做以下分析。

（1）具有"有机"方式。"有机"和"无机"作为活动方式的特征原本是与自然界中的"有机体"和"无机体"相对应的，有机体的活动方式在新陈代谢的生命现象中表现出一定的内在性、自洽性和自组织性，"有机"方式便由此引申而来。黑格尔说："在国家中现实地肯定自己的东西当然须用有机的方式表现出来"，"国家中的任何一个环节都不应该像无机的群体那样行动"，"家庭和市民社会的利益必须集中于国家"，因此社会主体的意志不需要通过众多个体意志的折射而直接就能通过国家权威机构体现出来，国家权威评价活动就是体现着"作为意志而实现自己的理性的力量"。[②] 由此就形成了国家权威批判活动在社会自我批判"自上而下"态势中的"有机"方式。

（2）具有自觉特征。国家机构在社会中所处的金字塔顶端地位，使得它在一般情况下总能自觉地反映社会主体的众多需要，经过比较和权衡把其中的优势需要自觉地凸显出来，并把这种优势需要作为国家权威批判活动的现实评价标准；国家机构具有有机结合的职能部门，能形成

---

① 《马克思恩格斯选集》第1卷，人民出版社1995年版，第13页。

② ［德］黑格尔：《法哲学原理》，范扬、张企泰译，商务印书馆1961年版，第332、201、261、259页。

“自为的神经系统”①，从而就能自觉地协调其职能部门各司其职，以“有序”地进行批判活动；国家机构一般总能自觉地形成在形式上具有统一性且有一定理论深度的批判结论并贯彻在体现为改革的实践活动中。由此就形成了国家权威批判活动在社会自我批判“自上而下”态势中的自觉特征。

（3）具有权威作用。这种权威作用主要体现为：首先，国家机构通过赏罚机制来维护其批判活动的权威性。早在两千多年前，韩非子就说：“明主之所以制其臣者，二柄而已矣”，“二柄者，刑、德也”。“而已矣”，说明除了“二柄”，没有其他办法。人们总是要“避诛罚而趋庆赏”，“人主自用刑德，群臣畏其威而归其利”（韩非子·二柄）。韩非子的“二柄”至今仍然是国家权威批判活动维持其权威性的重要措施，尽管在形式上有很大不同。其次，国家机构通过社会意识中所形成的宣传舆论来维护其批判活动的权威性。阿尔都塞认为，“意识形态不是纯粹的幻想，而是存在于制度和实践中的表象体系，它们出现于上层建筑”，与国家机器休戚相关，不可分离。② 国家机构总要通过其所掌握的意识形态领导权，造成宣传声势，使一定的批判结论在公众中产生影响，使之形成特定的社会舆论。这种社会舆论与在社会批判活动中由广大民众所自发形成的社会舆论不同，但两者在表现形式上基本相同，都能对生活于其中的个体产生精神的强制。由此就形成了国家权威批判活动在社会自我批判“自上而下”态势中的权威特征。

社会自我批判必然把社会民众批判活动作为其运作的现实形态。广大民众生活在社会基层的各个领域，切身地感受到构成社会现象的社会运动、社会事件和社会问题对于自己利益所产生的影响，一般总会自下而上地对处于层层相叠结构中的社会现象进行批判。这就使社会民众批判活动具有“自下而上”态势，由此就决定了把社会民众批判活动作为现实形态的社会自我批判所具有的“自下而上”态势。这种“自下而上”态势既体现在具有理论批判意蕴的“批判的武器”环节中，又体现在具有实践批判意蕴的“武器的批判”环节中。可以对社会自我批判活动中

① ［德］黑格尔：《法哲学原理》，范扬、张企泰译，商务印书馆1961年版，第264页。

② Loui Altruser, *Essays in Self-Criticism*, London New Left, 1972, p. 156.

的“自下而上”态势做以下分析。

(1)具有“无机”形式。无机物与非生命联系在一起，其运动遵循自然界中非生命运动的规律，不具有内在性、自洽性和自组织性，“无机”方式便由此引申而来。黑格尔把一个社会内的成员“没有经过某一种程序的组织”而表达他们“意志和意见”的方式称为“无机”方式，[①]这就是社会民众评价活动的“无机”形式。由此就形成了社会民众批判活动在社会自我批判中“自下而上”态势中的“无机”方式。

(2)具有自发特征。尽管众多个体主体在各自进行的批判活动中能自觉地用自身利益作为评价标准，但不一定能意识到自己是站在社会主体的立场上，其行为可能“完全是自发的、无理性的”，“不论人们在表示意见时是多么地慷慨激昂，也不论在提出主张时或攻击和争辩时是如何地严肃认真，这些都不是关于实际问题的标准”。[②] 在社会民众批判活动中，往往存在着一些“振臂一呼，应者云集”的民众领袖，他们成为黑格尔所说“世界精神的代理人”[③]，但不能由此说明社会民众批判活动的自觉性。这是因为众多个体主体对民众领袖批判意见的响应，主要是从其批判意见是否符合各个个体自身的需要出发的，而不是自觉地从社会主体的利益出发的。由此就形成了社会民众批判活动在社会自我批判“自下而上”态势中的自发特征。

(3)具有巨大能量。“无论哪个时代，公共舆论总是一支巨大的力量。”[④] 社会民众批判活动的主体与广大民众的意志相联系，而多数人为了维护自己利益而形成的力量是巨大的。“每一个都以自身为目的”，然而多数人的利益却体现了单个主体特殊利益的普遍性，因而是“绝对自在自为的理性东西”。[⑤] 社会民众批判活动的巨大力量主要是一种以精神强迫为主的力量。当社会民众批判活动形成时，人们处处感受到它的存在，摆脱不了它所产生的刺激，因而它就能形成一种强有力的声势；当社会民众批判活动形成时，并没有明确地标明自己的倾向，但人们却于

① ［德］黑格尔：《法哲学原理》，范扬、张企泰译，商务印书馆1961年版，第332页。

② 同上书，第323、333页。

③ ［德］黑格尔：《历史哲学》，王造时译，上海书店出版社1999年版，第32页。

④ ［德］黑格尔：《法哲学原理》，范扬、张企泰译，商务印书馆1961年版，第332页。

⑤ 同上书，第261页。

无形中受到它的制约和左右，其强制力量往往通过非强制的形式体现出来，从而具有很大的感染力。荣格把这种感染力描述为“似乎无时不在、无处不在的种种确实形式在精神中的存在”；当某种情势出现时，这种感染力就会被激活，于是社会中一种不由自主的“强制性会随之出现”，往往“像本能的驱使一样，获得反对所有理性与意志的方法”，其所产生的力量往往比以强制形式产生的作用大得多。[①] 由此就形成了社会民众批判活动在社会自我批判“自下而上”态势中的巨大能量。

社会自我批判以国家权威批判活动和社会民众批判活动作为其运作的现实形态，形成贯穿于社会自我批判的“批判的武器”环节和“武器的批判”环节始终的“自上而下”态势与“自下而上”态势。与崩溃时期的社会革命相比较，处于非崩溃时期的社会自我批判中的这两个态势尽管都不可缺少，但其地位和作用是不一样的。兹分别就“批判的武器”和“武器的批判”环节中“自上而下”态势和“自下而上”态势的作用做些分析。

在“批判的武器”环节中，“自上而下”态势是“批判的武器”环节得以开展并进行的必要条件。具有现实性的统治阶级，总能在一定程度上深切感受到体现在社会运动、社会事件和社会问题中的社会基本矛盾运动的辩证关系，尤其是其中的矛盾冲突，因而就能在意识形态层面较为自觉地以国家权威批判活动的“有机”方式对社会进行“自上而下”的批判，揭示社会的否定方面，并予以“普遍意义的反思”。正是在这种“自上而下”的态势中，社会弥漫着一种深厚的忧患意识，形成一种关于社会批判的宽松环境。

在“批判的武器”环节中，“自下而上”态势是“批判的武器”环节得以深入展开的根本条件。生活在社会中的广大民众，总能以最切身的方式体验围绕着社会运动、社会事件和社会问题所体现出来的社会基本矛盾运动的辩证关系，尤其是其中的矛盾冲突，由于与人们的利益休戚相关，人们就会“如鲠在喉，不吐不快”地议论纷纷，必然会在社会心理层面上形成主要以个人对社会批判为基础、从而以“无机”方式呈

① ［瑞士］荣格：《原形与集体无意识》，徐德林译，国际文化出版公司 2001 年版，第 219 页。

现出来的社会民众批判活动，并且汹涌澎湃，不可阻挡。使民众自身利益受到损害的因素，总与内蕴于社会基本矛盾运动的否定因素直接或间接地联系在一起，由此社会民众批判活动就能揭示社会的否定方面，并在此基础上予以“普遍意义的反思”。

于是，在“批判的武器”环节中，“自上而下”态势与“自下而上”态势就发生了，并通过两者的相互作用，体现了“有机”与“无机”、自觉与自发的统一。否则，就“批判的武器”而言，就不足以形成认识论意蕴中的社会自我批判，就不能通过“抓住事物的根本”以达到理论掌握群众的目的，就不能促成“批判的武器”向“武器的批判”的转化。

“武器的批判”环节是由“自上而下”态势首先推动和予以贯彻的，否则就不可能实施体现于非崩溃时期的社会自我批判。具有现实性的国家权威机构通过“批判的武器”环节中“自上而下”态势和“自下而上”态势的相互作用，在社会主体意识中形成“武器的批判”环节中的意志。意志的结构中不仅具有“使得这世界成为应如此”的目的，而且具有由“主体在这里为自身主张客观性的权利”所内蕴的方法。① 目的的确立和方法的形成离不开理性在其中的作用，而理性的作用正集中地体现在具有“自为的神经系统”② 的国家权威机构所进行的“有机”而自觉的批判活动之中。国家权威批判活动的权威性则在于通过赏罚措施和宣传舆论，把民众的活动协调起来，以使目的所“具有绝对现实的资格”在社会中体现出来。离开了国家权威批判活动所体现的“自上而下”态势，“武器的批判”就不能发动，更谈不上持续。

然而，“武器的批判”更离不开体现为“自下而上”态势的社会民众批判活动。广大民众不会仅仅停留在对损害自己切身利益的否定因素的议论纷纷上，而必然要“自下而上”地来推动否定否定因素的体现为制度改革的实践活动。尽管社会民众批判活动的“无机”形式和自发属性，使得其所体现的目的和方法具有朦胧性，然而由于与切身利益休戚相关、与参与“生产物质生活本身”所获得的直接体验直接相关以及其所具有的“巨大力量”，使得其在推动“武器的批判”中具有更大的作用。

---

① ［德］黑格尔：《逻辑学》下卷，杨一之译，商务印书馆 1982 年版，第 522、523 页。

② ［德］黑格尔：《法哲学原理》，范扬、张企泰译，商务印书馆 1961 年版，第 264 页。

于是，在“武器的批判”环节中，“自上而下”态势与“自下而上”态势就发生了，并通过两者的相互作用，体现了“有机”与“无机”、自觉与自发的统一。否则，就“武器的批判”而言，就不足以形成实践意蕴中的社会自我批判，就不能形成使现实“力求趋向思想”的物质力量。

第四节　社会自我批判是人文精神的生动展现

不能把“Humanism”译为“人文精神”。人文精神是作为人类“类活动”的实践在社会意识中的历史积淀，从而就能成为“一切个人内在的灵魂”。当价值世界构建活动发生严重问题而导致特定的社会危机时，人文精神就会通过人的热情，包括通过“伟大的历史人物”对于周围大众的引导，发生作用。社会自我批判就在由人文精神所赋予的“势”中展开，人的活动与“势”的相互关系，体现了人民群众创造世界的能动性。“批判的武器”和“武器的批判”环节中的目的和手段的形成离不开价值理性和工具理性。当价值理性和工具理性发生异化时，人文精神就会通过人的作用自觉或自发地对价值理性和工具理性的异化进行批判，体现了人类创造历史的能动性。

一　人文精神是实践在社会意识中积淀的社会价值观念

“文革”结束后，人们痛定思痛，在 20 世纪 90 年代有过一次关于社会转型时期人文精神的大讨论，由此引出的研究绵延至今。这是因为改革“已把大量内容从潜伏或萌芽状态展开了”[①]。关于人文精神，人们大都把它作为“Humanism”的中译文来理解。其实，“Humanism”用来概括文艺复兴时期的“人文主义者”即“humanista”的思想倾向，而“humanista”源自人文学习与课程的“humanitatis”，“humanitatis”又源自人性修养的 humanitas”。[②] 词是概念的载体，“人文精神”是没有相应西文

---

① 丁耘等：《新人文精神对话——如何把握我们这个复杂的时代》，《读书》2017 年第 5 期。

② D. Goicechea, *The Question of Humanism*, Prometheus Books, 1991, pp. 94 – 95.

词相匹配的地道的“中文词”。[①] 这就能理解为什么《中国大百科全书》哲学卷、《哲学大辞典》以及《辞海》等大辞典的条目中都只有“人文主义”而没有“人文精神”了。如何理解以中文词为载体的“人文精神”?

其一，人文精神就是关于“人文”的精神。作为词的“人文”可追溯到作为“中华元典”之一的《易》。“观乎天文，以察时变，观乎人文，以化成天下”，与自然界的“天文”相对应，“文明，人之文也”(王弼:《周易正义》)，“有文明而各得其分”(朱熹:《周易本义》)。“人文”就在于通过人的活动形成“各得其分”的“文明”。“人文”作为动词就是实践。人把实践“变成自己意志的和自己意识的对象”,[②] 证明自己是不同于动物的“类存在物”[③]。

作为“类存在物”活动的实践对成为人有两大意义。首先，实践使人成为主体。在地球上，自然界在进化中形成能进行新陈代谢的生命，但生命仍属于自然界。人在“为我而存在”关系的构建中以自为方式支配环境，使拥有生命的人成为主体。其次，实践在“自我实现”中使人感受“自由”。“自我实现，主体的对象化，——而这种自由见之于活动恰恰就是劳动”[④]；人在劳动中所实现的目的“是他所知道的，是作为规律决定着他的活动的方式和方法的”[⑤]。体现自由的“自我实现”过程与“自愿”与“自觉”联系在一起。主体在把实践“变成自己的意志和意识的对象”中，把握了内在和外在必然性的统一，分别形成由主体自我提出和设定的目的和方法，体现了自愿和自觉。在“自我实现”过程中，目的推动和方法调节中的实践，使主体感受到与内在必然性和外在必然性的统一相联系的自愿和自觉，于是就感受到“没有绝对的外物与我对立”[⑥] 的自由。

其二，人文精神就是关于人文的“精神”。人们通常把精神和意识作

---

① 吴国盛:《科学与人文》,《中国社会科学》2001 年第 4 期。

② 《马克思恩格斯文集》第 1 卷，人民出版社 2009 年版，第 162 页。

③ 《马克思恩格斯全集》第 1 卷，人民出版社 1995 年版，第 46 页。

④ 《马克思恩格斯全集》第 30 卷，人民出版社 1995 年版，第 615 页。

⑤ 《马克思恩格斯选集》第 2 卷，人民出版社 1995 年版，第 178 页。

⑥ ［德］黑格尔:《小逻辑》，贺麟译，商务印书馆 1980 年版，第 115 页。

为同一序列的概念。人们在价值世界构建中，为趋利避害，除通过认知反映客体以形成关于客体的意识外；还通过评价，反映主客体之间的价值关系，形成关于价值的意识。社会价值意识通过历史积淀，即经过“亿万次的重复”，在“人的意识中以逻辑的式固定下来”[①]，从而形成在内容、形态和结构上更为抽象、稳定和坚固的社会价值观念，成为社会意识的深层结构。这种社会价值观念对于个体而言，具有“先入之见的巩固性和公理的性质”[②]，往往会自觉或不自觉地体现在主体的行为之中。社会价值观念之所以能在社会中形成，就在于社会活动需要其以自发或自为的方式发生作用，以在主体活动中体现与趋利避害相联系的价值追求和价值取向。

人文精神作为社会价值观念体现着实践在意识中积淀的两大内涵：（1）通过积淀，实践意识凸显为人文精神中的主体意识。“人是目的”[③]，人是他所创造的价值世界最高目的；把“成为一个人，并尊敬他人为人”作为“抽象的从而是形式的法”构建的最高理念。[④]（2）通过积淀，实践意识凸显为人文精神中的追求自由意识。自由就是“每一个社会成员都能够完全自由地发展和发挥他的全部力量和才能”[⑤]，从而“把自身筹划到最本己的能在上去”[⑥]；“每个人的自由发展”的贯彻离不开人与人之间互为手段，从而达到“一切人的自由发展”。[⑦] 人文精神作为历史积淀的实践意识就是追求自由的主体意识。

“primary ousia”被亚里士多德用来标识本体，就是实在的现实原因，把本体论研究作为己任的哲学就是要研究“使事物所由能成为‘实事’”的“四因”。[⑧] 实践内含价值世界构建的“四因”：“质料因”，除包括“物质变换”一方的物理材料，还包括“无差别的、同种类的人类劳动”；

① 《列宁全集》第55卷，人民出版社1990年版，第186页。

② 李德顺、马俊峰：《价值论原理》，陕西人民出版社2002年版，第198页。

③ ［德］康德：《判断力批判》，邓晓芒译，人民出版社2002年版，第284页。

④ ［德］黑格尔：《法哲学原理》，范扬、张企泰译，商务印书馆1961年版，第46页。

⑤ 《马克思恩格斯选集》第1卷，人民出版社1995年版，第237页。

⑥ ［德］海德格尔：《存在与时间》，陈嘉映、王庆节译，生活·读书·新知三联书店2006年版，第301页。

⑦ 《马克思恩格斯选集》第1卷，人民出版社1995年版，第294页。

⑧ ［古希腊］亚里士多德：《形而上学》，吴寿彭译，商务印书馆1959年版，第161页。

在实践中使之客观化的“观念地存在着的表象”就是“形式因”；“目的因”以规律的形式“决定着他的活动的方式和方法”；人使用工具作用于对象的劳动过程就是“动力因”。实践是价值世界的本体，与人类社会共始终。

这就决定了人文精神作为实践意识积淀的社会价值观念在社会意识中的地位。社会意识中有很多价值观念，其中有不少是基本价值观念，然而作为价值世界本体意识积淀的人文精神直接或间接地决定其他基本价值观念，人文精神就成为最基本的社会价值观念。人们往往把科学精神与人文精神相并列，人文精神是唯一的最基本的社会价值观念，科学精神仅仅是由人文精神生发出来的一个社会基本价值观念。

人们生活在价值世界中，浸润在价值意识中，人文精神作为最基本的社会价值观念就成为“一切个人内在的灵魂”，在由实践为轴心的生活中“他们感受着他们自己内在的‘精神’不可抗拒的力量”。[①] 人文精神主要通过主体对由生产活动引发的生产方式和社会基本矛盾运动发生作用，还通过人们生活中的常识、习俗和禁忌等自发方式以及“世界历史人物”的行动和言辞等自为方式发生作用。从唯物史观来理解，“整个历史无非是精神的实现过程”[②] 中的“精神”就是人文精神。人类历史起伏跌宕，在不断凸显的主体意识中所呈现出来的必然王国不断地向自由王国的转化，是人文精神作用下展开的基本趋势，其根源就在于实践是价值世界的本体。

二 人文精神在社会自我批判中的作用

恩格斯指出，“在社会历史领域内进行活动的，是具有意识的、经过思虑或凭激情行动的、追求某种目的的人”，然而这“丝毫不能改变这样一个事实：历史进程是受内在的一般规律支配的”。[③] 在价值世界构建所形成的历史进程中，作为实践在社会意识中历史积淀的人文精神的展开，

---

① ［德］黑格尔：《历史哲学》，王造时译，上海书店出版社 1999 年版，第 32 页。

② ［德］黑格尔：《世界史哲学讲演录》，刘立群等译，商务印书馆 2015 年版，第 26、449 页。

③ 《马克思恩格斯选集》第 4 卷，人民出版社 1995 年版，第 247 页。

使得历史在主体意识的不断凸显中由必然王国向自由王国转化，就成为历史总趋势中的“内在的一般规律”。

黑格尔说，“历史上这一个向前进展的‘精神’，是一切个人内在的灵魂”[①]。人文精神作为“一切个人内在的灵魂”必然会使价值世界构建活动的主体“感受着他们自己内在的‘精神’不可抗拒的力量”[②]，从而对价值世界的构建活动发生作用。在历史进程顺利时，它会以较为平和的方式发生作用，在历史进程产生危机时，它会以较为激烈的方式发生作用。社会基本矛盾运动的尖锐化以社会危机的形式呈现出来，这就表明价值世界在构建过程中发生了严重的问题，人文精神的展开受到了阻碍。于是，人文精神必然会以较为激烈的方式顽强地发生作用，以体现人民通过价值世界的构建活动创造历史的能动性。

正是在作为“一切个人内在的灵魂”的人文精神“不可抗拒”的作用下，人们总会自觉或不自觉地并且通常是不自觉地通过人文精神的视域来看待世界。在诠释学看来，人的世界并不是作为某种现成的东西而存在的，它需要在建构中理解，“理解是属于被理解东西的存在(Sein)”[③]，由此才能“建立起一个客观经验世界”[④]。于是，在人文精神的视域中，无论是上层还是下层的“个人”们都会普遍地认为，处于危机时期的社会进入了一个怪圈、陷入了一种荒唐，种种怪诞的社会现象都产生了。人文精神作为“一切个人内在的灵魂”必然会在“驱使热情去为它自己工作”[⑤]中表示自己的存在，这就形成人们为否定使社会基本矛盾运动趋于激烈的否定因素以使人文精神得到顺利展开的社会斗争。只有在改变世界中才能更深刻地理解世界，正是从这个意义上说，“‘改变世界’就是更为深刻的‘理解和解释世界’”[⑥]。由此就能理解，这种社会斗争，正是人文精神更为深刻的诠释作用。

---

① ［德］黑格尔：《历史哲学》，王造时译，上海书店出版社1999年版，第32页。

② 同上。

③ ［德］伽达默尔：《真理与方法——哲学的基本特征》，洪汉鼎译，上海译文出版社2004年版，第6页。

④ ［德］卡西尔：《语言与神话》，于晓等译，生活·读书·新知三联书店1988年版，第165页。

⑤ ［德］黑格尔：《历史哲学》，王造时译，上海书店出版社1999年版，第34页。

⑥ 陈新汉：《论价值世界构建活动中的人文精神》，《天津社会科学》2019年第4期。

一般而言，由于受到统治阶级的镇压，这种社会斗争就会发展为暴力革命，于是社会就会崩溃。然而，人类的实践永不停息，由价值世界构建而形成的历史不会中止。这就决定了作为“内在的一般规律”的人文精神必然会通过所驱使的热情，在崩溃中建立新的社会秩序。特殊而言，在社会基本矛盾运动的激化所形成的社会危机而社会又具备了一些特殊条件时，如前所述，社会就会进入非崩溃时期的社会自我批判，作为“内在的一般规律”的人文精神就在其中通过所驱使的“热情”以与崩溃时期不同的形式生动地展开。

社会自我批判时期所具备的一些特殊条件中内在地包含着的社会主体能进行“一种普遍意义的反思”，这就意味着，在具有现实性的统治阶级和广大民众中，无论是上层还是下层，都会涌现一批“世界历史个人”，“这些人的职务是做‘世界精神的代理性’”，也就是人文精神的代理人。关于“世界历史个人”的作用，我们在第四章第四节“社会自我批判中的人民主体作用”还要具体地予以分析。就我们的论题而言，如黑格尔所说，“因为历史上这一个向前进展的‘精神’，是一切个人内在的灵魂，但是它是不自觉的‘内在性’，而由那些伟大人物带到自觉。他们周围的大众因此就追随着这些灵魂领导者，因为他们感受着他们自己内在的‘精神’不可抗的力量”①。

为理解人文精神在社会自我批判中的作用，对于黑格尔的这段文字需要指出以下三点。（1）这里的“他们周围的大众”既是指上层的“世界历史个人”周围的大众，也是指下层的“世界历史个人”周围的大众。当然，这两个“大众”在社会中的规模和作用都是不一样的，后者的规模更大，在社会中的作用更为根本。（2）“周围的大众”是“这些灵魂领导者”产生的基础。“世界历史个人”带领周围的大众，使作为“一切个人内在的灵魂”的人文精神由不自觉走向自觉；然而，周围的大众是“世界历史个人”产生的群众基础，没有把人文精神作为他们“内在灵魂”的大众，无论在上层还是在下层，“世界历史个人”都不可能产生，也就谈不上使人文精神走向自觉。（3）“他们感受着他们自己内在的‘精神’不可抗的力量。”只要在进行实践活动，那么由实践意识积淀的人文

① ［德］黑格尔：《历史哲学》，王造时译，上海书店出版社1999年版，第32、34页。

精神就会在实践者内心发生作用，使他们感受到这种“‘精神’不可抗的力量”。感受到“‘精神’不可抗的力量”的大众正是社会自我批判得以发动和持续的物质基础，当然，处于下层的大众在社会自我批判中的作用更为根本。

处于国家权威机构的“世界历史个人”把上层大众“他们自己内在的‘精神’不可抗的力量”由不自觉带到自觉，这就意味着社会自我批判中以国家权威批判活动形式呈现的“自上而下”态势的展开，其中体现了人文精神的作用。处于社会大众的“世界历史个人”把下层大众“他们自己内在的‘精神’不可抗的力量”由不自觉带到自觉，——尽管如本章第三节所述，社会民众批判活动在总体上带有自发性——，这就意味着社会自我批判中以社会民众批判活动形式呈现的“自下而上”态势的展开，其中体现了人文精神的作用。当然，处于国家权威机构的“世界历史个人”对于把下层大众“他们自己内在的‘精神’不可抗的力量”由不自觉带到自觉也起作用，处于社会大众的“世界历史个人”对于把上层大众“他们自己内在的‘精神’不可抗的力量”由不自觉带到自觉也起作用，都体现了人文精神的作用。社会自我批判的“批判的武器”环节和“武器的批判”环节正体现在以“自上而下”态势呈现的国家权威批判活动与以“自下而上”态势呈现的社会民众批判活动的相互作用中。

在“批判的武器”环节，人文精神的作用就使得批判集中于对构建价值世界在一定程度上成为桎梏的社会基本矛盾运动中的否定方面，并予以反思。批判的彻底总在于透过社会具体的否定问题而“抓住事物的根本”，而“人的根本就是人本身”，人是价值世界构建的最高目的。从这个意义上说，“批判的武器”的彻底总与人文精神的弘扬联系在一起。用另一句话说，就是在人文精神的弘扬中使“批判的武器”环节趋向彻底。

“批判的武器”越是彻底就越是能掌握人，就越是“会变成物质力量”，于是“武器的批判”环节就展开了。在“武器的批判”环节，人文精神的作用就使得批判集中于对构建价值世界在一定程度上成为桎梏的社会基本矛盾中的否定方面予以制度层面的社会改革，主要集中在对体现在经济基础和上层建筑两个领域中这些否定方面所涉及的某些基本制度予以改革，即“必须推翻那些使人成为被侮辱、被奴役、被遗弃和被蔑视的东西的一切关系”①。经济体制和政治体制的改革由于受“内在的‘精神’不可抗的力量”的驱使，因而总在一定程度上与人的解放和人的自由联系在一起。从这个意义上说，“武器的批判”的彻底总与人文精神的弘扬联系在一起。用另一句话说，就是在人文精神的弘扬中使“武器的批判”环节趋向彻底。

三 人文精神与社会自我批判中的“势”

人文精神在社会自我批判中的作用是与“势”联系在一起的。“势”是中国文化中特有的一个概念。“势者，名一而变无数者也”（《韩非子·难势》）；“势，治之道也；势，乱之道也”（《商君书·画策》）；“故夫势者，天下之至神也”（《叶适集·治势上》）。中国古代哲学对作为哲学范畴的“势”做了很多研究，体现了丰富的智慧，对于我们研究社会自我批判具有很好的启示。

“势”不是高居于人之上的“天下之至神”，“吾所为言势者，言人之所设也”（《韩非子·难势》），即“势”是由人“所设”由人的活动构成的，因此“‘势’与人的行动以及实践过程存在着内在的联系”②。冯友兰说：势即执，象形表示一只手执着某个东西，象征着力量，于是加上“力”做部首。③“势”是具有力量的矢量，与寓“势”于其中的事物运动的方向和趋向联系在一起，可称之为趋势。于是，“势”或“趋势”无论“在个体与社会的层面”，“都构成了实践过程展开的重要背景”。④

“势”与作为社会事物运动形式的时间和空间联系在一起。从纵向看，与人的行为以及实践过程相联系的“势”总是在时间的绵延中展开，“势”离不开时，“作为历史趋向的‘势’同时隐含时间之维”⑤，可称之为“时势”。从横向看，“势”以社会运动中事物之间的相互关联为内容，这就是“物类相应于势”（《鬼谷子·麾篇》）。春秋时吴国和越国相争，

① 《马克思恩格斯选集》第1卷，人民出版社1995年版，第10页。

② 杨国荣：《说“势”》，《文史哲》2012年第4期。

③ 冯友兰：《中国哲学简史》，生活·读书·新知三联书店2009年版，第13页。

④ 杨国荣：《说“势”》，《文史哲》2012年第4期。

⑤ 同上。

形成“吴越之势不两立”（《吕氏春秋·知化》），这种政治格局以否定的形式表现了两个事物即吴与越之间的关联。“势”就成为社会事物在运动中的特定场合。把纵向的时间和横向的空间相结合，就能理解体现为趋势的“势”构成了实践过程展开的“重要背景”。

在社会自我批判中，人文精神作为“一切个人内在的灵魂”一旦由不自觉转化为自觉，就会使社会自我批判呈现为“势”。这里的由不自觉转化为自觉，一方面，与处于上层和下层的“世界历史个人”的带领联系在一起；另一方面，也是更重要的，与直接生活于“生产物质生活”中的广大民众在社会基本矛盾运动的尖锐化中所“感受着他们自己内在的‘精神’不可抗的力量”联系在一起。社会自我批判一旦形成由人文精神所赋予的势，就会使社会上的“无数支流不断汇聚”，形成浩浩荡荡的势潮，“相与呼应汹涌如潮然”，因此尽管高低起伏、潮涨潮落，但永不停息，奔腾向前。[①] 于是，在社会自我批判中，无论是在“批判的武器”环节还是在“武器的批判”环节，都会体现为“势所必至”（王夫之：《宋论·卷十五》）的大势所趋。

在社会自我批判处于“势”的时期，生活于其中的人们与所处的“势”之间存在的关系，可以做以下三点分析。

其一，“势”不以人的意志为转移。尽管社会自我批判的“势”离不开人的活动，然而“不能使水西流”和“不能使禾冬生”就在于“其势不可也”（《淮南子·主术》），因此“天下之势在物而不在己”（《叶适集·治势上》）。对于分封而建诸侯的政治体制，“封建非圣人意”，“尧舜禹汤文武而莫能去之，盖非不欲去之也，势不可也”（柳宗元：《封建论》），强调了“势”的不以人的意志为转移的客观性。由“势”决定的分封制，由“势”决定改变之，“秦以私天下之心而罢侯置守，而天假其私以行其大公”（王夫之：《读通鉴论·秦始皇》）。这里的“天”就是“势”，尽管在王夫之的眼中带上了神秘的色彩，“存乎神者之不测，有如是夫”（同上）。社会自我批判之“势”对于生活于社会自我批判中的人——无论是对于处于上层还是下层的“世界历史个人”，还是一个个的个体而言，是以“实践过程展开的重要背景”形式而客观存在的，有其

① 梁启超：《清代学术概论》，东方出版社 1996 年版，第 8 页。

自身的规律性，不可视之不见，更不可逆向而动。

其二，人对于所处之“势”具有能动性。“势”对于社会自我批判的作用需要由生活于其中的人所进行的批判活动来实现，这就使人对于“势”具有能动性。这种能动性可以从两个方面分析之：首先，“顺势”。“顺”即“向着同一方向”或“使方向一致”。[①] 人处在社会自我批判的“势”之中，必须“求之于势，不责之于人”（《孙子·兵势》），不能过分追究人的责任。然而，这并不意味着人在其中是无所作为的，而是以“‘无为’的方式去‘为’”，即“遵循自然之道或自然的法则、避免以合目的性干预合规律性”。[②] 于是就能在社会自我批判之势中，顺势而为，达到顺者昌。其次，“乘势”。“乘”有“利用机会”之意，如“乘胜追击”。[③] 这就意味着人能把握“势”，从而能利用“势”。尽管势“在物不在己”，但通过能动性的发挥要努力做到“在己不在物”，故“古之人君，若尧、舜、禹、汤、文、武，汉之高祖、光武，唐之太宗，此其人皆能以一身为天下之势，虽其功德有厚薄，治效有浅深，而要以为天下之势在己而不在物”（《叶适集·治势上》）。在社会自我批判中“乘势”就在于“处胜人之势，行胜人之道”（《荀子·强国》）。“在荀子看来，仅仅‘处胜人之势’而缺乏‘胜人之道’，往往导向否定性的实践结果。”[④]

其三，“造势”。既然“‘势’与人的行动以及实践过程存在着内在的联系”，人的行动以及实践过程必然赋予“势”以生成的品格，由此就使由人“造势”成为可能。在社会自我批判中，人文精神作为“内在于一切个人的灵魂”通过人的活动呈现出来，离开了人的活动就谈不上人文精神所呈现的“势”。面对着社会自我批判中的“势”，一方面人们无法左右之，即“势在物不在人”，另一方面人既可以造势也可以损势，这就是“聪明君子者，善服人者也，人服而势从之，人不服而势去之”（《荀

---

① 中国社会科学院语言研究所词典编辑室：《现代汉语词典》，商务印书馆 2012 年第 6 版，第 1223 页。

② 杨国荣：《说“势”》，《文史哲》2012 年第 4 期。

③ 中国社会科学院语言研究所词典编辑室：《现代汉语词典》，商务印书馆 2012 年第 6 版，第 168 页。

④ 杨国荣：《说“势”》，《文史哲》2012 年第 4 期。

子·王霸》)。为要在社会自我批判中创造有利形势，就需要顺势而为和乘势而为，这就在“造势”中进一步强化社会自我批判中的“势”，从而也就进一步增强了“转圆石于千仞之山”（《孙子》）的巨大力量，从而就能使社会自我批判走向彻底。

社会的实践活动生生不息，在社会自我批判“批判的武器”和“武器的批判”两个环节中由人文精神赋予力量所呈现出来的“势”，既具有不以人意志为转移的客观性，人又能通过“顺势”和“乘势”对所处的势具有能动性，进一步通过“造势”，使“势”气势磅礴，这就充分体现了人民群众在社会自我批判中创造历史的能动性。人文精神对于社会自我批判的作用通过所赋的“势”体现出来，这就能更为具体地理解社会自我批判是人文精神的生动体现。

四　“两个批判”中的价值理性、工具理性与人文精神批判

吉登斯指出，“所有对有意义的人类行为的终极因素的严肃划分，都必须首先作出‘目的’和‘手段’的类别区分”[①]。目的源于需求，是行为的动力；手段以目的为指向，是目的实现的中介。在一个行为中，目的是具体的，但最终指向的是作为主体的人。为使人的行为获得成功，主体必须使用手段，使目的客观化自身。于是目的意识和手段意识经过积淀，就成为人类行为意识中的两个基本维度。关于目的和手段，我们在第三章里还要从实践意志的视域予以分析。

马克斯·韦伯把人的社会行为取向分析为“价值合乎理性的”“目的合乎理性的”“情感的”和“传统的”。他进一步指出：“价值合乎理性”行为之为“理性”取向，在于“有意识地突出行为的最后基准点和通过在行为过程中始终如一地有计划地以此为取向”；“目的合乎理性”行为之为“理性”取向，在于把“业已存在的主观需要的冲动，纳入经过他有意识权衡过的轻重缓急的刻度表上”。[②] 韦伯把“价值合乎理性”与“泛指一套终极目标的价值体系”相联系，“偏重于目的的设定”和“始

---

① Anthony Giddenx, *Capitalism and Modern Social Theory*, Cambridge University Press, 1973.

② ［德］马克斯·韦伯：《经济与社会》上卷，林荣远译，商务印书馆1997年版，第56—57页。

终如一”地坚守；把“目的合乎理性”与“一切有关选择手段的考虑”相联系，偏重于实现目的过程中“手段的选择”。[①] 人们分别用价值理性和工具理性来标识之，分别与人在社会行为中的目的和手段的形成联系在一起。

在社会自我批判中的“批判的武器”和“武器的批判”两个环节，尽管前一个环节属于意识范畴，后一个环节属于物质范畴，但作为人们的行为都可以在两个环节中做出“目的”和“手段”的类别区分。一般说来，由于国家权威批判活动的有机性和自觉性，贯穿于“批判的武器”环节和“武器的批判”环节中的国家权威批判活动都会在价值理性中形成明确的目的和在工具理性中形成明确的手段。由于社会民众批判活动的无机性和自发性，无论在“批判的武器”环节还是在“武器的批判”环节，从总体上而言，不能形成明确的目的和明确的手段。然而，又不能说在这两个环节中没有目的和手段——否则就没有社会民众批判活动，这就是说，目的和手段作为“绝对的普遍物、实体性的东西和真实的东西”[②] 是通过林林总总的意见形成意志所支配的行为体现出来的。“批判的武器”和“武器的批判”两个环节都体现着“自上而下”与“自下而上”两种态势的辩证统一，尽管“自下而上”态势在两个环节中都起着基础的和根本的作用，但是两个环节中分别形成的目的和方法总是与在其中起主导作用的体现为“自上而下”态势的国家权威批判活动运用价值理性和工具理性内在地联系在一起的，这是由处于非崩溃时期的社会自我批判的规定所决定的。

韦伯的贡献不仅在于指出了人的社会行为取向经历了由理性“祛魅”非理性的曲折过程，而且在于特别指出了，“行为的价值合乎理性的取向”和“目的合乎理性的取向”都有可能在“处于形形色色的不同的关系中”中发生异化。[③] 马克思把异化规定为：“人本身的活动对人来说就成为一种异己的、同他对立的力量，这种力量压迫着人，而不是人驾驭

① ［德］马克斯·韦伯：《社会学的基本概念》，顾忠华译，广西师范大学出版社 2005 年版，第 32 页。

② ［德］黑格尔：《法哲学原理》，范扬、张企泰译，商务印书馆 1961 年版，第 331 页。

③ ［德］马克斯·韦伯：《经济与社会》上卷，林荣远译，商务印书馆 1997 年版，第 57 页。

着这种力量。”[①]

笔者在《论价值世界构建活动中的人文精神》[②] 中指出，人文精神与价值理性、工具理性之间的关系是“体”与“用”的关系。人文精神要发挥“无限的权力”，要求主体在构建活动中把作为“用”的价值理性和工具理性贯穿于目的设定和坚守以及手段的运用之中。价值世界的构建活动由上下有序的一系列实践组成，而实践结构中具有目的和手段，与之相对应，就形成了目的和手段体系。由于目的与目的之间、目的与手段之间可以相互转化，有可能使与之相联系的作为“用”的价值理性和工具理性发生异化，从而在根本上背离作为“体”的人文精神。异化了的价值理性和工具理性所导致的目的和手段，必然会导致对于人文精神而言的行为的失败。

社会主体能进行“一种普遍意义的反思”是社会自我批判得以发生和展开的主体条件，作为实践意识积淀的人文精神是“一切个人内在的灵魂”并“由那些伟大人物带到自觉”。[③] 于是，社会主体，尤其是其中的“世界历史个人”，必然会自觉或不自觉地用体现为民族性和时代性的人文精神对“批判的武器”环节和“武器的批判”环节中的价值理性异化和工具理性异化予以批判，使之返回到理性的本意上来。由此，使由目的推动和手段调节中的“批判的武器”在展开中达到彻底，以达到与“人的根本就是人本身”联系在一起的对事物根本的批判，从而与人文精神联系在一起；使由目的推动和手段调节中的“武器的批判”在展开中达到彻底，以达到对事物根本的批判，即改革那些体现着“使人成为被侮辱、被奴役、被遗弃和被蔑视的东西的一切关系”[④] 的政治和经济制度，从而与人文精神联系在一起。这是人文精神发生作用的题中应有之义。

人文精神在对价值理性异化和工具理性在社会自我批判两个环节中发生异化的批判中，“世界历史人物”作为人文精神的代理人往往起着直

---

① 《马克思恩格斯选集》第 1 卷，人民出版社 1995 年版，第 85 页。

② 陈新汉：《论价值世界构建活动中的人文精神》，《天津社会科学》2019 年第 4 期。

③ ［德］黑格尔：《历史哲学》，王造时译，上海书店出版社 1999 年版，第 32 页。

④ 《马克思恩格斯选集》第 1 卷，人民出版社 1995 年版，第 10 页。

接的作用，他们带领周围的大众对由价值理性和工具理性异化所导致的“批判的武器”和“武器的批判”的危害予以批判，体现了人文精神在批判中发生作用的特征。然而，以人文精神为“内在的灵魂”的生活使在社会各个领域的人民大众切身地感受到由价值理性和工具理性异化所导致的“批判的武器”和“武器的批判”的危害，不仅能把批判的矛头指向产生危害的价值理性和工具理性异化之源，而且为批判提供源源不绝的动力。因此“世界历史个人”周围的人民大众，在人文精神对“批判的武器”和“武器的批判”环节中对价值理性和工具理性异化的批判起着更为根本的作用。人文精神通过“世界历史个人”和人民大众对社会自我批判中价值理性和工具理性的异化予以批判，是人文精神在历史上生动展现的一个内容。

第三章

社会自我批判中的忧患意识、实践意志和真

为具体理解社会自我批判，需要研究其机制中的忧患意识、实践意志和真。忧患意识、实践意志以及认识论意蕴和本体论意蕴的真是社会自我批判机制中的三个重要范畴。在社会自我批判中，忧患意识是以感性形式呈现的理性意识，体现着社会主体的自觉；忧患意识以社会自我批判为源又使社会自我批判的“批判的武器”和“武器的批判”两个环节浸润其中，贯穿于“自上而下”和“自下而上”两种态势的始终，形成具有“潮头”和“潮流”的思潮。实践意志的形成与理论层面的“批判的武器”的全面性和深刻性联系在一起，以目的、方法和冲动的形式通过意志的中介，贯穿在体现实践层面的“武器的批判”始终。克服“武器的批判”环节中的意志薄弱，需要“批判的武器”和“武器的批判”在相互作用中不断趋向深刻。在“批判的武器”和“武器的批判”中分别体现认识论意蕴的真和本体论意蕴的真，在根本上与人文精神相联系。美是内蕴有由认识论意蕴的真转化为本体论意蕴的真的客观实在在表象中的感性显现。社会自我批判既是追求真的过程，又是创造美的过程，从而在历史长河中璀璨夺目。

第一节　社会自我批判中的忧患意识

在体现为社会主义改革的社会自我批判的深化阶段，习近平反复强

调“我们必须进一步强化忧患意识”[①]。社会自我批判总与忧患意识联系在一起，忧患意识是社会自我批判机制的一个重要范畴。忧患意识在我国源远流长，是以非理性形式体现出来的理性意识。社会自我批判是忧患意识之源，忧患意识又为社会自我批判提供源源不绝的动力。忧患意识以“集体意识”和“集体无意识”的形式使社会自我批判浸淫其中，对社会自我批判发生着动员、聚焦和担当的作用。忧患意识是社会自我批判中具有“潮头”和“潮流”并且起伏不定的社会思潮。

一 忧患意识的词源和哲学意蕴

忧患意识在我国源远流长，绵绵不绝。中国在殷周战国期间形成的“文化元典”中有关于忧患意识的丰富内容。在中国的文字中，“忧”有“愁苦”“劳困”之意，“患”有“祸害；灾难”“厌恶”之意。[②]“忧”字最早出现于《诗经》，有“心之忧矣”“忧心如薰”“忧心殷殷”等。“患”字最早出现于《左传》，有“患则救之”“无信患作”“患孰恤之”等。“忧患”一词最早出现于在殷周时期形成的《周易》：“《易》之兴也，其于中古乎？作《易》者，其有忧患乎？”（《易·系辞下》）。对此，唐代儒家孔颖达在《五经正义》中说，“若无忧患，何思何虑？不须营作，今既作《易》，故知有忧患”。由忧患而生的《周易》凸显“忧患”意识：“危者，安其位者也；亡者，保其存者也；乱者，有其治者也。是故君子安而不忘危，存而不忘亡，治而不忘乱。”（《易·系辞下》）故之，《易经》“全篇贯穿忧患意识”[③]。

对于忧患意识在中国的词源，冯天瑜说：“从周初的‘忧位’、‘忧君’到孔孟的‘忧道’、‘忧民’、‘忧天下’，忧患意识的内涵愈益丰富。承其绪，后世仁人志士在不同的时代条件下，有不同的忧患，或忧君国之衰败，或忧民族之危亡，或忧黎民之困苦，或忧道学之中绝，其间往往也交织着个人的哀伤，所谓‘俯仰身世，悲从中来’。然而，作为一种

① 习近平：《之江新语》，浙江人民出版社2007年版，第39页。

② 辞海编辑委员会：《辞海》，上海辞书出版社1999年版，第1192、1932页。

③ 冯天瑜：《从元典的忧患意识到近代救亡思潮》，《历史研究》1994年第2期。

时代使命感和社会责任感的派生物，忧患意识又是古今同慨的。”①

“徐复观被公认为海外新儒家的代表人物之一。”② 他在分析了殷周之际忧患意识的起源后指出，忧患意识“乃是从当事者对吉凶成败的深思熟虑而来的远见；在这种远见中，主要发现了吉凶成败与当事者行为的密切关系，及当事者在行为上所应负的责任。忧患正是由这种责任感来的要以己力突破困难而尚未突破时的心理状态。所以忧患意识，乃人类精神开始直接对事物发生责任感的表现，也即是精神上开始有了人的自觉的表现”③。徐复观关于忧患意识的分析对于我们理解忧患意识的哲学意蕴具有深刻的启示。兹根据本书议题的需要，分析如下。

其一，忧患意识是经过“吉凶成败的深思熟虑而来的远见”。

忧患意识是关于由人的活动参与其中的事物运动“吉凶成败”未来可能的意识，其所呈现的不是事物运动“吉凶成败”的当前状态，而是关于事物运动“吉凶成败”的未来预测。这种预测绝不是“瞎子算命”式的胡言乱语。无论是自然中的事物还是社会中的事物，都有其自身的运动规律，当人的活动参与事物的运动时，尽管不能改变事物自身的运动规律，但能改变事物运动规律得以发生的条件，于是事物的运动就会改变方向。事物的未来状况正是这种事物自身因素和人为因素相互作用所使然的结果，这就成为关于事物“吉凶成败”未来预测的根据。正是这种根据使人的能动性的发挥得以可能。

这种预测所凸显的不是关于事物未来运动中“吉成凶败”的提前祝福，而是关于事物未来运动中“吉败凶成”的预先警示。这是与这种预先警示揭示的是事物运动中的否定方面联系在一起的，从而闪烁着否定的辩证法光芒。对于否定的辩证法，黑格尔已有很深刻的思考，黑格尔就是用这种否定的辩证法为德国现实历史的转变提供了重要的精神武器，我们在第一章里已有阐述，这里就不再予以赘述。忧患意识的深刻哲学内涵就是这种辩证的否定。

---

① 冯天瑜：《从元典的忧患意识到近代救亡思潮》，《历史研究》1994 年第 2 期。

② 许纪霖：《重建知识与人格的立足点——徐复观的知识分子论》，《学术月刊》2003 年第 8 期。

③ 徐复观：《中国人性论史·先秦篇》，生活·读书·新知三联书店 2001 年版，第 18—19 页。

由于这种意识是经过一种“深思熟虑”的过程，因而就蕴含着丰富内容；“深思熟虑”总是与“使思想自觉其为思想”的反思联系在一起，[①] 因而忧患意识与单纯的情感冲动不同，是属于理性范畴的自觉意识。在经过“深思熟虑”后的忧患意识中，除了突出人们对当下危机处境的不安、忧虑与警惕的内容，还包括对人与对象世界的全面关系的深刻追问的内容。粉碎“四人帮”和结束“文革”后，针对当时中央高层“两个凡是”的思想禁锢，邓小平在为党的十一届三中全会做准备的中央工作会议闭幕式上所做的报告中，说了一句集中体现当时中国人民忧患意识的警句：“一个党，一个国家，一个民族，如果一切从本本出发，思想僵化，迷信盛行，那它就不能前进，它的生机就停止了，就要亡党亡国。”[②] 这句话浓缩着全党和全国人民对“文化大革命”教训的深刻反省。党的十八大后，面对在改革开放中出现的腐败现象，习近平借鉴国际上因贪污腐败等长期积累矛盾所“导致民怨载道、社会动荡、政权垮台”的事实说：“大量事实告诉我们，腐败问题愈演愈烈，最终必然会亡党亡国！”[③] 这句话精辟地道出了全党和全国人民对于腐败危害的深刻反省。忧患意识的核心正是这种意识自觉。

其二，忧患意识是“要以己力突破困难而尚未突破时的心理状态”。

心理与生理相对应，是各种意识要素的总称，意识属于心理范畴，从这个意义上说，忧患意识就是忧患心理。然而，如果我们把忧患意识的核心与意识的自觉联系起来，忧患意识就属于理性范畴。可以说，忧患心理既是属于理性范畴的自觉意识，又是属于非理性范畴的“心理状态”，是以心理状态呈现出来的自觉意识。心理状态如人的喜、怒、哀、乐等情感作为内心体验，“直接与欲望的满足与否相联系”，“有千姿百态的表情行为，并且伴随着身体生理方面的显著变化”。[④] 忧患心理状态是一种“突破困难而尚未突破”，从而使主体“产生痛苦感、沉重感或压抑感的内心体验”，[⑤] 表现出忧愁、激愤、悲伤、紧张、烦恼等情感状态。

---

① ［德］黑格尔：《小逻辑》，贺麟译，商务印书馆 1980 年版，第 39 页。

② 《邓小平文选》第 2 卷，人民出版社 1993 年版，第 143 页。

③ 《习近平谈治国理政》，外文出版社 2014 年版，第 426 页。

④ 郭淑琴主编：《普通心理学》，光明日报出版社 1989 年版，第 331 页。

⑤ 孙云：《论忧患意识》，《人文杂志》1998 年第 2 期。

这种情感由于是建立在“深思熟虑”的理性内容基础上的，从而就与建立在单纯感性经验联想基础上的如“谈虎色变”“闻风丧胆”“风声鹤唳”“草木皆兵”等情感不一样，具有相对的深沉性。“这种浓厚的情感常常使人们的语言和态度、举止和行为、表情和风貌被染上伤感或焦虑的色调，甚至是一定时间内的无往而不悲。”[①] 范仲淹在《岳阳楼记》中说，“居庙堂之高则忧其民，处江湖之远则忧其君。是进亦忧，退亦忧”，就体现着忧患心理状态的这种深沉性。

忧患意识中的自觉意识必然要通过作为忧患心理状态的情感表达出来，这不仅是因为，一般地说，“人的激情论本质”“在总体上在其人性中不存在”[②]，离开了属于非理性范畴的情感，就不能理解在意识支配下的人及其活动；而且特殊地说，“忧患意识作为区别于其它意识的意识，悲剧式的情感色彩是其最主要的特征”[③]。忧患意识尽管以理性内容为基础，但由于以情感形式表现出来，由此就会产生强大的情感力量，没有这种力量，“世界上一切伟大的事业都不会成功”[④]。此外，情感往往会使主体产生非理性的冲动；体现为情感的忧患意识，尽管以理性内容为基础，往往会不可避免地伴生着非理性的冲动。这就可以理解“长太息以掩涕兮，哀民生之多艰”的屈原在极度忧患意识中投汨罗江自尽的典故了。

其三，忧患意识是“直接对事物发生责任感的表现”。

忧患意识与悲观意识不同，后者“认为世界变幻无常、人注定要遭受苦难，因而陷入悲观绝望”；忧患意识与宿命意识也不同，后者夸大必然性或偶然性的作用，“认为历史发展由一种不可抗拒、不可避免的神秘力量所决定”，[⑤] 对此人是无能为力的。悲观意识和宿命意识尽管方向相反，但两极相通，即有一个共同点，这就是都认为人在事物的发展中是无所作为的。忧患意识尽管凸显事物未来发展中的“吉败凶成”，从而表现为忧愁等的一系列情感状态，但体现的是要在事物的运动中化“凶”

① 张岂之：《历史上的忧患意识》，《炎黄春秋》2000 年第 11 期。

② 《马克思恩格斯全集》第 3 卷，人民出版社 2002 年版，第 359 页。

③ 孙云：《论忧患意识》，《人文杂志》1998 年第 2 期。

④ ［德］黑格尔：《历史哲学》，王造时译，上海书店出版社 1999 年版，第 52 页。

⑤ 冯契主编：《哲学大辞典》，上海辞书出版社 2001 年版，第 58、1410 页。

为“吉”、化“败”为“成”的主体意愿，这种意愿与对人参与其中的事物运动方向具有责任意识是联系在一起的。

在《现代汉语词典》中，“责任”有两个含义：（1）“分内应做的事：尽责任”。（2）“没有做好分内应做的事，因而应当承担的过失：追究责任”①。“对人来说责任具有一种必要性，也可叫做自我强制性或约束性，所以在伦理学上，责任和义务两者并没有什么本质不同，都是一个人必须去做的事情。”② 在康德看来，责任“就是由于尊重规律而产生的行为必要性”③。责任规定着人必须遵循社会规范去做的事情，德性的力量就在于“把责任的‘应该’转变成‘现实’的力量”④，“每一个在道德上有价值的人，都要有所承担，没有任何承担、不负任何责任的东西，不是人而是物件”⑤。责任就是一个人必须去做的事，这就是“尽责任”，否则就要“追究责任”，既包括来自内心的压力，也不排除来自外在的压力。既然人的活动参与了事物的运动，人就应该把人的活动与符合活动目的的事物运动方向联系起来，作为“分内的事”，对此“尽责任”；否则，就应当“承担过失”，从而“追究责任”。忧患意识中所涉及的“追究责任”，主要是来自内在的压力。

这种压力与良心的谴责联系在一起。黑格尔对良心做了很深刻的思考。良心是以“规律和原则的形式”⑥ 体现出来的社会基本价值观念在个体内心的积淀；具有普遍形式的社会价值观念内容在良心机制里以“自身直接确定性”的形式存在着，表现为“完全由自己本身来规定”，⑦ 于是就完全属于个体自身的；良心“是自为的、无限的、形式的自我确

---

① 中国社会科学院语言研究所词典编辑室：《现代汉语词典》，商务印书馆2012年第6版，第1626页。

② 苗力田：《道德形而上学原理》中《德性就是力量》（代序），苗力田译，上海人民出版社2002年版，第7页。

③ ［德］康德：《道德形而上学原理》，苗力田译，上海人民出版社2002年版，第16页。

④ 同上书，第6页。

⑤ 苗力田：《康德形而上学原理》中《德性就是力量》（代序），上海人民出版社2002年版，第7页。

⑥ ［德］黑格尔：《法哲学原理》，范扬、张企泰译，商务印书馆1982年版，第140页。

⑦ ［德］黑格尔：《精神现象学》下卷，贺麟、王玖兴译，商务印书馆1979年版，第155页。

信"[①]，"而自身确信的精神本身就包含着它自己的真理性"，拥有"绝对权力的至高尊严"，[②] 从而就能支配个体的行为。

责任作为道德或法律规范等社会基本价值观念的内化，构成了良心内容的重要部分，忧患意识中所体现的责任感正是良心的外显。当人的活动参与其中的事物运动呈现出"凶成吉败"的可能，人们就有责任把这种可能以警示的方式表达出来，以便使自己和大家在沉沦中惊醒，在行动努力中化"凶"为"吉"、化"败"为"成"；否则就会受到良心的谴责。以精神的自我折磨为形式的良心谴责，构成忧患心理中情感状态的主要成分。顾炎武所大声疾呼的"国家兴亡，匹夫有责"的忧患意识，就是与由爱国主义所形成的良心谴责联系在一起的。

二　社会自我批判是忧患意识之源

忧患意识一般总与个体联系在一起。当具有一定意识自觉的个体在一定的情境中对个体自我或对个体所涉其中的事物进行批判时，当个体意识到与人的行为相联系的事物运动的未来发展呈现为"吉败凶成"的可能时，由于与个体的利益相冲突，必然会产生痛苦感等内心体验；这种体验与化"凶"为"吉"、化"败"为"成"的责任感联结在一起，于是要以己力突破困难而尚未突破时的心理状态就以忧愁等的情感状态呈现出来，个体的忧患意识就形成了。个体忧患意识由个体批判产生，个体批判是个体忧患意识之源。

根据题意，我们这里的忧患意识是特指社会的忧患意识，这意味着忧患意识的主体是社会而不是个体，忧患意识的内容是社会而不是个体。下面的论述中的忧患意识，就是指关于社会的忧患意识。在社会自我批判中，社会忧患意识的形成和弥漫当然离不开个体意识，并且必须最终归结到"只是由于个人意识中的情感和信仰而存在"[③]，否则就不能发生作用，但其源主要来自社会自我批判自身。这里的"源"，不仅是指忧患

---

① ［德］黑格尔：《法哲学原理》，范扬、张企泰译，商务印书馆 1982 年版，第 140 页。

② ［德］黑格尔：《精神现象学》下卷，贺麟、王玖兴译，商务印书馆 1979 年版，第 156 页。

③ ［法］雷蒙·阿隆：《社会学主要思潮》，葛智强等译，上海译文出版社 1988 年版，第 345 页。

意识的开端“来源”于社会自我批判，而且是指忧患意识的持续和发展以社会自我批判作为其“源源不绝”的动力。离开了社会自我批判，忧患意识既不能发生，更不能持续地弥漫。兹分别分析国家权威批判活动和社会民众批判活动对于忧患意识形成和弥漫的机制。

在社会自我批判的情势下，具有现实性的统治阶级，作为“真正是社会的头脑和社会的心脏”[①]，总能在一定程度上深切地感受到体现在社会运动、社会事件和社会问题中的社会基本矛盾运动的辩证关系，尤其是其中的矛盾冲突，认为“不可能照旧不变地维持自己的统治”，这就造成“‘上层’的某种危机，即统治阶级的政治危机”。[②] 因而具有现实性的统治阶级就能在意识形态层面较为自觉地以国家权威批判活动的“有机”方式对社会进行批判，揭示社会的否定方面，并予以“普遍意义的反思”。[③] 社会自我批判就“自上而下”地展开了。

与统治阶级利益相联系的关于社会发展“吉败凶成”的警示以及化“败”为“吉”、化“凶”为“成”的责任感，就转化为要突破困难而尚未突破时的忧愁心理状态，从而就在“自上而下”的社会自我批判中形成忧患意识。只要“统治阶级的政治危机”没有消失，只要社会自我批判在进行之中，就会给社会忧患意识以源源不绝的动力。于是，就有了“文景之治”中汉文帝登位后即公元前177年的“常战战栗栗，恐事之不终”和第二年颁布的《日食罪己诏》中的“谪见于天，灾孰大焉”，因此就要“及举贤良方正能直言极谏者，以匡朕之不逮”；在“文景之治”的第16年即公元前163年，汉文帝又发诏书：“间者数年比不登，又有水旱疾疫之灾，朕甚忧之”，“意者朕之政有所失而行有过欤?”因此要求天下只要“可以佐百姓者”，尽可“率意远思，无有所隐”。（班固：《汉书·文帝纪》）

这种“自上而下”的忧患意识主要体现在由国家颁发的正式文件或某些权威人士的讲话中，体现在意识形态的各种宣传中，体现在由意识形态控制的大众传媒中，等等。例如：党的十一届三中全会公报强调了

---

① 《马克思恩格斯选集》第1卷，人民出版社1995年版，第13页。

② 《列宁选集》第2卷，人民出版社1972年版，第620页。

③ ［德］黑格尔：《小逻辑》，贺麟译，商务印书馆1980年版，第7页。

为社会主义改革做思想准备的真理标准讨论“对于促进全党同志和全国人民解放思想，端正思想路线”所具有的深远意义，紧接着指出“国民经济中还存在不少问题，一些重大的比例失调状况没有完全改变过来，生产、建设、流通、分配中的一些混乱现象没有完全消除，城乡人民生活中多年积累下来的一系列问题必须妥善解决”，然后几乎一字不漏地重复了邓小平说的关于“就要亡党亡国”的思想。[①] 党的十一届七中全会通过的《关于建国以来党的若干历史问题的决议》中强调，“1966 年 5 月至 1976 年 10 月的‘文化大革命’，使党、国家和人民遭到建国以来最严重的挫折和损失”，由此全党必须认识到建设社会主义现代化国家的伟大革命“比过去的革命更深刻、更艰巨，不但需要很长的历史时期才能完成，而且仍然需要许多代人坚持不懈、严守纪律的艰苦奋斗，英勇牺牲”。[②] 党的十九大报告中提出“反腐败斗争形势依然严峻复杂，巩固压倒性态势、夺取压倒性胜利的决心必须坚如磐石”[③]，正是这种国家权威批判活动的“自上而下”批判态势，在全党和全国人民中形成了忧患意识。

在社会自我批判的社会情势下，生活在社会中的广大民众，作为“生产物质生活本身”[④] 的主体，总能以最切身的方式体验着围绕着社会运动、社会事件和社会问题所体现出来的社会基本矛盾运动的辩证关系，尤其是其中的矛盾冲突对自身利益的损害。由于与自身的利益休戚相关，于是人们就会“如鲠在喉”地议论纷纷，必然会在社会心理层面上形成主要以个人对社会批判为基础，从而以“无机”方式呈现出来的社会民众批判活动。社会民众批判活动揭示社会的否定方面，并在此基础上予以“普遍意义的反思”。在以“自下而上”态势展开的社会民众批判中，与广大民众利益相联系的关于社会发展“吉败凶成”的警示以及化“败”为“吉”、化“凶”为“成”的责任感，就转化为要突破困难而尚未突

---

① 中共中央文献研究室：《改革开放三十年重要文献选编》上，人民出版社 2008 年版，第 19、16 页。

② 同上书，第 194、216 页。

③ 习近平：《决胜全面建成小康社会　夺取新时代中国特色社会主义伟大胜利——在中国共产党第十九次全国代表大会上的报告》，人民出版社 2017 年版，第 67 页。

④ 《马克思恩格斯选集》第 1 卷，人民出版社 1995 年版，第 79 页。

破时的忧愁心理状态，从而在“自下而上”的社会自我批判中形成忧患意识。

这种忧患意识曲折地通过民众的一些社会事件反映出来。例如，“文景之治”开初阶段出现人民反抗剥削和压迫的“亡等”“冒上”和“大不敬”等群体事件，为此贾谊通过《过秦论》忧患地指出，“人怀自危之心，亲处穷苦之实”，“百姓怨而海内叛”。这种忧患意识常常通过民众流传的社会谣言和民谣体现出来。不能把社会谣言仅仅理解为假的消息，谣言的生命在流传，而之所以能流传的一个重要因素就在于其是“一个人们所希望的信息”①。不能把民谣仅仅理解为老百姓口中的牢骚怪话，“在民谣中往往听到的是针砭时弊的乌鸦声”，尽管听起来不那么顺耳，但“往往是盛世危言，体现着深沉的忧患意识”。② 正是人们在“自下而上”的社会民众批判中所体现的忧患意识，成为党中央“自上而下”地惩治腐败的重要动力。

这种“自上而下”态势的由国家权威批判活动形成的忧患意识和“自下而上”态势的由社会民众批判活动形成的忧患意识相互作用，使社会忧患意识不断地发酵并弥漫在社会的各个方面。只要社会自我批判不断地进行下去，忧患意识就会不断地形成并“自上而下”和“自下而上”交融地弥漫于社会的各个领域。

三 浸润于忧患意识中的社会自我批判

忧患意识形成于社会自我批判之中，尽管其中有来自国家权威批判活动所形成的忧患意识和来自社会民众批判活动所形成的忧患意识，然而它们相互作用，从而交融在一起，弥漫于社会的各个方面，以集体意识的形式存在。人们生活于社会之中，也就生活在社会意识之中，由人们的活动所构成的社会自我批判必然弥漫于社会各个方面的集体意识之中。既然社会自我批判浸润于忧患意识之中，那么忧患意识对浸润于其中的社会自我批判必然会发生须臾不可或缺的重要作用。

集体意识是社会学和心理学中的一个重要范畴。作为概念的集体意

① 陈新汉：《民众评价论》，上海人民出版社 2004 年版，第 177 页。

② 同上书，第 205 页。

识首先由德国心理学家创始人冯特提出，“他认为个人的心理活动共同形式和相继存在，在社会中，表现为多数人意识的结合体”，但“这种意识的结合体并非存在于个人意识之外”。[①]“作为与卡尔·马克思和马克斯·韦伯的齐头比肩者，埃米尔·涂尔干同样被誉为社会学的三大奠基人之一”[②]，其关于集体意识的思想对于理解弥漫于社会各个方面的忧患意识有重要的启示意义。雷蒙·阿隆很赞成涂尔干关于集体意识的思想：集体意识是“‘一般社会成员共同的信仰和情感的总和’”，“这一总和‘形成了一个具有自己生命的特定体系’”，尽管集体意识离不开个人意识，但它“有别于个人意识，因为，它是按照自己的规律演变的，而不仅仅是个人意识的表现或结果”。[③] 这是就集体意识作为社会意识的一般理解而言的。涂尔干说：“如果集体印象有了固定的形式和固定的对象，那么集体意识便具有了确切的特征，”[④] 这是就集体意识有别于一般社会意识的特殊性而言的。与我们的论题相关，忧患意识就是“具有了确切的特性”的集体意识。忧患意识不仅可以是以个体为主体的意识，而且可以成为以社会为主体的以集体意识形式呈现的意识，“构成了他们自身明确的生活体系”，“它具有自身的特质，也不妨碍它形成一种界限分明的实在”，[⑤] 它是“所有因素中最重要的组成因素”，甚至会“成为超验存在”，于是“个人消失了”。[⑥]

不能把涂尔干的“集体意识”与荣格的“集体无意识”简单地等同起来。“卡尔·古斯塔夫·荣格是西方有很大影响的无意识心理学家”，他“帮助奠定了精神分析在现代西方文化中的突出地位”。[⑦] 荣格不同意弗洛伊德把人的精神分为意识和无意识两个层次，而把精神分为意识、

---

① 冯契主编：《哲学大辞典》，上海辞书出版社2001年版，第596页。

② ［法］埃米尔·涂尔干：《社会分工论》，渠东译，生活·读书·新知三联书店2000年版，第1页。

③ ［法］雷蒙·阿隆：《社会学主要思潮》，葛智强等译，上海译文出版社1988年版，第345页。

④ ［法］埃米尔·涂尔干：《社会分工论》，渠东译，生活·读书·新知三联书店2000年版，第244页。

⑤ 同上书，第42页。

⑥ 同上书，第245页。

⑦ 冯川：《荣格“集体无意识”批判》，《四川大学学报》1986年第5期。

无意识和集体无意识三个层次。“集体无意识是无意识的更深层次，它隐藏在人类心灵的最深处”；它“是以似乎无时不在、无处不在的种种确实形式在精神中的存在”，然而它“不是以充满内容的形象的形式”，而“仅以没有内容的形式，而且首先仅为没有内容的形式，仅仅表征为某种感知与行为的可能性”。[①] 在社会自我批判过程中，当某种情势出现时，以集体无意识形式隐藏在社会意识最深处的忧患意识就会被激活。当然，集体意识中这种“没有内容的形式”类似于在思维中所遵循“逻辑的式”，并不是先天的，而是经过“亿万次的重复”内化而成的。[②] 这就是说，体现为集体无意识的忧患意识归根到底是以集体意识形式存在的忧患意识的深化和积淀，是集体意识的深层结构。以集体无意识形式存在的忧患意识所发生的作用比以集体意识形式存在的忧患意识更为深刻。就集体无意识是集体意识的深化和积淀而言，可以说，以集体无意识形式存在的忧患意识仍然属于集体意识，但不能简单地予以等同。

在社会自我批判中，以集体意识形式存在或以集体无意识形式存在的忧患意识弥漫于社会之中，必然会以忧愁、激愤、悲伤、紧张、烦恼等情感的方式激发生活于其中的主体，于是忧患意识就“像本能的驱使那样”，对于国家权威批判活动和社会民众批判活动而言，成为“一种不由自主的强制”，“不断地融入到我们的生活中来”，[③] 从而使社会自我批判在规模上达到前所未有的广度，在深刻性上达到前所未有的深度。以集体意识形式或集体无意识形式存在的忧患意识对社会自我批判所发生的作用，主要可分析为以下几个方面。

其一，忧患意识的动员作用。集体意识或集体无意识是一种“普遍的、隐蔽的和强制的力量”[④]。人们普遍感受到弥漫于社会中的忧患意识，于是具有一定思想自觉的人们必然会产生忧愁、激愤、悲伤、紧张、烦恼等情感。“避害趋利”是生物界的最基本行为方式，“避苦趋乐”是由

---

① ［瑞士］荣格：《原形与集体无意识》，徐德林译，国际文化出版公司 2011 年版，第 36 页、41 页。

② 《列宁全集》第 55 卷，人民出版社 1990 年版，第 186 页。

③ ［法］埃米尔·涂尔干：《社会分工论》，渠东译，生活·读书·新知三联书店 2000 年版，第 245 页。

④ 《马克思恩格斯全集》第 1 卷，人民出版社 1995 年版，第 385 页。

此派生出来的生物界最基本的情感方式，前者是后者的基础，人以高级的形式遵循着生物界的行为方式和情感方式。这就决定了，为解除或缓解这种痛苦情感，就会产生解除痛苦情感社会根源的欲望。于是，人们就会形成关于解除痛苦情感社会根源的意见，“芒刺在背，必欲拔之而后快”，从而就会促使人们从各自所在角度出发，“自上而下”或“自下而上”地对社会运动、社会事件、社会问题中的否定环节发表否定性评价意见，促进国家权威批判活动和社会民众批判活动及其相互作用，由此促进以其为载体的社会自我批判深入展开。

其二，忧患意识的聚焦作用。社会现象以社会运动、社会事件、社会问题等形式呈现出来，社会现象总是丰富的、多变的、片面的、表面的。经历过“文化大革命”的人们都记得，尤其是在“文化大革命”后期，国民经济已经到了崩溃的边缘，然而“莺歌燕舞”派仍能抓住“个别”“片面”“表面”现象，鼓吹形势一派大好。在当时的情势下，揭示社会基本矛盾的辩证运动——尤其是矛盾冲突——中的否定环节并予以反思，正是把握事物本质的需要。一般说来，在光怪陆离的社会现象面前，忧患意识以“吉败凶成”的警示方式惊世骇俗地表达出来，使得无论是“居庙堂之高”的统治阶级还是“处江湖之远”的草民都会自觉或不自觉地把注意力聚焦到社会基本矛盾辩证运动中的否定环节并予以反思，以真实地把握特定时期的社会本质，促进国家权威批判活动和社会民众批判活动及其相互作用，由此促进以其为载体的社会自我批判深入展开。

其三，忧患意识的担当作用。忧患意识作为“直接对事物发生责任感的表现”，体现着要凭自己的努力化“凶”为“吉”和化“败”为“成”的担当。当一个社会弥漫着忧患意识时，总意味着人民群众创造历史的主体能动性正在发生作用；勇于担当，在化“凶”为“吉”和化“败”为“成”中“接受并负起责任”，正是主体能动性的题中应有之义。生活于社会中的具有一定意识自觉的人们，在忧患意识的浸润中，与良心联系在一起的对于社会的责任感就会激发出来。“舍我其谁”（《孟子·公孙丑》）中所体现出来的担当意识与对“当今之世”的忧患从而产生“欲平治天下”的愿望是联系在一起的。当被忧患意识激发的责任感充盈着人们的意识时，无论是“居庙堂之高”还是“处江湖之远”的人们都会以“舍我其谁”的担当意识投入其中，促进国家权威评价活动和社会民众评价活动及其相互作用，由此促进以其为载体的社会自我批判深入展开。

四 社会自我批判中社会忧患思潮的“潮头”和“潮流”

人们往往把社会思潮理解为社会中的错误思潮，此观点是值得商榷的。在历史上，社会思潮是“反映特定环境中人们的某种利益或要求并对社会生活有广泛影响的思想趋势或倾向”[①]。社会思潮通过体制内和体制外的各种途径表达出来，最能体现社会评价活动。[②] 社会思潮是一种重要的社会现象，一个社会中涌动着社会思潮是正常的，而没有社会思潮的涌动就会“万马齐喑究可哀”（龚自珍），从而就是不正常的。社会思潮给历史增添了不少波澜壮阔的色彩。

梁启超认为要给社会思潮下定义较为困难，“此其语最妙于形容”。他在为友人蒋方震所著《欧洲文艺复兴史》写的序言中对社会思潮说了一段对后人影响很广的文字：“凡文化发展之国，其国民于一时期中，因环境之变迁，与夫心理之感召，不期而思想之进路，同趋于一方向，于是相与呼应汹涌，如潮然。”[③] 梁启超对于社会思潮实际上指出了以下几点：社会思潮以“环境之变迁”为根本原因，是社会基本矛盾运动的产物；社会思潮由体现为“心理之感召”的“无数支派”交汇而成，“心理之感召”正是与利益相联系的社会评价活动，从而“不期而思想之进路，同趋于一方向”；社会思潮“相与呼应汹涌，如潮然”，具有巨大力量。

由此观之，作为以社会自我批判为源又使社会自我批判浸润于其中的弥漫在社会各个方面的忧患意识具有上述社会思潮的特征，可称为社会忧患思潮。当然，社会自我批判中的社会忧患思潮是社会思潮中的特殊类型，可从以下几点来分析：（1）不是一般的社会基本矛盾运动的产物，而是社会处于非崩溃时期的社会基本矛盾运动异常激化的产物。（2）不是一般的社会民众评价活动，而是特定的社会评价活动，即其主体不仅涉及社会民

① 冯契主编：《哲学大辞典》，上海辞书出版社 2001 年版，第 1254 页。

② 陈新汉：《民众评价论》，上海人民出版社 2004 版，第 267 页。

③ 梁启超：《清代学术概论》，东方出版社 1996 年版，第 1 页。

众而且涉及国家权威机构，构成其中的“无数支派”既包括“自下而上”的社会民众批判活动，也包括“自上而下”的国家权威批判活动。（3）不是对社会现象的一般社会评价，而是着重揭示社会基本矛盾运动中的否定方面并予以“普遍性反思”，从而形成体现为关于社会“吉败凶成”警示的社会评价。（4）不是一般地体现社会主体“不吐不快”的评价，而是着重体现为“要以己力突破困难”的由社会责任而形成的担当意识并由此所形成的“尚未突破”的忧愁、激愤、悲伤等情感。

“任何社会思潮都分为两个部分：一是以社会理论形态表现出来的‘潮头’，一是以社会心理形态表现出来的‘潮流’。”[①] “潮头”以称为“弄潮儿”的思想家为主体，“他们是世界精神的代理人”，他们提出一些观点和理论，由于能使他们周围的大众“感受着他们自己内在的‘精神’不可抗的力量”[②]，就能在社会意识中不断鼓涌和掀起一阵一阵的波涛。“潮流”以除思想家之外的数量广大的群众为主体，他们对形成“潮头”的观点和理论形成共鸣、提供支持，以“一个时代的心理”[③] 形式构成了波澜滚滚的浪潮，以推波助澜的方式簇拥着“潮头”。“潮头”和“潮流”是社会思潮的载体，社会思潮正是在“潮头”和“潮流”的相互作用中波澜壮阔地展开。没有引人注目的以“潮头”形式体现出来的观点和理论，没有以波澜滚滚的“潮流”形式体现出来的社会心理，没有两者之间的“相与呼应汹涌”，社会思潮就不存在了。社会自我批判中的社会忧患思潮同样具有社会思潮的“潮头”和“潮流”。

由于社会自我批判是处在非崩溃时期的社会运动，这就使社会忧患思潮的“潮头”尤其醒目。“潮头”中处于国家权威机构中的“弄潮儿”能从社会上层的角度深切地感受到“不可能照旧不变地维持自己的统治”[④] 的危机，并得到国家机构中相当一部分成员的呼应，从而把“吉败凶成”的警示以惊世骇俗的形式通过国家机器的各种作用“自上而下”地贯彻下去。“潮头”中处于社会民众之中的“弄潮儿”，或者自己就直

---

① 陈新汉：《自我评价论》，上海人民出版社 2011 年版，第 379 页。
② ［德］黑格尔：《历史哲学》，王造时译，上海书店出版社 1999 年版，第 32 页。
③ 《普列汉诺夫哲学著作选集》第 3 卷，生活 · 读书 · 新知三联书店 1962 年版，第 196 页。
④ 《列宁全集》第 26 卷，人民出版社 2017 年版，第 230 页。

接生活在“生产物质生活本身”之中,[①] 或者与直接生活在“生产物质生活本身”的人群联系较为紧密，他们能从社会下层的角度深刻地感受到“不可能照旧不变地维持自己的生活”的危机，把“吉败凶成”的警示或者在社会下层的民众中传播，或者向社会上层的“弄潮儿”传递，从而对社会自我批判产生重大影响。例如，“文景之治”中的贾谊[②]及其《过秦论》、“彼得一世‘欧化’改革中”中波索什科夫[③]及其《贫富论》、“明治维新”的国学和兰学[④]中的山田玄白等中的“上书言事，陈时政得失”。社会忧患思潮中的这两种“弄潮儿”相互作用和呼应，通过处于国家权威机构中的“弄潮儿”的作用，利用国家机器，于是社会自我批判中的社会忧患意识就“自上而下”地蔓延开去。

在社会自我批判中社会忧患思潮的“潮头”下面，涌动着滚滚的“潮流”。他们中的绝大部分直接生活在“生产物质生活本身”之中，切身地感受到因社会基本矛盾运动中的否定因素所形成的社会危机对自己利益的损害，感受到“不能照旧不变地维持自己的生活”，因而与作为“潮头”中以惊世骇俗方式表达出来的关于社会发展“吉凶成败”的观点和理论形成“相与呼应”，就成为社会忧患思潮中的“自下而上”的滚滚“潮流”。由于处在社会非崩溃时期，社会忧患思潮“潮流”中的绝大多数通过社会舆论、社会谣言或民谣等平和的方式表现出来，同时也不排除游行、集会乃至社会骚乱和小规模的起义等，但总体上不至于引起社会的崩溃。由于组成“潮流”的人数众多，并且直接与作为社会基础的

① 《马克思恩格斯文集》第1卷，人民出版社2009年版，第531页。

② 据《史记·屈原·贾生列传》：贾谊原籍汉阳，少有才名，能诵《诗》《书》，遂闻名于郡中，年十八被河南太守召到门下，二年后被汉文帝召为博士，在一年内又破格擢升为太中大夫。在汉文帝《日食罪己诏》的氛围下，每有朝令，朝廷都能廷议，“贾生尽为之对”，最有影响的文章是《过秦论》。

③ ［俄国］波索什科夫（1652—1726年），在73岁时著成在历史上极有影响的《贫富论》，对当时的俄国状况极表忧患，强调商业在国家经济发展中的作用，“若无商业，不用说一个大国，就是连一个小国都难以立国”，疾呼“不要让农民沦为乞丐”。［苏］H. N. 梁士琴科：《苏联国民经济史》，中国人民大学编译室译，人民出版社1960年版，第402页。

④ 兰学指日本江户时代通过荷兰传播而来的西洋学术总称，代表人物有山田玄白、前野良泽等。幕府末期，国学具有鲜明的“町人阶级特色”（町人即工商业者——引者注）；“与儒学相比，在幕府内部倒是洋学（即兰学——引者注）起了更大的历史作用。［日］信夫清三郎：《日本政治史》第1卷，周启乾等译，上海译文出版社1988年版，第11页。

社会存在中的“生产物质生活本身”联系在一起，因而就会形成簇拥着“潮头”的拥有巨大力量的滚滚“潮流”。

值得提出的是，社会民众批判活动的主体是处于国家权威机构之外的广大民众，然而不能把社会忧患思潮的主体简单地归于广大民众。在社会自我批判中，“潮头”和“潮流”之间的“相与呼应”，形成了波澜壮阔的社会忧患思潮，作为“潮头”的包括国家权威机构和社会民众中的“弄潮儿”，与作为“潮流”的社会民众共同构成了社会忧患思潮的主体。没有“弄潮儿”的惊世骇俗的呼唤所形成的“潮头”，就不可能有社会自我批判的忧患思潮；没有以广大社会民众为主体所涌动着的“潮流”滚滚不息，“潮头”有时尽管令人醒目，但思想家们的关于社会忧患意识的观点和理论至多只能成为忧患学派，并且终究会昙花一现，因此也就不可能有社会自我批判的忧患思潮。

社会中人们利益的多元性造成了社会思潮的多元性，社会基本矛盾运动越是激烈，各种社会思潮的运动也就越是激烈，各种社会思潮在越是激烈的运动中必然相互冲撞、交流和整合。随着形成社会自我批判社会条件的变化，社会忧患思潮就必然会在与各种社会思潮相互冲撞、交流和整合中潮涨潮落。潮涨潮落是社会忧患思潮的一个重要规律。社会忧患思潮的潮涨潮落不仅能敏锐地反映社会自我批判过程中的跌宕起伏，而且能通过反映的能动作用在动员、聚焦和担当等方面对社会自我批判过程中的跌宕起伏发生作用，从而使社会自我批判能在跌宕起伏中不断地发展。

在社会自我批判过程中，不仅要充分肯定社会自我批判所取得的成就，以增强社会自我批判不断进行下去的信心；而且要充分揭示处于社会自我批判中的社会基本矛盾运动的否定因素，不回避社会在变革的快速发展中所积累的深层次问题，这就是说，要鼓励社会忧患思潮的发展，做到警钟长鸣。习近平指出，“我国已进入发展关键期、改革攻坚期、矛盾凸显期，我们面临的矛盾更加复杂”①，正体现着深深的忧患意识。为要使社会忧患思潮在体现为社会主义改革的社会自我批判中进一步发生作用，就需要在社会主义深入发展的新阶段中进一步创造能使社会忧患

① 习近平：《辩证唯物主义是中国共产党人的世界观和方法论》，《求是》2019 年第 1 期。

思潮予以发展的社会条件。

第二节 社会自我批判中作为中介的实践意志

社会自我批判中存在着由“批判的武器”环节到“武器的批判”环节转化中作为中介的实践意志问题。实践意志是社会自我批判中又一个重要范畴。“意志”的中文和英文词源都把意志与行为相联系。由于实践意志“一身兼二任”，就成为属于意识范畴的“批判的武器”向属于物质范畴的“武器的批判”转化的中介。在“批判的武器”环节中，随着国家权威批判活动和社会民众批判活动及其相互作用的深入，形成目的、方法和决定。“武器的批判”环节较之“批判的武器”环节更易产生意志软弱。克服意志薄弱就需要使“批判的武器”和“武器的批判”在相互作用中不断趋向深刻，也需要增强忧患意识，使之警钟长鸣。

一 词源引出和实践奠定的实践意志意蕴

从词源上说，古汉文中的“意”与“志”分用居多。“意”有“意味”和“意向”等之谓。欧阳修的“醉翁之意不在酒”（《醉翁亭记》）中的“意”就表示意向。“志”有“志向”和“志气”等之谓。孔子的“苟志于仁矣，无恶也”（《论语·里仁》）中的“志”就表示志向，亦即“汉语‘志’字的象形构造所暗示的‘心之所之’”①。“意”与“志”亦有合用。如“志意修则骄富贵，道义重则轻王公”（《荀子·修身》），这里的“志意”就有立志向之谓；“意志不专，所积者甚薄，亦不免惑也”（葛洪《抱朴子》，这里的“意志”是意向之谓。从上述的文字可知，表达内心状态的“意”“志”和“志意”“意志”等词都必然要通过身体的活动表达出来，从而都含有与行为相联系的意蕴。

在现代英语中表示意志的词有“will”“volition”等。“‘will’这个词，既与意向性相关联，同时也正是英语中我们用来表‘将来时态’的那个词”，“意志和意向性与未来有着密切的关系，每一个意向性的陈述，都

---

① 刘清平：《“意志软弱”还是“意志坚强”——“不能自制”新释》，《人文杂志》2016年第12期。

不同程度地包含着这两种意义——单纯的未来（某事将要发生）和个人的决定（我欲令其发生）。……未来并不仅仅是即将到来的时间状态，未来中包含着‘我要使它这样’的因素”。[①] 这就是说，作为意向的“‘我要使它这样’的因素”不能仅仅停留在意识范围内，而必须与实践活动相联系，才能客观化自身，这正意味着“意志”是与行为联系在一起的。

从词源和词意分析，中文和英文中的“意志”都与行为相联系。“意志总是渗透在人掌握世界的诸种方式之中，对人的活动具有激发、定向、选择、调控等作用”[②]，行为作为体现人在掌握世界时的诸种方式总与实践联系在一起。认识来自实践，凡由认识形成的理论问题，“都能在人的实践中以及对这个实践的理解中得到合理的解决”[③]。由此就可以理解，我们要把“意志”放在实践的视域中来理解的意义了。就此而言，我们把意志又称为实践意志。

尽管不能把实践等同于劳动，但劳动毕竟是实践的最主要类型，形成实践中的最主要部分。马克思在《资本论》第 1 卷中对劳动有过一整段很经典的论述：

> 劳动首先是人和自然之间的过程，是人以自身的活动来中介、调整和控制人和自然之间的物质变换的过程。人自身作为一种自然力与自然物质相对立。为了在对自身生活有用的形式上占有自然物质，人就使他身上的自然力——臂和腿、头和手运动起来。当他通过这种运动作用于他身外的自然并改变自然时，也就同时改变他自身的自然。他使自身的自然中蕴藏着的潜力发挥出来，并且使这种力的活动受他自己控制。……蜘蛛的活动与织工的活动相似，蜜蜂建筑蜂房的本领使人间的许多建筑师感到惭愧。但是，最蹩脚的建筑师从一开始就比最灵巧的蜜蜂高明的地方，是他在用蜂蜡建筑蜂房以前，已经在自己的头脑中把它建成了。劳动过程结束时得到的

---

① ［美］罗洛·梅：《爱与意志》，梁华、杨韶刚译，载冯川主编《罗洛·梅文集》，中国言实出版社 1996 年版，第 288 页。

② 张明仓：《实践意志论》，广西人民出版社 2002 年版，第 209 页。

③ 《马克思恩格斯选集》第 1 卷，人民出版社 1995 年版，第 56 页。

> 结果，在这个过程开始时就已经在劳动者的表象中存在着，即已经观念地存在着。同时他还在自然物中实现自己的目的，这个目的是他所知道的，是作为规律决定着他的活动的方式和方法的，他必须使他的意志服从这个目的。但是这种服从不是孤立的行为。除了从事劳动的那些器官紧张之外，在整个劳动时间内还需要有作为注意力表现出来的有目的的意志，而且，劳动的内容及其方式和方法越是不能吸引劳动者，劳动者越是不能把劳动当做他自己体力和智力的活动来享受，就越需要这种意志。①

我们在下面对意志的分析主要以此为根据，再联系马克思的另外一些论述以及其他学者的一些论述。

其一，实践意志在实践中形成并为实践而形成。

实践就是“人以自身的活动来中介、调整和控制人和自然之间的物质变换的过程”，人在这一过程中在“作用于他身外的自然并改变自然时，也就同时改变他自身的自然”②。正是在这一过程的历史进化中，人以主体的形式把自己从自然界中提升出来。对于作为主体的人而言，“凡是有某种关系存在的地方，这种关系都是为我而存在的”，③ 世界就在此基础上二重化为价值世界与物理世界、主观世界与客观世界。人脑乃至整个神经生理系统和各种心理因素在构建为我关系的过程中得以形成和发展，人的意志也就具有了赖以存在的生理和心理基础。在“世界不会满足人，人决心以自己的行动来改变世界”的实践过程中，存在着“对自身的确信，就是要对自己的现实性和世界的非现实性的确信”。④ 实践意志的形成作为“一个长期的心理积淀过程”⑤ 与体现在实践过程中的这个“确信”机制是内在地联系在一起的。

实践意志之所以能在实践中形成，就是因为实践离不开实践意志。

---

① 《马克思恩格斯选集》第 2 卷，人民出版社 1995 年版，第 177—178 页。

② 同上书，第 177 页。

③ 《马克思恩格斯选集》第 1 卷，人民出版社 1995 年版，第 81 页。

④ 《列宁全集》第 55 卷，人民出版社 1990 年版，第 182—183 页。

⑤ 张明仓：《实践意志论》，广西人民出版社 2002 年版，第 212 页。

黑格尔把意志理解为“使主观的东西转化为客观性的活动中介”[①]。任何复杂的“在对自身生活有用的形式上占有自然物质”的实践活动，归根到底都需要人“使他身上的自然力——臂和腿、头和手运动起来”，“并且使这种力的活动受他自己控制”。[②] 与行为相连的“确信”必然会激起“意志的努力”，“意志的努力在生理上可以认为是兴奋过程和抑制过程在大脑两半球皮质的神经细胞中的斗争，这种斗争便引起有机体的活动发生变化，特别是引起一部分肌肉的紧张”。[③] 没有实践意志，就没有相应的“随意行动”，就不可能有“使主观的东西转化为客观性的活动”。

意志形成于实践并为实践而形成，意志与实践不能分离。为此，黑格尔就有充分的理由把意志称为“实践理念”，“实践理念”的提出正是“黑格尔之所以能找到思维与存在、主体与客体、自由与必然的统一性中介”的关键之点。[④] 由此，我们也有充分的理由把意志称为实践意志。然而，实践意志仍然是意志而不是实践，二者分属于两个不同的形态世界。黑格尔的客观唯心主义体系决定了把实践理念与实践等同起来，这是不对的。

其二，实践意志是要“实现自己的目的”。

目的是“劳动过程结束时得到的结果，在这个过程开始时就已经在劳动者的表象中存在着，即已经观念地存在着”的蓝图，这正是“最蹩脚的建筑师从一开始就比最灵巧的蜜蜂高明的地方”。[⑤]“目的的活动不是指向自身，以便把一个已给予的规定纳入自身并使其为己有，而不如说是要建立自己的规定，借扬弃外在世界的规定，给自身以外在现实形式中的实在”。[⑥] 目的与目的的实现联系在一起，这就决定了目的的现实性，它包括两个方面。

（1）目的是合理的。目的与主体需要相联系，但不能把目的等同于

① ［德］黑格尔：《法哲学原理》，范扬、张企泰译，商务印书馆1982年版，第20页。

② 《马克思恩格斯选集》第2卷，人民出版社1995年版，第177页。

③ ［苏］格·阿·富尔顿、阿·符·彼得罗夫斯基：《普通心理学》，朱知贤、龚浩然译，人民教育出版社1957年版，第137页。

④ 杨祖陶：《德国古典哲学逻辑进程》，武汉大学出版社1993年版，第281页。

⑤ 《马克思恩格斯选集》第2卷，人民出版社1995年版，第178页。

⑥ ［德］黑格尔：《逻辑学》下卷，杨一之译，商务印书馆1982年版，第523页。

需要。目的的形成离不开评价，当客体不能满足主体需要时，主体对客体的否定性评价往往会以客体“应如此”的肯定性形式表现出来；但这种“应如此”的观念不一定具有实现自身的现实性。目的的形成也离不开认知，认知的任务在于反映事物处于必然性关系中的状况，使主体认识到一事物之所以成为该事物是由于合乎规律所使然，从而就能预测事物发展的趋势。目的是“应当如此”的观念与事物的现实发展可能性的统一，是在评价内容和认知内容的基础上经过思维加工形成的，从而便具有了实现的可能性。

（2）具有实现目的的方法。方法不是单纯的关于客观规律性的认知，不能根据“以其人之道还治其人之身”（朱熹:《中庸集注》），把方法简单地理解为“以得自现实之道还治现实之身”。主体必须在目的的指导下，对关于客观规律性的知识进行“反思”，使之转化为关于目的客观化的有关途径、计划和手段的观念。因此方法归根到底仍然是在认知内容和评价内容的基础上形成的。现实的目的总内含着实现自身的方法，否则目的就是抽象的。由此，黑格尔就能把意志理解为“目的和目的的实现”①。

无论是意志中目的的确立还是方法的形成，都离不开认知和评价，都离不开理论思维。理论活动包括“世界是如此”和“世界应如此”的思维过程。在前一活动中，主体不是漫无意向的，由与意志相联系的意向形成注意，有注意才能形成特定的“是如此”内容；在后一活动中，人与动物的不同就在于“我所希求的东西在我想象中出现”，而这是与意志中的目的相联系的。② 因此，意志与理论“不是两种官能”，“意志在自身中包含着理论的东西”。③ 这就是意志的理性本质。

其三，实践意志具有以理性为基础的非理性因素。

“意志通过作出决定而设定自身为特定个人的意志”④，意志必须表现为决定才能直接支配主体的行为，然而决定不是目的。目的属于理性范

---

① ［德］黑格尔:《法哲学原理》，范扬、张企泰译，商务印书馆 1982 年版，第 20 页。
② 同上书，第 13 页。
③ 同上书，第 12、13 页。
④ 同上书，第 24 页。

畴，但意志把目的包含在内，还包含冲动等因素。“在意志中直接出现的这整个内容，只是作为一群多种多样的冲动而存在的，其中每一个与其他一起，总之都是我的冲动。”冲动一般用来形容“情感特别强烈，不能理性地控制自己”[①] 的精神状态，显然属于非理性范畴，“动物也有冲动”，“冲动是一种自然的东西”。[②] 没有冲动，就不能形成决定，当冲动与“是如此”和“应如此”的理论活动联结在一起，“给自己以单一性的形式时，这就构成了意志的决定”。[③] 实践意志只有在做出决定时，“它才是现实的意志”[④]，由此实践意志就能推动实践活动。

实践意志的非理性因素中除了冲动，至少还包括毅力。“在整个劳动时间内还需要有作为注意力表现出来的有目的的意志，而且，劳动的内容及其方式和方法越是不能吸引劳动者，劳动者越是不能把劳动当作他自己体力和智力的活动来享受，就越需要这种意志。”[⑤] 这里的“意志”主要是就“毅力”而言的。在心理学里，毅力也称意志力，是人的一种“心理忍耐力”，是一个人完成学习、工作、事业的“持久力”。支撑毅力的是信仰，而信仰作为“一种在思想上‘拳拳服膺’地相信和向往，发展到要在行动上要‘孜孜以求’地表达出来的精神状态”，在本质上属于非理性因素。[⑥] 毅力“作为一种意志品质与自制、刚毅、勇敢”等一样，属于非理性范畴。[⑦] 实践意志只有包含了冲动、毅力等非理性因素，才能形成决定。唯其如此，实践意志“才是现实的意志”，由此就能推动实践活动。

人“是一个有激情的存在物”，“激情、热情是人强烈追求自己的对

---

① 中国社会科学院语言研究所词典编辑室：《现代汉语词典》，商务印书馆 2012 年第 6 版，第 178—179 页。

② ［德］黑格尔：《法哲学原理》，范扬、张企泰译，商务印书馆 1982 年版，第 23 页。

③ 同上书，第 23—25 页。

④ 同上书，第 23 页。

⑤ 《马克思恩格斯选集》第 2 卷，人民出版社 1995 年版，第 178 页。

⑥ 陈新汉：《关于社会价值观念与国民结合中的信仰问题的若干思考》，《天津社会科学》2015 年第 6 期。

⑦ ［苏］格·阿·富尔顿、阿·符·彼得罗夫斯基：《普通心理学》，朱知贤、龚浩然译，人民教育出版社 1957 年版，第 152 页。

象的本质力量",[①] 没有这些非理性因素，实践意志就不能转化为客观化自身的实践活动；实践活动即使发动了，也不能坚持下去。然而，实践意志把这些非理性因素"设定在这个自我中"，于是驾驭"各种不同的冲动之上"，"也驾驭这些冲动借以实现和满足的其他个别方式之上",[②] 从而凸显其理性本质。

其四，意志自由是"全部世界历史的产物"。

奥古斯汀认为，上帝具有意志的绝对自由，即他能毫无阻碍地实现意欲实现的一切事情。这种宗教观尽管粗陋，却揭示了意志自由体现在主体行动中的两个特征，即行动能够出于自己的意愿，行动能够实现自己的目的。"我们要说的是人的自由，亦即人的意志自由（即人的自由因为他有意志）。"[③] 意志自由必然体现在现实世界中，这就是"自我实现，主体的对象化，也就是实在的自由——而这种自由见之于活动恰恰就是劳动"[④]。意志自由如前所述，要通过实践中主体的自愿和自觉体现出来。

意志自由必然与主体在实践中的自愿联系在一起。自愿就是主体具有自我目的，"个人自己提出的目的"[⑤]，因而能自己决定自己的活动，表明了行为的主动性。主体的自我目的不能违背客观世界的规律，当然不能随心所欲。人是自然界和社会的产物，并且生活在自然界和社会之中。因此，人的自我生存和发展作为内部必然性在本质上与外部必然性是能够统一的。自我目的是主体在对内部世界和外部世界认识的基础上形成的，它具体地体现了内部必然性与外部必然性的统一，并以主体的固有爱好形式体现出来，从而就会在行动中感到自由。

意志自由必然与主体在实践中的自觉联系在一起。自觉就是主体始终意识到行动结果与行动目的之间的联系，从而对自己的行动进行有意识的调节。为了实现目的，主体在实践中必然具有一套方法。它是围绕

---

① 《马克思恩格斯全集》第3卷，人民出版社2002年版，第326页。

② ［德］黑格尔：《法哲学原理》，范扬、张企泰译，商务印书馆1982年版，第23、25页。

③ ［苏］洛斯基：《意志自由》，董友译，生活·读书·新知三联书店1992年版，第2—3页。

④ 《马克思恩格斯全集》第30卷，人民出版社1995年版，第615页。

⑤ 同上。

着实现目的而重新组织起来的有关客观世界的观念。人们运用一定的方法，在实践中使客观事物之间合乎规律地相互作用，就能使作为结果的客体符合作为行为出发点的主体目的。主体有一套行之有效的方法，在调节自己行动中左右逢源，从而就会在行动中感到自由。

自愿和自觉是意志自由体现在实践中两个不可分割的特征。情感上的冲动所促成的物质活动虽然也有“自我”意愿，但它没有有效方法；本能所推动的物质活动，虽然具有能左右逢源的有效“方法”，但它没有自我目的。前者似乎是自愿的，但不自觉；后者似乎是自觉的，但不自愿，两者都不能真正体现意志自由。

马克思把体现人的类本质特征的实践理解为“自由的活动”，[①] 以实践为本质的人类活动构成了人类历史。在人类的历史上“文化上的每一个进步，都是迈向自由的一步”，[②] 从而是一个不断地从必然王国向自由王国转化的过程。由此就可以理解，意志自由作为过程是“世界历史的产物”。[③]

二　实践意志是“批判的武器”向“武器的批判”转化的中介

如前所述，社会自我批判包括“批判的武器”和“武器的批判”两个环节。“批判的武器”与“主要情感是愤怒，它的主要工作是揭露”相联系，[④] 这就是意识形态的批判。“武器的批判”主要与制度变革联系在一起，即“推翻那些使人成为被侮辱、被奴役、被遗弃和被蔑视的东西的一切关系”，[⑤] 包括政治制度、经济制度及由制度所决定的“如监狱和各种强制设施”等“物质的附属物”。[⑥] 前者作为意识形态的批判，体现为在“主要情感是愤怒”中的揭露，属于意识范畴。后者与变革社会制度而引起的社会经济基础和上层建筑的变动相联系，“不是头脑的激情，

---

① 《马克思恩格斯全集》第 3 卷，人民出版社 2002 年版，第 273 页。

② 《马克思恩格斯选集》第 3 卷，人民出版社 1995 年版，第 456 页。

③ 《马克思恩格斯全集》第 30 卷，人民出版社 1995 年版，第 112 页。

④ 《马克思恩格斯选集》第 1 卷，人民出版社 1995 年版，第 4 页。

⑤ 同上书，第 10 页。

⑥ 《马克思恩格斯文集》第 4 卷，人民出版社 2009 年版，第 190 页。

它是激情的头脑”。[①] 正是在这个意义上，我们把与“批判的武器”相对应的“武器的批判”，理解为与认识领域的批判相对应的实践领域的批判，由此就能理解“武器的批判”环节属于物质范畴。

意识与物质的关系问题或“思维与存在的关系问题”[②] 构成了绵延数千年以来的哲学中的基本问题。然而，哲学基本问题中的意识与物质之间的对立只是在“非常有限的范围内才有绝对的意义”[③]，超出这个范围，即从本体论角度来理解，意识是“人脑的机能或属性”，是“有机物最高精华的运动”，[④] 就属于物质范畴。“价值形态世界是物质世界存在形态无限多样性的一个方面”[⑤]，因此“批判的武器”作为价值形态世界中的社会活动，可以在一定程度上理解为一种社会实践活动，因而也是某种意义上的“武器的批判”。然而为了保持本书思想的前后一贯性，根据我们的论题，我们把社会自我批判中的“批判的武器”环节理解为属于社会思想活动范畴，而把与之相对应的“武器的批判”环节理解为属于社会实践活动范畴。

社会自我批判包括“批判的武器”和“武器的批判”两个环节，尽管这两个环节彼此不能分割，并且必然由前一个环节转化为后一个环节；然而由于“批判的武器”属于意识范畴，“武器的批判”属于物质范畴，两者之间就存在着一条鸿沟，前者就不能直接地转化为后者，需要有一个由前者向后者转化的中介。

康德在《道德形而上学基础》中认为，与纯粹理性关心的是理论所反映的“实然”不同，作为理性在实践领域运用的实践理性关心的是行为应该如何发生的“应然”；行为的“应然”与目的指向的“向善原则”和手段运用的“有效性原则”相联系，从而就能实现由理性向道德践履的转化。[⑥] 由此给我们论题的方法论启示是，属于意识范畴的“理论理

---

① 《马克思恩格斯选集》第1卷，人民出版社1995年版，第4页。

② 《马克思恩格斯选集》第4卷，人民出版社1995年版，第223页。

③ 《列宁选集》第2卷，人民出版社1995年版，第108页。

④ 本书编写组：《马克思主义哲学》，高等教育出版社、人民出版社2009年版，第69页。

⑤ 陈新汉：《论价值形态世界》，《江汉论坛》2015年第11期。

⑥ ［德］康德：《道德形而上学原理》，苗力田译，上海人民出版社1986年版，第35—41页。又参见Kant, *Grounding for the Metaphysics of Morals*, Hakett Publishing Company, 1993, pp. 30－34。

性”领域里的“批判的武器”必须与“目的”和“手段”即方法相联系，才能把自身转化为属于物质范畴的“实践理性”领域里的“武器的批判”。

黑格尔把实践意志理解为“目的和目的的实现”[①]，既是“目的”，又是“目的的实现”，前者属于意识范畴，后者属于物质范畴，“一身兼二任”。这就决定了实践意志就既与属于意识范畴的“批判的武器”相联系，又与属于物质范畴的“武器的批判”相联系，从而就能成为前者向后者转化的中介，即成为“使主观的东西转化为客观性的活动中介”。[②]实践意志具有目的和方法，目的规定了“武器的批判”的方向，方法体现着“武器的批判”合目的性的行为调节，体现了客观化自身的努力，但仍然处在意识中。实践意志不仅具有目的和方法，而且具有由“确信”所激发起来的包括冲动和毅力在内的“决定”。“决定”通过大脑神经细胞中兴奋和抑制之间的斗争，使主体所具有的“自然力——臂和腿、头和手运动起来”。[③] 于是实践意志就能跨越意识和物质之间的鸿沟，使实践主体实现从意识领域到物质领域的飞跃。

一般我们总是把意志与个体主体联系起来，社会作为联系起来的单个人是“人们交互作用的产物”[④]，同个体主体一样具有需要。社会需要在本质上就是人的需要，然而不能理解为就是众多单个人需要的总和，但确实具有人的需要的一切本质特征。马克思认为：“要有同样的意志，这些多数人就要有同样的利益、同样的生活状况、同样的生存条件。”[⑤]马克思在这里实际上指出了社会主体的需要与作为需要观念反映的利益、社会中众多个体的生活及生存条件之间的关系。由在共同的生活状况、生存条件基础上的共同活动而形成社会的需要，在作为需要观念反映的利益的基础上必然会形成作为社会主体的意志。社会主体的实践意志就成为社会自我批判中由“批判的武器”向“武器的批判”转化的中介。

在社会自我批判的展开过程中，“批判的武器”与“武器的批判”之

---

① ［德］黑格尔：《法哲学原理》，范扬、张企泰译，商务印书馆 1982 年版，第 20 页。

② 同上。

③ 《马克思恩格斯选集》第 2 卷，人民出版社 1995 年版，第 177 页。

④ 《马克思恩格斯全集》第 27 卷，人民出版社 1972 年版，第 477 页。

⑤ 《马克思恩格斯全集》第 6 卷，人民出版社版 1961 年版，第 235 页。

间是相互转化的，即既有“批判的武器”向“武器的批判”的转化，又必然有“武器的批判”向“批判的武器”的转化，并且这两种转化交融在一起，从而熔铸在一起。然而值得一提的是，实践意志的中介作用却是单向的，即仅仅是由“批判的武器”向“武器的批判”转化的中介，而不能是由“武器的批判”向“批判的武器”转化的中介。“批判的武器”通过实践意志中的目的、方法和决定转化为“武器的批判”。“武器的批判”不通过实践意志是如何向“批判的武器”转化呢？可以从两个方面来予以理解：广义地理解，“武器的批判”把“批判的武器”以制度改革的形式予以积淀，本身就是更为深刻的“武器的批判”。狭义地理解，也是更为重要的和直接的理解，在“武器的批判”中使“批判的武器”得以修正、丰富和检验，于是就能促进“批判的武器”的进一步深化，关于这个问题我们在下面的第四目中还要予以分析。显然，这两个方面都不需要通过实践意志的中介。

三　在“批判的武器”中形成实践意志的三个要素

社会自我批判能动性的一个方面就在于，通过“批判的武器”环节中的以“自上而下”态势呈现的国家权威批判活动和以“自下而上”态势呈现的社会民众批判活动及两个态势之间的相互作用，形成实践意志的目的、方法和决定，从而以实践意志的中介形式实现由“批判的武器”向“武器的批判”的转化。只有通过“武器的批判”环节，由此才能在物质层面体现和深化“批判的武器”，才能“推翻那些使人成为被侮辱、被奴役、被遗弃和被蔑视的东西的一切关系”，才能达到改造社会的目的。实践意志要素中的目的、方法和决定是在“批判的武器”中形成的，兹分别分析如下。

其一，在“武器的批判”中形成实践意志的目的。

如笔者在第二章第三节中所述，作为社会自我批判环节的“批判的武器”与一般批判的不同之处，在于其全面性和深刻性。其全面性在于对社会基本矛盾辩证运动中矛盾冲突的批判达到对产生矛盾冲突的某些基本制度的否定；其深刻性在于对某些基本制度的否定通过反思达到一定程度的彻底，“所谓彻底就是抓住事物的根本”，而“人的根本就是人本身”。[1] 由此，经过“批判的武器”就能在体现“人的根本就是人本身”的社会主体生存和发展需要中形成社会“应如此”的内容。由于社会“应如此”的内容是与社会历史发展中的与体现“人的根本就是人本身”的否定环节联系在一起的，因而就能“抓住事物的根本”，就必然具有合乎规律所使然的意味，从而也就内蕴实现自身的现实性。目的是在评价内容和认知内容的基础上形成的，随着“批判的武器”的深入，映现在社会主体中的价值意识和事实意识进一步清晰，于是关于社会“应如此”的内容就转化为作为“武器的批判”之实践意志的目的。“目的是意志的核心”，[2] 同样，目的是社会自我批判中作为实践意志的核心。在社会批判中，目的作为对社会的超前性改造，体现着“主体在这里为自身主张客观性的权利”[3]。由于处在社会的非崩溃时期，这个作为实践意志核心的目的主要以国家权威批判活动的“有机”方式表达，但必须以社会民众批判活动的“无机”方式为基础。

罗洛从动态的角度来理解黑格尔的“意志自身就要求它的目的还没有得到实现”[4]，指出“意志是组织自己走向某一方向某一目标的能力”[5]。实践意志作为走向的目的的能力通过为“武器的批判”提供方向和动力而发生作用。社会自我批判的复杂性决定了必须对“武器的批判”的方向予以规定，这就意味着对“武器的批判”其他方向予以否定。目的作为对客体现状的“否定性反映”，要求实现自身，于是对于“武器的批判”，“理性的判断至少具有内在的引导意义”[6]。

在社会自我批判中，如果说目的对“武器的批判”的方向和引导主要与国家权威批判活动相联系，那么这种作用所拥有的力量基础就与社会民众批判活动相联系了。这是因为作为物质生活活动主体的人民群众最能以自身利益变动的方式感受到社会基本矛盾运动，尤其是矛盾冲突

---

① 《马克思恩格斯选集》第1卷，人民出版社1995年版，第9页。

② 张明仓：《实践意志论》，广西人民出版社2002年版，第227页。

③ ［德］黑格尔：《逻辑学》下卷，杨一之译，商务印书馆1982年版，第522页。

④ ［德］黑格尔：《小逻辑》，贺麟译，商务印书馆1980年版，第420页。

⑤ ［美］罗洛·梅：《爱与意志》，梁华、杨韶刚译，载《罗洛·梅文集》，中国言实出版社1996年版，第257页。

⑥ 杨国荣：《论意志软弱》，《哲学研究》2012年第8期。

对自身利益的损害，要求改善自身利益的愿望就会在实践意志的目的中以方向和引导的方式呈现出来。这就要求国家权威评价活动要不断地汲取从社会民众批判活动中所涌现出来的力量，从而使“武器的批判”获得源源不绝的动力，“如果哪个党组织严重脱离群众而不能坚决改正，那就丧失了力量的源泉，就一定要失败，就会被人民抛弃”[①]。

其二，在“批判的武器”中形成实践意志的方法。

在社会自我批判中，目的的确立，由于其具有现实性，总意味着方法的形成，这说明方法不是外在于目的的，而是“以目的为规律”[②] 的，但不能由此认为可以直接由目的引出方法。作为实践意志的方法既不是目的本身，也不是单纯的客观规律本身。方法是围绕着目的而对客观规律等予以反思，从而形成的关于目的如何客观化的观念。由于在社会自我批判所关注的社会领域里，规律是以人的活动作为其运作的内在环节的，而人的活动总是与人的观念、能力、素质等因素相联系。因此，实践意志所内蕴的对“武器的批判”中社会主体行为予以调控的方法就不仅与目的有关，不仅与不以人的意志为转移的规律有关，而且与作为规律运作内在环节的人的活动及活动着的人的观念、素质、能力等因素相联系。方法是使实践意志具有现实性的不可缺少的条件。

由于处在社会的非崩溃时期，通过“批判的武器”所形成的作为实践意志的方法主要与国家权威批判活动相联系，由此才能克服社会主体内部的不一致行为、拒斥来自社会主体外部妨碍实践的障碍，以调控社会主体的合目的性行为。人民群体作为物质生活活动的主体，能以切身的方式感受社会基本矛盾运动的辩证本性，这就使得在社会民众批判活动中往往能涌现“武器的批判”所需要的体现方法的内容，尽管以“无机”的方式呈现出来。这就需要国家权威批判活动能注重社会民众批判活动中的创造性，“自觉拜人民为师，向能者求教，向智者问策”[③]，以在“武器的批判”中，通过方案的制定和实施对主体行为予以不断的调控。

---

① 习近平：《在纪念邓小平诞辰 110 周年座谈会上的讲话》，人民出版社 2014 年版，第 11 页。

② 张天飞：《思索与探究：张天飞哲学文集》，华东师范大学出版社 2004 年版，第 126 页。

③ 习近平：《在纪念毛泽东同志诞辰 120 周年座谈会上的讲话》，人民出版社 2013 年版，第 18 页。

其三，在“批判的武器”中形成实践意志的决定。

在“批判的武器”中所形成的目的和方法，构成了实践意志的理性因素，然而“只有当它作出决定，它才是现实的意志”，才能实现“批判的武器”向“武器的批判”的转化。为此休谟说，“理性单独绝对没有办法作为任何意志活动的动机”，决定意志的是“情感和欲望的要求”。[①]“决定”与“冲动、情欲、倾向”相联系。要形成现实的实践意志，就需要以情感形式呈现的非理性因素参与其中；尽管理性判断“具有内在的引导意义”，从而“对行为同样可以产生推动的作用”，[②] 但离开了情感，理性是软弱的，“永远不能阻止或产生任何行动”[③]。

“激情、热情是人强烈追求自己的对象的本质力量”[④]，在社会自我批判的“批判的武器”过程中，社会中的悲情、激情、热情作为因“强烈追求自己对象”而使“客观化自身的冲动”，在其达到一定程度后，就必然要使“批判的武器”转向“武器的批判”，这是人的本质力量所使然。人和动物都有激情、热情，但二者之本质区别就在于人能“使自己的生命活动本身变成自己意志的和自己意识的对象”[⑤]。如前所述，作为“武器的批判”的实践意志中的非理性要素在本质上仍然是以理性为基础的。从这个意义上来理解，在社会自我批判时期，尽管社会上充斥着悲情、热情和激情，但社会自我批判在本质上是理性的过程；体现人的本质力量的实践活动是社会规律发生作用的根据，社会上所充斥着悲情、热情和激情是社会规律所使然，这就可以理解“世界历史因此是一种合理的过程”[⑥]。

在社会自我批判中，如果说属于实践意志的理性因素的目的和方法主要与国家权威批判活动和社会民众批判活动相联系，当然必须以社会民众评价活动为基础；那么属于实践意志的非理性因素的悲情、激情和

---

① ［英］休谟：《人性论》下册，贾广来译，陕西师范大学出版社 2009 年版，第 337 至 338 页、第 341 页。

② 杨国荣：《论意志软弱》，《哲学研究》2012 年第 8 期。

③ Hume：*A Treatise of Human Nature*，Oxtord University Press，1986，p. 458.

④ 《马克思恩格斯全集》第 3 卷，人民出版社 2002 年版，第 326 页。

⑤ 同上书，第 273 页。

⑥ ［德］黑格尔：《历史哲学》，王造时译，上海书店出版社 1999 年版，第 9 页。

热情等就主要与社会民众批判活动相联系，当然也离不开国家权威批判活动的引导。人民群众生活在体现社会基本矛盾运动的感性世界中，以感性的方式直接感受社会基本矛盾运动的辩证关系，尤其是其中的矛盾冲突，以悲情、激情、热情等情感形式呈现出来，社会民众评价活动的“无机”方式也正适宜于这种情感形式的呈现。国家权威评价活动既要正视这种非理性情感，又要把它“变成自己的意志和意识的对象”，以用理性来规范之，从而就使实践意志成为社会自我批判中的中间环节。

四 “武器的批判”中的“意志薄弱”及其克服

人们在实践中常常会遇到意志薄弱的问题。戴维森在《意志薄弱如何可能?》中把意志薄弱理解为：“如果一个当事人不遵循自己较佳判断去做事，并且是有意这样做的，那么我们说他的意志是薄弱的”；为了逻辑上的严谨，他进一步说：“在考虑到各种可能性后，他很清楚（至少相信）有更好的选择，但他未能履行这个最佳方案”，这就是意志薄弱；他还把由意志薄弱引发的行动称为“在做事过程中当事人不节制”。[①] 杨国荣称“意志薄弱”为“意志软弱”，主要表现为“‘知其当行却未行’或‘知其当止而未止’；从理性与意欲的关系看，意志软弱更多地关乎理性与意欲之间的张力”。[②] 戴维森和杨国荣都从个人行动角度来诠释意志薄弱，然而意志薄弱对于社会主体的行动来说也是存在的。

根据我们在前面的分析，我们把“批判的武器”理解为理论层面上的批判，把“武器的批判”理解为实践层面上的批判，那么对于后者就存在着意志薄弱的问题。“武器的批判”中意志薄弱的发生与社会主体遭遇的困难联系在一起。尽管社会基本矛盾运动的辩证关系尤其是其中的矛盾冲突已经较为充分地展开，社会自我批判必然会发生，但这并不意味着社会自我批判就能顺利展开，尤其是与“批判的武器”相比较，“武器的批判”会遭遇到更大得多的困难，于是就更容易发生意志软弱。

其一，“武器的批判”具有的一定程度自发性和盲目性与意识薄弱。

---

① ［美］唐纳德·戴维森：《真理、意志与方法——戴维森哲学文选》，牟博译，商务印书馆2008年版，第462页。

② 杨国荣：《论意志软弱》，《哲学研究》2012年第8期。

实践遵循着物质世界运动的规律，现实世界的复杂性决定了指导实践的认识不能完全把握实践运动中主客体相互作用的情况，在实践中总会出现始所未料的新情况。当主体不能正确、及时地把握这种新情况时，实践就会离开主体的自为控制而自发地遵循物质世界的运动规律，于是就具有自发性和盲目性。“武器的批判”尽管是由“批判的武器”转化而来，然而当人们不能及时、准确地把握“武器的批判”中所出现的新情况时，作为实践运动的“武器的批判”所具有的自发性和盲目性就会发生作用。这就大大地增加了“武器的批判”遇到挫折甚至失败的可能性，于是社会主体的意志薄弱就容易应运而生。

其二，“武器的批判”更容易遭到批判客体中人的反抗与意志薄弱。

黑格尔指出：个别的人作为私人“都把本身利益作为自己的目的”，“私人生活上的需要、需要的满足、享受、舒适，如此等等，都是绝对目的”。[①] 马克思进一步指出：“这种利益是如此强大有力，以至胜利地征服了马拉的笔、恐怖主义的断头台、拿破仑的剑”[②]。“批判的武器”固然会触及人们的利益，“武器的批判”则以产生实实在在结果的方式触及人们的利益。“武器的批判”过程就是主体中的人与客体中的人之间利益的博弈过程，这种博弈有时会相当激烈，以至于达到你死我活的程度。当“武器的批判”触动到批判对象的切身利益时，就会引起殊死反抗，就会千方百计地阻挠“武器的批判”进行下去，从而大大地增加了“武器的批判”进程的曲折性。面对这种由曲折而形成的新问题，社会主体的意志薄弱就容易应运而生。

其三，“武器的批判”主体中理性与意欲之间张力变化与意志软弱。

如果说，前面分析的两点主要着眼于“武器的批判”中产生意志薄弱的客观因素，那么主体中理性与意欲之间的张力变化就成为在“武器的批判”中产生意志薄弱的主观因素。实践意志包括目的和方法等理性因素，又包括作为情感的冲动等非理性因素，与目的和方法方向相一致的情感可以使意志坚强，与目的和方法方向相背离的情感则可以使意志薄弱。如果说作为实践的“武器的批判”中由自发性、盲目性而发生挫

---

① ［德］黑格尔：《法哲学批判》，范扬、张企泰译，商务印书馆 2009 年版，第 229 页。

② 《马克思恩格斯文集》第 1 卷，人民出版社 2009 年版，第 287 页。

折和由批判客体反抗而遭遇曲折使意志薄弱的产生成为可能，那么主体中理性与意欲之间的张力变化就会使意志薄弱的产生由可能转化为现实。“当理性的判断与意欲、情感意向呈现紧张或彼此冲突时，理性的判断向行动的转化往往便会遇到阻力”①，于是意志薄弱就产生了。当“武器的批判”由盲目性和自发性而发生挫折、由批判客体中人的殊死反抗而遭遇曲折时，于是社会主体中理性与意欲之间的张力就会发生逆向变化，即“理性的判断与意欲、情感意向呈现紧张或彼此冲突”，意志薄弱就容易应运而生。

怎样才能在“武器的批判”中克服意志薄弱？戴维森认为，在由意志薄弱产生的“不节制行为”里“存在某种在本质上是无理的东西”，“试图把理性解读到行为里头去必然遭至某种程度上的挫折”，② 表示了对于克服意志薄弱的无可奈何，透露出一种神秘性。但我们仍然需要从理性的角度对如何克服意志薄弱做些分析。既然意志薄弱与“‘知其当行却未行’或‘知其当止而未止’”即“知与行的分离”联系在一起，③ 那么克服意志薄弱就在于使知行统一。属于“知”的“批判的武器”与属于“行”的“武器的批判”的统一是在动态中实现的。“批判的武器”与“武器的批判”只有在不断的相互转化中才能实现统一，由此就能使实践意志在这个动态统一中得到锤炼。

“批判的武器”通过实践意志向“武器的批判”转化，由于实践意志具有单向性，“武器的批判”向“批判的武器”的转化就在于：根据“批判的武器”所揭示的社会基本矛盾运动中的否定方面及由此引起的反思，“武器的批判”集中对体现在否定方面所涉及的某些基本制度及其相关方面予以改革。在改革中，必然会出现“批判的武器”始所未料的新情况和由遭到批判对象特殊反抗形成的新问题。原因产生结果，原因是结果形成的根据，这是因果律的基本原理。“武器的批判”中出现的新情况和形成的新问题，可以从“批判的武器”中寻找根据，正是这些新情

---

① 杨国荣：《论意志软弱》，《哲学研究》2012 年第 8 期。

② ［美］唐纳德·戴维森：《真理、意志与方法——戴维森哲学文选》，牟博译，商务印书馆 2008 年版，第 492 页。

③ 杨国荣：《论意志软弱》，《哲学研究》2012 年第 8 期。

况和新问题说明了“批判的武器”在其进展中的不足乃至错误。这就成为“批判的武器”予以深化的焦点，由此就能使“批判的武器”在修正、丰富和检验中得以深化。这就可以理解“武器的批判”向“批判的武器”的转化。

“批判的武器”通过实践意志转化为“武器的批判”，“武器的批判”在实在结果中发现新情况和形成新问题，反过来对作为原因的“批判的武器”予以批判，以促进其修正和丰富，从而使“批判的武器”得到深化。深化了的“批判的武器”进一步形成实践意志，从而再促进“武器的批判”深化。这就是“批判的武器”和“武器的批判”之间的相互转化，这种转化循环往复，但“每一循环的内容，都比较地进到了高一级的程度”①。

坚持“批判的武器”和“武器的批判”的相互转化，就能使“批判的武器”不断地趋于彻底，由此再使“武器的批判”不断地趋于彻底，从而使整个社会自我批判不断地趋于彻底。推动“批判的武器”与“武器的批判”相互转化的根本动力是人民群众创造历史的主体作用。“人民主体作用的发挥是社会自我批判的根本动力，反过来说，社会自我批判能否彻底地进行下去的一个重要标志就是人民群众是否真正地发动了起来。”② 正是在“批判的武器”与“武器的批判”相互转化而使社会自我批判不断地趋于彻底的过程中，主体越来越相信作为其中间环节的实践意志组成部分的目的和方法的正确性，于是相信就会转化为确信，这种确信就会形成实践意志中的决定要素，并以冲动和毅力等非理性心理的形式贯穿在“实践的批判”之中。由此，实践意志就能克服逆向意欲和情感的阻挠，依照理性的要求去做，实践意志正是在这种“知”与“行”的动态统一中得到锤炼，以克服“意志软弱”。

第三节　社会自我批判中的真及其引出的美

真是社会自我批判中的又一个重要范畴。黑格尔把真分析为两层意

① 《毛泽东选集》第1卷，人民出版社1991年版，第297页。

② 陈新汉、刘旭：《社会自我批判中人民主体作用及其引发的新时代深化改革思考》，《天津社会科学》2018年第4期。

蕴的思考十分深刻。“批判的武器”所追求的是认识论意蕴的真；武器的批判”通过制度变革体现为本体论意蕴的真，在直接性上与认识论意蕴的真所形成的社会价值观念联系在一起。这两种意蕴的真在“两个批判”之间的相互作用中不断深刻，在根本上与人文精神相联系。社会主体把用“批判的武器”中所转化而来的体现为认识论意蕴真的社会价值观念，通过“武器的批判”变革为社会基本制度，使社会主体在其中感受到“主客体之间的融洽和和谐”，形成美感。因此社会自我批判既是追求真的过程，又是创造美的过程。

一 真的双重意蕴

在日常生活中，“真”是使用频率相当高的一个词，真常与其他字组成词组，如真理、真知、真品、真英雄。然而，熟知并不等于真知。对于真，人们在学理上往往只知其一，不知其二。维特根斯坦说：“一个词的意义在于它在语言中的用法”，“当我用语言思想时，语词表达之外并不同时有‘含义’向我浮现，而语言本身就是思想的载体”。[①] 语词在表达中的“含义”也就是语词本身在使用中的含义。人们在日常生活中往往会在两种不同的意义上来使用真：当孩子向父亲描述在天空中看到云彩里有一幢房子时，父亲往往会反问：“这是真的吗?”这里的“真”就是指描述内容与所描述对象相一致的正确认识，与之相对应的是“谬”。真理、真知灼见等词语中的“真”所表达的就是这种含义。当某人在地摊上看到一幅齐白石的《虾趣》画时，往往会对摊主追问：“这是真的吗?”这里的“真”就是指一物品符合社会中大家普遍认同的称之为某一物品的一些规定，与之相对应的就是“赝”。“真金不怕火来炼”中的“真”，所表达的就是这种含义。真英雄、真心诚意、千真万确中的“真”所表达的也是这种意思。

“真”的第一种用法在日常生活中用得最多，并且我们在学理上对此做了很多研究。“真”的第二种用法在日常生活中也用得很多，但人们常常熟视无睹。与第一种用法相比较，这一种用法在学理上的研究就比较差了。之所以产生这种情况，至少与两个因素有关。第一个因素是：新

① ［德］维特根斯坦：《哲学研究》，陈嘉映译，上海人民出版社 2001 年版，第 163 页。

中国成立后，马克思主义是主流意识形态的指导思想，而“真理”是马克思主义认识论的最高范畴。实践是检验真理标准的大讨论，更使以此为思想解放标志的社会主义改革开放新时代，重视对于真的此种用法所含意蕴的学理研究。第二种因素是：在英语中“真”与“真理”都是一个词即“truth”，真的第二种用法所含有的意蕴，人们用英语中的“real”（真实）来表示，“有时‘real’与‘true’同义”[①]，而“true”与“truth”的基本含义相通。例如“you must tell the truth”即“你必须说真话”，这句话实际上表达的意思是“you must tell what is true”。而由于“有时‘real’与‘true’同义”，因而“real”就与“truth”的基本含义相通了，于是“真实性通常也译为真理”。[②] 这种情况在翻译西方名著时十分普遍。然而，在中文使用中，人们一般总是用“真”的第一种用法所含意蕴即正确认识而不是第二种用法所含意蕴即真实存在来理解“真理”，于是就造成了对于译文的误读。这样，在学理上似乎只有“真”的第一种用法所含意蕴，而没有“真”的第二种用法所含意蕴。这就进一步巩固了对第二种用法所含意蕴的学理研究被对第一种用法所含意蕴的学理研究所遮蔽的思维方式。

黑格尔从哲学认识论和本体论两种意蕴对日常生活中关于“真”的含义进行了深刻的分析。在认识论意蕴上，真就是“概念与其对象的一致，这是一目了然的”[③]。这种一致既可以在表象层面上体现出来，也可以在本质或规律层面上体现出来；但只要在一个层次上体现“概念与其对象的一致”，那么我们关于这一层次上的认识就是真的。正是在真的认识论意义上，才构成了真理的问题。本体论意蕴上的真是指，“这些对象是真的，如果它们是它们所应是的那样，即它们的实在性符合于它们的概念”[④]。在黑格尔客观唯心主义体系中，真就是实存的特定事物所包含的内容与社会关于此特定事物的相关规范相一致，而相关规范则是从“绝对观念”演绎而来。然而，特定事物是否具有该事物所具有的规范，

---

① 张世英：《新哲学讲演录》，广西师范大学出版社 2004 年版，第 132 页。

② 同上。

③ ［德］黑格尔：《逻辑学》下，杨一之译，商务印书馆 1976 年版，第 261 页。

④ ［德］黑格尔：《小逻辑》，贺麟译，商务印书馆 1980 年版，第 399 页。

确实构成了其是否“真实”存在的问题。就此而言，黑格尔的思考是深刻的。当然，相关规范不是源自“绝对观念”，而是源自社会存在。

关于认识论意蕴上的真，我们在第二章中已经做了很多分析，即人类生活在物理形态世界和价值形态世界之中，认识活动包括认知活动和评价活动。人们通常所说的“实事求是”中的“实事”，既包括与物理世界的事物相联系的事实，也包括与价值世界的事物相联系的事实。由此，人们“求是”的过程，既与认知活动的求真相联系，也与评价活动的求真相联系。这就是说，认识论意蕴的真既意味着认识内容与认知活动中作为对象的客体事实相一致，也意味着认识内容与评价活动中作为对象的价值事实相一致。

人生活在社会中，社会是个体存在的普遍形式。个体在认识活动中所获得的真的内容——既包括与客体事实相一致的内容，也包括与价值事实相一致的内容——必然会通过符号体系凝结在物质载体上，于是就离开了个体意识，外化为社会化了的观念存在物。所谓外化就是指认识论意蕴的真的内容通过一定的符号体系，凝结在一定的物质载体上，从而离开人脑，存在于社会之中。这些离开具体的个体意识的社会观念存在物就是波普所说，除了物质世界、意识世界之外的“第三世界”。对此，波普说，“第三世界是人造物”，“实际上是人类精神产物的世界”。[①] 马克思说的“最蹩脚的建筑师”在房子尚未建成时已经“在自己的头脑中把它建成了”，[②] 由此凝结在图纸上的建筑蓝图就是这种社会观念存在物。以规范形式存在着的社会观念存在物，积淀着认识论意蕴的真，一般为一定社会群体或社会上相当多数人所认可，具有一定的普遍意义。

本体论意蕴的真就是指建成的建筑物与建筑蓝图相符合，或形成的存在物与社会观念相符合，否则就是“不真”或“假”“伪”。对此，列宁赞成黑格尔的那段话：“人给自己构成世界的客观图画，他的活动改变外部现实，消灭它的规定性（=变更它的这些或那些方面、质），这样，也就去掉了它的假象、外在性和虚无性的特点，使它成为自在自为地存

---

① ［英］波普：《科学知识进化论》，生活·读书·新知三联书店 1987 年版，第 399—410 页。

② 《马克思恩格斯选集》第 2 卷，人民出版社 1995 年版，第 178 页。

在着的（＝客观真实的）现实。"[①] 建筑蓝图或社会观念包含着外化了的认识论意蕴的真，因此本体论意蕴的真就是所构建的对象性存在物与体现着认识论意蕴的真的社会规范相一致。顺便说一下，应该把观念的客观化与对象化予以区分。观念的客观化，如上一自然段中说到的个体观念通过一定的符号体系凝结在一定的物质载体上，形成"蓝图"而离开个人头脑；观念的对象化，就是作为蓝图的"桥"的观念通过实践中介形成物质存在的桥。如果说认识论意蕴的真是观念与实在的一致，那么本体论意蕴的真，即认识论意蕴的真的对象化，就是实在与观念的一致。

建筑物不会自动生成，必须通过实践活动。作为蓝图的社会规范不仅是标准，更是内蕴于社会主体中的以目的和方法发生作用的社会力量。"现实本身应当力求趋向思想"[②]，这里的"力求"体现的是社会主体的意志。关于这个问题，我们在前面讲到社会自我批判中的"实践意志"时已经予以分析了。放眼我们所生活于其中的世界，小到一个具体器皿的制作，大到移山填海的自然改造和改天换地的社会革命，都体现着社会主体通过实践活动使包含着认识论意蕴的真转化为本体论意蕴的真所进行的努力。这就是社会主体创造世界的能动性。

关于本体论的真，黑格尔进一步认为："人们最初把真理了解为，我知道某物是如何存在的。不过这只是与意识相联系的真理，或者只是形式的真理，只是'不错'罢了。按照较深的意义来说，真理就在于客观性和概念的同一"；"照这样看来，所谓不真的东西也就是在另外情况下叫做坏的东西。坏人就是不真的人，就是其行为与他的概念或他的使命不相符合的人"。[③] 在黑格尔看来，认识论意蕴的真与本体论意蕴的真相比较，后者比前者更为重要、更为根本，这是因为，要使观念与实存相符合的目的就在于要使实存与观念相符合。这里的"与"是介词，而不是一般的连词，即是有方向性的；在认识论意蕴和在本体论意蕴上，"与"把"观念"和"实存"联结起来的方向正好相反。只有使实存与观念相符合，才能体现改造世界的能动性。黑格尔的思考是深刻的。

---

① 《列宁全集》第 38 卷，人民出版社 1959 年版，第 235 页。

② 《马克思恩格斯选集》第 1 卷，人民出版社 1995 年版，第 11 页。

③ ［德］黑格尔：《小逻辑》，贺麟译，商务印书馆 1980 年版，第 399 页。

在实践与理论的关系上，我们要坚持实践第一性，理论第二性，这是历史唯物主义的基本原则；然而这并不意味着在任何时候都必须使理论跟着实践走，相反，在很多情况下，要坚持理论对于实践的指导和批判，从而努力改造现实，使改造了的实在与观念相符合，从而使包含着认识论意蕴上的真转化为本体论意蕴上的真。在当前正在进行的体现为社会主义深化改革的社会自我批判中，尤其要强调这一点，“必须高度重视理论的作用，增强理论自信和战略定力”①。由此就能理解马克思说的：“光是思想力求成为现实是不够的，现实本身应当力求趋向思想。”② 这正是我们研究认识论意蕴的真和本体论意蕴的真及其相互转化的一个重要的现实意义。

二 “批判的武器”环节中认识论意蕴的真

主体和客体是认识关系中的两极，认识活动就是在实践基础上主体于主客体关系中对于现实世界的观念反映。如前所述，“认识活动包括认知和评价，二者不能分割，但可以区别”。在认知活动中，主体以客体为对象，客体与对象同一，在本质层面或现象层面追求“概念与其对象的一致”，以实现认识论意蕴的真。在评价活动中，主体以主客体之间的价值关系为对象，客体与对象不同一，在本质层面或现象层面追求“概念与其对象的一致”，以实现认识论意蕴的真。

作为“主要的工作是揭露”的“批判的武器”环节中的批判同样内蕴着主客体结构，批判就是反映客体属性对于主体所具有的否定意义，并对此否定性意义予以反思。在“批判的武器”环节中，社会主体通过“自上而下”态势和“自下而上”态势的国家权威批判活动和社会民众批判活动及其相互作用以社会运动、事件和问题所呈现的社会现象为客体，揭示社会现象对于社会主体所具有的否定意义，并予以反思。由此，“批判的武器”环节就与认识论意蕴的真联系在一起。

在社会自我批判的“批判的武器”环节中，我们可以从三个方面来理解“概念与其对象的一致”的认识论意蕴的真。其一，社会主体能通

---

① 《习近平谈治国理政》第2卷，外文出版社2017年版，第62页。

② 《马克思恩格斯选集》第1卷，人民出版社1995年版，第11页。

过批判正确地对社会进行评价，能正确地对作为社会现象的社会运动、事件和问题与社会主体需要之间的价值关系予以反映。这就要求，社会主体能正确把握处于批判两端的客体和主体，这意味着能正确地把握社会运动、事件和问题，能正确地把握社会主体的需要并进一步把握社会主体众多需要中的优势需要，能正确地对作为社会现象的社会运动、事件和问题与社会主体之间的价值关系中的价值信息予以整合，由此达到“概念与其对象的一致”。在这里，真主要是就评价活动意蕴的真而言的，然而必然地内含了认知活动意蕴的真。

其二，社会主体能通过批判揭示社会运动、事件和问题等社会现象中所内蕴的对于社会主体所具有的否定意义。批判总是在揭示事物否定环节中使作为客体的“现实黯然失色”①；否则“如果我们死抱住纯善”，“那么，这是理智的空虚规定”；②“辩证法在对现存事物的肯定的理解中同时包含对现存事物的否定的理解，即对现存事物的必然灭亡的理解”③，而这个灭亡因素是与生俱来的，从而就能更深刻地揭示事物的本质。在社会基本矛盾运动激烈从而使社会进入社会自我批判时，这种否定不能停留在对社会中某些问题的否定，而是通过对这些问题的否定达到一定程度上的对社会中产生这些问题的“现代国家的隐蔽的缺陷”④即某些基本制度的否定。

其三，社会主体通过批判能对社会运动、事件和问题等社会现象的否定意义予以反思，使之达到一定程度的彻底。反思“力求思想自觉其为思想”，“批判即需要一种普遍意义的反思”⑤。这就是说，在“批判的武器”环节中，主体不仅要在揭示主客体之间的否定价值关系中经历从感性到理性的历程，而且要把所赋予的否定意义本身作为内容予以反思，没有反思，必然“对于它所包含的固定的前提也缺乏怀疑能力”⑥。反思

① ［捷克］布罗日克：《价值与评价》，李志林、盛宗范译，知识出版社1988年版，第111页。

② ［德］黑格尔：《法哲学原理》，商务印书馆1961年版，第145页。

③ 《马克思恩格斯全集》第44卷，商务印书馆2001年版，第22页。

④ 《马克思恩格斯选集》第1卷，人民出版社1995年版，第5页。

⑤ ［德］黑格尔：《小逻辑》，贺麟译，商务印书馆1980年版，第39、7页。

⑥ 同上书，第7页。

需要达到彻底，马克思十分强调理论的彻底性，而“所谓彻底，就是抓住事物的根本”①。如前所述，这个“根本”就是人及其活动。在“批判的武器”环节中所揭示的“现代国家的隐蔽的缺陷”在本质上与生产关系成为生产力发展的桎梏是联系在一起的，而这桎梏从根本上说就是对人的压抑、对人的自由发展的压抑，从而就与作为对“人类在构建价值世界的‘类活动’中所积淀的贯穿于人类历史始终的追求自由的主体意识”② 的人文精神的压抑联系在一起。社会自我批判中“批判的武器”的深刻性就在于在归根结底的意义上总是与特定时代相联系的人文精神的时代特性联系在一起，这种联系必然自觉或不自觉地体现在以“自上而下”态势呈现的国家权威批判活动和以“自下而上”态势呈现的社会民众批判活动及两者之间的相互作用的过程中。

在“批判的武器”环节中，经过“自上而下”的国家权威批判活动和“自下而上”的社会民众批判活动及其相互作用，在正确地把握以社会运动、事件和问题呈现的社会现象与社会主体需要之间价值关系的基础上，凸显其所揭示的社会现象对于社会主体所具有的否定意义，在对否定意义予以反思的过程中必然与人文精神的时代特征相联系。于是，社会主体创造历史的能动性必然会形成以“理想蓝图”形式呈现的社会价值观念，以消除“现代国家的隐蔽的缺陷”。这个以理想蓝图形式呈现的社会价值观念就成为“批判的武器”环节中“概念与其对象一致”的体现认识论意蕴真的最高形态。

三 “武器的批判”环节中本体论意蕴的真

以“理想蓝图”形式呈现的社会价值观念就是黑格尔所说的作为概念发展最高阶段的世界精神性本原的理念，“亦即曾经实现其自身于它的客观性内的概念，亦即具有内在的目的性和本质的主观性的客体”③，即“理念是对象化为客体的思维，是思维实现了的客体”④。因此，“理念就

① 《马克思恩格斯选集》第1卷，人民出版社1995年版，第9页。

② 陈新汉：《论价值世界构建活动中的人文精神》，《天津社会科学》2019年第4期。

③ ［德］黑格尔：《小逻辑》，贺麟译，商务印书馆1980年版，第402页。

④ 陈新汉：《论认识中的认知—评价结构》，《学术月刊》1988年第12期。

是实践的理念，即行动”[1]。以“理想蓝图”形式呈现的认识论意蕴的真作为客观化自身的“批判的武器”环节中最高阶段的理念，必然使“批判的武器”环节转化为“武器的批判”环节，以在“现实本身应当力求趋向思想”[2] 的过程中实现“客观性和概念的同一”，即体现不是观念对于客观实在的一致而是客观实在对于观念的一致的本体论意蕴的真。

“批判的武器”环节必然会转化为“武器的批判”环节，然而前者属于意识范畴，后者属于实践范畴，由此就需要有一个由前者向后者转化的中介。这就是我们在上一节中所讲到的实践意志。在“批判的武器”环节基础上形成的体现着认识论意蕴真的社会价值观念，在实践意志中成为“把自己转变为定在的那种思维”[3]，这就要求使“现实本身应当力求趋向思想”[4]，由此就必然得出“改变世界”[5] 的结论。于是，“武器的批判”环节就在“自上而下”的国家权威批判活动和“自下而上”社会民众批判活动及其相互作用中展开。

由于社会自我批判处在社会的“非崩溃时期”，“武器的批判”不能理解为大规模的革命战争，尽管并不排除社会上层中朝廷与地方之间、地方割据之间的小规模武装斗争以及规模不等的社会骚乱等，而主要是指制度层面的社会改革。社会基本矛盾运动的否定方面主要体现为生产关系在一定程度上成为生产力发展的“桎梏”[6]，于是“武器的批判”就在于改革成为“桎梏”的生产关系所涉及的经济制度和与此相关联的政治制度，制度变迁“是理解历史变迁的关键”[7]。在“武器的批判”环节中所发生的制度变迁，“一般是对构成制度框架的规则、准则和实施的组合所作的边际调整”，既不同“完全非连贯性变迁”，又不同于“渐进的而连续”的变迁[8]，

---

① ［德］黑格尔：《逻辑学》下卷，杨一之译，商务印书馆 2017 年版，第 522 页。

② 《马克思恩格斯选集》第 1 卷，人民出版社 1995 年版，第 11 页。

③ ［德］黑格尔：《法哲学原理》，范扬、张企泰译，商务印书馆 1982 年版，第 12 页。

④ 《马克思恩格斯选集》第 1 卷，人民出版社 1995 年版，第 11 页。

⑤ 同上书，第 57 页。

⑥ 《马克思恩格斯选集》第 2 卷，人民出版社 1995 年版，第 32—33 页。

⑦ ［美］道格拉斯·C. 诺斯：《制度、制度变迁与经济效绩》，刘守英译，上海三联书店 1994 年版，第 3 页。

⑧ 同上书，第 111、6—7 页。

从而体现为“总的量变过程中的部分质变”①。这是由社会自我批判的特质所决定的，因而在分析“武器的批判”环节时是需要指出的。

在“武器的批判”环节中，以贯穿其中的“自上而下”和“自下而上”及其相互作用为基础，具有现实性的国家权威机构通过“自为的神经系统”② 形成“主体在这里为自身主张客观性的权利”③ 所内蕴的包含着目的、方法和决定的意志，以有机和自觉的方式“自上而下”地推动“武器的批判”展开，并在展开过程中运用所掌握的国家机器实施“赏罚二柄”（《韩非子·二柄》）和利用宣传舆论，把民众的活动协调起来，把国家权威批判结论予以贯彻，以努力使体现为理想蓝图的社会价值观念在社会中以客观实在的形式体现出来。离开了国家权威批判活动所体现的“自上而下”态势，“武器的批判”环节就不能发动，更谈不上持续。

在“武器的批判”环节中，生活在社会中的广大民众不会仅仅停留在对损害自己切身利益的否定因素的议论纷纷上，而必然要“自下而上”地以无机和自发的方式来推动制度改革的实践活动。尽管社会民众批判活动的自发性使得其所体现的目的和方法具有一定程度的朦胧性，然而由于其与切身利益休戚相关地联系在一起，与参与“生产物质生活本身”所获得的直接体验直接地联系在一起，以及其“总是一支巨大的力量”，④ 就使得其在推动“武器的批判”环节中具有更大的作用；尤其是在“武器的批判”遭遇困难使得国家权威批判活动在改革中产生“‘知其当行却未行’或‘知其当止而未止’”⑤ 的意志薄弱时，社会民众批判活动的作用就更显得强大。

在“武器的批判”环节中“自上而下”态势与“自下而上”态势贯穿始终并且相互作用。前者对于后者予以指导、协调，后者对于前者予以推动、支持。两者在相互作用的过程中，体现了有机与无机、自觉与自发的统一，从而就能形成使现实“力求趋向思想”的物质力量。由此

① 冯契主编：《哲学大辞典》，上海辞书出版社 2001 年版，第 854 页。

② ［德］黑格尔：《法哲学原理》，范扬、张企泰译，商务印书馆 1982 年版，第 254 页。

③ ［德］黑格尔：《逻辑学》下卷，杨一之译，商务印书馆 1982 年版，第 523 页。

④ ［德］黑格尔：《法哲学原理》，范扬、张企泰译，商务印书馆 1982 年版，第 332 页。

⑤ 杨国荣：《论意志软弱》，《哲学研究》2012 年第 8 期。

就能使作为“批判的武器”环节最高阶段的理念即以理想蓝图形式体现的社会价值观念通过意志中介，在“武器的批判”环节中转化为现实，从而使认识论意蕴的真转化为本体论意蕴的真。

“武器的批判”通过制度变革所体现的本体论意蕴的真在直接性上与认识论意蕴的真所形成的社会价值观念联系在一起，而作为“理想蓝图”的具有认识论意蕴真的社会价值观念不能离开历史的发展来予以抽象地理解。“历史是社会发展的过程。当社会处在自己发展过程中的时候，促进这个过程的一切对它都是有利的，而延缓这个过程的一切都是有害的”，“这个毫无疑问的情况就给了我们一个客观标准，来判断互相争论的两个派别中哪一个错误较小或根本没有错误”。[①] 同理，这就为我们评价在“武器的批判”环节中所形成的制度变革能否在根本上体现本体论意蕴的真提供了一个客观标准。一进入历史领域，“人的根本就是人本身”就是繁芜丛杂社会现象后面的本质，在一定历史时期的“武器的批判”环节中所形成的制度变革总在一定程度上与体现“人的根本就是人本身”的人文精神相一致，因而总在一定程度上体现着本体论意蕴的真。由此我们就可以理解，历史中的社会自我批判运动尤其是作为其不可缺少的“武器的批判”过程，正是人文精神大为弘扬的时代。

四　“批判的武器”和“武器的批判”之间的关系与真

在社会自我批判的两个环节中，“批判的武器”是原因，“武器的批判”是结果。自然时间的一维性决定了处在时间前面的原因决定了处在时间后面的结果，而不能倒过来。在社会自我批判中，要变革社会的一些基本制度，必须通过“批判的武器”环节，深刻揭示社会基本矛盾运动的辩证关系并对所揭示的社会否定因素予以反思，以形成认识论意蕴的真；否则，“武器的批判”环节就不能发生，就不可能变革社会的某些基本制度，从而也就不能形成本体论意蕴的真。

在自然时间维度中，处在时间后面的本体论意蕴的真确实不能对处在时间前面的认识论意蕴的真发生作用。然而，在社会时间维度中，处

---

① 《普列汉诺夫哲学著作选集》第 3 卷，生活·读书·新知三联书店 1962 年版，第 576—577 页。

在"武器的批判"环节中本体论意蕴的真却能对处于"批判的武器"环节中认识论意蕴的真发生作用。关于这个问题，我们在第二章的第三节中社会自我批判中的"两个批判"做了阐述，根据题意可以概括为以下两点。第一，从作为目的的"武器的批判"环节中获得本体论意蕴的真对作为手段的"批判的武器"环节中取得认识论意蕴的真的作用方面来予以理解。"批判的武器"环节和"武器的批判"环节之间不仅是原因与结果的关系，而且是手段与目的的关系。第二，"批判的武器"环节和"武器的批判"环节进展的不平衡使得本体论意蕴的真能对认识论意蕴的真发生作用。在"批判的武器"环节以及"武器的批判"环节的各自进展过程中，作为结果的"武器的批判"在某些方面就会与作为原因的"批判的武器"在另一些方面，由于处在同一个空间中，于是两者就会相互发生作用。

综上观之，在纵向上，不仅作为原因的"批判的武器"环节中认识论意蕴的真在进程中会对作为结果的"武器的批判"环节中本体论意蕴的真发生作用，而且作为目的的"武器的批判"环节中的本体论意蕴的真会对作为手段的"批判的武器"环节中的认识论意蕴的真发生作用；在横向上，"武器的批判"中的本体论意蕴的真与"批判的武器"中的认识论意蕴的真由于各自进展的不平衡也会在同一空间中发生相互作用。在现实的社会自我批判中，"批判的武器"与"武器的批判"的深刻不是一次完成的，认识论意蕴的真和本体论意蕴的真就在"批判的武器"环节和"武器的批判"环节的相互作用中互为前提、相互渗透，从而使"批判的武器"和"武器的批判"在不断相互作用中趋向深刻。

五　由真引出的美及之于社会自我批判

美是什么？美与真是什么关系？自古希腊以来对这一斯芬克斯式的问题就众说纷纭，然而人们仍在不断地求索。黑格尔的深刻处在于把真的意蕴与美联系起来："真，就它是真来说，也存在着。当真在它的这种外在存在中直接呈现于意识，而且它的概念是直接和它的外在现象处于统一体时，理念就不仅是真，而且是美的了。"在黑格尔体系中，理念作为普遍的概念，相对于体现其感性的外在存在而言，是一种真实的存在。当这种作为真实存在的普遍概念直接以它的外在的感性形式呈现在意识中时，就成为美。因此，黑格尔紧接着说："美因此可以这样下定义：美就是理念的感性显现。"① 美的根据不是理念的感性外在存在本身，而是这种外在存在里面具有普遍性特征的概念；但普遍的概念要成为呈现于意识中的美，又必须具有这种外在存在的感性形态。

这就是说，本体论意蕴的真总以实存的形式感性地存在着，当它直接呈现在意识中，即与观念相统一的实存成为在意识中的感性呈现，就不仅是真的而且是美的了。而作为本体论意蕴的真的根据就是"普遍概念"，即存在于社会意识中体现认识论意蕴真的社会观念。这样，美就与真的双重意蕴联系了起来，美就是由认识论意蕴的真转化为本体论意蕴的真所体现的外在存在的感性形式在意识中的呈现。因此，美与美感是同一个东西，"表现为外在于主体的客观现象域为'美'，表现为内在于主体的主观现象域为'美感'，不存在超美感的美。把美与美感相分离，不能说明美的本体论和认识论相统一的本质"②。

为什么由认识论意蕴的真转化为本体论意蕴的真所体现的外在存在的感性形式在意识中的呈现就会使主体产生美感？从黑格尔的学说出发，"当真在它的这种外在存在中是直接呈现于意识"时，"理念就不仅是真，而且是美的了"，因此形成美感是理所当然的。黑格尔在实际上并没有回答这个问题。马克思的实践唯物论回答了这一问题。这可以从本体论和认识论两个方面来予以分析。

马克思说："动物只是按照它所属的那个种的尺度和需要来建造，而人懂得按照任何一个种的尺度来进行生产，并且懂得处处都把内在的尺度运用于对象；因此，人也按照美的规律来构造。"③ "任何一个种的尺度"即关于外在必然性的正确认识和主体的"内在尺度"即关于内在必然性的正确认识，两者的统一正是与体现着正确的认知活动和评价活动的认识论意蕴的真联系在一起的；"人懂得按照任何一个种的尺度来进行生产，并且懂得处处都把内在的尺度运用于对象"的过程，实际上就是体现认识论意蕴真的观念通过实践活动，对象化为体现本体论意蕴的真

---

① ［德］黑格尔：《美学》第1卷，商务印书馆1979年版，第142页。

② 陈新汉：《审美活动的认识论新审视》，《光明日报》2001年8月21日。

③ 《马克思恩格斯选集》第1卷，人民出版社1995年版，第47页。

的外在实存的过程，即“也按照美的规律来构造”的过程。作为实践结果的外在实存以静态的形式凝结着实践过程中人的本质力量对象化的动态过程。由此，就可以说，美源于人的本质力量，源于人的本质力量对象化的过程。人的本质力量及其对象化是美或美感的本体论根据。

主体在呈现于意识中的体现本体论意蕴真的外在实存中感受到对象化了的主体本质力量与存在于主体的自为的本质力量之间所形成的和谐和融洽，就会感受到情感上的愉悦。于是，“客体以主体本质力量对象化的感性形象呈现在主体意识中，形成主体本质力量对象化与主体本质力量之间的同构反应，使主体感受到主客体之间的融洽和和谐，从而产生情感上的愉悦，形成美感”①。这就是美感的本质。人“在他所创造的世界中直观自身”②，从而在感受主客体之间的融洽和和谐中，于是就形成美感。这是美或美感的认识论根据。

在社会自我批判中，社会主体通过“批判的武器”追求认识论意蕴的真，通过“武器的批判”追求本体论意蕴的真。在“武器的批判”中，社会主体把用“批判的武器”所转化而来的体现认识论意蕴真的社会价值观念，形成“要把自己变为定在的那种思维”，通过社会变革，使所变革的社会基本制度及至整个社会体现“现实本身应当力求趋向思想”，从而使社会主体在其中感受到“主客体之间的融洽和和谐”，产生情感上的愉悦，形成美感。因此社会自我批判既是追求真的过程，又是创造美的过程。

在社会中，丑总是与不真联系在一起，当然不真不一定就是丑。于是在这个世界上既然存在着真和美，也就必然地存在着与之相对应的假和丑。这就使得追求真和创造美的过程变得相当艰苦，即必须与假和丑做斗争。这种斗争在社会自我批判中体现得尤其尖锐和激烈。这是因为真和美与假和丑都与人们的切身利益密切地联系在一起。当特定历史时期的社会基本矛盾运动的辩证关系尤其是其中的矛盾冲突能较为充分地展开时，与真和美相联系的利益集团与假和丑相联系的利益集团之间的冲突也就能较为充分地展开，这既意味着对立利益集团之间的冲突已尖

---

① 陈新汉：《审美活动的认识论新审视》，《光明日报》2001 年 8 月 21 日。

② 《马克思恩格斯选集》第 1 卷，人民出版社 1995 年版，第 47 页。

锐和激烈到必须予以公开地展开的程度，也意味着能公开地展开的冲突其尖锐和激烈的程度尚不至于使社会崩溃。这就是马克思说的“很少而且只是在特定条件下才能够进行自我批判”①。

黑格尔说：“惟有概念才是世界上的事物之所以保持其存在的原则，或者用宗教上的语言来说，事物之所以是事物仅由于内在于事物的神圣的思想，因而亦即创造的思想有以使然。”② 这个真由此就具有了宗教上的神圣光环，尽管黑格尔本人不是一个有神论者。恩格斯曾讴歌在社会自我批判时期，“启发过人们头脑的那些伟大人物”，“不承认任何外界的权威，不管这权威是什么样的”，包括“宗教、自然观、社会、国家制度”等在世人眼中崇高的东西，“一切都必须在理性的法庭面前为自己的存在作辩护或者放弃存在的权利”，③ 就是为了在“批判的武器”环节和“武器的批判”环节中追求真所体现的“神圣的思想”。于是与真相联系的美就成为这个时代的最显著的特征；然而，真和美又是与假和丑的尖锐和激烈斗争联系在一起的。“真的、善的、美的东西总是同假的、恶的、丑的东西相比较而存在，相斗争而发展的。”④ 这就告诉我们，社会自我批判时期又是一个痛苦的时代，在那个时代，既存在真、善、美，也存在假、恶、丑，更存在真、善、美对于假、恶、丑的斗争，因而社会自我批判又是一个痛苦的时代。值得提出的是，正是这种激烈的较量和斗争使处于社会自我批判时代的美在历史的长河中更加璀璨夺目，这就是历史的辩证法。因此这个痛苦的时代又是一个享受美的时代。这就体现了人类历史上的辩证法。

---

① 《马克思恩格斯选集》第2卷，人民出版社1995年版，第24页。

② ［德］黑格尔：《小逻辑》，贺麟译，商务印书馆1980年版，第399页。

③ 《马克思恩格斯选集》第3卷，人民出版社1995年版，第719页。

④ 《毛泽东文集》第7卷，人民出版社1999年版，第230页。

第四章
社会自我批判中的人民主体

作为社会主体的人民必然在社会自我批判中发挥着人民主体作用，这是本课题从历史唯物主义基本原理推绎出的最重要结论。必须从形式逻辑的集合概念和辩证逻辑的辩证概念的双重性来理解“人民”概念。在历史进程中，人民的社会主体作用的一部分必然通过统治阶级国家机器的运作体现出来。人民主体与利益不可分离，人民主体意识是“至圣的神”，是基本社会价值观念。人民主体作用离不开利益的表达，追求和维护自身利益的斗争是人们意愿表达的根本动力。人们通过体制外和体制内的各种途径把自己的意愿表达出来，而自媒体所引发的信息源革命和信息渠革命为人民意愿的表达提供了历史机遇。人民在社会自我批判中的主体作用体现在贯穿于“批判的武器”和“武器的批判”两个环节始终的两种态势中。“世界历史个人”在“自上而下”和“自下而上”态势中的作用，恰恰说明了是人民主体作用在社会自我批判中创造历史能动性的一种具体体现。

第一节　人民主体的意蕴

“人民”是唯物史观中最基本的概念。在历史唯物主义视域中，人民是形式逻辑的集合概念和辩证逻辑的辩证概念的统一，马克思的“个人们”思想中把人的发展理解为类发展和个人发展的统一。如果片面地强调前者的发展，那么就容易为整体主义的专制所利用。由于“世俗基础的自我分裂和自我矛盾"，在迄今为止的阶级社会中，人民的社会主体作用中相当一部分必须通过统治阶级的国家机器的运作体现出来。人民的主体地位与利益联系在一起，追求和维护自身利益的斗争是人民主体作用发挥的根本机制。在人类社会中，人民主体意识是"至圣的神"，它与人具有最高价值的观念联系在一起。

一　人民概念辨析中的"现实的个人"

"人民"是近代以来世界各国宪法和重要文件都普遍使用的一个概念，这一概念在现代中国的使用尤其频繁。与历史唯心主义的英雄史观相对立，人民史观是历史唯物主义的一个基本原理，如何理解人民概念是在当代中国的环境下正确理解历史唯物主义的一个关键。

在传统哲学的话语体系中，"人民"是形式逻辑中的一个集合概念。集合概念的规定是，"以事物的群体为反映对象的概念，例如'森林'、'丛书'、'工人阶级'等都是集合概念"①。毛泽东说："历史是人民创造的"，"人民，只有人民，才是历史的创造者"。② 在这里，"人民"就是属于形式逻辑的集合概念。"集合概念只适用于它所反映的群体，而不适用于该群体内的个体"，"作为群体中的个体并不具有该群体的属性"。③显然，在集合概念中的"作为群体的个体"，即组成"人民"的个人，不具有创造"历史"的属性。

在历史唯物主义的话语体系中，"人民"概念不能仅仅从形式逻辑来规定，还必须同时从"密切地结合思维的内容来研究思维的形式"④ 的辩证逻辑中来规定。在辩证逻辑中，"个体性不可以了解为只是直接的个体性"，"概念的每一环节本身即是整个概念，个体或主体，是被设定为全体的概念"。⑤ 辩证概念的规定不仅适用于它所反映的类，而且适用于该类的成员，体现普遍与特殊的统一。由此，"'人民'这个集合概念最终

① 普通逻辑编写组：《普通逻辑》，上海人民出版社 1993 年版，第 110 页。

② 毛泽东：《看了"逼上梁山"以后写给延安平剧院的信》（1944 年 1 月 9 日），《人民日报》1967 年 5 月 25 日。

③ 普通逻辑编写组：《普通逻辑》，上海人民出版社 1993 年版，第 110 页。

④ 冯契：《哲学大辞典・马克思主义哲学卷》，上海辞书出版社 1996 年版，第 30 页。

⑤ ［德］黑格尔：《小逻辑》，贺麟译，商务印书馆 1980 年版，第 332 页。

也要体现在其中每一个个体身上，归结到一个个活生生的人”[①]。

人民总与人联系在一起，而每一个人都是活生生的和独一无二的“在者”。马克思说，“我们的出发点是从事实际活动的人”，从而是“有血有肉的人”，[②] 因此“第一个需要确认的事实就是这些个人的肉体组织”[③] 即个体的存在。这是因为在人类社会的历史发展中，人与其他的物不一样，“人是一个特殊的个体，并且正是他的特殊性使他成为一个个体，成为一个现实的、单个的社会存在物”[④]。离开了个体的人就不能理解作为类的人。

为强调活生生的现实的个人，马克思用单个人的复数来理解作为社会主体的现实的人。他在《德意志意识形态》中论述“现实的前提”时，德文原版用的“die wirklichen individuen”，德文中的“en”表示的是复数，中文版就很好地译为：“这是一些现实的个人（即个人们——引者注）。”[⑤]“个人们”是一个“不似概念的概念”，然而却是一个在历史唯物主义中极其重要的概念，“但并非是一个不言自明的概念”。[⑥] 然而，正是这些“现实的个人”构成了马克思所谓的人类历史的“现实前提”，从而体现出马克思的“个人们”思想。“现实的个人”是马克思重视人的发展的基石。“一旦把人理解为一定社会历史条件下的社会实践中承载各种社会关系的具体的人，我们就获得了考察社会历史的正确前提。”[⑦] 这正构成了历史唯物主义的前提。

个体只有在群体或社会中才能生存，才能发展。这是因为，个体的生存和发展所形成的不同需要只有在社会中才能满足，“个人及其需要的

---

① 董德刚：《论人民主体理念及其落实问题》，《党政干部学刊》2016 年第 11 期。

② 《马克思恩格斯选集》第 1 卷，人民出版社 1995 年版，第 73 页。

③ 同上书，第 67 页。

④ 《马克思恩格斯全集》第 42 卷，人民出版社 1979 年版，第 123 页。

⑤ 《马克思恩格斯选集》第 1 卷，人民出版社 1995 年版，第 67 页。全文是：“这是一些现实的个人，是他们的活动和他们的物质生活条件，包括他们已有的和由他们自己的活动创造出来的物质生活条件。”

⑥ 杜宪升：《现实的（诸多）个人，究竟何谓》，《理论界》2010 年第 4 期，第 107 页。

⑦ 张晓东：《人民主体论：从群众史观到群众路线》，《中共中央党校学报》2013 年第 5 期。

这种自然差别，是他们作为交换者而实行社会组合的动因”[①]。人们的积极性和创造性的发展不仅仅要创造满足自身需要的产品，还要创造满足他人需要的产品，通过交换来更好地丰富自己的物质需要和精神需要。“每个人在交易中只有对自己来说才是自我目的；每个人对他人来说只是手段；最后，每个人是手段同时又是目的，而且只有成为他人的手段才能达到自己的目的，并且只有达到自己的目的才能成为他人的手段。”[②]这就形成了主体与主体之间的主体间关系。“这一切表明：每一个人作为人超出了他自己的特殊需要等等，他们是作为人彼此发生关系的；他们都意识到他们共同的类的本质。”[③] 正是在主体间的关系中形成了作为主体的人民或类的意识。主体间关系是马克思的“个人们”思想所内含的一个重要内容。

马克思把人的发展分成两个层面：一是类的发展，一是个人的发展，“类或人得到了发展，或者说这些个人发展了人”[④]。人在类层面的发展和在个体层面的发展是内在地联系在一起的，并且“人们的社会历史始终只是他们的个体发展的历史”[⑤]。否则，类就是一种“虚幻的共同体”，这种共同体对于个人来说是“新的桎梏”。[⑥] 马克思不是泛泛地谈论“人的全面发展”，他注重的是“个人全面发展”和“自由个性”的确立”；“这里说的‘个人全面发展’主要是指个人‘能力’（Vermoegen），特别是‘生产能力’（Produktivitaet）的全面发展”。[⑦] 马克思强调的是“联合体”中一个个具体的个体，指出“每个人的自由发展是一切人的自由发展的条件”,[⑧] 离开了“每一个人”的自由发展，就没有“一切人的自由发展”。区分“个人的全面发展”与作为类的“人的全面发展”的概念十分重要。只有重视并推动“个人的全面发展”才能为类的全面发展创造条件，否则类的全面发展就是抽象的无。

---

① 《马克思恩格斯全集》第 31 卷，人民出版社 1998 年版，第 357 页。
② 同上书，第 357—358 页。
③ 《马克思恩格斯全集》第 30 卷，人民出版社 1995 年版，第 197 页。
④ 《马克思恩格斯文集》第 1 卷，人民出版社 2009 年版，第 570 页。
⑤ 《马克思恩格斯选集》第 4 卷，人民出版社 1995 年版，第 532 页。
⑥ 《马克思恩格斯选集》第 1 卷，人民出版社 1995 年版，第 119 页。
⑦ 俞吾金：《在实践中丰富马克思关于个人全面发展的理念》，《学术界》2001 年第 5 期。
⑧ 《马克思恩格斯选集》第 1 卷，人民出版社 1995 年版，第 294 页。

从我们的论题出发，马克思在这里，不仅从形式逻辑的角度来理解人，而且更是从辩证逻辑的角度把人与一个个现实的个体联系起来。由此给我们理解新时期的“人”或“人民”概念有很大的启示，人或人民总是与一个个具体的个体的人紧密地联系在一起。作为“人民”的概念必须与一个个具体的个体联系在一起，否则人民概念就是空洞的和抽象的。这样的人民概念很容易虚化，从而就会转化为与个人完全对立的“美化抽象的民众，却对一个个有血有肉的人无动于衷、肆意羞辱的体制”①；“或者像某个社会主义国家的所谓‘主体思想’所标榜的那样，人民是社会历史的主体、革命和建设的主人，而领袖是赐予人民生命的恩人和慈父，最后归结为人民应当无条件地忠诚团结在领袖周围，一切服从领袖”②。

把“人民”仅仅作为一个集合概念来理解，是整体主义时代的产物。整体主义强调的集体是作为一个整体的单位而存在的，组成集体的成员并不具有整体的属性和特征。离开了个体的整体就是马克思说的“虚幻的共同体”，这种共同体对于生活于其中的个体来说就是“新的桎梏”。在改革开放前曾流行的一句宣传口号是“集体的事再小也是大事，个人的事再大也是小事”，就较为典型地体现了这种整体主义的形而上学思维方式。这种思维方式反映在实践层面上，必然会坠入一种怪圈，即“为人民服务，不为你服务”。在这种思维模式中，个体不具有整体的属性和特征，因而就出现了抽象上高喊“为人民服务”，但在具体做的过程中却漠视一个个的个体利益，从而不能在实际上履行“为人民服务”原则的怪现象。在共和国历史中的“文化大革命”时期，由于只是从形式逻辑的角度来理解“人民”，而不是从辩证逻辑的角度来理解“人民”，从而成为“整体主义”的理论根据。

对于人民概念，如果不是从集合概念和辩证概念的统一来理解，就不能达到历史唯物主义的高度。当然这并不意味着可以用辩证逻辑的辩证概念来否定形式逻辑的集合概念。辩证逻辑与形式逻辑都研究思维，

---

① ［美］克里斯·马修斯：《硬球——政治是这样玩的》，林猛、吴群芳译，新华出版社2015年版，第41页。

② 董德刚：《论人民主体理念及其落实问题》，《党政干部学刊》2016年第11期。

但从不同的侧面以不同的方式进行研究，从而概括出不同的逻辑规则。“它们不能相互替代，而是相互配合和相互补充。”[①]“人民”作为社会历史观的重要范畴，必须既要从形式逻辑的角度又要从辩证逻辑的角度来双重地予以规定，这是理解历史唯物主义的一个精髓。由于在传统哲学的理解中仅仅从形式逻辑的角度来理解人民概念并产生了负面的社会影响，因此在这里，我们尤其要强调还必须从辩证逻辑的角度来理解之。

值得一提的是，由于我们既从集合概念的角度又从辩证概念的角度来理解“人民”，因此我们常常把“人民”与“群众”两个概念通用。马克思说，“历史上的活动和思想都是‘群众’的活动和思想”[②]；又说，“历史活动是群众的活动，随着历史活动的深入，必将是群众队伍的扩大”[③]。这就使得我们常常把“人民”与“群众”两个概念连在一起用。“马克思主义经常把人民和群众联系起来，把二者视为大体同义的概念”，“也经常直称其为人民群众”。[④] 于是，我们在交流中或在文章上就常常听到或读到“人民群众”。有学者认为“‘人民’与‘群众’不能连用”，“和人民相对应的名词是敌人”，“与群众相对应的名词是英雄”。[⑤] 但如果我们从集合概念和辩证概念相统一的角度来理解“人民”，人民的内涵里已经把作为“个人们”的群众包含在内了，因此“人民”和“群众”是可以通用或连用的。需要明确的是“人民群众”的主体即主要部分始终是从事“生产物质生活本身”的劳动大众。下面我们就是从这个意义上来使用“人民”或“人民群众”概念的。

二　历史进程中的人民主体和统治阶级国家

马克思说：“任何一个民族，如果停止劳动，不用说一年，就是几个

① 冯契主编：《哲学大辞典》，上海辞书出版社 2001 年版，第 91 页。

② 《马克思恩格斯全集》第 2 卷，人民出版社 1957 年版，第 103 页。

③ 《马克思恩格斯文集》第 1 卷，人民出版社 2009 年版，第 287 页。

④ 董德刚：《论人民主体理念及其落实问题》，《党政干部学刊》2016 年第 11 期。

⑤ 王科：《人民和群众是具有明显区别的不同概念——对人民和群众含义的再认识》，《商》2015 年第 4 期。

星期，也要灭亡”[①]，由此就可以顺理成章地断言：“整个所谓世界历史不外是人通过人的劳动而诞生的过程。”[②] 历史是人民创造的，人民是社会的主体，这是历史唯物主义的一条基本原理，是生产力是社会历史的最终动力原理以及社会存在决定社会意识原理的逻辑必然。整个历史唯物主义的大厦正是在这些基本原理的基础上构建起来的。

自从进入阶级社会以来，社会是由国家将众多个人整合起来的人群集合体构成的，国家“照例是最强大的、在经济上占统治地位的阶级的国家”[③]。统治阶级通过国家机器，“与整个社会混为一体并且被看作和被认为是社会的总代表”，从而以“被承认为整个社会的等级”身份实现对于社会的“普遍统治”。[④] 我们在前面已经讲到历史唯物主义视域中“现实”与“现存”的区分。一个社会的统治阶级之所以能够在一定时期内成为“现实”的，而不是“现存”的，就是因为在一定历史时期，“它真正是社会的头脑和社会的心脏”[⑤]；而它之所以能担当起“社会的头脑和社会的心脏”的功能，就在于总在一定程度上自觉或不自觉地体现着由社会基本矛盾运动所具体地展现来的大多数人的利益。对此，马克思在批判了黑格尔的国家观后说，“国家制度一旦不再是人民意志的现实表现，它就变成了事实上的幻想”，“国家制度不仅自在地，不仅就其本质来说，而且就其存在、就其现实性来说，也在不断地被引回到自己的现实的基础、现实的人、现实的人民，并被设定为人民自己的作品”。[⑥] 从这个意义上说，具有现实性的统治阶级属于人民范畴，“马克思在使用‘人民’一语时，并没有用它来抹煞各个阶级之间的差别，而是用它来概括那些能够把革命进行到底的一定的成分”[⑦]。

历史是人民创造的，人民是社会的主体，然而人民的社会主体作用中的相当一部分需要通过在一定历史时期中具有“现实性”的统治阶级

---

① 《马克思恩格斯文集》第10卷，人民出版社2009年版，第289页。
② 《马克思恩格斯全集》第3卷，人民出版社2002年版，第310页。
③ 《马克思恩格斯选集》第4卷，人民出版社1995年版，第172页。
④ 《马克思恩格斯选集》第1卷，人民出版社1995年版，第12—13页。
⑤ 同上书，第13页。
⑥ 《马克思恩格斯文集》第3卷，人民出版社2002年版，第73、39—40页。
⑦ 《列宁选集》第1卷，人民出版社1995年版，第636页。

在国家机器中的作用体现出来。国家的产生“不像黑格尔所断言的是‘伦理观念的现实’”，而是“社会在一定发展阶段上的产物”。[①] 国家的基本职能可大致概括为政治职能、经济职能、文化职能等，“政治统治只有在它执行了它的这种社会职能时才能持续下去”[②]。国家的这种职能，在任何时候、任何情况下都首先代表着一种社会秩序；没有这种社会秩序，家庭和市民社会就成为黑暗的天然的基础，由此就需要“从这一基础上燃起国家之光”，以这种理性之光来照亮成为“黑暗的自然基础”的家庭和市民社会。[③] 当然，这并不否认国家的阶级属性。然而，即使是社会上阶级消失而导致国家不复存在，这种作为理性之光的社会秩序作用仍将存在，因为它体现着社会主体创造历史的能动性。在迄今为止的阶级社会中，人民的社会主体作用中相当一部分必须通过统治阶级的国家机器的运作体现出来，这是几千年来的文明史所证实了的。

在以往的历史进程中，尽管人民群众必然会在社会基本矛盾的运动中把自己的价值诉求通过各种方式（合法的或非法的、和平的或暴力的）不断地体现出来，从而使人民的社会主体作用的相当部分通过统治阶级在国家机器作用的中介体现出来；然而在直接性上，统治阶级总是按照自己的意志和利益行使其统治权。这种人民主体发生作用的机制是与阶级和国家的产生即“世俗基础的自我分裂和自我矛盾”[④] 是联系在一起的，尽管随着历史的发展，这种自我分裂和自我矛盾必然会“不可避免地要消失，正如它们从前不可避免地产生一样”[⑤]。然而，这种机制就使得在全部意识形态中，“人们和他们的关系就像在照像机中一样是倒现着的”[⑥]，于是“观念变成了主体，而家庭和市民社会对国家的现实的关系被理解为观念的内在想像活动”[⑦]，对历史发展起推动作用的似乎是统治阶级而不是人民群众了。

---

① 《马克思恩格斯选集》第 4 卷，人民出版社 1995 年版，第 170 页。
② 《马克思恩格斯选集》第 3 卷，人民出版社 1995 年版，第 523 页。
③ 《马克思恩格斯全集》第 3 卷，人民出版社 2002 年版，第 9 页。
④ 《马克思恩格斯选集》第 1 卷，人民出版社 1995 年版，第 59 页。
⑤ 《马克思恩格斯选集》第 4 卷，人民出版社 1995 年版，第 174 页。
⑥ 《马克思恩格斯全集》第 3 卷，人民出版社 1960 年版，第 29 页。
⑦ 同上书，第 10 页。

新中国是在“始终代表整个运动的利益”① 的中国共产党领导下建立起来的，这就决定了中国人民在中华人民共和国中“掌握了国家的权力，成为国家的主人”②。社会主义中国不存在以往社会中的属于剥削阶级范畴的统治阶级，人民的社会主体作用不再需要通过统治阶级的中介。“劳动阶级在发展进程中将创造一个消除阶级和阶级对立的联合体来代替旧的市民社会；从此再不会有原来意义的政权了。”③ 按照马克思的设想，这样的人民当家作主的政权作为“终于发现的可以使劳动在经济上获得解放的政治形式”④，就能在理论上体现为将一切权力“交给社会的负责的公仆”，使国家机构中的工作人员像企事业里的“工人、监管和会计”那样，为“工厂主”即作为社会主人的人民服务。⑤ 由此，我们就能理解“至今一直统治着历史的客观的异己的力量，现在处于人们自己的控制之下了”，于是就实现了“人类从必然王国进入自由王国的飞跃”。⑥

当然，理论作为一种理想，与现实之间总是有距离的，这不仅意味着总是尚未实现的，而且意味着总带有“理想”色彩。然而，当家作主的人民主体体现为执政党即共产党的意志，“意志的努力即在于使得这世界成为应如此”⑦，于是，“现实本身就应当力求趋向思想”⑧。这就是“应然”向“实然”的转化，这种转化正是作为现实的社会主义国体和政体所努力追求的方向。

三 人民主体与利益不可分离

在中国，利益原是佛教用语，“《法华文句记》：‘功德利益，一而无异，若分别者，自益名功德，益他名利益’”⑨。“利”相对于“弊”而言，“益”相对于“害”而言。在我们论题的视域中，利益就是对于主体

---

① 《马克思恩格斯选集》第1卷，人民出版社1995年版，第285页。
② 《中华人民共和国宪法》，人民出版社2018年版，第9页。
③ 《马克思恩格斯选集》第1卷，人民出版社1995年版，第194页。
④ 《马克思恩格斯选集》第3卷，人民出版社1995年版，第59页。
⑤ 《列宁选集》第3卷，人民出版社1995年版，第155页。
⑥ 《马克思恩格斯选集》第3卷，人民出版社1995年版，第758页。
⑦ ［德］黑格尔：《小逻辑》，贺麟译，商务印书馆1980年版，第420页。
⑧ 《马克思恩格斯选集》第1卷，人民出版社1995年版，第11页。
⑨ 朱奎保：《利益论》，华东师范大学出版社1991年版，第16页。

而言的价值。我们在前面把价值的本质理解为人们所构建的“为我而存在的关系”，其中的“我”是主体，“为我”就是对于主体“我”而言的利益，也就是客体对于主体的价值关系，这是价值关系的本质内容。价值作为“为我而存在的关系”离不开作为主体的“我”和作为“为我”的利益，这就是价值的“主体—利益”结构。主体通过利益表现出来，否则就是虚幻的；利益总指向主体，否则就没有任何意义。“我”与“为我”不能分离，主体和利益不能分离。

康德强调人是目的并且是最后目的，他说“人就是这个地球上的创造的最后目的”①。康德提出这个命题的根据就在于人的理性，因此“每一个理性存在者都应当决不把自己和其他一切理性存在者仅仅当作手段，而是在任何时候都同时当作目的自身来对待”②。黑格尔把康德的“人是目的”命题进一步与利益具体地联系在一起。他说，“在市民社会中，每个人都以自身为目的，其他一切在他看来都是虚无”③；并指出，“个别的人，作为这种国家的市民来说就是私人，他们都把本身利益作为自己的目的，这是‘市民社会的一个原则’”④。黑格尔进一步指出，在利益保全的情况下，人才能“成为一个人，并尊敬他人为人”。这个人是“person”，就是与一个个具体的个体联系在一起的生活在社会之中的人。黑格尔还进一步指出，“人是目的”真正成为可能，在于人权意识普遍地体现于主体间性中，而这种普遍性是与法内在地联系在一起的，即“法的命令”是使人成为“person”，从而神圣不可侵犯。⑤ 这样，黑格尔就提出了一个基本命题，那就是“以自身为目的”的核心是“以自己的利益为目的”，而且这个利益不仅包括物质利益还包括精神利益。康德和黑格尔关于人是目的和人与利益不可分的思想，为历史唯物主义提供了丰富的思想资源。

作为利益的价值关系有各种形式，从主体来划分，有个人利益、民族利益、国家利益和人民利益；从性质来划分，有物质利益、精神利益；

---

① ［德］康德：《判断力批判》，邓晓芒译，人民出版社 2002 年版，第 284 页。

② 同上书，第 302 页。

③ ［德］黑格尔：《法哲学原理》，范扬、张企泰译，商务印书馆 1961 年版，第 197 页。

④ 同上书，第 201、197 页。

⑤ 同上书，第 46 页。

从社会领域来划分，有政治利益、经济利益，等等。一般而言，经济活动所建构的物质形态的价值关系是最基本的价值关系，经济利益一般又称为物质利益。在物质利益中最基本的是“衣、食、住及其他东西”，因此“第一个历史活动就是生产满足这些需要的资料，即生产物质生活本身”。[①] 人们奋斗的一切首先都与这些物质利益有关，这是因为生产这些物质资料及满足这些物质利益构成了作为社会基础的“物质生活本身”。

值得一提的是，我们强调物质利益是基础；然而，体现在社会意识中的精神利益作为“具有普遍性形式的思想”[②]，总意味着对主体体现在社会存在中利益的本质概括，因而总能更为深刻地反映包括物质利益在内的人民的整体利益。反过来说，包括物质利益在内的人民的整体利益发生变化，总会以更为深刻的方式体现在属于精神价值范畴的精神利益变化之中。人与动物的区别就在于，人不仅需要物质家园来裹藏肉体，而且需要精神家园来裹藏灵魂。因此作为黑格尔所谓的“person”的人，不仅具有作为基础的物质利益，而且具有体现着“普遍性形式的思想”的精神利益。主体离不开利益，人民主体总要通过人民利益体现出来；人民利益的缺失必然意味着人民主体的缺失，这既意味着作为基础的物质利益不能缺失，也意味着作为社会存在中利益本质概括的精神利益也不能缺失。

主体在构建“为我关系”中，在个体、群体和社会三个层面上创造了无限多样的价值，它们相互作用，“展示出一个特殊关系和联系的特有对象区域”，“它完全独立于一个它在其中显现出来的善业世界的此在”，[③] 由此就构成了“此在”生活于其中的价值世界。这个价值世界及其发展就是人类社会及人类历史。在这个具有“主体—利益”结构的价值世界中，作为社会主体的人民必然要与人民利益内在地联系在一起。正是从这个意义上，马克思说，“他们不是超凡入圣的利己主义者，而是利己主义的人”[④]，人民之成为社会主体就在于在把自身利益作为目的的

① 《马克思恩格斯文集》第1卷，人民出版社2009年版，第531页。

② 《马克思恩格斯选集》第1卷，人民出版社1995年版，第100页。

③ 冯平主编：《现代西方价值哲学经典：心灵主义路向》，北京师范大学出版社2009年版，第210页。

④ 《马克思恩格斯文集》第1卷，人民出版社2009年版，第322页。

追求中构建价值世界，既构建以物理事物为载体的价值世界，也构建以精神事物为载体的价值世界，人类历史发展之源就在于此。

人民总是与一个个具体的个体的人紧密地联系在一起，而作为具体的个体的人总是与具体的利益紧密地联系在一起。人民作为一个个具体的个体的人的集合，总是与特定时期的利益联系在一起。人们的活动总是与把利益作为目的以构建“为我而存在的关系”联系在一起，它成为推动历史发展的动力源泉。为此，马克思指出，“人们奋斗所争取的一切，都同他们的利益有关”①，历史“不过是追求着自己目的的人的活动而已”。根据价值的主体—利益结构，主体与利益不能分离，人民主体和人民利益必然不可分割地联系在一起。没有作为主体的人民，利益就无所指向，也就没有意义；而主体总要通过利益体现出来，人民利益的缺失则必然意味着人民主体的缺失。

四　作为“至圣的神”的人民主体意识

在人类历史上，尽管统治阶级似乎总是以为是按照自己的意志和利益在行使其统治权，然而人民主体总在根本上发生着作用；因此对于一定历史阶段的统治阶级而言，不管是自觉的还是被逼的，必须确立人民是社会主体的意识。

如前所述，人们往往把“意识”和“精神”看成同一序列的概念。我们可以把“精神”理解为社会价值观念，如人文精神；同理，我们也可以把“意识”理解为社会价值观念，如“人民主体意识”。“人民主体意识”就是主体中关于“人民主体”的社会价值观念。如果在一个国家的社会意识形态中没有人民主体意识，那么就像黑格尔所说的在一座庙堂里“其他各方面都装饰得富丽堂皇，却没有至圣的神”②。在世界宗教体系中，基督教、佛教和伊斯兰教是其中信徒最多的三大宗教。上帝是基督教中“至圣的神”，释迦牟尼是佛教中“至圣的神”，真主是伊斯兰教中“至圣的神”。信徒对他们磕头烧香，祈祷歌唱，内心充满着崇敬和畏惧之情。如果说崇敬是对“至圣的神”所油然而生的正面情感，那么

---

① 《马克思恩格斯全集》第1卷，人民出版社1956年版，第82页。

② ［德］黑格尔：《逻辑学》上卷，杨一之译，商务印书馆1966年版，第1页。

畏惧就是对“至圣的神”所油然而生的反面情感。把人民主体意识理解为意识形态庙堂里“至圣的神”，包含着对于人民主体的敬畏之情。人是有情感的动物，“激情、热情是人强烈追求自己的对象的本质力量”[①]，从而激情对于历史的活动就具有强大的力量，正是这种对于人民主体意识的敬畏之情在人类社会中起着巨大的推动作用。

早在两千多年前，孟子就说过：“民为贵，社稷次之，君为轻。”（《孟子·尽心章句〈下〉》）社稷和国君都是可以更换改立的，只有人民是不可更换的，故人民最为重要，充满着对于人民主体意识的崇敬之情。此命题流传至今。荀子说过另外一个命题：“君者舟也，庶人者水也，水则载舟，水则覆舟。”（《荀子·王制》）这个命题传到唐朝的诤臣魏征给皇帝李世民的谏奏里就成为“载舟之水可以覆舟”（《贞观政要》），包含着对于人民主体意识的畏惧之情。这种对于人民主体意识的敬畏之情是儒家思想贡献给中华民族文化的宝贵财富。

历史上凡是有作为的君王为了巩固自己的统治或造就自己的功业，都总是自觉或不自觉地具有这种人民主体意识。春秋战国时期，意识形态中崇尚红黑黄轮回的“三统说”。根据当时方士邹衍的推绎，秦得水德，衣服旄旌节旗皆尚黑。司马迁在《史记·秦始皇本纪》中记载：秦始皇统一中国后，尽管横征暴敛，然而却下令：“更民曰黔首。”“黔”即黑，把人民推崇为所尚黑色之“首”，正说明了人民主体意识在当时意识形态中的地位。乾隆五十年（1785）在御制《祭历代帝王庙礼成恭纪》写道：“夫天下者，天下人之天下也，非南北中外所得私。”在中国两千多年的封建社会中，政权更迭以数百计，凡是统治阶级对人民主体意识有这种敬畏之情的，政权就比较巩固，社会就比较昌盛；反之，政权就会被颠覆，社会必然凋敝。

在欧洲数千年的历史中，同样弥漫着关于人民主体意识的敬畏之情。在古希腊时代，亚里士多德在《政治学》里就记载了城邦中的公民主权问题。古希腊的公共会场位于城市中心，公民们在这里面对面地讨论重大问题，形成共识后付诸实施。对于主权在民，亚里士多德认为：“一种政体如果要达到长治久安的目的，必须使全邦各部分（各阶级）的人都

---

① 《马克思恩格斯全集》第 3 卷，人民出版社 2002 年版，第 326 页。

能参加而怀抱着让它存在和延续的意愿。"[①] 在法国大革命时期，孟德斯鸠提出，"一个社会如果没有一个政府是不行的"，而国家就是"一切个人的力量的联合"；[②] 由此他主张共和政体，"共和政体是全体人民或仅仅一部分人民握有最高权力的政体"[③]，而反对君主政体和专制政体。卢梭则提出了人民主权的三项原则：第一，"主权是不可转让的"，"只能由人民自己来代表"，转让主权就意味着出卖自由。第二，主权是不可分割的，主权主要表现为立法权，只能属于人民，政府只是执行"公意"的机器而已。第三，主权是绝对的。只有人民才是国家的主人，统治者是受委托来管理国家大事的，"人民既可以委托他们，也可以撤换他们"[④]。在思想家的这些命题中，具有丰富的人民主体意识，由此形成了绵延不绝的西方社会中民主的思想传统。

人民是主体，为此毛泽东说，共产党的宗旨"完全是为着解放人民的，是彻底地为人民的利益工作的"，"为人民利益而死，就比泰山还重"；[⑤]"力量的来源就是人民群众，不反映人民群众的要求，哪一个人也不行"[⑥]。毛泽东的上述文字中，字里行间充满了对人民主体的敬畏之情。党的十九大报告中的"以人民为中心的发展思想"集中体现了人民主体意识。"人民是历史的创造者，是决定党和国家前途命运的根本力量"，因此"必须坚持人民主体地位"，"践行全心全意为人民服务的根本宗旨"。[⑦] 习近平还说，"得民心者得天下，失民心者失天下，人民拥护和支持是党执政最牢固的根基"，"人心向背关系党的生死存亡"；[⑧] 又说，"在任何时候任何情况下，与人民同呼吸共命运的立场不能变，全心全意为人民服务的宗旨不能忘，群众是真正英雄的历史唯物主义观点不能丢，

---

① ［古希腊］亚里士多德：《政治学》，吴寿彭译，商务印书馆 1997 年版，第 88 页。

② ［法］孟德斯鸠：《波斯人信札》，罗大冈译，人民文学出版社 1978 年版，第 177—178 页。

③ ［法］孟德斯鸠：《论法的精神》上卷，许明龙译，商务印书馆 1961 年版，第 8 页。

④ ［法］卢梭：《社会契约论》，李平沤译，商务印书馆 1962 年版，第 31、32、21 页。

⑤ 《毛泽东选集》第 3 卷，人民出版社 1991 年版，第 1004 页。

⑥ 《毛泽东文集》第 8 卷，人民出版社 1999 年版，第 324 页。

⑦ 习近平：《决胜全面建成小康社会　夺取新时代中国特色社会主义伟大胜利——在中国共产党第十九次全国代表大会上的报告》，人民出版社 2017 年版，第 21 页。

⑧ 《习近平谈治国理政》，外文出版社 2014 年版，第 368 页。

始终坚持立党为公、执政为民"[①]。习近平的上述文字中，字里行间同样充满了对人民主体的敬畏之情。这里的"人心向背"和"不能变""不能忘""不能丢"，包含着要警惕把"公仆"异化为主人而把人民异化为"仆人"的忧患之情。他们都从立党宗旨的高度确立了作为"至圣的神"的人民主体意识，充分体现了中国共产党人关于人民主体意识的自觉。

人民主体意识作为国家意识中"至圣的神"的观念与人具有最高价值的观念是密切地联系在一起的。人类生活于其中的价值形态世界，是由人创造出来的。康德指出，人作为价值的主体能够创造价值，从而就具有最高价值，人的价值"超越于一切价值之上，没有等价物可代替"。这个世界上正是有了人，才有了价值，才有了对人的意义。因此"在任何情况下把人当作目的，决不只是当作工具"[②]。黑格尔则把"成为人（Person）"看成世界上最神圣的事。[③]"人"即"Person"，显然是在社会中后天形成的。这样，从一个纯粹自然人到一个具有社会本质的人的发展，就是人的自尊不断地生成和发展的过程。国家作为"普遍的利益本身"[④]，在这一方面就拥有义不容辞的责任。国家必须把体现"人是目的"的"人的尊严"作为宪法的最高价值。

在以往的社会中，由于社会分裂为统治者和被统治者，尽管统治者在口头上也常常把"人民"挂在嘴边，然而作为"至圣的神"的人民主体意识常常以不自觉或强制的方式体现出来。应当明确指出的是，在当今中国，由于不存在作为剥削阶级范畴的统治者，人民当家作主，而共产党的立党宗旨是"为人民服务"，因此人民主体意识是自觉地体现出来的。当然，人民主体意识是否在实际上真正成为"至圣的神"，必须最终由人民来评判，"人民应该是裁判者",[⑤] 而不是由其他人来自说自话。

---

① 《习近平谈治国理政》，外文出版社 2014 年版，第 367 页。

② ［德］康德：《道德形而上学探本》，唐钺译，商务印书馆 1956 年版，第 43 页。

③ ［德］黑格尔：《法哲学原理》，范扬、张企泰译，商务印书馆 1961 年版，第 46 页。

④ 同上书，第 269 页。

⑤ ［英］洛克：《政府论》，刘晓根编译，北京出版社 2007 年版，第 156 页。

第二节　人民主体作用与意愿表达

社会自我批判中的人民主体作用离不开意愿的表达。一旦人们的利益受到损害，每一个个体都会通过各种方式把自己维护利益的价值诉求表达出来。“当每个人追求自己私人利益的时候，也就达到私人利益的总体即普遍利益。”[①] 在历史上“共同利益”在任何时候都是由作为“私人”的个人造成的，维护和追求利益是人们意愿表达的根本动力。在社会自我批判中人民意愿的表达通过体制外的社会舆论、游行示威等和体制内的上书、信访、人大代表的“议案”和政协委员的“提案”等途径表达出来。

一　利益是人们意愿表达的根本动因

价值中的“主体—利益”结构决定了，作为价值世界创造者的人民主体与其利益须臾不可分离。“人民是历史的创造者”，人民创造历史的动力就在于在构建价值世界中追求自己的利益；这也就意味着，一旦人民主体的利益受到损害，人民主体必然会为了维护自己的利益而进行斗争。前者与对自身利益的建构相联系，后者与对损害自身利益的解构相联系，从而就直接与否定否定因素的批判联系在一起。这是“人民创造历史”规律的两种等价的，然而又是不同的表述。就后一种表述而言，纵观历史，人民为维护其利益而与之对立面而进行的斗争不屈不挠、绵延不绝。从来就没有不基于利益冲突的阶级斗争，其中“首先是为了经济利益而进行的，政治权力不过是用来实现经济利益的手段”[②]。正是人民追求自身利益的斗争和维护自身利益的斗争，使得所创造的历史长河呈现为一种时而平静时而激荡的“长江后浪推前浪”的奔腾过程。

历史规律是通过在其中无数个“活生生的个人”的活动作为内在环节而体现出来的。与“活生生的个人”不可分离的“需要和私人利益”

① 《马克思恩格斯全集》第30卷，人民出版社1995年版，第109页。

② 《马克思恩格斯选集》第4卷，人民出版社1995年版，第250页。

以及“对他们的财产和他们的利己的人身的保护”,[①] 是“把人与社会联结起来的唯一纽带”。“在社会历史领域内进行活动的,是具有意识的、经过思虑或凭激情行动的、追求某种目的的人”,而追求各自的利益正是各种行为动机“如功名心、‘对真理和正义的热忱’、个人的憎恶,或者甚至是各种纯粹个人的怪想”[②] 等后面的动因。由此所形成的各种社会关系,“才表现为只是达到他私人目的的手段,才表现为外在的必然性”,由这些社会关系组成的社会就是“市民社会”。[③] 社会规律“作为内在的一般规律”正是通过无数个“活生生的个人”的活动以“各种各样作用的合力”的形式体现出来。[④]

如果把私人利益与“感性的印象和自私的欲望、享乐”“鄙俗的贪欲”乃至与作为“文明时代唯一的、具有决定意义的目的”的“财富,财富,第三还是财富,——不是社会的财富,而是这个微不足道的个人的财富”[⑤] 相联系,那么“在黑格尔那里,恶是历史发展的动力的表现形式”,这是因为“自从阶级对立产生以来,正是人的恶劣的情欲——贪欲和权势欲成了历史发展的杠杆”。[⑥] 从这个意义上说,历史规律正是通过无数个人的形形色色的与私人利益相联系的“恶”的活动呈现出来的。

一旦个人的利益尤其是切身利益受到损害,由于关系到个体的生存和发展,那么每一个个体都会感觉“如鲠在喉”,必然会把维护自己利益的价值诉求表达出来,否则受到切身利益损害的个体就不能生存和发展。司马迁说:“天下熙熙,皆为利来;天下攘攘,皆为利往”(《史记·货殖列传》),利益尤其是物质利益是人们活动的根本动因,从而就成为人们意愿表达的根本动因。处在上层统治阶级地位的众多个体会把维护自己利益的价值诉求通过各种方式表达出来,处在下层劳动大众地位的众多个体也会把维护自己利益的价值诉求通过各种方式表达出来。上层统治集团与下层劳动大众之间的斗争,上层统治集团内部的斗争,下层劳动

① 《马克思恩格斯文集》第1卷,人民出版社2009年版,第42页。
② 《马克思恩格斯选集》第4卷,人民出版社1995年版,第247、248页。
③ 《马克思恩格斯选集》第2卷,人民出版社1995年版,第2页。
④ 《马克思恩格斯选集》第4卷,人民出版社1995年版,第247、248页。
⑤ 同上书,第177页。
⑥ 同上书,第237页。

大众内部的斗争，以及这些斗争的有时激烈有时缓和，等等，都是与这些价值诉求的强烈与否以及由此决定的以何种方式表达出来是联系在一起的。

“生产物质生活本身”[①] 构成了社会基本矛盾运动的基础及其运行的基本内容，从事“生产物质生活本身”的以劳动大众为主体的人民群众，必然能在生产物质生活过程中深切地感受到源于社会基本矛盾运动中否定因素对于自身利益的损害。尽管每一个个人所处的环境不同，从而感受到的对自己个人利益损害的情况不一样，然而一旦自己的利益尤其是切身利益受到损害，每一个个体都会通过各种方式把自己维护利益的价值诉求表达出来。“共同利益就是自私利益的交换”[②]，“‘共同利益’在历史上任何时候都是由作为‘私人’的个人造成的”[③]。因此，尽管各种维护自身利益的价值诉求在表面上林林总总，有很大的杂乱性，呈现出无机形式和自发特征，但内在的“绝对的普遍物、实体性的东西和真实的东西”[④] 必然会体现出来，由此在维护自身利益的价值诉求中所体现的“共同利益”就会指向引发广大群众切身利益受到损害之源——社会基本矛盾运动中的否定因素，形成要否定否定因素的“共同意志”。

在社会基本矛盾运动的量变阶段，社会处于相对稳定时期，人们维护自己利益的价值诉求在程度上比较缓和，针对社会基本矛盾运动中否定因素形成的否定否定因素的“共同意志”所推动的行为主要以平和的和合法的方式进行；在社会基本矛盾运动质变阶段，人们维护自己利益的价值诉求在程度上相当激烈，针对社会基本矛盾运动中否定因素形成的否定否定因素的“共同意志”所采取的行为主要以暴力的和非法的方式进行；在社会基本矛盾运动处于部分质变（属于总体上的量变，但又与纯粹量变不同）即社会处于自我批判阶段，由于社会具有特殊条件，人们维护自己利益的价值诉求在程度上相当激烈，然而针对社会基本矛盾运动中否定因素形成的否定否定因素的“共同意志”所采取的行为则

---

① 《马克思恩格斯选集》第1卷，人民出版社1995年版，第79页。

② 《马克思恩格斯全集》第30卷，人民出版社1995年版，第199页。

③ 《马克思恩格斯全集》第3卷，人民出版社1960年版，第275—276页。

④ ［德］黑格尔：《法哲学原理》，范扬、张企泰译，商务印书馆1961年版，第332页。

主要以总体上平和的和合法的方式进行。

在社会自我批判过程中，社会主体在进行“一种普遍意义的反思”① 时并不平衡，这既意味着处于上层的统治阶级内部进行“一种普遍意义的反思”的不平衡以及处于下层的社会民众中进行“一种普遍意义的反思”的不平衡，也意味着处于上层的统治阶级与处于下层的劳动大众之间进行“一种普遍意义的反思”的不平衡，这就使人们维护自己利益的价值诉求所采取的行为在统治阶级内部各集团之间、社会民众中各群体之间以及统治阶级与社会民众之间以某些非法的或暴力的方式体现出来，但这些情况并不影响整体上的全过程中的“非崩溃”即合法的和平和的方式。

但上述三种情况中无论哪一种方式，无论是采取平和的和合法的方式——与社会发展的量变阶段相联系，或者是暴力的和非法的方式——与社会发展的质变阶段相联系，或者总体平和的和合法的方式——与社会发展中的部分质变相联系，维护自身利益的价值诉求都是人们意愿表达的根本动因。

二　社会自我批判中民众意愿表达的体制外途径

在任何历史时期，从事“生产物质生活本身”的劳动大众构成了人民主体中的主体部分。因此，在“在社会自我批判中人民意愿”的表达途径之中，我们主要研究构成人民主体中主体部分的从事“生产物质生活本身”的劳动大众为维护自己利益的价值诉求或意愿的表达途径问题。在社会自我批判中，由于处于社会的非崩溃时期，人民意愿的表达主要是合法的或非暴力的；由于人民主要与从事“生产物质生活本身”的劳动大众相联系，人民意愿的表达就主要以社会民众批判活动的形式体现出来，从而具有我们在第二章分析的社会民众批判活动的特点，即“无机形式”“自发特征”和“巨大能量”。以社会民众批判形式体现出来的人民意愿的表达，可分为体制外途径和体制内途径。

在本目中主要研究社会自我批判中民众意志表达的体制外途径。体制外社会民众批判活动主要以社会舆论、社会谣言、民谣、示威、集会、

---

① ［德］黑格尔：《小逻辑》，贺麟译，商务印书馆 1980 年版，第 7 页。

游行等形式体现出来。

其一，社会舆论、社会谣言、民谣。

在社会自我批判中，社会舆论是指一定群体内相当数量的成员就损害自己利益的社会基本矛盾运动中否定因素所引发的社会现象所发生的倾向较为一致的批判意见。社会舆论的精神内核是群体意识，其本质是“社会公众对社会某些事件、现象或人们行为的评价和态度”①，议论纷纷是其现象外观。社会舆论具有公开性，既意蕴着众多个人要公开自己的意见，也意蕴着社会能允许人们合法地利用某些表达方式和传播手段，即众多个人能以合法方式和手段公开自己的意见。

如果不能做到社会公开，而人们“一吐为快”的欲望又相当强烈，人们之间的意见传递和交流就会利用地下的渠道，于是小道上就谣言纷起。社会谣言是社会挤压下的社会舆论，是非体制化的社会民众批判活动。社会谣言对社会当局作为权威性消息来源的地位提出异议，“是官方发言之外的发言”，因而是一种“反权力”。社会当局往往对社会谣言的起源感兴趣，追查其中破坏性较大的谣言的始作俑者。从社会治理的角度来理解，这种做法当然是对的，因为社会谣言会引起人心浮动，从而使社会发生动荡。然而这样做在实际上是将这一现象简化为个人或几个人的问题，而忽视了其本质是社会民众批判活动。社会谣言的产生及其影响在于流传。在社会压制下，社会谣言之所以能不胫而走，而且“疾走如飞”，除了谣言本身及其传播渠道具有某种可信因素外，重要的在于其所传播的消息正是人们所希望的，从而能引起思想上的共鸣。“共鸣”是与人们的由利益引起的愿望联系在一起的。因此，必须进一步分析社会谣言产生和流传的社会根源。

一般而言，民谣大致包括民谚、民歌和顺口溜。官样文章中往往谀词或颂词连篇累牍，一到老百姓口中，立刻就清浊分明。“诗言志，歌咏言”，民谣是老百姓唱的口头诗，是艺术形态的社会民众批判活动，来源于口耳相传，融合了千万人的智慧，因而言简意赅、寓意深刻，如匕首投枪，表达人们的意愿。民谣在街谈巷议中产生，能迅速地反映时弊，它短小精悍，往往是寸铁刺人，一针见血，是民众表达意愿的一种很具

① 陈新汉：《民众评价论》，上海人民出版社 2004 年版，第 120 页。

有艺术的方式，也是一种宝贵的文学财富。

其二，示威、集会、游行。示威就是指“在露天公共场所或者公共道路上以集会、游行、静坐等方式，表达要求、抗议或者支持、声援等共同意愿的活动”①；集会顾名思义就是“集合在一起开会”，泛指有思维或行为能力的个体，在指定场所或固定场所为主动或被动展示目的而进行聚集的行为；游行是指“广大群众为了庆祝、纪念、示威等在街上结队而行”②。与我们论题相关的是，集会、游行作为社会民众批判活动都是与示威联系在一起的，集会是为了示威，游行也是为了示威，由此可以分别称为示威集会、示威游行。

“集会、请愿、游行、示威、罢工等都是常见的集体行动，并且在我国，还有‘集体上访’。”③ 这种集群行动就是“以一般化信念为基础动员起来的非制度性行动”，“直接面对社会矛盾、紧张状态的人们，为了使其得到减轻、缓和，而根据矛盾、紧张状态的原因和对策的‘一般化的信念’，为重新建立社会秩序而采取的集合行动”。④ 这里的“一般化信念”就是指，在众多维护自身利益的价值诉求中所体现的，指向引发广大群众切身利益受到损害之源所形成的建立在“共同利益”基础上的“共同意志”。集群行动具有以下三个特点。

第一，集群行动能产生比众多个体行动简单相加大得多的社会影响。“群体是同‘力量’这个概念相结合的：‘聚集’这个词恰当地表达了感到势单力薄的个人希望互相支持的意向。”⑤ 人们集群行动在街道、公园及其他公共场所的聚集及行进，能够将他们的意见、愿望、主张告知广大民众，使其形成对政治具有约束力的社会民众批判，从而对国家权威机构施加压力，以影响体现为国家决策和政府行为的国家权威评价活动；

---

① 全国人民代表大会法制工作委员会编：《中华人民共和国法律汇编（1985—1989）》，人民出版社1991年版，第550页。

② 中国社会科学院语言研究所词典编辑室：《现代汉语辞海》，商务印书馆2012年第6版，第441、1436页。

③ 胡玉鸿：《“集体行动”与“人的联合”——以集会、游行为核心的分析》，《法律科学》(西北政法学院学报）2007年第1期。

④ ［日］青井和夫：《社会学原理》，刘振英译，华夏出版社2002年版，第87页。

⑤ ［法］让·梅松纳夫：《群体动力学》，殷世才、孙兆通译，商务印书馆1997年版，第1页。

尤其在“代议机关未能及时发现弊端及错误的发展或基于其他利益之考量而容忍之，示威性的抗议就会变得特别必要”①。

第二，集群行动可以使参加于其中的个体避免心理障碍。每个人在体力、智力及表达能力等方面不一样，有的人不善于表达，他们往往宁愿忍受生活中的委屈也不愿在公众场合陈诉自己的痛苦；同时，社会不是足够宽容与仁慈的，往往以地位、财力等来考量人的价值，这就增添了弱者向社会表达意见的难度。在集群行动的场合，由于目标的一致与气氛的热烈，容易形成一种共同的使命感，于是人们往往会抛开心中的怯懦，在投入集体行动的行列中把自己的意见表达出来。此外，集群行动的场合会增加参与者个人的心理安全感，从而使人们能毫无顾忌地投入其中。对此，勒庞说：“构成这个群体的个人不管是谁，他们的生活方式、职业、性格或智力不管相同还是不同，他们变成了一个群体这个事实，便使他们获得了一种集体心理，这使他们的感情、思想和行为变得与他们单独一人时的感情、思想和行为颇为不同。”②

第三，集群行动会引发“可料及或不可料及、简单或复杂、平常或反常的结果”③。集群行动是“为重新建立社会秩序而采取集合行为”的“非制度性行动”，④ 即使有时有一些作为“世界精神的代理人”的民众领袖在其中发生作用，但在整体上仍体现其固有的自发性特征。体现为社会民众批判活动的集体行动，由于处在社会非崩溃时期，通常应当是和平的、温和的，即使要表达某种激烈的抗议，也会按法律预定的轨道而进行；然而，由于集群行动的无机性，经常会发生失控现象，有时甚至会造成较为严重的破坏后果。这是必须予以注意的。

我国宪法明确规定公民的示威、集会、游行等属于公民权利。于1954年颁布的第一部宪法的第87条规定：“中华人民共和国公民有言论、

---

① 台湾“司法院”秘二科编：《德国联邦宪法法院裁判选辑（二）》，《司法周刊》1991年版，第48页。

② ［法］古斯塔夫·勒庞：《乌合之众——大众心理研究》，冯克利译，中央编译出版社2000年版，第18页。

③ ［法］米歇尔·吉拉尔：《幻想与发明——个人回归国际政治》，郗润昌等译，社会科学文献出版社1999年版，第47页。

④ ［日］青井和夫：《社会学原理》，刘振英译，华夏出版社2002年版，第87页。

出版、集会、结社、游行、示威的自由。国家供给必需的物质上的便利，以保证公民享受这些自由。”[①] 2018 年颁布的新修正的《中华人民共和国宪法》第 35 条也规定：“中华人民共和国公民有言论、出版、集会、结社、游行、示威的自由。”[②] 联合国通过的《世界人权宣言》《经济、社会及文化权利国际公约》以及《公民权利和政治权利国际公约》等被人们称为“国际人权宪章”。《世界人权宣言》的第 22 条宣告，“人人有权享有和平集会和结社的自由”[③]；《公民权利和政治权利国际公约》第 21 条对于和平集会规定：“对此项权利的行使不得加以限制，除去按照法律以及在民主社会中为维护国家安全或公共安全、公共秩序，保护公共卫生或道德或他人的权利和自由的需要而加的限制。”[④] 这些条约的核心是尊重公民意愿的表达权。“口头、书面可以作为意见的表达，而游行示威作为人们的一种肢体语言，同样是公众意愿表达的方式。”[⑤] 党的十六届六中全会通过的《关于构建社会主义和谐社会若干重大问题的决定》中首次提出：“依法保障公民的知情权、参与权、表达权、监督权。”[⑥] 习近平在党的十九大报告中再次强调，“保障人民知情权、参与权、表达权、监督权”[⑦]。

考虑到示威、集会、游行等集群活动会产生“可料及或不可料及、简单或复杂、平常或反常的结果”，各国都制定了相关法案。对于集会，英国规定：“三人以上开会，其方式危及公共秩序或破坏周围安宁的，都是‘非法聚集’；如果以暴力来达成他们的目的并对付阻止他们的人，就是‘骚乱’；对于‘非法聚集’或‘骚乱’，警察可以驱散。”对于游行，法国规定：“在公路上的一切游行都要事先申报”，“申报应在游行前三至

---

① 《中华人民共和国宪法》，人民出版社 1954 年版，第 21 页。

② 《中华人民共和国宪法》，人民出版社 2018 年版，第 21 页。

③ 《世界人权宣言》，《人权》2008 年第 5 期。

④ 《国际法资料》第 6 辑，法律出版社 1990 年版，第 76 页。

⑤ 赵振宇：《关于保障公民集会游行示威权利的思考与建议》，《宁夏社会科学》2010 年第 1 期。

⑥ 中共中央：《关于构建社会主义和谐社会若干重大问题的决定》，人民出版社 2006 年版，第 17 页。

⑦ 习近平：《决胜全面建成小康社会　夺取新时代中国特色社会主义伟大胜利——在中国共产党第十九次全国代表大会上的报告》，人民出版社 2017 年版，第 37 页。

十五天内递交给省、市、镇的政府。申报中要写明游行的主要组织者的姓名、家庭地址及游行目的、日期、小时、参加的组织和经过的路线”，“举行没有申报或已被禁止的非武装游行，在法律上被视为非法聚集，可用武力驱散”。[①]

与国际惯例接轨，第七届全国人民代表大会常务委员会第十次会议于1989年10月31日通过的《中华人民共和国集会游行示威法》规定：“公民在行使集会、游行、示威的权利的时候，必须遵守宪法和法律，不得反对宪法所确定的基本原则，不得损害国家的、社会的、集体的利益和其他公民的合法的自由和权利”，“集会、游行、示威应当和平地进行，不得携带武器、管制刀具和爆炸物，不得使用暴力或者煽动使用暴力”，“依照本法规定需要申请的集会、游行、示威，其负责人必须在举行日期的五日前向主管机关递交书面申请。申请书中应当载明集会、游行、示威的目的、方式、标语、口号、人数、车辆数、使用音响设备的种类与数量、起止时间、地点（包括集合地和解散地）、路线和负责人的姓名、职业、住址”，“主管机关接到集会、游行、示威申请书后，应当在申请举行日期的二日前，将许可或者不许可的决定书通知其负责人。不许可的，应当说明理由”，“集会、游行、示威的负责人对主管机关不许可的决定不服的，可以自接到决定通知之日起三日内，向同级人民政府申请复议，人民政府应当自接到申请复议书之日起三日内作出决定”。[②] 这样就以法律的方式把公民依法行使示威、集会、游行的权利予以确定。

三　社会自我批判中民众意愿表达的体制内途径

本目主要研究社会自我批判中人民意愿表达的体制内途径。民众既生活在体制内又生活在体制外，体制内途径与体制内民众的生活相联系。体制内民众意愿表达的途径主要以上书、上访以及通过代表或组织等形式体现出来。

---

① 全国人大常委会法制委员会资料编译室：《国外有关结社、集会、游行、示威、罢工、新闻、出版的法律规定》，群众出版社1981年版，第9、11页。

② 《中华人民共和国法律（2018年版）》，人民出版社2018年版，第298—299页。

其一，上书。

上书就是向君主进呈书面意见或给地位高的人写信陈述意见，这是中国封建社会里民众意愿表达的一个重要途径。早在战国时期，齐威王下令，“群臣吏民，能面刺寡人之过者，受上赏；上书谏寡人者，受中赏；能谤议於市朝，闻寡人之耳者，受下赏”（《战国策 · 齐策一》）。汉高祖建国初期设立公车公署，是汉代吏民上书制度确立的标志：“公车，署名也；公车所在，故以名焉。”（《后汉书 · 和帝纪》）宰相萧何制律，“吏民上书，字或不正，辄举劾”（《汉书 · 艺文志》）。《汉律》中的这一条款反映了汉王朝希望通过加强对吏民上书的管理，能准确地掌握社会信息的愿望。吏民上书制度的设立对两汉四百余年的社会政治产生了重大影响。

上书制在宋朝有一个较为完善的发展。宋代人叶梦得《避暑漫抄》，其中记载：宋太祖在寝殿内设立一块碑，叫作“誓碑”，内有“不得杀士大夫及上书言事人”和“子孙有渝此誓者，天必殛之”。设“登闻鼓制”源于魏晋南北朝，《魏晋 · 武帝纪》中有“伐登闻鼓”。为此，宋朝就在皇宫大殿之前设立了专门接待和处理民众来信访的叫登闻鼓院的机构，“鼓在宣德门南街西廊，院在门西之北廊”①，全司负责接待社会各界的来信和来访，然后经过整理筛选后择其要者直接呈皇帝批阅。登闻鼓院在宋景德四年（1007）改“登闻鼓检院”。

因当时朝廷规定，无论是高官还是贫民，有上访需要但又没有机会面见皇帝的都可以敲击登闻鼓。以至于退休高官，要与普通老百姓一样去为上访只能敲击登闻鼓而感到有失身份，“每进文字，须诣登闻鼓院，与农民等”等文字，说明了他们的抱怨。然而，这从另一方面反映出宋朝百姓与高官上访的机会是平等的。对经登闻鼓院呈报的信访文件，宋朝历任皇帝都比较重视，以了解地方官员动态，掌握社情民意。据史记，有一开封姓李的女子，击登闻鼓，上书：她有病且无儿，如其死了父亲无人照顾，财产无法寄托。皇帝诏开封官府根据李女要求全权处理之。不想官府看到李女有家产，但女病父迈，于是动了侵吞财产的邪念，把李女的父亲抓起来，想李女卧床无力报官。不料，“李又诣登闻，诉父被

① （清）徐松辑：《宋会要辑稿》，中华书局 1957 年版。

系”。宋太宗知道登闻鼓院的调查呈报后批阅：“此事岂当禁系，辇毂之下，尚且如此。天下之广，安得无枉滥乎？朕恨不能亲决四方之狱，固不辞劳尔！”（《宋史·199卷》）宋太宗由此深思，即日遣殿中侍御史李范等十四人分往江南、两浙、四川、荆湖、岭南等地审决刑狱，并日后两次亲问此事。从这件事可以在一定程度上看出皇帝对信访问题的重视程度。

宋朝的一些地方官员对于群众不经地方直接赴京上访，尤其是集体上访深感忧虑不安，认为多属于“亵渎不恭”的“顽恨之人”。由此出现了截访现象。据史记，在王安石推行农田水利法时，就有原武等县民“因淤田侵坏庐舍、坟墓，又妨秋种”，引起众怨，于是就串通了二百多人后，集体上访，当时主持推行农田水利法的官员知道上访事后就指示当地县衙派人追上截住，并威胁要惩之于杖刑（《文献通考·卷6》）。于是这些上访群众就谎称去开封是为感谢推行新法，这才得以免刑。相反，皇帝有时为了了解下情鼓励上访。史书记载：“去岁以来，吏民上书盖数千人，朝廷委司马光看详，择其可用者得十五人，又於十五人中独称奖二人，孔宗翰与巩是也。”①

一般民和吏通过登闻鼓院向皇帝呈现上访意见，但在一些特殊情况下也有直接向皇帝面书言事的。史记，“北宋末年，以太学生陈东为首者数百人于阙前”② 上书，这种群体性的直接上书形式能更有力地反映出民众的意愿，以对朝廷产生震撼力量。

在社会自我批判时期，由于特殊条件，社会气氛宽容，言路较为畅通。“文景之治”中的汉文帝下《罪己诏》公示天下，难以自知政失行过，表达“冀闻切言嘉谋，匡朕之不逮”的求谏愿望，鼓励“极言直谏”；文帝表示“今法有诽谤妖言之罪，是使众臣不敢尽情，而上无由闻过失也”，因此“身体力行，对上书‘言多激切’的颍阴侯骑从贾山终不加罚，所以广谏争之路也”。③ 由此，民众就能较为畅通地把自己的意愿表达出来，以形成“自下而上”的社会民众的批判之态势。

---

① 李焘：《续资治通鉴长编》，中华书局2012年版，第9549页。

② 孙朋朋：《宋代的民间舆情述论》，《佳木斯大学学报》2016年第2期。

③ 袁礼华：《汉代吏民上书制度述论》，《求索》2006年第10期。

其二，信访。

作为一种社会活动，我国古代的上书实际上就是现代的信访。新中国成立后，中央人民政府委员会办公厅、中央人民政府政务院秘书厅和总理办公室几乎同时成立了专门受理人民群众来信来访的专职机构，后来全国人民代表大会常务委员会办公厅也设置了“人民接待室”，到1954年，中央人民政府各部委以及直属机构大多建立了信访机构，配备了专兼职信访干部，各级地方政府也按照中央的要求建立了相应的机构，在乡村社区设立了调解委员会，至此中国信访制度的格局、运作方式、原则基本形成。①

然而，“信访”一词却经历了长期发展才被确定下来，成为现代中国很具有特色的制度设计。中华人民共和国国务院于2005年1月5日第76次常务会议通过《信访条例》，自2005年5月1日起在全国实施。根据《信访条例》，信访是指“公民、法人或者其他组织采用书信、电子邮件、传真、电话、走访等形式，向各级人民政府、县级以上人民政府工作部门反映情况，提出建议、意见或者投诉请求，依法由有关行政机关处理的活动”，“对外国人、无国籍人、外国组织信访事项的处理，参照本条例执行”；“各级政府、县以上人民政府工作部门应当做好信访工作，认真处理来访、接待来访，倾听人民群众的意见、建议和要求，接受人民群众的监督，努力为人民群众服务”。② 从我国实际运作的信访体制看，各级各类信访机构“不仅包括国家行政机关、立法机关和司法机关，而且包括所有党政机关、社会团体和国有企业事业单位”。我国宪法规定，公民“有言论、出版、集会、结社、游行、示威的自由”，信访自由属于以言论为表达方式的自由，理应受到宪法保护。对此，《信访条例》指出：“各级政府、县以上人民政府工作部门应当畅通信访渠道，为信访人采用本条例规定的形式反映情况、提出建议、意见或者投诉请求，提供便利条件”；并特别强调，“任何组织和个人不得打击报复信访人”。③

吴华钦在2015年发表的《从信访的三次高峰看信访制度的法治化改

① 刁杰成：《人民信访史略》，北京经济学院出版社1996年版，第25页。

② 《信访条例（实用版）》，中国法制出版社2013年版，第1、63、4页。

③ 《信访条例（实用版）》，中国法制出版社2013年版，第5页。

革》中指出：从全国人大常委会办公厅信访局对“信访目的”的分析，22469 件信访的目的是“求决”，30419 件信访的目的是“申诉”，分别达到信访总数的 30% 和 40%。“求决”主要关于政府行政、劳动和保障、农村农民、民事纠纷等问题，反映的是政府服务供给的失衡；“申诉”主要关于不服判决、不服强制措施以及对诉讼和程序、国家赔偿和执行的不满等，反映的是法治问题。[①] 然而，“求决”和“申诉”问题在目前的信访体制中没有得到有效的解决。

就目前情况而言，我国的信访体制存在着以下几个问题：第一，“信访机构庞杂、体制混乱，缺乏系统性，导致各种矛盾、问题向中央聚集”。第二，“信访功能错位，责重权轻，人治色彩浓重，从体制上有消解现代法治社会基础的危险”。第三，“信访程序有缺陷，如立案不规范，终结机制不完善等，不断诱发严重的冲突事件”。[②]

习近平说：“全面推进依法治国涉及很多方面，在实际工作中必须有一个总揽全局、牵引各方的总抓手，这个总抓手就是建设中国特色社会主义法治体系。”[③] 这个“很多方面”中就包括国务院通过的《信访条例》。“继续完善以宪法为统帅的中国特色社会主义法律体系，把国家各项事业和各项工作纳入法制轨道。”[④] 这个“各项事业和各项工作”中就包括信访事业和信访工作。上述所提出的问题正说明了“依法治国”道路的任重而道远，加快形成完备的法律体系任务的任重而道远！

其三，人大代表和政协委员的“议案”和“提案”。

我国宪法以国家根本法的形式，“反映了我国各族人民的共同意志和根本利益”[⑤]。人民把自己的意愿通过自己的代表表达出来，以行使当家作主的权力，“代表权是人民自身权力的一部分”，人民代表制是“最高力量的一种自信的生命活动”。[⑥] 人大代表固然是人民的代表，人民政协

---

① 吴华钦：《从信访的三次高峰看信访制度的法治化改革——访全国政协常委、国务院参事任玉岭》，《法学评论》2015 年第 2 期。

② 同上。

③ 习近平：《关于〈中共中央关于全面推进依法治国若干重大问题的决定〉说明》，载《十八大以来重要文献选编》，中央文献出版社 2016 年版，第 147 页。

④ 《习近平谈治国理政》，外文出版社 2014 年版，第 140 页。

⑤ 同上书，第 136 页。

⑥ 《马克思恩格斯全集》第 1 卷，人民出版社 1995 年版，第 344 页。

委员在一定意义上也体现着人民的意愿。人大代表和人民政协委员就成了人民反映意愿的体制内渠道，人民代表大会和人民政协商会议就成了汇集人民意愿的场合，前者更是执行人民意愿的场合。

1949 年《共同纲领》规定，各级人大代表通过“各族人民由普选方法产生之”，“年满 18 岁的中国公民，均有选举权和被选举权”。1987 年宪法修改案中规定，代表候选人应多出正式代表数的三分之一或一倍；2010 年的宪法修改案中规定，候选人必须与选民见面，回答选民的问题，提高代表候选人的“透明度”。据统计，“中国各级人大代表有 300 多万人，其中全国人大代表近 3000 人”①。中国人民政治协商会议或简称人民政协，是由共产党领导的具有极大政治影响的中国人民爱国统一战线组织，是中国政治生活中发扬社会主义民主的一种重要形式。2004 年人民政协对章程做了自 1954 年以来的第五次修改，对于人民政协委员的产生强调“名额和人选由上届全国委员会常务委员会协商决定”，对于委员的资格强调“密切联系群众，要了解和反映群众的愿望和要求，要参加政协会议和活动”。②

人民的意愿通过人大代表以“议案”的形式传达到人代会，通过政协委员的“提案”形式传达到政协会议。③ 人大代表的范围较广，提出的意见建议就能密切联系广大老百姓的切身利益，人大代表的意见建议以议案形式呈现，人大会议对议案予以决策并对政府实施议案予以监督，具有法律效应；政协的提案代表各个方面社会人群的意愿，核心问题仍然是人民的利益，政府也要予以密切注意，具有监督作用。例如，2017 年全国政协共提案 29378 件，经审查立案 23975 件，至 2018 年 2 月 20 日 99% 的提案已经复办。④ 在社会转型时期的社会自我批判中，新旧体制的

---

① 周上钦：《浅谈发展和完善人民代表选举制度》，《湘潮》2015 年第 5 期。

② 李弋强、高永沛：《改革政协委员产生程序和内部制约机制刍议》，《江苏省社会主义学院学报》2005 年第 2 期。

③ 著名作家贾平凹当了 25 年全国政协委员，为 2018 年全国人代会代表，在答记者问中就说：“我觉得，代表有一份责任，要把最基层的人民的意愿表达出来反映上来，对我来说，最起码要把地方上的那些文艺工作者的想法表达出来。要么选你干啥？选你肯定不是从创作这个层面选的，选你就是要你给大家说话的，把基层的意见和建议反映上来。”《贾平凹谈履职人大代表：选你就是要你给大家说话的》，《新京报》2018 年 3 月 12 日。

④ 《十二届政协共收到 29378 件提案 99% 已复办》，《人民日报》2018 年 3 月 4 日。

交替涉及各个层次人群的利益，人们通过人大代表和政协委员把维护自身利益的诉求以人大代表的“议案”和人民政协委员的“提案”形式传达到人代会和政协会，对政府工作部门的作为提出意见，成为体制内人民意愿表达的重要平台。

在社会自我批判中，体制外的民意通过社会舆论、社会谣言、民族、示威、游行等形式表达出来，形成了“自下而上”态势的社会民众批判活动；体制内的民意通过上书、信访及至人大代表和政协委员的“议案”和“提案”等形式表达出来，同样形成了“自下而上”态势的社会民众批判活动。前者对于社会具有很大的震撼作用，但具有由自发性带来的盲目性，乃至对社会具有一定的破坏性；后者尽管也具有自发性，但由于在体制内“上传”，因此盲目性就比较小。然而，社会自我批判作为社会发展中的部分质变，是一个伟大的社会运动，因此不仅需要后者，也需要前者。

第三节　数字化时代的民众意愿表达

这一节的内容实际上属于第二节“人民主体作用与意愿表达”的一部分，由于内容比较多，且对于当今民众意愿的表达具有特别重要的意义，因此就专辟为一节。“从社会发展史看，人类经历了农业革命、工业革命，正在经历信息革命。”① 比特使人类进入数字化的“新的社会形态”。自媒体从信息源革命和信息渠革命等方面为人民意愿的表达提供了前所未有的机遇。自媒体中的民意表达体现着民意的本真性，但又必须注意到“后真相时代”中的“舆论乱象”问题。

一　人们生活在“新的社会形态”中

《数字化生存》的作者尼葛洛庞帝于1966年获得麻省理工学院教授席位，此年他只有23岁。1982年，他得到麻省理工学院院长罗姆·魏斯特的支持，与几个志同道合的同人创建宗旨在“不为当前技术所限，发明和创造性地利用新的媒体，以改善人类生活和满足

① 习近平：《在网络安全和信息化工作座谈会上的讲话》，人民出版社2016年版，第2页。

个人需要”[①] 的数字媒体实验室，在人机交互设备上进行研发投入，于1995年出版了《数字化生存》。贯穿此书的核心思想是比特作为“信息DNA”正迅速取代原子成为人类社会的基本要素。尼葛洛庞帝在与原子的比较中对比特做了描述：“比特没有颜色、尺寸或重量，能以光速传播”，“比特是一种存在（being）的状态：开或关，真或伪，上或下，入或出，黑或白”，“我们可以把比特想成‘1’或‘0’”，[②] 比特就成为由“1”和“0”组成的数字，于是人类进入了一个以互联网为技术基础的数字化时代。这是一本“石破天惊”的书，先后被译成30多种文字出版，被誉为“二十世纪信息技术及理念发展的圣经”，书中所描述的未来图景，有的已经实现，有的正在指引着现实世界的进展。

恩格斯说：“蒸汽机是第一个真正国际性的发明，而这一事实又昭示了一个巨大的历史性的进步”[③]；我们可以说，互联网是继印刷术后的又一个“真正国际性的发明”，已经并进一步证实是“一个巨大的历史性的进步”。谷登堡的铅字印刷术在社会中产生了外向的爆炸影响，将人与人分隔开来；互联网产生的内向爆炸影响，把人与人又聚拢了起来。由此，“它正迫使我们实际地重新考虑和重新评价每一个被视为当然的思想、行为和习惯”[④]。

中国的互联网发展走在世界的前列。阿里研究院于2017年发布《创新飞跃的五年：10大关键词解读中国互联网》：“中国已从网络大国进入网络强国，中国互联网用户数全球第一，在全球十大互联网上网公司中，中国占据3席，已跻身全球互联网第一层级”，“互联网的飞速发展，不仅为消费者带来了便捷，推动了消费需求从低端到中高端的变革，同时助力中国制造业的转型升级，给创新创业、扶贫、就业等国家和社会关注的热点问题赋予了新的内涵”。[⑤] 2020年4月发布的

① 胡泳、范海燕：《译者前言：预测未来的最好办法》，载［美］尼葛洛庞帝《数字化生存》，胡泳、范海燕译，海南出版社1997年第3版，第5页。

② ［美］尼葛洛庞帝：《数字化生存》，胡泳、范海燕译，海南出版社1997年第3版，第24页。

③ 《马克思恩格斯全集》第26卷，人民出版社2014年版，第672页。

④ Marshall McLuhan, *The Medium is the Message*, New York Dial Press, 1967, p. 64.

⑤ 《中国互联网创新飞跃十大变化》，《财经界》2017年第31期。

《中国互联网发展状况统计报告》称：2020 年 3 月，网民为 9.04 亿，普及率为 64.5%，手机网民为 8.92 亿，占网民的 99.3%；网络购物用户规模达 7.10 亿，其中手机网络购物规模达 7.07 亿，网络支付用户规模达 7.68 亿，其中手机支付用户规模达 7.65，在线政务服务用户规模达 6.94 亿。2019 年 12 月，我国 IPv 地址数量为 50877 块/32，域名总数为 5094 万个，其中“.CN”域名数量为 2243 万个，光纤宽带接入用户规模达 4.17 亿。

数字化已经渗入人们社会生活的各个领域，把工作单位与家庭、工作与休闲、日常生活与非日常生活的物理性界限逐步消解，不但使“我们的工作方式会改变，而且我们的工作场所与别的任何场所之间的差别也会随着变化”①。2019 年末发生且至今仍在全世界蔓延的新冠病毒导致的肺炎更使人们的生活紧密地与网络结合在一起。在数字化世界中“网络构成了新的社会形态”②。一旦互联网崩溃，整个人类社会的正常生活就不能实现，人们深深地感受到人类生活在数字化世界之中。可以毫不夸张地说，人们一刻也不能离开这个“新的社会形态”。

还是尼葛洛庞帝说得深刻：“比特不能吃，在这个意义上比特无法解除饥饿。电脑没有道德观念，因此也解决不了像生存和死亡的权利这类错综复杂的问题。但是不管怎样，数字化生存的确给了我们乐观的理由。我们无法否定数字化时代的存在，也无法阻止数字化时代的前进，就像我们无法对抗大自然的力量一样。数字化生存有四个强有力的特质，将会为其带来最后的胜利。这四个特质是：分散权力、全球化、追求和谐和赋予权力”；尤其是，“这种控制数字化未来的比特，比以往任何时候都更多地掌握在年青一代的手中，而这是比其他任何的一切，都更令我快乐”。③

二　自媒体对民众意愿表达的两个革命

自媒体正是在互联网的基础上发展起来的。2001 年 9 月 28 日，家

---

① ［美］比尔·盖茨：《未来之路》，辜正坤译，北京大学出版社 1996 年版，第 191 页。

② ［美］曼纽尔·卡斯特：《网络社会的崛起》，夏铸九译，社会科学文献出版社 2006 年版，第 134 页。

③ ［美］尼葛洛庞帝：《数字化生存》，胡泳、范海燕译，海南出版社 1997 年第 3 版，第 268—269、272 页。

丹·吉尔默在个人博客上提出了 journalism 3.0 的概念：journalism1.0 指的是报纸、广播及电视等传统媒介，是单向线性传播形式；journalism2.0 指的是在互联网技术支撑下，传统媒体的网络版，这一阶段的新闻传播速度更为快捷，但仍然是一对多的传播形式；journalism3.0 指的是网络论坛、博客、微博等点对点的、点对面的双向互动的传播形式，这一时期的传播主体由专业传播机构转为普通公民。[①] 2003 年 7 月，属于美国新闻学会的媒体中心出版了由谢因·波曼和克里斯·威理斯撰写的一份报告，题目是："We Media：How Audience are Shaping the Future of News Andinformation"（《自媒体：观众如何塑造新闻和信息的未来》）。媒体中心主任戴尔·帕斯金在该书的序言中写道："我们委托（两位作者）撰写 We Media 这份报告，是以此作为一个起步，以理解普通大众正如何通过在全球范围实现知识连接的数字科技而获得赋权，从而能够以其自身的真相，提供并分享自己的新闻。"[②] 从自媒体名字的来源来看，"We Media" 的出现，主要源自新闻业如何转型以更好地服务于公共生活，其核心内容是"参与式新闻"，内含"公众新闻"。我国学者把自媒体定义为，"传播者通过互联网这一信息技术平台，以点对点或点对面的形式，将自主采集或把关过滤的内容传递给他人的个性化传播渠道，又称个人媒体或私媒体"[③]，此定义得到国内外大多数学者的认同。

自媒体在我国主要以博客、微博、微信、QQ、MSN 和软件客户等通过点对点和点对面形成立体网状传播，从而对大众产生影响。自媒体"随着网络的普及与移动信息技术的加速更新，从 PC 终端到智能手机终端，越来越简单化、大众化和普及化"[④]，从而更强有力地对社会发生作用。

民意表达与信息的制作和传播密切地联系在一起。与传统传媒相比较，以互联网为技术基础的自媒体，对于民意表达的信息制作和传播具

---

① 申金霞：《自媒体的信息传播特点探析》，《今传媒》2012 年第 9 期。

② 於红梅：《从"We Media"到"自媒体"——对一个概念的知识考古》，《新闻记者》2017 年第 12 期。

③ 申金霞：《自媒体的信息传播特点探析》，《今传媒》2012 年第 9 期。

④ 刘露瑶、朱国云：《公众自媒体参与社会治理的法治价值研究》，《南京社会科学》2017 年第 5 期。

有极少成本和极低门槛，使信息源和信息渠方面发生了革命。兹分别做些分析。

其一，信息源革命。

传统传媒受制于正式或非正式控制，这些控制来自为了自身利益而影响公众对现实感知的机构，而这些机构往往与国家权威机构或企业权威机构联系在一起，前者与政权相联系，后者与金钱相联系，这些权威机构垄断了信息源，甚至可以制造信息来源。自媒体破除了传统媒体对信息源的垄断和控制，开启了个人和草根新闻的时代，真正实现了新闻的公共性。在自媒体时代，“人人都有麦克风、摄像机，人人都是记者”，草根民众第一次拥有了权威机构的主流传媒所具有的同样重要的话语权。不能把话语简单地理解为“语言”或“言语”，必须把“话语作为系统地形成这些话语所言及的对象的实践来研究”①，人与世界、人与人之间的关系构建离不开话语，这就决定了话语生产和再生产的权力即话语权。

自媒体开启了媒介的“民众化转向的新时代”②。“每一个信源都有了一个现身与表达的平台”，“谁能激活这些信源，谁就能够引爆传播革命”。自媒体中的每一部手机或每一台电脑，都能成为潜在的信息源，“任何一个名人或普通人，都可能成为‘新闻源’或‘新闻源的代理人’，这即成为自媒体引爆的‘信源革命’”。③ 自媒体彰显公众话语权问题，我们在第七章中分析“在深化社会自我批判中凸显‘人民当家作主’”时还要予以阐述。

其二，传播渠革命。

可以从三个方面来理解：首先，自媒体使信息传播由“教堂式”转化为“集市式”。人们的交往方式和交往时空范围是受交往工具和通信手段制约的。传统媒介的组织化和机构化决定了信息传播渠道只能是“教堂式”的自上而下。自媒体的信息传播方式由点到点、由点到面，并且是双向或多向互动，信息的传播就成为“集市式”的立体互动。

---

① ［法］米歇尔·福柯：《知识考古学》，谢强、马月译，生活·读书·新知三联书店 1998 年版，第 62 页。

② ［奥］特纳：《普通人与媒介——民众化转向》，北京大学出版社 2011 年版，第 231 页。

③ 潘祥辉：《对自媒体革命的媒介社会学解读》，《当代传播》2011 年第 6 期。

其次，自媒体突破了传统传媒传播的时空限制。在互联网中海量信息以光速传播，致使经典的时空概念被消融了。自媒体之间信息传播的空间距离和时间差几乎都可以忽略不计；自媒体之间的信息既可以在同一时间里传播，也可以在不同时间内传播，既可以在同一空间中传播，也可以在不同空间中传播。

最后，自媒体把传统传媒传播的门槛和费用降到极限。传统传媒在传播信息过程中需要较高的门槛和较多的成本，如报纸的发放，电视台或广播台的播放，既需要一定的组织机构又需要一定的人力和物力投入。自媒体“产销一体”，通过互联网用光纤或微波作为传播介质，并且集一对多、群发功能、转发功能、即时通信功能、发帖功能、互动功能、即时通话（联络）功能等于一身，可以融文、图、视频、音频等于一身，鼠标一点就能“四两拨千斤”，门槛低、成本少，草根民众都能自如地使用。

当下的舆论热点被形象地描绘为手机“刷屏”。“依托于移动互联网的信息分享和意见交流，如‘两微一端’（微博、微信、新闻客户端），越来越多地成为社会舆论的发源地和发酵平台”①。

三 自媒体中民众意愿表达的“本真性”和“后真相”问题

“本真”中的“本”指根，与“末”即现象相对应；“真”指真实，与“假”或“伪”相对应。本真的德文是 Eigentlich，其词根 eigen 是“自己的，属己的”，而“本己”具有统一性，对此海德格尔说“本己性要求此在形成一个整体，把非本己此在从这种分散状态中凝聚起来”②，提出了“本真的此在”和“非本真的此在”命题。由此，“本真”与本质、整体和真实相联系。与我们的论题相联系，“本真”的问题就是民众通过自媒体所表达的意愿能否真实地体现社会民众意愿的整体的本质状况？不能把民众通过自媒体表达的意愿与民众的意愿简单地等同，然而

① 祝华新、廖灿亮、潘宇峰：《中国互联网发展状况统计报告》，《人民网舆情分析师连续第 11 年发布网络舆论报告》，http：//yuqing. people. com. cn/GB/n1/2018/0103/c209043 - 29743172. html。

② ［德］海德格尔：《存在与时间》，陈嘉映、王庆节译，生活·读书·新知三联书店 2006 年版，第 15 页。

确实具有很大的相关性。兹从以下三个方面分析之。

其一，从网民的结构来分析：2020 年 4 月发布的《中国互联网发展状况统计报告》称：网民为9.04 亿，其中城镇网民为6.49 亿，农村网民为2.55 亿，普及率为 64.5%，手机网民为 8.97 亿，占网民的 99.2%，人均周上网时长为 30.8 小时。20—29 岁、30—39 岁、40—49 岁以及 50 岁以上网民分别占 21.5%、20.8%、17.6%、16.9%。男女网民的性别结构分别为 51.9% 和 48.1%。网民学历结构，中小学及以下为 17.2%，初中为41.1%，高中中专技校为 22.2%，大学大专及以上为 19.5%。网民收入结构，2001 元至 5000 元为 33.4%，5000 元以上为 27.6%，有收入至1000 元以下为 20.8%。网民职业结构，学生为 26.9%，个体户/自由职业为22.4%，企业/公司管理和一般人员为 10.9%。自媒体的网民结构尽管与社会本身的人口结构不一样，但有相当的相关性。可以把网民结构理解为经过一定折射的社会人口结构。

其二，从网民交往中的符号化来分析。个体在网络交往中以符号化的形式出现，“个人给自己取一个法定姓名以外的名字，凭此在网上建立起一个虚假的但经久不变的身份”，这就是“化名”（pseudonymity）①。以化名出现的个人在网络中改变了基于业缘、地缘、血缘等关系的传统人际交往方式。由此形成了两种情况。（1）每个网民都能摆脱社会性和自然性对交往的限制，在网络中人人都是独立的主人，即“使沙皇退位，个人抬头”②，由此就能使个体的主体意识凸显。这就使主体更关心与主体不可分割的利益，并把与利益相关的意愿表达出来。（2）每个网民都能处于安全的社会环境中，使人们没有顾忌地浏览自己感兴趣的材料、相互交流以前不敢表达的观点，并且“他们还会努力把这样的关系由线上带到线下，使之成为一种社会现实”③。这两种情况相互作用，使线上能更真实地反映线下。

其三，从网络交往中信息聚集来分析。尽管人们生活在社会中，如

① ［美］埃瑟·戴森：《2.0 数字化时代的生活设计》，胡泳、范海燕译，海南出版社 1998 年版，第 315 页。

② ［美］尼葛洛庞帝：《数字化生存》，胡泳、范海燕译，海南出版社 1997 年第 3 版。第 269 页

③ 陈新汉：《自我评价论》，上海人民出版社 2011 年版，第 402 页。

哈耶克所说，传统社会中每个人都有自己所知道而别人所不知道的信息，从整体上说，任何一个人（包括政治家）对于所有其他社会成员所拥有的信息都处于零碎的片面的状态。中国古代寓言中的“盲人摸象”，从反面说明了对个体而言把握社会事件整体事实的重要性。通过自媒体的网络交往，各种信息就可以集聚，于是作为整体的事实就在众多自媒体的信息交往而得到集聚的过程中在一定程度上呈现出来。自媒体时代的网络交往能较好地体现“天视自我民视，天听自我民听”的民谚。

自媒体本身不是人们的意愿表达，因此不能形成社会批判。自媒体作为人们表达意愿的工具，主要与体制外的民意表达联系在一起，自媒体对形成社会舆论、社会谣言、民谣以及社会思潮等具有相当的催化作用。当然，自媒体对体制内的通过人大代表、政协委员以及信访等的民意表达在使之更便捷和畅通等方面也具有相当大的作用。

人作为知意情的统一体总是具有情感和情绪，个体情绪经由传播和互动就会形成社会情绪。评价或批判活动作为主体利益的态度表达总与情绪相联系。在社会自我批判时期，自媒体所产生的信息源革命和传播渠革命使民众意愿的表达很容易形成情绪极化，即“网络情绪表达中出现的情绪极端化或情绪暴戾现象”[①]，尽管有其深沉的社会原因，其中包括某些人或集团的恶意或敌对活动。这种“义和团式情绪的出口”[②]对民众意愿表达的“本真”性会造成很大的破坏作用。人们把这种情况与“后真相”联系在一起。

“‘后真相’作为牛津词典2016年年度词汇，意指相对于情感及个人信念，客观事实对形成民意只有相对小的影响。”[③]“‘后真相’之所以‘后’，是因为真实与否已经降低到了次要位置，不同的人群只选择相信符合他们各自偏好的信息。”[④]在“2018年中国网络媒体论坛”上，新浪

① 孙立明：《对网络情绪及情绪极化问题的思考》，《中央社会主义学院学报》2016年第1期。

② 洪兵：《强国论坛：新的平台及其前景》，《新闻大学》2000年第3期。

③ 全燕：《“后真相时代”社交网络的信任异化现象研究》，《南京社会科学》2017年第7期。

④ 王维佳：《什么是真相？谁的真相？——理解“后真相时代”的社交媒体恐惧》，《新闻记者》2018年第5期。

董事长兼微博董事长曹国伟提出了“后真相时代”的“舆论乱象问题”，即：“一是由于内容生产和传播门槛的降低，造成假新闻的泛滥；二是由于社交媒体的‘部落化、圈子化’，造成非理性舆论现象突出：三是由于机器算法投用户所好，造成‘信息茧房’效应；四是由于机器算法替代人工，‘把关人’缺失造成内容导向和价值观错误；五是主流媒体如果发声不及时不到位，自媒体谣言和假新闻常有可乘之机。”①

面对“舆论乱象问题”，确实使一部分学者在社交媒体机制的反思中对互联网的态度发生了变化。2012 年高尼梅在把他参与的在埃及“阿拉伯之春”政治运动中利用网络进行政治动员的经验写成学术专著《革命 2.0：人民力量胜过当权者》中认为，只要有了社会媒介革命，就能促进民众对于推翻独裁统治的民主参与。然而，他在 2016 年的一次演讲（TED）中开篇就说：“我曾经说过，如果你想要解放一个社会，你所需要的只是互联网，然而，我错了。”在这次演讲中，他着重分析了互联网引发“后真相”问题：由于没有核查机制，致使谣言泛滥；由于没有多样观点的“回音壁效应”反馈，致使观点极端；由于没有正常的辩论程序、对话意识以及缺少慎思明辨的理性精神，致使情绪冲动②。鉴于网络上社会谣言对社会造成的冲击，“根据杜克记者实验室 2018 年的最新统计，在短短四年间，伴随着对网络信息乱象的恐慌，全球事实核查网站的数量从 44 家一跃增加到 149 家”③。

“后真相”问题不仅与互联网相联系，而且也与本章第二节中所说的体制外民众意愿表达所体现的社会舆论、社会谣言、民谣和社会思潮本身所具有的“无机性”“自发性”相联系。然而，互联网使体制外民众意愿表达中的所固有的“无机性”“自发性”以更显著的方式体现出来，由此民众意愿表达中所具有的“巨大力量”就会使“后真相”现象更具有

---

① 新浪科技讯 9 月 6 日上午消息新浪董事长兼 CEO、微博董事长曹国伟发表以《价值：“后真相”时代的媒体责任》为主题的演讲。2019 年 9 月 6 日，http：blog. sina. com. cn/s/blog_457a80c60102xvls. html。

② Ghonim. Wael：*Let's design social media that drives real change.* TED lecture. https：//www. ted. com/talks/_Ghonim. Wael *lets design social mediathat drives real change.*

③ 王维佳：《什么是真相？谁的真相？——理解“后真相时代”的社交媒体恐惧》．《新闻记者》2018 年第 5 期。

破坏性。

悖论（paradox）就是把两个相反的命题分别地加以肯定，然后又把它们联结在一起，因此“本义是指‘似非而是’，‘似矛盾而实包含真理’的言论”[①]。由于互联网，民众意愿的体制外表达具有“本真”性；由于互联网，民众意愿的体制外表达又具有“后真相”性。这就形成了悖论。黑格尔在评论康德著名的四个“二律背反”即悖论时说，“就康德理性矛盾说在破除知性形而上学的僵硬独断，指引到思维的辩证运动的方向而论，必须看成是哲学知识上一个很重要的推进”[②]。就我们的论题而言：首先，必须辩证地看待民众意愿通过自媒体在互联网表达中“本真”和“后真相”之间的关系，既不能因为其“本真”性而忽视其“后真相”性；也不能因为其“后真相”性而否定其“本真”性，更不能由此否定自媒体或互联网对于民众意愿表达中的积极作用。其次，必须重视国家权威批判对于民众意愿通过自媒体在互联网表达的引导，在当前就要重视社会主义核心价值观的导向作用，这是民众意愿通过自媒体在互联网表达提高自觉性的重要体现。这两个方面就成为在当前社会自我批判深化中需要予以思考的一个重要问题。

四 互联网民众意愿表达中的大数据

信息时代就是数字化时代，“人们进入到一个‘数字化生存’的环境中，个人的几乎所有言行都被数字化”[③]。但严格地说，数字化不能等同于大数据。在计算机领域，数字化就是信息、用电子设备通过一定方式转化为能被计算机识别的0与1的二进制码；而数据是“进行各种统计、计算科学研究或技术设计所依据的数值”，数值则是“一个量用数目表示”的数字[④]，“大数据”按照字面理解就是巨大的数据，具有三个V：Volume，大到不能假；Variety，多到足够真；Velocity，快到有时效。数

① 黑格尔：《小逻辑》，贺麟译，商务印书馆1980年版，第230页译者注。

② 同上书，第133页。

③ 李一鸣：《大数据背景下网络舆情的成因分析及治理探索》，《计算机时代》2019年第12期。

④ 中国社会科学院语言研究所词典编辑室：《现代汉语词典》，商务印书馆2014年第6版，第1212页。

字化是大数据形成的基础，数字化所形成的仅仅是浩如烟海的数字碎片，只有经过数字挖掘中的云计算，才能成为“大数据”。

在本体论视域，大数据体现着“人类生存范式的一种转变和扩展，即人类的生存范式从单一的物质实体生存向物质实体生存和其镜像化生存融合的综合生存方式转变”，“这里所说的镜像化生存是指以计算机、网络等硬件为基础的”；在认识论视域，大数据是以“镜像化”的方式来“表征显示物质世界中各种真实关系的生存方式”①。不管是体制内途径所表达的民众意愿，还是体制外途径体现为社会舆论、社会谣言、民谣和社会思潮所表达的民众意愿，只要通过自媒体与互联网连接，就被数字化了。然而，这浩如烟海的数字碎片只有经过数字挖掘中的“云运算”，分析其中的各种数据之间的关系，才能形成关于民众意愿的大数据。这就是说，大数据只是以“镜像化”方式反映着民众意愿的表达，于是就使因果关系转化为相关关系，实现一种范式转化。由此，安德逊认为：大数据“通过相关关系而不是因果关系，即使没有清晰的模型、统一的理论，甚至没有任何机制，科学依然能够取得进步”②。其实，大数据中各个数据之间的相关关系具有深刻的因果关系意蕴，“相关关系是一种因果派生关系”，这就决定了“相关关系的或然性质，说明了相关关系的‘因果派生强度’和‘因果派生层次’”③。这就说明了大数据中的相关关系可以反映民众意愿通过自媒体表达与因果关系相联系的本质，可以把“本真”与“后真相”予以区分，尽管以“镜像化”的方式体现出来。

正是在把民众意愿通过自媒体表达的“本真”与“后真相”予以区分的基础上，习近平指出，“运用网络了解民意、开展工作”，使“互联网成为我们同群众交流沟通的新平台，成为了解群众、贴近群众、为群众排忧解难的新途径，成为发扬人民民主、接受人民监督的新渠道”；同时对“利用网络鼓吹推翻国家政权，煽动宗教极端主义，宣扬民族分裂思想，教唆暴力恐怖活动，等等”“坚决制止和打击，决不能任其大行其

---

① 贾利军、许鑫：《谈“大数据”的本质及其营销意蕴》．《南京社会科学》2013 年第 7 期。

② C. Anderson, “The End of Theory: The Data Deluge Makes the Scientific Method Obsolete”, *Wired*, Vol. 16, No. 7, 2008.

③ 王天恩：《大数据相关关系及其深层因果关系意蕴》，《社会科学》2017 年第 12 期。

道”，对“利用网络进行欺诈活动，散布色情材料，进行人身攻击，兜售非法物品，等等”，“也要坚决管控，决不能任其大行其道”[1]。如何落实和深化这些指示，正是社会主义深化改革中“推进国家治理体系和治理能力现代化”中的一个重要课题。

第四节 社会自我批判中的人民主体作用

人民是社会的主体，必然是社会自我批判的主体。人民群众既是社会批判的动力，又能把握社会批判的对象。人民的主体作用体现在贯穿于“批判的武器”和“武器的批判”两个环节始终的“自上而下”和“自下而上”两种态势中。人民主体作用必然与“世界历史个人”的作用联系在一起，然而“世界历史个人”在两种态势中的作用恰恰说明了是人民主体作用在社会自我批判中创造历史能动性的一种具体体现。

一 作为社会批判根据的人民主体作用

“直接的物质的生活资料的生产，从而一个民族或一个时代的一定的经济发展阶段，便构成基础”[2]，整个社会的上层建筑正是在此基础上发展起来的，由此就形成了社会和作为社会在时间延伸中的历史。于是，通过社会运动、社会事件和社会问题等体现出来的“生产物质生活本身”[3] 就构成了社会基本矛盾运动的基础及运行的基本内容。历史不是“生产物质生活本身”的主体，“历史什么事情也没有做”，“并不是‘历史’把人当做手段来达到自己——仿佛历史是一个独具魅力的人——的目的”,[4] 而是构成“生产物质生活本身”的人民，人民是社会的主体，从而也就是历史的主体。社会的发展总是与内蕴于其中的否定因素联系在一起的，通过“自我否定实现‘自己运动’”，而否定因素的扬弃是以人民主体对否定因素的批判作为内在环节的，从而体现了人民创造历史

① 《习近平谈治国理政》第2卷，外文出版社2017年版，第336页。

② 《马克思恩格斯选集》第3卷，人民出版社1995年版，第776页。

③ 《马克思恩格斯选集》第1卷，人民出版社1995年版，第79页。

④ 《马克思恩格斯文集》第1卷，人民出版社2009年版，第295页。

的能动性。就我们的论题而言，人民在“生产物质生活本身”中的地位决定了其在社会批判中的地位和作用。人民主体的这种作用可以分析为两个方面。

其一，人民群众是社会批判的动力。

人民群众作为“生产物质生活本身”的主体直接生活在体现“生产物质生活本身”的社会运动、社会事件和社会问题之中，能以最直接和最感性的方式感受到源于社会基本矛盾运动中否定因素通过社会运动、社会事件和社会问题对于自身利益的损害。避害趋利是生物界的基本规律，否则生物界就不能存在更谈不上进化。尽管人猴揖别，然而人作为生物体其行为仍然要遵循这一基本规律，并由避害趋利进一步衍生出避苦趋乐，只不过以更为高级的方式遵循之。对此，马克思说：把人们“连接起来的唯一纽带是自然的必然性”，这个所谓的“自然的必然性”就是“需要和私人利益，是对他们的财产和他们的利己的人身的保护”。[①] 当社会基本矛盾运动中的否定因素通过“生产物质生活本身”的运动对生活于其中的众多个体切身利益造成损害时，人们为维护自身利益所进行的斗争以“自然的必然性”的形式发生作用，从而就会使得社会运动、社会事件和社会问题风起云涌。这就表明，一旦人民群众的切身利益受到损害，人民群众必然会为之奋斗并且不屈不挠。

纵观历史，一切阶级斗争“首先是为了经济利益而进行的，政治权力不过是用来实现经济利益的手段”[②]。在人民群众的切身利益中，经济利益与“吃、穿、住、行”等联系在一起，从而最为根本，在此基础上人们“才能从事政治、科学、艺术、宗教等等”活动。[③] 然而，作为手段的“政治权力”与社会上层建筑的精神利益密切地联结在一起，由于作为精神利益的意识形态在本质上“越来越具有普遍性形式的思想”[④]，因而总意味着是对主要体现在社会存在中的物质利益的本质概括，从而就总能深刻地反映着人民群众的包括物质利益在内的整体利益。由此手段

---

① 《马克思恩格斯全集》第 3 卷，人民出版社 2002 年版，第 185 页。

② 《马克思恩格斯选集》第 4 卷，人民出版社 1995 年版，第 250 页。

③ 《马克思恩格斯选集》第 3 卷，人民出版社 1995 年版，第 776 页。

④ 《马克思恩格斯文集》第 1 卷，人民出版社 2009 年版，第 552 页。

就转化为目的，正是从这个意义上说，与“政治权力”相联系的即体现在意识形态中的精神利益也就非常重要。在一定历史阶段，人民群体总是不仅为维护受到损害的经济利益而斗争，而且也为受到损害的政治利益而斗争。只要损害利益的否定因素没有消除，人民群众为维护自身利益的斗争就不会停止，从而就为社会批判注入了源源不断的动力。

其二，人民群众能把握社会批判的对象。

使自身利益受到损害的体现为“生产物质生活本身”的社会运动、社会事件和社会问题等的否定因素，总与内蕴于“生产物质生活本身”的社会基本矛盾运动的否定因素直接或间接地联系在一起。对于作为“生产物质生活本身”主体的人民群众而言，社会基本矛盾运动的否定因素与通过社会运动、社会事件和社会问题体现出来的“生产物质生活本身”各方面和各个层次的否定因素之间的关系，就是本质与现象、必然与偶然之间的关系：现象反映本质，不管是真相还是假象，都是本质的环节，都是“以它们的自身反映作为它们本质性的规定的根据”①；偶然内蕴着必然，必然则“在无穷无尽的表面的偶然性中为自己开辟道路”，因此“在表面上是偶然性在起作用的地方，这种偶然性始终是受内部的隐蔽着的规律支配的”。②

人民群众在体现“生产物质生活本身”的社会运动、社会事件和社会问题等所进行的实践活动中，不仅能深切感受到自身利益的损害，而且能通过现象与本质、偶然与必然的辩证关系，自觉地或不自觉地，而且往往是不自觉地，把握造成自身利益损害的社会基本矛盾运动中的否定因素。因此，尽管处在“生产物质生活本身”的社会运动、社会事件和社会问题之中的人民群众，针对损害自身利益否定因素的批判林林总总，但其内在的“绝对的普遍物、实体性的和真实的东西”③，总是指向引发广大群众切身利益受到损害之源——社会基本矛盾运动中的否定因素，并且由于具有“巨大力量”，而不可阻挡。

人民主体为社会批判提供了动力，人民主体又能为社会批判把握对

---

① ［德］黑格尔：《小逻辑》，贺麟译，商务印书馆 1980 年版，第 300—301 页。

② 《马克思恩格斯选集》第 4 卷，人民出版社 1995 年版，第 247 页。

③ ［德］黑格尔：《法哲学原理》，范扬、张企泰译，商务印书馆 1961 年版，第 332 页。

象。没有动力，社会批判就不能发动；没有对象，社会批判就由于无的放矢而无以发动。由此，我们可以说，人民主体作用是社会批判的根据。社会自我批判是社会批判的特殊类型，由此我们就可以逻辑地推论，人民主体作用是社会自我批判的根据，既是“批判的武器”环节中的根据，又是“武器的批判”环节中的根据。离开了人民主体作用，就不可能发生社会自我批判。

二　“两个批判”中的人民主体作用

社会自我批判包括前后衔接但又相互作用的“批判的武器”和“武器的批判”两个环节，人民主体在社会自我批判中的作用必然体现在这两个环节中。兹分别分析人民在“两个批判”环节中的主体作用。

其一，“批判的武器”环节中的人民主体作用。

在社会自我批判时期，社会基本矛盾运动的辩证关系尤其是其中的矛盾冲突较为充分地展开，当其中的否定因素使自身利益遭到损害时，由于“自然的必然性”的缘故，生活于“生产物质生活本身”各方面各层次之中的众多个体必然会为维护自身利益而奋起批判，并且其批判矛头所指向的社会运动、社会事件和社会问题中的具体否定因素，必然与内蕴于其中的社会基本运动中的否定因素直接或间接地联系在一起。于是，以人民群众为现实主体的呈现为“自下而上”态势的社会民众批判活动就必然会在“批判的武器”环节中现实地展开。这是社会自我批判活动中社会主体能进行“一种普遍意义的反思”① 的一个题中应有之义。这种呈现为“自下而上”态势的社会民众批判活动在“批判的武器”环节中一旦发动起来，其运行过程就具有如上所述的社会民众批判活动的无机形式和自发属性，并且“总是一支巨大的力量”②。

一般说来，社会民众批判活动的展开首先通过体制外的途径体现出来，于是社会舆论激烈，社会谣言不绝，民谣遍地流传；同时也通过体制内的途径体现出来，于是上书不断、上访或集体上访高涨。如果社会基本矛盾运动进一步激化，人民群众的利益受损情况进一步加剧，那么社会民

---

① ［德］黑格尔：《小逻辑》，贺麟译，商务印书馆1980年版，第7页。

② ［德］黑格尔：《法哲学原理》，范扬、张企泰译，商务印书馆1961年版，第332页。

众批判活动的进一步展开就以体制外的示威、集会、游行等集体行动方式体现出来，甚至不排除局部地区的暴力抗争和小规模的战争。当然，社会民众批判活动在体制外和体制内的展开是相互作用、彼此交织的。

在社会自我批判活动中，具有现实属性的国家机器必然能在相当程度上感受到体现在社会运动、社会事件和社会问题中的内蕴于“生产物质生活本身”的社会基本矛盾运动的否定因素，尤其是其中的矛盾对立中所体现的否定因素；受到利益损害而引发的社会民众批判活动必然会通过合法或非法、和平或非和平等各种手段体现其维护自身利益的价值诉求，由此就会使统治阶级感受到“不可能照旧不变地维持自己的统治”① 的压力。于是在社会自我批判的“批判的武器”环节中，国家权威评价活动就总能在一定程度上自觉或被迫地、主动或被动地予以展开。这是社会自我批判活动中社会主体能进行“一种普遍意义的反思”的题中又一个应有之义。

这种体现为“自上而下”态势的国家权威批判活动，即使是自觉或主动地发动的，从现象上看似乎是统治阶级按照自己意志在行动，但从根本上看，仍然是人民主体作用通过国家机器的中介体现出来的。这种“自上而下”态势的国家权威批判活动在“批判的武器”环节中一旦发动起来，其运行过程就具有国家权威批判活动的有机形式和自觉属性，从而就能以“实现自己的理性的力量”的方式指向社会基本矛盾运动中的否定因素，并且由于其权威性，而使之能有力地予以贯彻。

在“批判的武器”环节中，社会自我批判的“自下而上”态势与“自上而下”态势相结合，就会在社会上形成一股弥漫于各个领域的忧患意识。这种体现着关于社会发展“吉败凶成”的警示以及化“败”为“吉”、化“凶”为“成”责任感的忧患意识，作为社会心理中的一种“集体意识”和“集体无意识”，必然会以忧愁、激愤、悲伤、紧张、烦恼等情感的方式发生作用。于是，弥漫于社会的忧患情感就会“不断融入到我们的生活里来”②，由此就会使社会民众批判活动和国家权威批判

① 《列宁选集》第2卷，人民出版社2012年版，第460页。

② ［法］埃米尔·涂尔干：《社会分工论》，渠东译，生活·读书·新知三联书店2000年版，第245页。

活动浸淫于其中，从而就会进一步促进进行着相互作用的“自下而上”态势和“自上而下”态势的社会自我批判活动在“批判的武器”环节中的深入发展。

“自下而上”态势的社会民众批判活动和“自上而下”态势的国家权威批判活动的相互作用，体现着“无机”与“有机”、自发与自觉的统一，从而就能使前者的“巨大力量”和后者的“有力地予以贯彻”作用予以互补，于是就能在“批判的武器”环节中较为深刻地揭示社会基本矛盾的否定方面并予以反思。这种揭示和反思总在一定程度上具有与“人的根本就是人本身”相联系的“彻底性”。[①] 于是，“理论一经掌握群众”，就会变成物质力量，与理论力量相联系的“批判的武器”就转化为与物质力量相联系的“武器的批判”。

其二，“武器的批判”环节中的人民主体作用。

社会自我批判中“批判的武器”环节必然要转化为“武器的批判”环节，这是因为：（1）作为“生产物质生活本身”主体的人民群众最能感受到体现在“生产物质生活本身”的社会运动、社会事件和社会问题中对于自身利益的损害，从而为维护自身利益而奋起斗争。“批判的武器”环节中的“批判”总要达到一定程度的彻底，因而不仅是情感的“愤怒”，不仅是“揭露”，“而是要消灭这个敌人”，即由“激情的头脑”转化为“头脑的激情”，[②] 于是就必然要由理论层面进入实践层面。（2）人民群众对使自身利益受到损害的体现为“生产物质生活本身”各方面各层次否定因素的批判，总与对内蕴于“生产物质生活本身”的社会基本矛盾运动的否定因素的批判直接或间接地联系在一起。因而“批判的武器”环节中的批判不是仅仅停留在对社会中某些问题的否定，而是通过对这些问题的否定达到一定程度上的对社会中产生这些问题的“现代国家的隐蔽的缺陷”[③] 即某些基本制度的否定，即“向德国制度开火”[④]，于是就必然要由理论层面进入实践层面。由此，社会自我批判中“武器

① 《马克思恩格斯选集》第1卷，人民出版社1995年版，第9页。
② 同上书，第4页。
③ 同上书，第5页。
④ 同上书，第4页。

的批判”环节就在现实社会中展开。

在“武器的批判”环节的展开中，“自上而下”态势优先于“自下而上”态势，这是由社会自我批判不是处于“崩溃时期出现”的特点所决定的。在“武器的批判”环节中，社会主体通过国家权威批判活动，结合认知成果，形成包含目的和方法的实践意志，然后把“目的的实现”予以贯彻。由于有机形式和自觉特征及由此所具有的权威力量，国家权威批判活动就能在展开过程中，克服社会内部的不一致行为、拒斥来自社会外部对于“目的的实现”的妨碍，调控体现为实践活动的社会主体行为。尽管国家机构是国家权威批判活动的现实主体，然而“武器的批判”是由“批判的武器”转化而来的，人民主体在其中的作用就间接地体现在“武器的批判”环节的“自上而下”态势中。

在“武器的批判”环节中所体现的以社会民众批判活动作为现实形态的“自下而上”态势，离不开国家权威批判活动所形成的社会氛围及其导向作用，否则其由自发性所具有的盲目性就会“脱缰”般地发生作用；然而，更离不开由社会主体通过“批判的武器”环节所揭示的社会基本矛盾运动中否定因素对广大群众自身利益损害而引发的要求克服否定因素的愿望。这种愿望与由自己在“生产物质生活本身”中直接参与所获得的社会认知成果相结合，通过反思，必然会产生与实践意志的目的和方法相关的观念。尽管由于社会民众批判活动的无机形式和自发属性，这些观念中所体现的目的和方法具有一定的朦胧性，然而由于与其切身利益直接相关、与参与“生产物质生活本身”所获得的体验直接相关，与“自上而下”态势相比较，就更具有真实性。因而直接体现人民主体力量的“自下而上”态势的社会民众批判活动所具有的“巨大力量”，必然会通过体制外和体制内的各种活动对“自上而下”态势的国家权威批判活动施以压力，从而在“武器的批判”环节中产生巨大作用。正是从这个意义上说，人民群众是社会制度变革的决定力量。

体现在“自下而上”态势中的人民主体力量对于克服“武器的批判”环节中的“意志薄弱”① 具有重要作用。如前所述，与“批判的武器”

---

① ［美］唐纳德·戴维森：《真理、意义与方法——戴维森哲学文选》，商务印书馆 2008 年版，第 462 页。

环节相比较，“武器的批判”环节更容易面临意志薄弱问题。“自下而上”态势与人民群众要克服社会基本矛盾运动中的否定因素对自己利益的损害是联系在一起的，而“武器的批判”环节遇到挫折甚至失败就不能克服与人民群众利益损害相关联的否定因素，甚至会使人民群众利益的损害更加严重。“私人生活上的需要、需要的满足、享受、舒适，如此等等，都是绝对目的”[①]，人民群众必然会为此而不屈不挠，甚至不惧怕“恐怖主义的断头台、拿破仑的剑”[②]。于是，“自下而上”态势往往就会通过体制外和体制内的活动更为顽强地展开，从而对“自上而下”态势施以更为强大的压力，以克服“武器的批判”环节中的意志薄弱。这就直接地体现了人民主体在“武器的批判”环节中的作用。

在社会自我批判的“武器的批判”环节中，“自下而上”态势与“自上而下”态势相结合，在“巨大力量”和“有力地予以贯彻”作用的互补中体现着无机与有机、自发与自觉的统一，从而就能把在“批判的武器”环节中对较为深刻揭示社会基本矛盾运动中的否定方面所予以的反思，在“武器的批判”环节中通过意志而以物质的形态贯彻下去。人民主体的作用正是在“武器的批判”环节中“自上而下”态势与“自下而上”态势的相互作用及克服意志薄弱中直接或间接地体现出来。

“批判的武器”环节与“武器的批判”环节前后相衔，然而又相互渗透，贯穿在这两个环节始终的“自上而下”态势与“自下而上”态势相互作用，人民主体的作用通过无机与有机、自发与自觉的统一直接或间接地体现出来。人民主体作用的发挥是社会自我批判的根本动力；反过来说，社会自我批判能否彻底地进行下去的一个重要标志就是人民群众是否真正地发动起来了。

三　“世界历史个人”与人民主体作用

笔者在第二章第四节“社会自我批判是人文精神的生动展现”时写道，在社会自我批判时期，“在具有现实性的统治阶级和广大民众中，无

---

① ［德］黑格尔：《法哲学原理》，范扬、张企泰译，商务印书馆 1961 年版，第 201—202 页。

② 《马克思恩格斯文集》第 1 卷，人民出版社 2009 年版，第 286 页。

论是上层还是下层，都会涌现一批世界历史个人”，“他们的言行‘都是这个时代最卓越的言行’”。就我们的论题而言，“世界历史个人”的“时代最卓越的行动、言词”主要发生在以“自上而下”态势体现的国家权威批判活动和以“自下而上”态势体现的社会民众批判活动中，从而贯穿在“批判的武器”环节和“武器的批判”环节始终。兹分别做些分析。

其一，“世界历史个人”与贯穿在“两个批判”环节中的国家权威批判活动。

无论是民主政体的国家还是专制政体的国家，国家机器作为“拥有至上权力并且合法使用暴力、拥有垄断权的机构”①，处于一个社会纵横交错的权力结构金字塔顶端。这一权力结构决定了国家机器本身的权力结构，即其权力结构具有金字塔形，以使之能运用“至上权力”。在国家机器内部权力金字塔形的顶端总存在着一个或几个位置，处在这一个或几个位置上的个人就对国家机器的决策和运行具有重要或决定性影响。国家机器运行的有机性使得人们往往把国家人格化，柏拉图把国家比作“整个身心作为一个人的有机体”②，霍布斯把国家称为“人造之人”③。这种人格化往往与处于国家权力金字塔顶端一个或几个位置上的个人联系在一起，于是“国家就不再是虚拟之人”，而等同于某一个人或几个现实的个人了。这本身就意味着一种异化，这种异化“只能用这个世俗基础的自我分裂和自我矛盾来说明”④；然而几千年来，国家机器确实是这样运作的。

在“批判的武器”环节里，具有现实属性的国家机器之所以能在相当程度上感受到内蕴于社会运动、社会事件和社会问题等中的“生产物质生活本身”的社会基本矛盾运动中的否定因素，尤其是其中的矛盾对立中的否定因素，是与国家机器中处于金字塔顶端的一个或几个位置的作为国家机器人格化的“世界历史个人”联系在一起的。这些“世界历

① ［美］戴维·波普诺：《社会学》，李强等译，中国人民大学出版社 1999 年版，第484 页。

② ［古希腊］柏拉图：《理想国》，郭斌和、张竹明译，商务印书馆 1986 年版，第 197 页。

③ ［英］霍布斯：《利维坦》，黎思复、黎廷弼译，商务印书馆 1985 年版，第 1 页。

④ 《马克思恩格斯选集》第 1 卷，人民出版社 1995 年版，第 59 页。

史个人”作为“世界精神的代理人”，能较为敏感地感受到社会基本矛盾运动中的否定因素，“感受着他们自己内在的‘精神’不可抗的力量”，能较为清晰地意识到“统治阶级已经不可能照旧不变地维持自己的统治”，[①] 从而就具有较为深沉的忧患意识。于是他们就能打破常规，“不是从现行制度所认准的、沉静有常的事物进行中，取得他们的目的和他们的事业”[②]，这就使得国家权威批判活动在“批判的武器”环节中以“自上而下”的态势予以展开。

在“批判的武器”环节向“武器的批判”环节转化中，这些“世界历史个人”往往能审时度势地把握时机，他们知道“什么是需要的东西和正合时宜的东西”，“他们的职务是在知道这个普遍的东西，知道他们的世界在进展上将取得必然的、直接相承的步骤，把这个步骤作为他们的目的，把他们的力量放在这个步骤里边”，[③] 于是促成实践意志中目的和方法的形成，由此使“武器的批判”得以展开。当社会自我批判遇到挫折甚至失败而在统治阶级上层产生“意志软弱”时，“伟大的人物立定了志向来满足他们自己目的”，“他们并没有得到安逸的享受，他们的整个人生是辛劳和困苦，他们整个的本性只是他们的热情”，[④] 以这种身体力行在“自上而下”态势中的作用，来克服“意志转弱”，努力将“武器的批判”进行到底。

其二，“世界历史个人”与贯穿在“两个批判”环节中的社会民众批判活动。

在贯穿社会自我批判的“批判的武器”和“武器的批判”两个环节中的以“自下而上”态势呈现的社会民众批判活动中，必然存在一些民众领袖，他们能深刻地感受到体现在“被压迫阶级”超乎寻常地加剧了的“贫困和苦难”中的社会基本矛盾的冲突。于是他们能比较自觉地意识到“历史上这一个向前进展的‘精神’”，通过著书立说并身体力行等来体现其“卓越的行动、言词”。这就使广大民众在实际上“感受着他们

① 《列宁选集》第2卷，人民出版社2012年版，第460页。

② ［德］黑格尔：《历史哲学》，王造时译，上海书店出版社1999年版，第31页。

③ 同上书，第31页。

④ 同上书，第32页。

自己内在的‘精神’不可抗的力量”。这些带领广大民众的人尽管没有处在具有现实性国家机器权力结构金字塔顶端的一个或几个位置上，但作为“世界精神的代理人”仍然是“世界历史个人”。

如果说，生活于“生产物质生活本身”各方面各层次之中的众多个体为维护自身利益而奋起批判，并把其批判矛头指向内蕴着社会基本矛盾运动的否定因素所体现在社会运动、社会事件和社会问题中的具体否定因素；那么，作为民众领袖的“世界历史个人”就能比较自觉地为人民群众的利益而奋起批判，并把批判矛头直接指向以社会运动、社会事件和社会问题的否定因素呈现出来的社会基本矛盾的否定因素。他们是贯穿在“批判的武器”和“武器的批判”两个环节中的以“自下而上”态势呈现出来的社会民众批判活动中的自觉因素，尽管并不能由此改变社会民众批判活动在整体上的自发性，但体现了人民主体在社会自我批判中努力提高自觉性的能动作用。

作为“世界精神的代理人”的民众领袖由于能比较自觉地站在社会主体的立场，而社会主体的立场总直接或间接地与众多个体的利益联系在一起，广大民众“从他们学到了，并且认可，至少也是顺从了他们的政策”①。因而这些民众领袖的批判意识对于众多分散的批判意见的集中就具有重大影响，常常会出现“振臂一呼，应者云集”的情况。在“批判的武器”和“武器的批判”两个环节中，他们著书立说、奔走呼号，在社会忧患意识的形成中推波助澜，他们的“卓越的行动、言词”出现在体制外的社会舆论、社会谣言和民谣等形式中，出现在示威、集会、游行等集体行动中，也出现在体制内的上书、信访和其他形式中。由此，这些民众领袖就通过推动和发展以“自下而上”态势呈现的社会民众批判活动方式来使“批判的武器”得以展开，使“批判的武器”转化为“武器的批判”，并克服其中所出现的“意志软弱”，使“武器的批判”坚持到底。

需要提一下的是，由于所具有的知识、所处的社会地位，使得作为民众领袖的“世界历史个人”往往成为体制内沟通社会民众批判活动与国家权威批判活动之间的桥梁。他们把广大民众对于针对损害自身利益

---

① ［德］黑格尔：《历史哲学》，王造时译，上海书店出版社1999年版，第32页。

的否定因素而奋起批判及矛头所指的否定因素的信息，传递给具有现实性的国家机器中的“世界历史个人”，从而对于以“自上而下”态势展开的国家权威批判活动具有重大意义。由于社会处于非崩溃时期，国家权威批判活动对于社会自我批判的有序展开所具有的意义，使得作为民众领袖的“世界历史个人”的这种作用在社会自我批判活动中的意义更显而易见了。

无论在以“自上而下”态势呈现的国家权威批判活动和以“自下而上”态势呈现的社会民众批判活动中，“世界历史个人”的作用是不可忽视的，没有这些“世界历史个人”就不可能有“批判的武器”和“武器的批判”两个环节的展开，也就没有社会自我批判。在历史发展的关键时期，尤其要强调“世界历史个人”对于历史发展的作用，由此可以顺理成章地断言，在社会进入作为历史发展关键时期的自我批判阶段，尤其要强调“世界历史个人”在“批判的武器”和“武器的批判”两个环节展开中的作用。否定了这一点，就在实际上否定了历史发展中的辩证法，尤其是否定了历史发展在社会自我批判时期中的辩证法。

然而如上面所指出的，“世界历史个人”之所以能成为成就伟大事业的“世界历史个人”，就在于他是“世界精神的代理人”。黑格尔曾不无惋惜地说，“当他们的目的达到以后，他们便凋谢零落，就像脱却果实的空壳一样”①，即被“世界精神”无情地抛弃了。在黑格尔的客观唯心主义历史观中，“世界精神”就是绝对理念；在历史唯物主义的视域中，“世界精神”就是人民群众在创造历史过程中所体现的作为客观规律的人文精神。

对于历史必然性而言，恩格斯意味深长地指出：“恰巧某个伟大人物在一定时间出现于某一国家，这当然纯粹是一种偶然现象。但是，如果我们把这个人去掉，那时就会需要有另外一个人来代替他，并且这个代替者是会出现的，不论好一些或差一些，但是最终总是会出现的”；他并以马克思发现唯物史观为例，“如果说马克思发现了唯物史观，那么梯叶里、米涅、基佐以及1850年以前英国所有的历史编纂学家则表明，人们已经在这方面作过努力，而摩尔根对于同一观点的发现表明，发现这一

① ［德］黑格尔：《历史哲学》，王造时译，上海书店出版社1999年版，第32页。

观点的时机已经成熟了，这一观点必定被发现”。[①] 这段话里可以至少解读出两层意思，即具体的历史中的伟人作用不可做过高的评价，其作用不过是时代的产物；伟人的作用并非本人发挥的，而是一种时代的需要。时代的变迁正是以人民为主体的“生产物质生活本身”运动的结果。

如果说，恩格斯从必然和偶然的关系来考察历史人物的作用，那么考茨基则从历史的大时空角度来考察历史人物的作用：“关联范围愈广，个人的、偶然的因素就愈失去重要意义，愈被一般的、规律的因素排挤到次要地位。”[②] 只要把历史人物的作用放在足够宽广的历史总关联中去考察，就会发现必然必须通过偶然才能体现出来，但在历史上从根本上起作用的毕竟是必然而不是偶然。考茨基所说的方法与恩格斯的方法在本质上是一致的。社会领域的必然性作为“世界精神”是人民群众在创造历史过程中所体现的是以人文精神形式体现的客观规律。

就我们的论题而言，无论是以“自上而下”态势呈现的国家权威批判活动中的“世界历史个人”在其中的作用，还是以“自下而上”态势呈现的社会民众批判活动中的“世界历史个人”在其中的作用，都是与国家权威批判活动和社会民众批判活动及其相互作用联结在一起，而国家权威批判活动和社会民众批判活动及其相互作用之源来自内蕴于“生产物质生活本身”的社会基本矛盾的辩证运动。人民群众是“生产物质生活本身”的主体，他们能深切感受到社会基本矛盾运动中的否定因素对自身利益的损害，从而奋起批判，并把批判矛头间接或直接地指向体现在社会运动、社会事件和社会问题的否定因素所内蕴的社会基本矛盾运动中的否定因素，由此就直接或间接地通过社会民众批判活动和国家权威批判活动及其相互作用，使“批判的武器”环节现实地展开，使“批判的武器”环节向“武器的批判”环节转化，并在克服“意志软弱”中使“武器的批判”环节予以彻底。贯穿在“批判的武器”和“武器的批判”两个环节中的社会民众批判活动和国家权威批判活动中的“世界历史个人”在其中的作用，实际上正是人民主体在“批判的武器”和

---

① 《马克思恩格斯选集》第4卷，人民出版社1995年版，第733页。

② ［德］考茨基：《唯物主义历史观》第6分册，《哲学研究》编辑部编译，上海人民出版社1965年版，第65页。

“武器的批判”两个环节中主体作用能动性的一种具体体现。邓小平说，先进政党是“人民群众在特定的历史时期为完成特定的历史任务的一种工具”[①]。品味其中的历史唯物主义意味，我们可以接着邓小平说：分别在国家权威批判活动和社会民众批判活动中发挥重大作用的“世界历史个人”，是人民主体在社会自我批判中完成“批判的武器”和“武器的批判”任务中的一种工具。坚持了这一点，就在实际上坚持了历史发展中的唯物论，尤其是坚持了历史发展在社会自我批判时期中的唯物论。

① 《邓小平文选》第1卷，人民出版社1994年版，第218页。

下　　编

第五章

社会自我批判的历史案例及思考

在人类历史中，社会自我批判“很少而且只是在特定条件下才能够进行”，这个“很少”是与狂风暴雨式的社会革命“很多”相比较而言的。然而就整个人类历史而言，社会自我批判的个案在数量上仍然是不少的。下面我们挑选了中国古代的“文景之治”、日本近代的“明治维新”和俄国的“彼得一世改革”作为社会自我批判的历史案例进行分析。这三个历史案例在人类历史的长河中熠熠发光。它们发生在不同的国家、处于不同的时间，但具有典型性。典型不是例外，在人类历史上没有例外。笔者力图搜集历史资料，以使“特殊的东西穷尽这一领域”，能使之具体展现，以使我们在前面对社会自我批判的研究予以具体理解，并由此引出关于社会自我批判历史案例中的普遍与特殊、社会危机与社会自我批判的内在关系、社会自我批判中的“自上而下”和“自下而上”等具有启示的思考。

第一节 “恐事之不终”开创“文景之治”的社会自我批判

关于“文景之治”，可以从不同角度做多方面的研究。“文景之治”与如何避免秦王朝“二世而亡”之间相联系，由汉高祖初露端倪，经汉文帝在“恐事之不终”中开创，并在《日食罪己诏》中达到自觉，最后由汉景帝基本完成。“文景之治”给我们的社会自我批判研究提供了很好的历史案例。

一 "达摩克利斯之剑"[①] 下的汉初京城喋血

公元前221年秦始皇统一中国，"百越之君，俯首系颈，委命下吏"，"奋六世之余烈，振长策而御宇内，吞二周而亡诸侯"（贾谊：《过秦论》），由此结束了春秋战国长达五百多年的诸侯割据局面，"废封建，置郡县"，建立了历史上第一个中央集权的封建大一统帝国。建国初期，秦始皇"作制明法"，颇有建树，踌躇满志，"朕为始皇帝"，"传之无穷"（司马迁：《史记·秦始皇本纪》）。公元前210年秦始皇亡，二世胡亥伪造遗诏逼死其兄扶苏，更加横征暴敛，致使山河震荡。因此，自秦统一六国起计，仅维持了15年，便"二世"而亡。公元前202年，刘邦与项羽垓下大战，项羽战败并退至乌江边自刎身亡。这就意味着秦、汉两个朝代的交替完成。

新兴的汉王朝基本承袭了秦朝的体制，但必须避免秦王朝"二世而亡"的教训，这是悬在汉初统治阶级头上的一把"达摩克利斯之剑"。鉴于秦王朝的苛政和暴敛，陆贾著《新语》12篇，总结秦王朝灭亡的教训："事愈烦天下愈乱，法愈滋而奸愈炽，兵马愈设而敌人愈多。秦非不欲为治，然失之者乃举措暴众，而用刑太极故也"；"君子之为治也，块然若无事，寂然若无声，官府若无吏，亭落若无民"。刘邦起初对陆贾的观点并不以为然，"乃公居马上而得之，安事《诗》《书》?"陆贾："昔者吴王夫差极武而亡，秦任刑法不变，卒灭赵氏。向使秦已并天下，行仁义，法先圣，陛下安得而有之?"陆贾用的法宝就是这个"达摩克利斯之剑"。陆贾为汉初统治阶级摒弃秦王朝极武任当的治国方略做出了理论贡献。于是，刘邦就把陆贾的12篇以文治国的策论名曰"新语"，颁行天下。由此，汉初结束了群雄纷争的局面，开始走上安定繁荣之路。

刘邦及与其共打天下的君臣多起自社会中下层，他们熟知民间疾苦，为顺应百姓的要求，需要采取宽松政策治理社会，尤其是：改秦的"什而一税"为"什五而一税"；"轻徭薄赋"，尽量不兴建大型工程，尤其

---

① 在古希腊神话中，达摩克利斯是君王狄奥尼修斯的宠臣，他献媚说君王多福。有一天狄奥尼修斯让他坐在帝王的宝座上，头顶上挂着一把仅用一根马鬃系着的利剑。人们常用这一典故即"达摩克利斯之剑"来比喻随时都可能发生的潜在危机。

不准建造华丽铺张的建筑："天下匈匈，劳苦数岁，成效未可知，是何治宫室过度也?"；尽去秦朝的严刑苛法，废除连坐法及夷三族，提出了"德主刑辅"，即以教化为主，刑罚为辅，以达到宽柔相济。尤其是刘邦鼓励生育和农耕。人口在古代就是生产力，因此刘邦出诏，"民产子"，可以免除徭役二年；"兵皆罢归家"，"以功劳行田宅"。由于这些措施，在经历了秦汉之际的动乱后，汉初的社会经济迅速发展。史书为此记载："汉兴之初，反秦之敝，与民休息，凡事简易，禁罔疏阔"（班固：《汉书·循吏传》），这就为而后的"文景之治"打下了基础。

刘邦于公元前195年驾崩，嫡长子刘盈于16岁即位，其母皇太后吕雉实际主政。刘邦在位时，"实行了外封宗室、内依功臣的政权体制"①。皇后吕雉及吕氏亲属追随刘邦奋竞于草泽，在刘氏政权建立和巩固的斗争中起过很大作用。吕太后主政后，吕氏外戚以开国功臣和宗室外亲的双重身份在朝廷中逐渐坐大，以致形成太后专断朝政的局面，"号令一出太后"（司马迁：《史记·吕太后本纪》）。这就引起朝廷中皇族和官员的不满。刘邦的孙子刘章在一次太后举办的宴会上放歌："深耕概种，立苗欲疏；非其种者，锄而去之"，明显地带有影射之意。

朝廷吕氏外戚专权，民间官吏贪赃枉法、巧取豪夺，吏"卑疵而前，孅趋而言，相引以势，相导以利；比周宾正，以求尊誉，以受公奉；事私利，枉主法，猎农民；以官为威，以法为机，求利逆暴，譬无异于操白刃劫人者也"（司马迁：《史记·日者列传》）。与此相应，社会上出现了"百人作之不能衣""一人耕之十人聚而食之"的严重对立现象，于是初步安稳下来的社会局势就显得动荡，出现了人民反抗剥削和压迫的"亡等""冒上"和"大不敬"等群体性事件。

这种上、下两个方面的动荡构成了汉初特有的社会危机，使得当时的社会基本矛盾运动的辩证关系尤其是其中的矛盾冲突充分地展开。这就意味着社会自我批判的"特殊条件"具备了。朝廷中有头脑的刘氏皇族和大臣在"达摩克利斯之剑"的心理阴影中，感受到一种"不可能照旧不变地维持自己的统治"的压力。于是，在太后死后就发生了"诸吕之乱"，史称"吕后崩，大臣相与共诛诸吕"（司马迁：《史记·袁盎晁

① 秦学颀：《汉初政治格局与诸吕之乱》，《重庆师范学院学报》1992年第4期。

错列传》)。太尉周勃及朱虚侯刘章等宗室大臣共同诛灭掌权诸吕，并派出军士连夜到长安城各处搜捕吕氏家族男女成员，抓到后无论少长全部砍头，“全都已经‘伏其辜’”。这就是历史上著名的“京城喋血”。

在此期间，卜师根据在一块烧烤过的乌龟壳上所现裂纹，解读出：“大横庚庚，余为天王，夏启以光。”士兵们袒露左肩，表示愿意效忠刘氏，众大臣顺水推舟地迎立代王刘恒为帝，史称汉文帝。汉文帝在位 23 年，死于公元前 157 年，庙号太宗。汉文帝之第五子刘启即位，史称汉景帝，在位 16 年。汉文帝和汉景帝两代在位近 40 年，汉王朝在此期间政治稳定、经济得到显著发展，是中国历史上少有的盛世之一，史称“文景之治”。“文景之治”与历史上“很少而且只是在特定条件下才能够进行”[①] 的社会自我批判是联系在一起的。

二 “罪在躬亲”引发的“自上而下”

社会自我批判的“特定条件”之一就是社会主体的成熟，即能进行“一种普遍意义的反思”，集中表现在具有现实性的统治阶级对社会否定方面的揭示并予以反思。汉文帝即位，称自己“误居正位，常战战栗栗，恐事之不终”(司马迁：《史记·律书》)，因此“躬修俭节，思安百姓”(班固：《汉书·食货志》)。“恐事之不终”体现的是深深的忧患意识，“思安百姓”说明的是对于如何安抚百姓的反思意识。这种状况贯穿于汉文帝在位的 23 年。

秦朝设立诽谤、妖言罪，以对付被认为是危害朝廷的言论。“这些以人们的言论来定罪的法律，是秦朝法律最为人们痛恨的。”[②] 社会自我批判的顺利进展必须广开言路，既使统治阶级内部能“自上而下”广泛地开展社会自我批判，以促使国家权威批判的展开；又使底层民众能“自下而上”广泛地开展社会自我批判，以促使社会民众批判的展开。为此，汉文帝即位第二年就下诏废除诽谤妖言罪，诏言说：古代为了治理天下，在朝廷专门设立接受百姓建议的“进善之旌”和供百姓批评的“诽谤之木”，以使进谏渠道通畅。现在法律有诽谤妖言罪，使得群臣不敢尽情对

① 《马克思恩格斯选集》第 2 卷，人民出版社 1995 年版，第 24 页。

② 郭建：《正说“文景之治”四十年（连载 6）》，《文史天地》2015 年第 4 期。

国家提出建议，朕没有办法得知朝廷的过失；另外，百姓之间有时因怨恨而互相暗中诅咒，有人到官府告发，官吏便以“大逆”或诽谤来治罪，对此朕很不以为然。

日食是一种自然现象，古人早已观察之，成书于春秋的《诗经·小雅》中就有“十月之交，朔日辛卯，日有食之，亦孔之丑”的记载。“古代人们认为这个吞掉太阳或月亮的大怪物是一只天狗”①，其中的日食被古人视为“上天对人间统治者极严重的警告和谴责，被视为‘天变’、‘天谴’和‘谪见于天’②。汉文帝即位的第二年发生了日食。阴历十一月“晦日”（三十）出现了第一次日食；过了半个月，阴历十二月的“望日”（十五），出现又一次日食。后来的史学家指出，半个月发生两次日食是不可能的，其中的一次大概是把巨大的太阳黑子或云层遮挡误以为日食了。司马迁把这个错误的报告保留在《史记》里，可能“觉得需要有这样连续两次的日食才能够解释汉文帝为什么作出如此大的反应”③。

在历史上，当发生日食时，一般都要发表类似于“罪己”的诏言。公元前178年，汉文帝在登基的第二年作《日食罪己诏》：“朕闻之，天生民，为之置君以养治之，人主不德，布政不均，则天示之灾以戒”，“日有食之，谪见于天，灾孰大焉”，“天下治乱，在予一人；唯二三执政，犹吾股肱也”，“令至，其悉思朕之过失，及知见思之所不及，匄以启告朕，及举贤良方正能直言极谏者，以匡朕之不逮”（班固：《汉书·文帝纪》）。他在批判“人主不德，布政不均”之后，强调“匄（尽）以启告朕”的直言，以对自己的“过失”和“所不及”予以批判，“以匡朕之不逮”。与一般君王颁发的抽象的“罪己诏”不同，汉文帝在诏书中强调“天下治乱，在予一人”；与某些君王用“股肱”即大臣代罪的诏也不同，“汉文帝的诏求直言可算是最为中正平和、合乎理性的举措了”④。由此可以把《日食罪己诏》理解为为社会自我批判的发动营造了“自上而下”地使言论宽松的社会氛围。

① 本书编写组：《解密日食和月食》，广东世界图书出版公司2010年版，第1页。
② 江晓原：《“日食求言”的渊源及意义》，《中国典籍与文化》1993年第4期。
③ 郭建：《正说“文景之治”四十年（连载14）》，《文史天地》2015年第12期。
④ 江晓原：《“日食求言”的渊源及意义》，《中国典籍与文化》1993年第4期。

在翌年春天，汉文帝又下诏，要求在祭祀神灵的祷词里不要再突出对皇帝的歌颂：以朕这样不敏不明之人而抚临天下，非常自愧；尊重贤明的人士，看轻自己的亲戚，先百姓后自己，公正公平之极也；听说主持祭祀的官员在祝祷时都请求上苍将福佑归到朕身上，而不是为了福佑百姓，朕非常惭愧；从今以后，官员在主持祭祀，不可以再这样。

汉文帝于公元前163年又下罪己诏书：最近几年没有获得丰收，各地有水旱疾疫之灾，朕对此非常忧愁。难道这是朕的施政有所失误、行为有过错才导致天道有所不顺，地利也得不到，人事多失和，鬼神也没有享受到祭祀的供品吗？究竟是为什么？难道是百姓经营的非农事项太多，太多的粮食被酿造成酒，六畜养育过多吗？朕要求和丞相、列侯等官员、博士一起讨论，有可以帮助百姓的，能够有长远考虑的，不要有所隐讳。这就意味着不要有顾忌地"自下而上"地进言。

正是在"自上而下"地体现在"求直言"中的社会自我批判过程中，一批知识分子如贾谊、晁错、贾山等人"积极上书言事，陈时政得失"地对社会进行批判。贾谊指出，"失时不雨，民且狼顾；岁恶不入，请卖爵子"，"急政暴虐，赋敛不时，朝令夕改"（班固：《汉书·食府志》）；贾山借秦为喻，"昔者，秦政国并万国，富有天下，……然而兵破陈涉，地夺于刘氏者，何也？秦王贪狠暴虐，残贼天下，穷困万民，以适其欲也"（班固：《汉书·贾山传》）。知识分子的这些言论在一定意义上体现了"自下而上"的社会自我批判，在批判中"共同提出若干重要主张"，"为汉帝国的发展谋划了整体蓝图"。[①] 他们借秦"二世而亡"为喻，把与朝政上的"诸吕之乱"为因果的"亡等""冒上"和"大不敬"等群体性事件揭示出来。"亡等""冒上"和"大不敬"等群体性事件在实际上正说明了民间所涌动的社会民众批判活动。体现着社会基本矛盾运动激化的朝廷上下矛盾的斗争，正说明社会自我批判的客体趋于成熟，"即社会客体的丰富规定已经呈现或正在呈现"，从而致使社会民众批判活动兴起。

---

① 刘跃进：《〈过秦论〉三题》，《中山大学学报》2016年第2期。

三　崇尚“黄老”之“德”的社会改革

“秦二世而亡”与推行高压政治致使社会矛盾尖锐是密切地联系在一起的。刘邦建立汉朝后在恢复诸子百家传统的同时，在朝廷提倡“黄老”学说，其谋士张良和后来的曹参、陈平都可归入实践道家思想的政治家。黄老之学中有《黄帝》和《老子》两部经典。汉文帝 5 岁被封为代王，从小接受当时作为思想主旋律的黄老之学的教育。文帝的诏令中用来做评判标准的“德”字，出现频率非常高，可见“德”在他心目中的地位，这与他青少年时代接受黄老之学的教育是联系在一起的。

《老子》又名《道德经》，“德”是黄老之学的中心。“德”字原来的写法是上面一个“直”，下面一个“心”，意思就是一个人要端正自己的心思，不要动歪脑筋；后来在演化中这个字中“直”的中间部分横过来，表示步伐整齐，再加上寓行列意思的双人部首，强调自觉地循规蹈矩、不胡作非为。“德”字另一个意思是谐音“得”，表示得到好处。在战国时代，“德”作为政治概念，被黄老、孔孟和韩非等各派学说广泛使用，但其具体含义和重点各有不同。黄老之学认为“德积者昌，殃积者亡”，“德”要求统治者以身作则，给予百姓以实惠，并主张以德为主的德治与法治的结合，“先德后刑以养生，顺于天”（《黄帝四经·十六经》）。

于是，汉文帝在被推上宝座的当天深夜就发了一道诏书，“朕初即位，大赦天下”，其中有“赐民爵一级，女子百户牛酒，酺五日”。爵位是从秦国承袭过来的社会等级制度，全社会的良民按照爵位分为 20 个等级，爵位由嫡长子继承，但要下降一等级。爵位与特权相连，在衣食住行、生婚丧葬等方面都有特定的标准，每一级爵位都可以从国家获得一定的耕地和住宅地，可以出任一定的官职。文帝前所未有地赐全体百姓一级爵位，这是很实惠的善举，这就使已有的超过了爵位限制的私有土地都合法化。女子赐予牛酒，每一百户一头牛、十石酒。受制于当时的生产力，民间不得宰杀耕牛，也不得随便聚众饮酒。汉文帝连夜下达的这道诏书发出了一个明显的政治信号：注重民生，给百姓以实惠，以此来巩固其皇朝统治。

“德”的一个含义就是不胡作非为，汉文帝深明其意。秦严刑峻法，汉文帝于即位后的第三个月就下诏，“尽除收孥相坐律令”：法律是施行治理的最公正的工具，是用来禁止暴行、保护好人的，而当今却连坐罪犯的无辜的父母、妻子、子女、同胞兄弟姐妹，并将他们收为奴隶，朕非常不赞同。汉文帝十三年（前167），15岁的淳于缇萦长途跋涉跟随着父亲的囚车到长安，向文帝写了申诉，情愿没入官府为奴婢，来赎换父亲将要受的肉刑，使父亲可以得到重新做人的机会。汉文帝听了很感动，与自己原有的想法一致，于是下诏：当今百姓有过错，还没有对他进行教化就滥施刑罚，有黥、劓、斩左右趾三种肉刑，其中的黥刑刻入肌肤，终身不能消除；以后即使罪犯想改行为善，却没有重新做人的机会；应该废除肉刑，用别的律条来代替之，以罪行轻重判刑，在服刑期内不逃亡的，期满后释放为平民。这道诏书实行了两大改革：一是废除肉刑，用其他刑罚代替之，以利教化；二是对苦役刑罚要规定时限，所有刑徒都有可能重回社会。这在当时是一种极其超前的观念。

"德"的另一个含义就是给人得，汉文帝同样深明其意。他的改革就是"轻徭薄赋"。秦末，老百姓的负担很重，有什一税（田里收入的十分之一交税）、"布缕"（家庭纺织品交税）、"力役之征"徭役制（男丁承担兵役，一年到边防服役为"戍卒"，一年到各野战军服役为"正卒"）。汉文帝登基后的第六个月就下诏"令郡国无来献"，宣布取消各郡国每年向皇帝的上贡。汉文帝登基后一年的正月下诏：农为天下之本，"始开籍田，躬耕以劝告百姓"[①]，以给宗庙粢盛。这年九月，文帝又下诏，在汉高祖的十五税一的基础上，"赐天下民今年田租之半"，实际就是"三十税一"。文帝二年（前178）和十二年（前168），曾两次宣布减当年田租为三十税一。另据《汉书·贾捐之传》之说法，文帝诏"丁男三年而一事"，即把成年男子每年应服的一月"更役"，减少为每三年服一个月的更役。同时，文帝努力减少军事开支。改善汉朝与匈奴的关系以缓和边境局势，在北方边境由军事化的各边郡防御匈奴小规模的侵扰，仅在匈奴大举入侵时，朝廷出动野战军，节省了动员常备军的费用。

汉文帝注重市场的流动。汉承秦制，秦把战国时各国割据、军事对峙的关卡保留下来，汉初各地区的人员和物资必须持朝廷发放的证件"传"才可以过关。汉文帝在政12年时，下诏撤销全国所有的关卡，过

① 甄喆实：《秦的覆亡与文景之治》，《求是》2003年第3期。

关不需要通行证件，即“除关无用传”，以促进各地区之间交通畅通。汉文帝在位23年，在农业方面，除了家庭手工业与农业相结合的个体小农经济获得了发展之外，还出现了许多拥有“千树枣”“千树栗”“千树楸”“千亩漆”和“千畦姜韭”的单一经济作物经营农户。全国各地区形成了颇有特色的农副产品分布区域，如齐地“膏壤千里，宜桑麻”；鲁地“颇有桑麻之业”；越楚之地“通鱼盐之货”；燕代之地善“田畜而事蚕”；巴蜀地区“卮、姜、丹砂、石、铜、铁、竹、木之器”（司马迁：《史记·货殖列传》）。这从一个侧面说明了汉文帝时期社会上经济的繁荣状况。

公元前157年农历六月，刚满46岁的汉文帝患上重病，不久驾崩。31岁的太子刘启登基，这就是汉景帝。早在汉文帝登上皇位的三个月后，文帝就在众大臣的推动下立9岁的儿子刘启为太子。刘启立为太子后，贾谊、晁错都上书汉文帝，要重视对太子的教育。贾谊说：“天下之命，悬于太子，太子之善，在于早谕教与选左右。”（班固：《汉书·贾谊传》）晁错说：“臣窃观皇太子材智高奇，驭射伎艺过人绝远，然于术数未有所守者，以陛下为心也。”晁错把“术数”理解为“知所以临制臣下而治其众”，“知所以听言受事”，“知所以安利万民”（班固：《汉书·晁错传》）。汉文帝十分重视对刘启的教育尤其是“术数”的教育，经常带着太子处理政务，史书上有很多嘱托太子的记载；同时，汉文帝及窦后崇尚“黄老”，“帝及太子诸窦不得不读《黄帝》、《老子》尊其术”（班固：《汉书·外戚传》）。

汉景帝即位后在诏书中说：“孝文皇帝临天下，通关梁，不异远方；除诽谤，去肉刑，赏赐长老，收恤孤独，以育群生；减嗜欲，不受献，罪人不孥，不私鞭不诛无罪，不私其利也；除宫刑，出美人，重绝人之世也。朕既不敏，弗能胜识，此皆上世之所不及，而孝文皇帝亲行之。德厚伴天地，利泽施四海，靡不获福。”（班固：《汉书·景帝纪》）此诏文尽管是官样文章，但仍可从中看出汉景帝对其父亲文帝的景仰和崇拜，含有决心效法的意思。可以说，汉文帝所开创的社会自我批判，经景帝在效法中拓展，为近四十年的“文景之治”画上了完善的句号。兹择其两要者析之。

其一，坚持重农减税。汉景帝继位的当年，鉴于几年来农业收成不好，农民生活困难，景帝就下诏允许农民从贫瘠的狭乡迁往土地肥沃的宽乡，“间者岁比不登，民多乏食，夭绝天年，朕甚痛之”，“其议民欲徙宽大地者，听之”（司马迁：《史记·平准书》）。同年五月汉景帝又下诏，为减轻农民负担，减免田租的一半，自汉高祖起规定十五税一，汉文帝时虽时有减免，但没有形成定制，汉景帝正式改为三十税一，从此成为汉朝的定制。公元前141年景帝下诏书：“农，天下之本也。黄金珠玉，饥不可食，寒不可衣，以为币用，不识其终始”，“令郡国务劝农桑，益种树，可得衣食物”。汉景帝于公元前142年又下诏：“农事伤则饥之本也，女红害则寒之原也。夫饥寒并至，而能亡为非者寡也。朕亲耕，后亲桑，以奉宗庙粢盛祭服，为天下先，不受献，减太官，省徭赋，欲天下务农蚕，素有畜积，以备灾害。”（《汉书·景帝纪》）

其二，约法省刑。汉文帝废除肉刑，规定犯法应受劓刑者笞三百，应受斩左趾刑者笞五百，但由于笞刑太重，好多人受刑时就被笞死。于是，汉景帝下诏减轻笞刑，“加笞与重罪无异，幸而不死，不可为人”，改为笞五百曰三百，笞三百曰二百；后又下诏减轻，“其减笞三百曰二百，笞二百曰一百”。同时完善法制，如确立夏审制，准许受审者上诉，给受冤者平反。公元前136年，汉景帝下诏，“法令度量，所以禁暴止邪也”，“有罪者不伏罪”而致“诸狱疑”，当及时会审平议。这样就把汉高祖以来的“狱疑上报”制度强化，“狱疑”可反复上报审理。此外，汉景帝为了安定社会，任用了一批严格执法的士人为地方长官，以至于“行法不避贵戚，列侯宗室见都侧目而视”（班固：《汉书·酷吏传》）。

汉景帝在位16年，使由汉文帝开创的“文景之治”达到近40年。对于“文景之治”，史书称：“汉兴，扫除烦苛，与民休息。至于孝文，加之以恭俭，孝景遵业，五六十载之间，于移风易俗，黎民醇厚。周云成康，汉言文景，美矣！”（班固：《汉书·景帝纪》）司马迁在《史记》中如此描述：“国家无事，非遇水旱之灾，民则人给家足”，“京师之钱累巨万，贯朽而不可校；太仓之粟陈陈相因，充溢露积于外，至腐败不可食”。（司马迁：《史记·平准书》）

四 “自下而上”及其中的《过秦论》

在史书中，往往是处于国家权威机构金字塔顶端的“世界历史个人”

熠熠发光，好像历史是他们创造的，“这只能用这个世俗基础的自我分裂和自我矛盾来说明”[①]。体现为“文景之治”的社会自我批判固然离不开汉文帝和汉景帝，但社会自我批判的发动与发展归根到底是与人民群众创造历史的能动性密切地联系在一起的。

“秦二世而亡”的王朝交替体现的是人民创造历史的能动性。在“达摩克利斯之剑”的心理压力下，由社会上层的“号令一出太后”和社会下层的“亡等”“冒上”和“大不敬”等群体性事件交织所激发的“京城喋血”，直接或间接地说明了人民群众在社会自我批判发动中的主体作用。

如前所述，汉文帝在位时“常战战栗栗，恐事之不终”，就在于班固所说“思安百姓”，即对百姓的不安“战战栗栗”。联想到文帝即位后的第一个诏书，就有“赐民爵一级”，即给民以“爵”利以“安百姓”。从“思安百姓”到给民以“爵”利以使之安，说明了以“不安”形式体现出来的“自下而上”的社会民众批判对于国家权威批判的作用。从汉文帝在废除肉刑中的诏书中说到为什么酷刑下犯罪并没有减少的现象，说明民众以“犯罪”的形式所体现出来的“自下而上”的社会民众批判对于国家权威批判所施加的压力。尤其在文帝十二年（前168）下诏减当年田租为三十税一时特别讲道：“朕亲率天下农，十年于今，而野不加辟，岁一不登，民有饥色，是从事焉尚寡，而吏未加务也。吾诏书数下，岁劝民种树，而功未兴是吏奉吾诏不勤，而劝民不明也。且吾农民甚苦，而吏莫之省，将何以劝焉？其赐农民今年租税之半。”（班固：《汉书·文帝纪》）诏文中通过“民有饥色”“农民甚苦”而对地方官吏的数加切责，说明了当时社会底层矛盾的尖锐，也说明了以“野不加辟，岁一不登”“从事焉尚寡”等方式体现出来的社会民众批判对于国家权威批判促进改革的动力。此外，从汉景帝下诏对“诸狱疑”予以会审平议的情况，说明民众以“有罪者不伏罪”的形式所体现出来的“自下而上”的社会民众批判对国家权威批判改革“国家的隐蔽的缺陷”[②] 的意义。

我们在第四章提到，在社会自我批判中，“世界历史个人”既存在于

① 《马克思恩格斯选集》第1卷，人民出版社1995年版，第55页。

② 同上书，第5页。

国家权威批判中，也存在于社会民众批判中。就后者而言，这些“世界历史个人”的作用固然可体现在“登高一呼，应者云集”，也可体现在“往往成为体制内沟通社会民众批判活动与国家权威批判活动之间的桥梁”。正是这些“世界历史个人”把广大民众对于针对损害自身利益的否定因素而奋起批判及矛头所指的否定因素的信息，传递给具有现实性的国家机器中的“世界历史个人”，这对于以“自上而下”态势展开的国家权威批判活动具有重大意义。就我们的论题而言，“积极上书言事，陈时政得失”的贾谊、晁错、贾山等人，在一定意义上也可以说是“世界历史个人”，体现着社会民众“自下而上”批判。其中，贾谊的《过秦论》在历史中熠熠发光。

据《史记·屈原贾生列传》：贾谊原籍洛阳，少有才名，能诵《诗》《书》，遂闻名于郡中，年十八被河南太守召到门下；以其颇通诸子百家之书，二年后被汉文帝召为博士，在一年内又被破格擢升为太中大夫。在汉文帝《日食罪己诏》的氛围下，每有朝令，朝廷都能廷议，“贾生尽为之对，人人皆以为合于己意”，常就章法制度、礼乐时尚等问题赤诚献策，较为有名的文章有《治安策》《论积贮疏》，最有影响的是《过秦论》，“在汉代就已经受到充分的重视，颇获征引”，“班固在《汉书》表彰贾谊的《过秦论》具有‘暴秦之戒，三代是据’的地位”。①

“《过秦论》一文着力述过，但不恶意攻主讦”，这就与“那种欲加之罪，何患无辞不同；也与那种但为述过，则就过论过，置功于不顾，‘一棍子打死’有别”，该文称秦王嬴政犹能“奋六世之余烈，振长策而御宇，吞二周而亡诸侯”，“凡此，皆系始皇之建树”。② 接着，《过秦论》以史实为据，力陈秦始皇之过：“废先王之道，焚百家之言，以愚黔首”，“收天下之兵，聚之咸阳，销锋镝，铸以为金人十二，以弱天下之民”，“自以为关中之固，金城千里，子孙帝王万世之业也”，然而，“一夫作难而七庙隳，身死人手”。“何也？”最重要的原因就在于“仁义不施而攻守之势异也”。

---

① 刘跃进：《〈过秦论〉三题》，《中山大学学报》2016 年第 2 期。

② 郭荣章：《西汉贾谊〈过秦论〉读后之一得》，《成都大学学报》2013 年第 2 期。

对于“仁义”，“贾谊是就事实上说仁义”。[1] 克罗齐把“历史”与“编年史”区分，前者较之于后者才是“活生生的积极的历史”；“当代史固然是直接从生活中涌现出来的，被称为非当代史的历史也是从生活中涌现出来的，因为，显而易见，只有现在生活中的兴趣方使人去研究过去的事实”，由此提出了著名的“一切历史都是当代史”的名言。[2] 贾谊正是从当时的事实出发对秦之过予以批判，目的在于如何在汉文帝时代施“仁义”。这正体现了社会的自我批判。

贾谊的《过秦论》对于汉初的社会自我批判，既体现着“批判的武器”，又为“武器的批判”献计献策：（1）确立“民为政本”。贾谊说：“故夫民者，至贱而不可简也，至愚而不可欺也。故自古至於今，与民为仇者，有迟有速，而民必胜之”；“夫战之胜也，民欲胜也；攻之得也，民欲得也；守之存也，民欲存也”。这对于君临天下的汉文帝来说，具有极大的鉴戒作用。（2）“固本抑末”。汉初，社会经战乱而经济凋敝，商贾乘机囤积居奇，商人的盘剥成为人民贫困的原因之一。汉初统治者称农为“本”，称商为“末”，强调固本抑末。贾谊就说：“管子曰：仓廪实而知礼节，民不足而可治者，自古及今，未之尝闻。”（3）“扫除繁苛，与民休息”。鉴于秦的“赋敛无度”“戍徭无已”，实行“无为而治”，减轻农民的徭役和赋税。贾谊《过秦论》中的这些主张对于“文景之治”在制度层面的“武器的批判”是有实践意义的。

第二节　以“明治维新”为中心的社会自我批判

以“明治维新”为中心的社会运动是近代世界史上较为典型的社会自我批判案例。“明治维新”与“戊戌变法”在本质上是不一样的。“明治维新”与天皇和幕府二元政体下的“自下而上”批判和天皇的“自上而下”讨幕战争及由幕藩体制转化为朝藩体制联系在一起。史书一般把“明治维新”的时间界定在1868年天皇睦仁发展《王政复古大号令》到

---

① （清）刘熙载、袁津琥校注：《艺概注稿》，中华书局2009年版，第99页。

② ［意］克罗齐：《历史学的理论和实际》，傅任敢译，商务印书馆1982年版，第37、2页。

1869年明治政府强制实行“版籍奉还”。其实作为社会自我批判的“明治维新”应该把1868年之前的一段时间内的“自下而上”的社会自我批判和1869年之后的一段时间内的“自上而下”的社会自我批判包括在内，前后时段约50多年。这就是本节标题中“为中心”的缘由。

一 与“戊戌维新”相对应的“明治维新”

人们总是把日本的“明治维新”与中国的“戊戌维新”予以对比，两者确实有很多相似之处。关于“戊戌维新”亦即“戊戌变法”，《辞海》中写道：1895年清政府在甲午战争中被打败，民族危机空前严重。康有为等在北京发动各省应试举人一千三百余人上书光绪帝，以“变法图强”为号召，掀起维新变法运动。光绪帝接受变法主张，于1898年（戊戌年）6月11日颁发“明定国是”诏，宣布变法自强。此后的一百零三天内不断颁发维新法令，从政治、经济、军事、教育等方面推行新政，一时变法形势轰轰烈烈。但以慈禧太后为首的守旧势力操纵军政实权，反对变法维新，于9月21日发动政变，幽禁光绪帝，杀害谭嗣同等六人，康有为、梁启超等逃亡日本，变法失败。[①]

关于“明治维新”，《辞海》中写道：19世纪以来日本城乡不断发生农民和市民暴动，以江户幕府为中心的幕藩体制发生动摇。1858年美国舰队到日本，次年迫使幕府签订《神奈川条约》，后荷、俄、英、法等国相继援例订约，幕府权威丧失。1867年，京都朝廷下讨幕密诏；1868年天皇睦仁发布《王政复古大号令》，废除幕府制度，并维新派军队击败幕府军队，后改年号为元明治；1869年各藩“版籍奉还”；1871年废藩置县，建立中央集权政府；1889年颁布《帝国宪法》，确立天皇制，[②] 由此向现代国家迈进。

不少学者据此认为，两国都以自然经济为主体且实行闭关锁国政策，都被西方国家以坚船利炮打开国门，都由皇帝或天皇等最高统治者以颁发诏书形式实施自上而下的政治、经济、文化等方面改革，因此“戊戌维新”和“明治维新”在性质上是相同的，即都是社会处于非崩溃时期

---

① 辞海编辑委员会：《辞海》，上海辞书出版社2001年版，第1998、1676页。

② 同上。

的社会自我批判。然而，二者的结果不同，一个成功了，一个失败了，何也？结果是由原因产生的，“可以说，我们找不到一种只存在于效果里而不存在于原因里的内容”①。这就是说，结果的不同正是由原因的不同引起的。

对于“戊戌维新”的失败，梁启超于逃亡到日本后的第6天写给日本首相大隈重信的信中，从“明治维新”与“戊戌维新”的对比中予以分析：第一，“贵邦幕府虽威福久积，然于皇室则君臣之分；敝邦西后则朝权久据，且于皇上冒母子之名。故讨逆幕，则天下之人皆明其义；语及西后，则天下之人或疑其名”。第二，“贵邦天皇与将军一居京都，一居江户，不相逼处。故公卿外士之有志者，得出入宫禁，与天皇从容布置，而幕府无如之何。敝邦则皇上与西后同处一宫，声息相闻，且皇上左右皆西后之私人，皇上所有举动，西后无不立知”，“一旦废立，即使外省有举义之兵，兵未及京都而彼已可立置皇上于死地，是皇上直为西后质子也”。第三，“皇上手下无以尺寸之兵权，与当时贵国之皇室略同。然当时贵国有萨、长、土、佐诸藩相与夹辅，故虽藉志士之功，尤赖强藩之力。藩侯自君其国，经数百年，本藩之士民皆其赤子”，“故王室得其维持，而志士有所凭藉”；“若敝邦则不然，各省督抚数年一任，位如传舍，顺政府之意，则安富尊荣，稍为拂逆，授意参劾，即日罢官矣”，“志士以一身毫无凭藉，惟有引颈就戮而已”。梁启超还在信中分析了两国变革时所处国际形势的不同：“贵邦三十年前，外患未亟，其大忧仅在内讧，故专恃国内之力，而即可以底定。敝邦今日如以一羊处于群虎之间，情形之险，百倍贵国。”于是，梁启超在信末悲愤地说：“此敝邦志士所以吞声饮恨，血泪俱尽，志计俱穷，以至于今日，而我皇上之位卒岌岌不能保，敝邦改革之事遂废于半途也。”②

康有为逃亡到日本后，对于戊戌变法失败的分析也表达了与梁启超相类似的观点：“我国之帝后，犹贵国之公武也（即日本的天皇与幕府——引者注）。帝后之隙已深，亦如贵国之万无公武全体之理。然贵国公武异处，而我则帝后同居；贵国王室与幕府，犹有君臣之分，我朝皇

① ［德］黑格尔：《小逻辑》，贺麟译，商务印书馆1980年版，第316页。

② 中国史学会：《戊戌变法》第2册上，神州国光社1953年版，第601—608页。

上与西后，尚牵母子之名。同居则行事甚难，假名则群臣惑，既猜忌甚至，故布置甚难。”①

康、梁亲历“戊戌维新”所得出的分析是很有道理的，光绪与慈禧有母子名分且同住一地，这是造成“戊戌维新”失败的重要的具体因素。任何一个事物总是“体用合一”的，“用”体现“体”，“体”离不开“用”。作为“用”的造成“戊戌维新”失败的众多具体因素是由作为“体”的使“戊戌维新”失败的根本因素决定的；同样，对于“明治维新”来说，也是如此。这就是“使整个阶级行动起来的动机；而且也不是短暂的爆发转瞬即逝的火光，而是持久的、引起重大历史变迁的行动”，这是“反映在行动着的群众及其领袖即所谓伟大人物的头脑中的动因”。② 这个“动因”就是“用”后面的“体”，这个“体”往往以“意识形态的形式，甚至以被神化的形式”通过“用”体现出来。抓住了这个“体”，就能理解《道德经》中说的“以无为体，得其母”。

根据我们的论题，如果说，“明治维新”的成功是作为“形而上”的社会自我批判的“体”在根本上发生作用，那么“戊戌变法”的失败就在于由于“特定条件”的尚不具备，尤其是社会主体并不能进行“一种普遍意义的反思”。而社会主体不能进行“一种普遍意义的反思”的一个关键因素就是，处于19世纪与20世纪之交的以清朝政府形式呈现出来的中国长达两千多年的封建体制，已经失去了“现实性”。因而“戊戌维新”在本质上并不具有作为“形而上”的社会自我批判之“体”。正是从这个意义上说，“戊戌维新”的失败是必然的。

二 二元政体下的“自下而上”批判

在“明治维新”之前，日本政权的体制是天皇—幕府的封建二元政体。日本于公元7世纪实行大化革新，模仿和移植中国唐朝的政治体制，建立封建君主制的天皇制。然后仅200年，从藤原良房担任摄政开始，统治大权即转入藤原氏之手，天皇在长时间内被架空而没有实权。“幕府”两字起源于中国。在古代中国，将军出征并在营幕中办理军备，称为幕

① 《康有为政论集》上册，中华书局1998年版，第393页。

② 《马克思恩格斯选集》第4卷，人民出版社1995年版，第249页。

府，有时也称将军本人为幕府。日本的幕府始于 1192 年，最早为镰仓幕府，之后是室町幕府，再后是征夷大将军的德川幕府。德川家康于 1603 年在江户建立德川幕府，经家族传承到 1867 年。由于幕府建立在江户，这一历史时期就称为江户时代。

德川幕府掌握着“三都”（江户、京都和大阪）为中心的庞大直辖领地。此外，全国还存在约260 个独立行使其域内统治管理权的藩国。藩国统治者为藩主，亦称“大名”，享有世袭统治权。幕府与藩国之间的关系是，藩主的领地领民权以幕府将军的承认为前提，藩主须效忠于将军，须按照幕府法令处理藩政，须自备武装粮草随时承担幕府指派的出征任务；但幕府不能直接介入藩国内大名与领民的事务，藩国的财政独立，领民只向藩主缴纳地租，而藩国没有向中央政府缴纳租税的义务。

江户时代的政治体制是二元的，即天皇政权与幕府政权并存。幕府将军掌握着包括政治、军事、财政方面相当大的权力，但是天皇在意识形态方面则具有绝对的权威，“天皇神授”在日本百姓中根深蒂固。历代德川幕府将军的“征夷大将军”封号必须由天皇来册封，由此才能使其统治合法化。这样在名义上幕府将军由天皇册封，幕府受天皇委托执政；但事实上天皇只能从事学问、吟咏和歌，不准顾问政治，否则随时可以被废黜。当然，也有例外。1858 年幕府与美国驻日本领事佩里议定《日美友好通商条约》，派大员前往京都请天皇“敕许”，天皇居然未予批准。[①] 这件事也反映了尽管幕府掌握大权，天皇的地位依然存在。然而，对于二元政体中天皇的地位，仍然摆脱不了如下的评语：“日本的皇室是世界上历史最悠久的皇室，也曾经是君主制国家中处境最尴尬的皇室。”[②]

作为非崩溃时期的社会自我批判，往往先是以“自上而下”态势呈现的国家权威批判，然后是以“自上而下”态势呈现的国家权威批判与以“自下而上”态势呈现的社会民众批判之间的相互作用。然而，由于日本特有的二元政体，这就给日本的思想解放活动创造了社会意识条件，因此在“明治维新”之前就有一个较大规模的可在一定意义上称之为以“自下而上”态势呈现的社会自我批判。这种社会自我批判主要体现在知

① 武安隆、王家骅：《日本明治维新》，商务印书馆 1984 年版，第 12 页。

② 李卓、郑辟楚：《明治时代天皇权威的重建》，《四川大学学报》2016 年第 6 期。

识分子对幕府意识形态的批判和底层民众的“国诉”、檄文谣传、贴帖活动及作为其高潮的“可好啦”骚乱等所引发的思想动荡。

由日本思想界所发动的社会自我批判打着“尊王”的旗号，主要针对当时作为幕府意识形态的朱子学。朱子学是幕府官方政治哲学，属于东亚儒学，以“理”和“天人合一”为依据，将封建等级关系固定化，为以“将军家”为顶点，以农民为底层的封建等级秩序提供了“形而上学基础”。[①] 随着西势东渐和社会的动乱，朱子学一方面以天道不变来对抗社会变革，另一方面又以官学的身份排斥西学和国内的异学，以消极的“天理人欲论”来消解人性解放。于是，打破朱子学就成为当时社会变革的思想前提。

阳明学派最先对占据意识形态主流的朱子学发动批判，其代表人物有熊泽蕃山、三重松庵和中江藤树等。他们认为，“心即理也”，“心”是辨别是非的标准，反对教条主义，主张社会法则只要与“心”不合，那么理当因时而变通。熊泽蕃山认为政治的贤明不在死守圣经，而在因时而动和因势而动，“谋时处位之至善”[②]。三重松庵说，人们“虽由于所生之贵贱，或为君，或为臣”，但“原来皆天地之子”，故“皆与兄弟同理”，不可强分高下[③]。这种思想，“与认为人在先天上不平等、统治者和被统治者由命运决定”，从而与以此“命运论”为前提建立起来的德川世袭社会观相对立。[④] 阳明学对朱子学的批判，撼动了朱子学的“天理”观，但也留下一个难题，即既然他们都自认为是正统的儒学，那么什么是真正的作为“圣人之道”的儒学？于是，一些儒学者纷纷脱离了原有的阵营，在争论中寻求新的答案。这就意味着传统儒学的衰败。

随着日本内部的阶级分化，日本的思想界产生了好几个学派，呈现为类似于中国春秋时代的“百家争鸣”。从朱子学内部生长出来的以山鹿素行、伊藤仁斋等为代表的“古学派”，将“理”理解为融于有形事物中

① 近代日本思想史研究会：《近代日本思想史》第1卷，马采译，商务印书馆1983年版，第7页。

② ［日］相良亨等：《江戸の思想家たち》上，东京：研究社1979年版，第81页。

③ 朱谦之：《日本的古学及阳明学》，人民出版社2000年版，第263页。

④ ［日］源了圆：《德川思想小史》，郭连友译，外语教学与研究出版社2009年版，第41页。

"生生不息"的条理，主张以"物"代"理"；把人道与天道区别开来，认为"道既不是事物当然之理，也不是天地自然之道"，道就是"先王之道"，这就意味着道是相对的、可变的，包含着社会变革的思想，即"它承认以封建君主的统治为前提的社会制度的改良和发展"[①]。以荷田春满、贺茂真渊等为代表的学派，立足于日本固有文化，从儒学外部对朱子学予以批判。他们反对朱子学的"天理人欲"论，提倡人生的自然欲求，"人欲即天理"，人生在世就应"自我享乐"。[②] 国学派主要是以"城市知识分子为代表的封建制下的改良主义思想体系的产物，具有鲜明的'町人阶级特色'"[③]。兰学则站在西方文化的角度对朱子学进行批判。兰学指日本江户时代通过荷兰语传播而来的西洋学术总称，代表人物有山田玄白、前野良泽等。他们对朱子学中的封建尊卑观念提出质疑，认为"下愚亦罢，上智亦罢，凡人皆同格也，故上人亦人，下人亦人"[④]；他们对朱子学中的泥古学风展开批判，从"天理活动物也，圣语死物也，死物活用之"[⑤] 出发，强调只要有益于治世，皆应采纳吸收，都"应拳拳服膺而善思之"[⑥]。幕府末期，"与儒学相比，在幕府内部倒是洋学（即兰学——引者注）起了更大的历史作用"[⑦]。

通过对朱子学中哲学思想的批判，加上中国鸦片战争后的国势颓废，使由朱子学所维系的"华夷观"和"锁国观"崩溃。在对"华夷观"的批判中，他们指出朱子学尊中国为"中华"，而视本国为"东夷"，其"行为乃与叛逆之罪人同"；[⑧] 日本为"皇国即天地根源，所有事物较万

---

① 近代日本思想史研究会：《近代日本思想史》第1卷，马采译，商务印书馆1983年版，第10页。

② ［日］永田广志：《日本哲学思想史》，陈应年等译，商务印书馆1978年版，第158页。

③ 近代日本思想史研究会：《近代日本思想史》第1卷，马采译，商务印书馆1983年版，第13页。

④ 朱谦之：《日本哲学史》，人民出版社2002年版，第112页。

⑤ ［日］永田广志：《日本哲学思想史》，陈应年等译，商务印书馆1978年版，第216页。

⑥ 同上书，第222页。

⑦ ［日］信夫清三郎：《日本政治史》第1卷，周启乾等译，上海译文出版社1988年版，第11页。

⑧ ［日］大野晋、大久保正编集：《本居宣长全集》卷8，东京：筑摩书房1972年版，第66页。

国为优"[①]；认为"西方君民同权之政治"之长在于"争取国民之心"[②]，并提出建议参照西方建立"公议"，"不限外藩、谱代，选贤为政官"，"天下为公共之政"。[③] 在对"锁国观"的批判中，他们指出"造物者天赋法则，天与交往偕生之道有关"，"锁国其罪之大几同乎杀人"。[④] 通过中国鸦片战争的震慑，知识分子对"锁国观"的批判在日本朝野中形成共识，纷纷主张破除"锁国割据旧习"，以与"宇内万国共同交通"[⑤]。

末幕时期，封建领主制度日趋腐朽，社会矛盾尖锐。在种植棉花和油菜籽发达的关东京畿地区，出现了反对幕府及集结于幕府批准的经营商的"国诉"，后来又出现要求降低肥料价格的"国诉"，控诉的规模从几百个村庄参加扩大到有一千五百多个村庄参加。在关西的大阪地区也出现了有一千四百六十个村庄参加的"国诉"。"国诉"正是这一时期广大农民所进行的社会民众评价活动，在国诉和其他与之相连的骚乱中，人们提出了"普济众人"和欢迎"改造社会的大明神"等愿望。各地不断传出"改革世界"的檄文，打着拥护王政的旗号，在很多"町奉行所(市政府)"的大门上贴"政府已经卖光"的帖，掀起诸如"降低米价"而袭击米店和富商以及烧毁土地清册等"捣毁运动"式的社会骚动，几度使社会陷入无政府状态。

1867 年 8 月，名古屋地方谣传，天上飘下来象征吉祥的神符。大批农民和市民离家，男着女装，女着男装，到处狂歌乱舞，歌谣中不断重复"可好啦，可好啦"或"还不好吗，还不好吗"的单调词句。他们在呼喊"可好啦"或"还不好吗"的同时，还在"呼喊着'改造近来这萧条时世'"，甚至"士兵等也参加到人群之中，共同舞蹈"，"不断地说出了讨幕派的期待"，因此"这就是改造社会运动"。"历史学者西垣晴次搜集的资料表明，'可好啦'或'还不好吗'的活动于旧历八月十五（公

---

① 朱谦之：《日本哲学史》，人民出版社 2002 年版，第 113 页。

② ［日］依田熹家：《日中两国近代化比较研究》，卞立强等译，上海远东出版社 2004 年版，第 62 页。

③ 郝秉键：《试论明治维新的思想条件》，《中国高校社会科学》2016 年第 6 期。

④ ［日］信夫清三郎：《日本政治史》第 1 卷，周启乾等译，上海译文出版社 1988 年版，第 80 页。

⑤ ［日］渡边华山等：《日本思想大系（55）》，佐藤倡介等校注，东京：岩波书店 1971 年版，第 506 页。

历9月12日）始见于滨松附近的村镇，此后到年底便发展到各地，这一活动传到京都是在旧历八月下旬，得到急剧的发展则是在旧历十月”。[①]狂舞的人群闯入那些平时坑害民众的高利贷者、商人和地主家，勒令拿出酒食，吃饱喝足后继续歌舞，连幕府官吏也不能阻止。骚动持续数月，遍及江户、大阪、京都等地，“幕府的统治机制几乎全部瘫痪”。[②]

在这一段时间内，全国多地谣传频频，思想激荡。在这种思潮的冲击下，幕府的号令没有人听，其所经营的意识形态在一段时间内几乎崩溃。“一定的意识形式的解体足以使整个时代覆灭”[③]，正是从这个意义，“国诉”、檄文、谣传、贴帖活动以及“庆应三年的‘可好啦’骚动”，正是这些“自下而上”的社会民众批判活动，“从根本上动摇了德川幕府的反动统治”[④]。

日本二元政体之所以能经过短短的期间杂有战争的社会危机而转化为以天皇为中心的一元政体，从而开启“明治维新”，是与上面所述的以知识分子为主体的对于朱子学的批判和以低层民众为主体的“国诉”、檄文谣传、贴帖活动及作为其高潮的“‘可好啦’或‘还不好吗’骚动”等联系在一起的。在二元政体中，这两股力量都把批判矛头直接指向腐朽的幕府政治，而没有指向王政，甚至还打着尊王旗号，因而就能有一个较为宽松的社会意识环境，使得这两股力量都能发展得较为充分，两者纠合在一起，形成了在一定程度上的“自下而上”的社会自我批判。森岛勇夫在研究了“明治维新”后指出，任何一种历史事件乃至政治的和经济的选择“都是依赖于一个国家的历史进程中意识形态配置的方式”[⑤]。正是这种一定程度上的“自下而上”的社会自我批判为“明治维新”的发动准备了“意识形态配置”。

---

① ［日］信夫清三郎：《日本政治史》第2卷，周启乾等译，上海译文出版社1988年版，第115、116页。

② 武安隆、王家骅：《日本明治维新》，商务印书馆1984年版，第12页。

③ 《马克思恩格斯全集》第30卷，人民出版社1995年版，第540页。

④ 武安隆、王家骅：《日本明治维新》，商务印书馆1984年版，第18页。

⑤ ［日］森岛通夫：《日本为什么“成功”》，胡国成译，四川人民出版社1986年版，第289页。

三 《王政复古大号令》《五条誓文》与“自上而下”批判

1867年孝明天皇死，太子睦仁即位，改年号为“明治”。“明治”出自《易》中的“圣人南面而坐天下，向明而治”。睦仁即位时只有15岁，是日本第一百二十代天皇。尽管睦仁尚未成熟，但深切感受到上面所述的“自下而上”的社会自我批判所激发的社会危机，对日本所处的形势具有深深的忧患意识，“朕以幼弱猝绍大统以来，对以何与万国对立事奉列祖，朝夕恐惧不堪”①。

在当时的社会危机中，封建阵营发生分化，各藩的倒幕势力在“尊王攘夷”的旗帜中升华出“尊王倒幕”的旗帜，积极结盟举兵。睦仁天皇与之迎合，于1867年11月8日下达讨幕密敕，宣告：“朕今为民之父母，是贼不讨，何以上谢先帝之灵，下报万民之深仇哉。”② 幕府将军德川庆喜表面上于9日奏请“奉还大政”，背地里却在大阪集结精兵，企图反叛。

1868年（戊辰年）1月3日，包括萨摩、长州在内的六个强藩，联合主张倒幕的公卿势力，于京都发生政变，由天皇出面发布《王政复古大号令》，在“前所未有之国难”的严峻形势下，宣布废黜幕府统治，成立受明治天皇领导的新的中央政府，并要求幕府将军辞去官职，交出土地。这就正式宣布开始了“明治维新”中的“自上而下”改革。8日，德川庆喜在大阪宣布“王政复古大号令”为非法；25日，德川庆喜“奏请”天皇征讨反幕的萨摩藩。戊辰战争由此开始，至1869年夏，天皇军攻下叛军顽固据守的新式军事要塞。于是，天皇统一全日本，幕府势力全部被消灭，戊辰战争终于结束。戊辰战争断断续续，历时一年半，天皇军战死者3556人，幕府方战死者4707人，战争规模不大，也不算激烈，算不上狂风暴雨，但毕竟是流了血。在整个战争过程中，社会没有由此处于崩溃，仅仅是由二元政体改为一元政体。

“如果把以将军为中心的幕府和藩构成的国家体制称为‘幕藩体制’，那么由将军奉还大政后所产生的以天皇为中心的复古王政的国家体制就

① ［日］柴田勇之助编：《明治诏敕全集》，东京：皇道馆事务所1907年版，第7页。

② ［日］远山茂树：《明治维新的天皇》，东京：岩波书店1991年版，第66页。

是朝藩体制”，幕藩体制和朝藩体制都是以封建制度为基础的封建国家体制，但前者已显然不能抵制西方国家的冲击，而后者则有助于形成统一的国家以抵制西方国家的冲击。“朝藩体制由成为统一国家主体的朝廷和为了统一国家而必须否定自己的藩国构成。”这就是说，它是一个矛盾的事物，是在从“封建国家向近代统一国家转变过程中产生的一个过渡性的事物”。[①] 这就意味着，由社会危机所开始的体现为社会自我批判的“明治维新”还需要进一步把改革进行下去。

1868 年 4 月 6 日，睦仁天皇在京都皇宫的紫宸殿率领百官向天地诸神宣誓建设新国家的《五条誓文》：“一、广兴会议，万机决于公论；二、上下一心，盛行经纶；三、自官武以迄民，各遂其志，勿倦人心；四、打破旧来之陋习，立基于天地之公道；五、求知识于世界，以大振皇基。”《五条誓文》的结束语是“将实行我国前所未有之变革”。

根据《历史研究》刊登的《〈五条誓文〉若干用语析义》解读：第 1 条“包含有议会政治思想”，“‘广兴’即逐渐地创立，而非一蹴而就”，由此“制定日本首部议会法《公议所法则案》”“上上下下掀起‘广兴会议’的热潮”。第 2 条“强调君臣一心以克敌制胜、推行治国安邦之道”，“‘经纶’作为政治概念施政而被提出，乃势使之然”。第 3 条是指“公家、武家乃至庶民同心同德无差别地一致合作”，“效忠、拥戴，尽为臣之道”，而“政府也在一定范围内实行举贤不论门第的开明政策，给予遂其志的机会”。第 4 条中的“天地之公道”是指“国际贸易应遵循的万国公法”，因此此条体现了“废除排外攘夷等旧俗，加入万国公法体系国际社会”的意愿。第 5 条意在“大力引进欧美文明，振兴天皇治国的基业”。[②] 对此，“朝廷用‘五条誓文’决定了国是”[③]，“善于把传统观念与资产阶级意识形态巧妙地结合起来加以贯彻，是制定誓文乃至明治维新的一大特色”，也是“明治维新成功的基本经验之一”。[④] 这 5 条以肯定的

---

① ［日］信夫清三郎：《日本政治史》第 2 卷《明治维新》，周启乾等译，上海译文出版社 1988 年版，第 115 页。

② 宋成有：《〈五条誓文〉若干用语析义》，《历史研究》1990 年第 3 期。

③ ［日］信夫清三郎：《日本政治史》第 2 卷《明治维新》，上海译文出版社 1988 年版，第 158 页。

④ 宋成有：《〈五条誓文〉若干用语析义》，《历史研究》1990 年第 3 期。

方式对与之相反的内容予以否定，由此就成为“明治维新”的政治纲领，成为“自上而下”的社会自我批判的旗帜。

1868 年 6 月 11 日，天皇公布《政体书》，强调为使“政令无出自十八途”，“天下权力总归于太政官”，太政官不是一个特定的机构，而是诸机构之总称，“将太政官的权力分为立法、行法和司法之三权，则可避免权力偏重之患”；“立法官不得兼任行法官”；“各藩各县皆出贡士而为议员，创立议事之制，这是执行舆论公议之故”。政体改革的目标是“辅助天皇”，把权力集中于朝廷，向中央集权国家机构发展。① 《政体书》规定“诸官每四年轮换，以公选投票之法行之”；明确府（京都、大阪、江户）、藩、县（原属幕府领地）皆置于朝廷统治之下，各藩“勿以一方之制法概诸他方，勿私授爵位，勿私铸货币、勿私雇外国人，勿与邻藩或外国订立盟约”。②

1868 年 9 月 3 日，天皇巡游江户，下诏将江户改称东京，定都于东京。10 月 23 日改年号为明治，并规定“自今以后，一世一元，永为定制”。1869 年 5 月 9 日迁都东京。1869 年 6 月，明治政府强制实行“版籍奉还”（藩主把土地和支配农民的权利“还给”天皇）、“废藩置县”政策（撤销 261 藩，设置 3 府 72 县，由中央政府任命府县知事），消除封建领主特别是强藩对新中央政府的威胁，从此建立了天皇拥有无限权力的中央集权式的一元政治体制。至此，“明治维新”基本结束。

中央一元政治体制的建立，有利于动员全社会力量推进日本国家的现代化改造。此后，明治政府在吸收法国、德国、美国和英国法律制度的基础上，分别于 1882 年、1898 年、1899 年制定和颁布了刑法、民法和商法，完善了日本的国家治理机制，提升了日本国家的治理能力。在经济和文化上，明治政府提出“富国强兵”“殖产兴业”“文明开化”等政策措施，推动本国的军事工业、民用产业、交通基础设施、现代科学与教育体系建设等。在此后的短短几十年内，日本迅速实现了西方国家用一二百年时间完成的转变，实现了国家现代化；在大量保留旧日本时代

---

① 杨建顺：《日本国会》，华夏出版社 2002 年版，第 2 页。

② ［日］信夫清三郎：《日本政治史》第 2 卷《明治维新》，周启乾等译，上海译文出版社 1988 年版，第 159—160 页。

的封建残余的基础上，跻身于世界列强的行列。

按照国家现代化基本理论，现代化的形成有内源型和外源型两种，日本的国家现代化显然属于后一种。外源型现代化是按照先有现代化思想后有现代化实践的逻辑进行的。由于日本“明治维新”前的二元政体，使“自下而上”的社会自我批判能够较为充分地发展，为“明治维新”的发动准备了意识形态的配置，“明治维新”使“批判的武器”转化为“武器的批判”，从而使现代化实践能较为顺利地进行。“明治维新”为我们论题的研究提供了一个很有特色的案例。

第三节　彼得一世“欧化”和“野蛮”改革中的社会自我批判

“彼得一世（即彼得大帝）是俄国历史上的一位有远见、有胆略的著名沙皇”，他所生活的“俄国十七世纪末到十八世纪头二十五（1689—1725）”年代被公认为“彼得一世的改革时期”。[①]“彼得一世的改革是在封建农奴制的基础上进行的，旨在加强地主和新兴商人阶级的民族国家”，是在“同一个社会、同一些阶级”所进行的，与处于社会崩溃时期的革命相比较，“不是一个急剧的转折，更不是革命”。[②] 正是在这个意义上说，彼得一世的改革在本质上与前面所述的“文景之治”和“明治维新”所体现的改革一样，都是马克思所说的“人体解剖”式的社会自我批判。

一　彼得的童年和源于社会危机的忧患意识

彼得一世生于1672年。当老沙皇于1676年逝世时，彼得仅4岁，同父异母的哥哥西奥多即位。西奥多此时16岁，但身体孱弱，由其姐索菲亚（1657—1704年）摄政，她聪明睿智且“具有强大的男人气概”。西奥多临终前指定彼得为王位继承人，而跳过了自己同父母的弟弟伊凡，

---

① ［苏］B. B. 卡芬加乌兹、H. N. 巴甫连科主编：《彼得一世的改革》上，郭奇格等译，商务印书馆1997年版，第8页。

② 同上书，第1—2页。

因为伊凡也体弱多病，还饱受癫痫的折磨，他似乎没有可能统治这个国家。尽管彼得此时年仅十岁，但还是在西奥多死后被贵族们宣布为沙皇。这使作为西奥多摄政的索菲亚大失所望，联络射击军司令造谣说西奥多不是病死而是被毒死的。谣言在射击军和莫斯科市民中引起很大骚动。射击军包围了皇宫，并冲进去把被控毒死沙皇的两位医生杀了，把被认为偏袒彼得的国务大臣和一大批贵族杀了。当时彼得和他的母亲纳塔利娅正在皇宫里，母亲把彼得夹在腋下逃往一个沙皇家庭静修院，即三位一体修道院。这个修道院是沙皇在近郊的宫殿，从宗教性质上说是一个逃亡者得以庇护的圣地。与此同时骚乱在城中进行，并且在好几天里都没有人能预见怎样结束。最后达成协议，双方都同意彼得被立为沙皇，但不是唯一的沙皇，而是与他弟弟伊凡联合执政。摄政权理所当然地归索菲亚。

彼得十岁的这次经历对他的一生性格中的忧患心结有极大的影响。1682—1689 年，彼得虽为沙皇，却被安排居住在莫斯科郊野普列奥布拉任斯基、沃洛比耶沃、科沃缅斯科耶三个村子的行宫里。由于这种特殊环境，彼得自幼没有受过系统教育。然而，彼得与他的一些玩伴利用玩耍时间共同学习，并练习军营中所需要的一切必要操练。他学习击鼓，规整且有节奏地敲击，以理解军队在战场上所使用的所有击鼓信号；他学习建造防御工事，与小伙伴一起工作，以合乎原则和科学的方式建造炮台。彼得在亲信的帮助下，把玩伴兵团逐渐变成一支荷枪实弹的正规武装力量。

外侨区距彼得住所不远，人才济济。青少年时期的彼得经常来到外侨区，与各国友人交往，这些友人成为彼得的尊师挚友和莫逆之交。宫中的生活使彼得只能学习到传统的神学和圣经，宗教色彩浓厚，彼得根本不能满足。彼得 15 岁时请出任法国的大使给他带来航海船上用的等高仪。彼得到外侨区向荷兰籍教师契麦尔曼请教，由此他迈入了科学殿堂，学习了算术、几何、航海、炮术、筑城学等。彼得在外侨区还接触到在那里工作的社会底层，了解到社会的一些底层生活情况。他在外侨区开阔了眼界，学到了世俗的科学文化知识，并且感受到当时的社会矛盾。

1689 年初，太后纳塔利娅给彼得娶了年轻漂亮的妻子，以此证明彼得已经成年，可以独立掌权执政了。索菲亚自称是“独裁者”，由此与彼得的矛盾尖锐起来。1689 年 8 月 7 日索菲亚散布谣言，说彼得的游戏兵团要进攻克里姆林宫。后索菲亚阴谋败露，众叛亲离，彼得在推翻索菲亚后名义上仍然是伊凡和彼得共同执政，由于伊凡被病痛折磨，精神抑郁沮丧，将大部分时间用在祈祷上，因此实际执掌实权的是彼得。伊凡于 7 年后去世。彼得作为唯一的沙皇执政时的俄国正处于社会危机时期。

17 世纪，荷兰和英国都已走上了资本主义发展道路。当时欧洲共有 2 万条商船，荷兰一国就拥有 16000 多条；英国的煤产量占欧洲总产量的五分之四。然而，俄国的农奴制在 17 世纪末和 18 世纪初仍在发展，农奴占农村人口的 95%。“在俄国维持得最久、表现得最粗暴的农奴制，同奴隶制并没有什么区别。”① 这种落后、残酷的经济制度使农村大部分地区呈现出荒凉衰落的景象。俄国的工业以手工业为主，体现当时资本主义性质的工场手工业仅有 20 余家，主要工业产品几乎全靠进口。以冶铁工业为例，西欧早在 1443 年，就使用了炼铁炉；而俄国直到 1636 年才开始建立第一座炼铁炉，俄国的炼铁工业比西欧落后了近 200 年。② 经济尤其是工业的落后直接导致军事的落后，没有海军，没有正规陆军，军队不能得到最低限度的装备。俄国的绝大多数劳动者甚至很多贵族都是文盲，科技、文化、教育事业也都极端落后。可以说，“在落后的农奴制统治下，同荷兰、英国等国相比，俄国的农业、工业、商业、军事、文化教育等全面落后”③。

当时的俄国社会矛盾重重，主要是：（1）沙皇与大贵族杜马、缙绅会议的矛盾。大贵族杜马是由大贵族组成的国家最高咨询机关，沙皇通过大贵族杜马统治国家的方式称为大贵族杜马君主制。缙绅会议是沙皇与大贵族杜马共同主持召开的封建主和城市上层居民的等级代表会议，对国内外大事做出决定，选择和确定国家君主等。在这种制度下，沙皇不能独揽大权，有事必须与大贵族杜马商量，必须以沙皇与大贵族共同的名义签署国家文件，文件的开头一般是：“伟大的君主指示和大贵族决定。”沙皇为扩大自己的权力势必要削弱大贵族杜马的力量和缙绅会议的

① 《列宁选集》第 4 卷，人民出版社 2012 年版，第 29 页。

② ［苏］梁士琴科：《苏联国民经济史》第 1 卷，人民出版社 1959 年版，第 386 页。

③ 陶惠芬：《俄国彼得大帝的欧化改革》，广西师范大学出版社 1996 年版，第 6 页。

作用。到17世纪下半叶，沙皇有时直接找自己的亲信商量国事，把大贵族杜马撇在一边，也不再召集全国各等级的缙绅会议。这就使沙皇与大贵族杜马和缙绅会议之间的矛盾越来越深。

（2）沙皇世俗政权与东正教教权的矛盾。君权与教权之争历来是欧洲封建国家的权力斗争焦点。沙皇加强君主专制的举措遭到东正教的抵抗。大牧首尼康（1605—1681年）提出“教权大于皇权”，大牧首的权力好像太阳，沙皇的权力好像月亮，沙皇从牧首手里接受权力，正如月亮反射太阳的光辉一样。尼康还提出在东正教的棕榈主日，大牧首骑在高头大马上，让沙皇为其牵缰绳，以示教权高于皇权。尼康并于1654年乘沙皇出征波兰之际，在莫斯科夺取处理国家事务的大权。这就迫使在1666—1667年于莫斯科召开的东正教大主教会议中，沙皇阿列克谢废黜了尼康的大牧首职务。然而，世俗政权与东正教教权之间的矛盾不仅没有消除反而更趋激化。

（3）沙皇政权与人民起义。残酷的农奴制和专制制度像两座大山压在人民头上，对外战争又大大加重了人民的负担，人民生活日益恶化，骚乱不断。仅17世纪40年代至50年代就爆发了两次较大规模的骚乱。1648年6月爆发了史称“盐乱”的骚乱，6月1日人们围住克里姆林宫沙皇门口的御车，要求沙皇交出营私舞弊的盐税官员，并捣毁了该官员的住宅。1650年，沙皇为了摆脱战争带来的经济困境，发放铜币，致使货币贬值，物价昂贵，在莫斯科爆发了史称“铜币之乱”的骚乱，迫使政府取消铜币。1667年至1671年在俄国爆发了斯捷潘·拉辛领导的哥萨克农民起义，起义席卷了顿河、伏尔加河等广大地区，规模空前，仅1669年一年起义人数就达7000人之多。人民以骚乱和起义的方式行使着“自下而上”的社会自我批判。社会矛盾，尤其是人民的骚乱和起义所体现的社会自我批判正是彼得一世实行改革的深刻社会根源。

彼得执掌俄国政权后，感受到俄国在世界之林中的被动地位和国内社会矛盾的尖锐性，对此有深深的忧患意识。这种忧患意识与他正视现实的精神相结合就成为改革的动力。据说，有一次彼得一世在彼得堡大街上闲逛，无意中看到一位海军上尉手里的一本书，其中有“俄国人就像娼妓，不经常挨揍是干不出什么有益的事情的”文字。当这本书被沙皇看到时，上尉吓得浑身发抖。然而上尉不仅没有挨打而且得到沙皇的赞扬，说他看了一本有用的书。[①] 从这件事中可以看出彼得能正视俄国的现实，不回避自身的不足。正是现实主义的意识，使得彼得一世决心在俄国实行改革，以行使“世界历史个人”的职责。

综观彼得一世的体现着俄国社会自我批判的改革，具有两个特点，这就是“欧化”和“野蛮”。对于前者，列宁指出，俄国的“欧化”“从彼得大帝时代就开始进行了”；[②] 对于后者，马克思指出，“彼得大帝用野蛮制服了俄国的野蛮”[③]。这两个特点相互作用，不能分离。

二　彼得一世改革中的“欧化”

“欧化”就是“按照欧洲的面貌改造自己”。[④] 这就要承认自己的落后，这就与社会自我批判联系在一起，亚速远征的失败启动了这种自我批判。为夺取出海口，彼得的军队于1695年和1696年向土耳其占领的亚速城堡二次发动进攻，但都失败。“落后必然挨打”，二次亚速战争证实了这条真理。彼得一世由此总结必须创建海军舰队，向欧洲学习造船和其他先进技术。

1696年，杜马司书在外交衙门正式宣布，“沙皇下令，为了我们伟大国家的事业，将访问周围邻国”。1697年彼得一世组织了三个考察团共250多人分赴普鲁士、荷兰、英国等国考察。彼得化名为彼得·米哈依洛夫，以普通队员身份随团在荷兰考察。彼得在荷兰阿姆斯特丹考察和学习有近一年，“以一名普通木工的身份，早出晚归，手拿斧头、刨子奔忙在工地上”，获得东印度造船厂的结业证书，证书上写道：“兹证明彼得·米哈依洛夫于1697年8月30日来阿姆斯特丹东印度公司造船厂学习，在我们指导下学木工，他勤奋好学、聪明能干，在扎、钉、刨、装配、填缝、钻锯、涂胶等方面都堪称是一个合格的木工。”在荷兰，他除了深入造船厂学习，还与考察团的成员一起参观了炼油厂、造纸厂、缆绳厂、炼铁厂、制造指南针厂，还参观了富丽堂皇的阿姆斯特丹市政大

---

① 孙祥秀：《彼得一世改革》，求实出版社1987年版，第156页。

② 《列宁全集》第22卷，人民出版社1990年版，第393页。

③ 《马克思恩格斯选集》第2卷，人民出版社1995年版，第620页。

④ 《列宁全集》第22卷，人民出版社1990年版，第392—393页。

厦、植物园和博物馆等。

彼得一世然后又以沙皇的身份率部分队员到英国考察，并在泰晤士河畔的造船厂潜心钻研造船理论和绘图技术；访问卡尔切钟表厂并在那里学习，很快就能够把构造复杂的钟表进行拆卸和装配。他说：他去英国“不仅是要丰富、完善自己的造船知识，而且还要了解它高度发达的工业和新技术成果”，因此除参观了各种类型的造船厂外，还参观了海军部大楼、兵工厂、军需库、铸炮厂等。1698 年 3 月 20 日，英王邀请彼得参观重要军港朴茨茅斯，那里集中了 122 艘大型军舰。在访问时，彼得还登上了“英王威廉”号军舰仔细参观，该军舰上有 708 名水兵，108 门炮，可发射 48 英磅的炮弹，这对他印象很深。彼得观摩了于 3 月 24 日在乌阿伊特岛举行的英国海军会战演习，为海军会战演习的场面震撼，事后他甚至说“当一名海军上将比当一名俄国沙皇还要好”。此外，彼得和使团成员还参观英国皇家协会、格林威治天文台、牛津大学，彼得本人多次参加了英国议会的会议。他在考察中发现英国实行大地产一子继承法，便考虑在俄国也要实行之；看到英国国教承认国王政权至高无上，便酝酿将来俄国宗教改革的计划。这一切都使得彼得考虑如何回国后按照英国的模式实行改革。为此，彼得就俄国的改革话题，访问了一些著名学者。天文学家、数学家加列依就“建议彼得在俄国实行改革”；东方学家、神学家弗林西斯·李在会面后就预言彼得回国后“将会立即实行改革”。①

“1697 年 10 月，使团开始招聘陆海军军事专家，于第二年起航。1698 年 6 月 3 日，有 4 艘航船停泊在阿尔汉格尔斯克港口，船上乘有招聘来的操着各种语言的陆海军军官和造船专家、技师等共 672 人。”② 此外，彼得一世在英国又聘请了 60 多名各类技术专家并送回俄国。

彼得一世说，他到英国考察，如上所说，“不仅是要丰富、完善自己的造船知识，而且还要了解它高度发达的工业和新技术成果”。其实这句话概括了俄国考察团在西欧历经一年多考察的思想，“在西欧学造船的同

---

① ［苏］安德列耶夫：《1698 年彼得一世在英国》，载《彼得大帝》（论文集）第 1 卷，莫斯科：苏联科学院出版社 1947 年版，第 72、73 页。

② 陶惠芬：《俄国彼得大帝的欧化改革》，广西师范大学出版社 1996 年版，第 42 页。

时，还广泛地考察了西欧各国的军事、经济、文化、教育、科学技术、宗教和政治制度等”，“这就大大开阔了彼得和俄国使团的视野，加深了对西欧国家的认识”，“通过对比，彼得深感俄国落后于西欧国家，尤其落后于荷兰和英国”，① 他“看到了这个国家身上的祸害症结，注意到了俄罗斯现实中多如牛毛的弊端”②。这种批判意识是考察团的共识，并通过考察团，在俄国贵族的有识之士中形成了广泛的共识。这样就形成了“自上而下”进行社会自我批判的思想基础。正是这种批判意识笼罩在俄国上层，激发了彼得一世全面改革的思想。

“批判的武器”必然要转化为“武器的批判”。彼得一世回国后立即进行了大刀阔斧的全面改革。这种改革首先体现在发展军事上，彼得建立了一支强大的海军舰队和陆军（后面要稍加阐述）。其次是体现在发展社会经济上，彼得意识到工业是保证经济独立的基础，是建立强大军事的基础，因此“他狂热地建造工厂，来保证军需供应和加强国防，这原是一种设法跳出落后状态的企图”③。他通过官办手工工场、鼓励私人和外资办手工工场发展工业，“千人左右的工厂已不罕见”④，在改革前“铁要从瑞典进口，到 1725 年，俄国已可以向外国出口金属了”，仅 1726 年从彼得堡一个港口出口的生铁就达 55149 普特（1 普特等于 16.38 公斤）；并颁布法令，规定工场主有购买农奴的权利，“将乞丐、罪犯、无业游民等强征到手工工场去做工”⑤，以解决劳动力不足的问题。在工业发展的基础上，他下令制定保护民族工业的关税，并促进国内外贸易。彼得的经济改革给俄国带来的变化是俄国历史上前所未有的，是以前任何一个沙皇所不能比拟的。

这种改革必然把矛头指向俄国的东正教。随之东正教反政府的政治案件日益增加，“1699 年 6 起，1700 年 16 起，1701 年 12 起，以后每年

---

① 陶惠芬：《俄国彼得大帝的欧化改革》，广西师范大学出版社 1996 年版，第 42—43 页。

② ［苏］斯克伦尼科夫：《伊凡雷帝传》，谷中泉、何渝生译，商务印书馆 1992 年版，第 39 页。

③ ［苏］安·米·潘克拉托娃主编：《苏联通史》第 2 卷，外国文书籍出版局 1955 年版，第 31 页。

④ ［苏］尼·伊·帕甫连科：《彼得大帝传》，斯庸译，生活·读书·新知三联书店 1982 年版，第 45 页。

⑤ 孙祥秀：《彼得一世改革》，求实出版社 1987 年版，第 67 页。

10—12 起”。1701 年彼得一世在一道敕令中提出，教士要“用自己劳动的双手为自己生产食物，共同生活，还要用自己的手养活乞丐”；1721 年俄国成立宗教事务管理局，取消大主教职衔，沙皇为最高牧首，教士是政府部门的特殊官吏，各地区教会“不得借口插手世俗事务和仪式”。彼得一世还把教产还俗，即把教产改为由国家管理，把教会农民转向为国家服役。①

这种改革必然把矛头指向大贵族杜马。彼得一世执政后为进一步削弱大贵族杜马的职能，于 1699 年挑选 8 名亲信组建“近臣办公室”，代行大贵族杜马职能领导各衙门，这样就形成两个并列的机构。1711 年彼得一世建立枢密院，实际上完全替代了大贵族杜马。

这种改革必然把国家机构的改革作为重要内容。在彼得执政前，俄国的衙门有 40 个常设机构，40 个临时机构。这些衙门有两大弊端：一是滥、散、乱，80 多个衙门中竟没有专职的财政和司法机关；二是官吏大都是索菲娅的追随者，对彼得政权持敌视态度。彼得一世在更换了一大批官吏的同时，认为“国家机器犹如钟表机件……如果所有的机件装配得非常精确，运转得有条不紊、协调一致，那么生活的指针就一定会给国家指出幸福的时刻”②。1708 年至 1719 年，他陆续地把全国划分为 8 大州和 50 个省，并陆续建立了 12 个部及作为其统领的枢密院和总检查部。于是“摧毁了职能混乱、机构臃肿、人浮于事的衙门制度”，把“中央和地方行政机构更臻完善，强化了国家机器”。③

这种改革把大力发展文化教育事业作为题中应有之义。他把教育从教会手中夺过来，实行国家统一管理，到 18 世纪 20 年代在 42 个城市开办了算术学校，在工厂中开办了技术学校，在莫斯科还设立了工科学校和医科学校。1718 年彼得一世下令，将彼得堡的亚历山大·基京大厦改为博物馆和图书馆，供人们自由参观和阅读，到 1725 年图书馆藏书已达 11000 多卷。彼得于 1724 年下令成立科学院，下设数学部、物理部和社会科学部，每年给予 25000 卢布的经费。

---

① 陶惠芬：《俄国彼得大帝的欧化改革》，广西师范大学出版社 1996 年版，第 75—76 页。

② 同上书，第 125 页。

③ 陶惠芬：《论彼得一世在改革中的作用》，《世界历史》1981 年第 3 期。

彼得一世改革中的一个重大举措是迁都彼得堡，“彼得堡，或者用它的正式称呼圣彼得堡，不但是彼得的掌上明珠和骄傲，也是他从政的象征和改革时代的产物”①。迁都彼得堡有两个目的。一是建立一个与莫斯科完全不同的开放型首都。莫斯科自1147年建都后，历代王公贵族一直将以莫斯科为中心的俄国古老文化和民风民俗引为自豪。彼得执政后，莫斯科发生过几次反对彼得改革的斗争。迁都彼得堡是彼得向封闭式或半封闭式首都莫斯科发出的挑战，也是俄国要继续欧化改革的宣言书。二是建立一个向西扩张的前沿阵地。对此马克思说得很明白：“彼得堡这个帝国的外偏中心从一开始就表明：一个圆周尚有待于画定”，“彼得堡与莫斯科公国不同，它不是一个种族的中心”，“而是一个为进行世界性阴谋而精心选中的巢穴”，“它从一开始起就是对欧洲人的一种挑衅，就是激发俄国人进行新的征服的一种诱因”。②“彼得堡是彼得一世执政的象征，是改革时代的产物。”③ 1704年，彼得就决定建设彼得堡，于1713年正式将彼得堡定为首都，经过十几年的艰苦努力，把荒野里的小村庄变成了一座拥有10万人口的大城市。定都彼得堡为与欧洲先进国家联系提供了方便的地理条件，成为政治、经济、军事、文化的中心。

三　彼得一世改革中的“野蛮”

对于彼得一世的欧化改革，马克思说：“彼得大帝用野蛮制服了俄国的野蛮。”④“野蛮”在汉文中主要有两个含义：“不文明，没有开化”；“蛮横残暴，粗鲁”。⑤马克思这句话中所用的两个“野蛮”如果说后一个“野蛮”与汉语中“野蛮”的第一个含义相对应，那么前一个“野蛮”就与汉语中“野蛮”中的第二个含义相对应。关于彼得一世改革的“野蛮”主要涉及第二个含义，这可以从两个方面来予以理解。

---

① ［苏］尼·伊·帕甫连科：《彼得大帝传》，斯庸译，生活·读书·新知三联书店1982年版，第400页。

② 《马克思恩格斯全集》第44卷，人民出版社1982年版，第323页。

③ 孙祥秀：《彼得一世改革》，求实出版社1987年版，第96页。

④ 《马克思恩格斯文集》第3卷，人民出版社2009年版，第23页。

⑤ 中国社会科学院语言研究所词典编辑室：《现代汉语词典》第6版，商务印书馆2014年版，第1518页。

一方面，彼得一世的改革以军事扩张为直接动力。上面提到，彼得一世承认俄国落后的自我批判意识与二次亚速战争联系在一起，而长达20年的北方战争则直接与彼得一世的全面改革联系在一起。通过改革强大起来的俄国要夺取波罗的海的出海口，于1700年8月正式向瑞典宣战。经过21年的双方力量此消彼长的残酷战争，瑞典兵于1720年节节败退，两国于1721年签订了《尼斯塔德条约》，由此俄国取得了波罗的海的出海口，成为欧洲列强之一。改革所促成的俄国经济为北方战争提供了大量的物资供给，为俄国建立了强大的海军和陆军。到1724年，俄国波罗的海舰队已拥有装载50—96门大炮的战列舰32艘、三桅巡洋舰16艘、双桅侦察舰8艘、帆桨大船85艘；到1725年，俄国的"野战军有13万人，卫戍部队和民兵有8万人，非正规军和乌克兰军队达11万人"。"北方战争促进了彼得的改革，战争的胜利更得益于彼得改革"。① 彼得在北方长达21年的征战后又把战争引向东方。1716年和1717年彼得派兵两次远征中亚；1722年又亲自率军远征波斯，1723年又与土耳其打仗，与之争夺里海、高加索等地。这样就使俄国在中亚和波斯等地的版图大大地扩大。

长年的战争消耗了大量经费，致使国库空虚。连年的战争需要大量的人员入伍，彼得在1705年颁发的《二月敕令》中规定，在一般农户和工商户中，每20—30户中抽丁一人当兵。在1699—1725年期间，共征兵53次，大量的士兵战死在战场。彼得政府为了持续战争，必须不断地筹集款项，就必然不择手段地向人民横征暴敛。

另一方面，彼得一世的改革建立在对农民的残酷剥夺基础上。彼得一世改革的出发点和最终目的不是要学习和建立西欧国家的资本主义制度，而是如列宁所说，"要巩固和加强封建农奴制度"，这就"注定要剥削和压迫广大农奴"。② 仅1682—1710年，俄国政府就把273个村庄的土地和43000名农奴赏赐给国家的"有功之臣"，被作为赏品的农奴立即被送到各种手工工场做工，生活条件极端恶劣；工场主有购买农奴的权利，农奴的身份不变，于是就出现了一个新的等级即"卖身农奴"，彼得还下

---

① 陶惠芬：《俄国彼得大帝的欧化改革》，广西师范大学出版社1996年版，第67、61页。

② 同上书，第198页。

令“逃进工场做工的农奴，不再归还给原来的主人”[1]，这些人不能随意离开工厂，否则将被视为逃犯而定罪。

为了充实因战争而空虚的国库，彼得政府除了明令征收烟、酒、盐税外，还巧立名目征收养蜂税、烟窗税、浴池税、卖黄瓜税、卖棺材税、结婚税以及蓄须税等。此外，广大底层民众还要承担运输、筑路、修桥、开凿运河、兴建彼得堡等各种繁重的义务劳动。每年冬天都有数万名农奴因天气寒冷、衣不遮体、食不果腹而被冻饿死亡。单是建设新都彼得堡，全国被征调的农民就达几十万，每年都有几万人死在彼得堡的污水浊泥之中。

“只是因为俄国受到沙皇政府极其野蛮的压榨”[2]，使得彼得一世改革期间发生过四次较大的人民起义：1705—1706 年的阿斯特拉罕起义，持续了 8 个月，起义失败后被判处死刑的人员就达 365 人；1707—1708 年的布拉文领导的顿河哥萨克起义，参加的人数有 5 万多，波及 60 多个县，后被沙皇军队残酷镇压；早期农奴逃跑和罢工，其中以莫斯科哈莫夫和苏孔两个纺织手工工场的农奴的逃跑和罢工规模最大，均达到 1000 人左右；1705—1711 年的巴什基尔少数民族起义，他们抗拒纳税，不准税务官员入境，并捣毁了距喀山 30 俄里的村庄，后被残酷地镇压下去。

在彼得一世执政期间，俄国是强大了，但人民生活悲惨。《彼得大帝传》的作者尼·伊·帕甫连科说：“时代所要求的改革，靠劳动居民的重大牺牲来实现。劳动人民摧筋折骨，营建了彼得堡，制造了舰只，修筑了城堡、运河和宫殿。人民肩负着有增无减的沉重负担：苛捐杂税，多如牛毛；征兵拉夫，在数难逃；官差徭役，层出不穷。”[3] 在生产力低下的时代，人口数量的增减往往可以成为社会生活状况的风向标。彼得一世执政后，经过一系列的征战，“到 1710 年时，俄国的人口比 1678 年减少了 6.6%”[4]。

马克思的“彼得用野蛮制服了俄国的野蛮”一方面如上所述，彼得

① 孙祥秀：《彼得一世改革》，求实出版社 1987 年版，第 67 页。

② 《列宁全集》第 33 卷，人民出版社 1985 年版，第 300 页。

③ ［苏］尼·伊·帕甫连科：《彼得大帝传》，斯庸译，生活·读书·新知三联书店 1982 年版，第 2—3 页。

④ 孙祥秀：《彼得一世改革》，求实出版社 1987 年版，第 108 页。

一世改革是建立在人民的痛苦之中的；然而在另一方面，正是这种体现为残酷的社会自我批判确实迅速地改变了俄国的落后面貌，使之进入了欧洲强国的行列。野蛮与恶相联系，就此而论，再一次说明了恶在历史发展中的作用。“在黑格尔那里，恶是历史发展的动力的表现形式”，“正是人的恶劣的情欲——贪欲和权势欲成了历史发展的杠杆，关于这方面，例如封建制度和资产阶级的历史就是一个独一无二的持续不断的证明”。[①]没有彼得一世改革中的这种“恶”，俄国当时的历史确实又会是另一种写法。这就再一次说明了历史的辩证法。

四 “群臣造就伟大国王”与民众意识

“在历史传记中，个体的生命历程是叙述的重点，但是历史学家总是力图超出狭隘的个人经历，希望在有限的个人之中找到历史的普遍性。”[②]彼得一世改革理所当然地离不开彼得一世，这是因为彼得一世改革深深地打上了作为“世界历史个人”的彼得一世的“时代最卓越的行动、言词”印记，不能设想没有彼得一世的彼得一世改革。然而，这决不意味着仅仅凭彼得一世一个人的“时代最卓越的行动、言词”就能创造彼得一世改革的奇迹。对此，彼得一世有一句名言：“国王造就不出伟大的大臣，群臣却能造就伟大的国王。”[③] 对于这句名言，根据我们的论题可以做以下诠释。

黑格尔说：“历史上这一个向前进展的‘精神’，是一切个人内在的灵魂，但是它是不自觉的‘内在性’，而由那些伟大人物带到自觉。”[④]我们姑且把不具有现实性的国王排除在外，作为“世界历史个人”的国王把内在于大众内心的作为“灵魂”的“世界精神”由不自觉带到自觉，于是造就出了一批“感受着他们自己内在‘精神’不可抗的力量”的追随者。按照黑格尔上述文字的精神，这些追随者就是国王所造就的伟大的大臣，因此“国王造就伟大的大臣”；然后，“众人拾柴火焰高”，这些

① 《马克思恩格斯选集》第4卷，人民出版社1995年版，第237页。

② 胡亚军：《历史理论的问题结构》，云南大学出版社2011年版，第18页。

③ 孙祥秀：《彼得一世改革》，求实出版社1987年版，第155页。

④ ［德］黑格尔：《历史哲学》，王造时译，上海书店出版社1999年版，第32页。

“大臣”造就了能冠之以“世界历史个人”称号的伟大的事业，因此“群臣造就伟大的国王”。按照黑格尔的逻辑，首先是“国王造就伟大的大臣”，然后才是“群臣造就伟大的国王”。然而，如我们在第四章所分析的，之所以国王能造就伟大的大臣，就在于国王是“世界精神的代理人”。[①]

彼得一世否定前一句，而肯定后一句。这正说明了彼得一世自觉或不自觉地意识到“世界精神”通过“群臣”对于“造就伟大的国王”的意义，“在他看来，一国之主需要有群臣辅助才能有所作为”。因此，在整个彼得一世改革的过程中，“他懂得集体智慧的力量，所以他十分注意搜罗人才”，“他的用人标准是，只要忠于国家，能舍身为‘国’为‘民’办事，有才干，他就重用”，“结果，他的政府里聚焦了许多有才干又忠于他和他的改革事业的人才”。[②]

于是，在他周围聚集了一批具有“感受着他们自己内在‘精神’不可抗的力量”的追随者。他们认为要摆脱俄国当时的社会危机必须仿效西欧，改造俄国。兹简要介绍其中的三位。

萨尔蒂科夫（　—1715）曾两度被派到西欧学习造船和为俄国购买船只，深受西欧社会生产和生活方式的影响。他在递交给彼得的《建议书》和《利国意见陈述书》中痛述俄国的危机，提出了俄国改革的宏伟计划，其中包括：主张商人集资开办手工工场；兴建具有资本主义性质的葡萄种植园、烟草和亚麻种植园；在全国建 16 个科学院及附设高等学校，学习数学和物理等科目，每省要建图书馆；等等。

波索会科夫（1652—1726）在 73 岁时著成在历史上极有影响的《贫富论》，可谓大器晚成。他在书中，强调商业在国家经济发展中的作用，“若无商业，不用说一个大国，就是连一个小国也难以立国”；强调必须发展工业，建议政府先建立官办手工工场，再转让给私人企业家；疾呼“不要让农民沦为乞丐”，“只有全体人民都富足了，才是帝王的富足”。[③]他所阐发的思想和提出的主张反映了当时社会经济和政治发展的要求，

① ［德］黑格尔：《历史哲学》，王造时译，上海书店出版社 1999 年版，第 32 页。

② 孙祥秀：《彼得一世改革》，求实出版社 1987 年版，第 155 页。

③ ［苏］H. N. 梁士琴科：《苏联国民经济史》第 1 卷，中国人民大学编译室译，人民出版社 1959 年版，第 402 页。

在一定程度上体现了“自下而上”的社会自我批判。彼得的改革正是与从中吸取体现着这种“自下而上”社会自我批判所获得的启示联系在一起的。

普罗科波维奇（1681—1736）是彼得一世时期的传教士和法学家。彼得执政后，他于1716年从基辅到达彼得堡，是彼得宗教改革的助手。他写了在当时很有影响的《宗教细则》和《君主意志的真理》两本著作，在前一本书中，他论证废除总主教制和宗教从属于世俗政权的必要性和意义；在后一本书中，他论证国家政权的三种形式（民主政体、贵族政体和君主政体）中君主政体的意义。这两本著作显然是配合彼得的宗教改革和政治改革。他还把教坛变成讲坛，颂扬彼得执政时期的工商业成就。

没有这一大批“感受着他们自己内在‘精神’不可抗的力量”的大臣，很难设想彼得一世能成就其“世界历史个人”的改革事业。从彼得重视“群臣”对于“造就伟大的国王”的意义并结合彼得的言行中，还可以进一步解读出彼得对于民众“造就伟大的国王”意义的认识。有一次彼得与一名叫莱福脱的大臣谈话，后者谈到“商人、商会及一切市民、工匠等，因为地方官、衙使及其他公务员们办事延搁，所以在商事贸易及营业上，蒙受着莫大的损失及破产的危机。这些人像豺狼虎豹一样，以其贪馋的爪牙、鱼肉商民”。彼得对于这些关于贪官污吏的事早就耳闻目睹，于是在1699年1月30日的敕令中颁布，设立市政厅，让商人和市民参加市政厅议事。每天莫斯科邮政局会送来许多市民来信，过去这些信都由大秘书马马虎虎看看就算完了，这次与莱福脱大臣的谈话后，彼得决定每天吃午饭时叫人读信，从中听到了很多底层民众的呼声，为此也做了很多指示。1715年10月11日彼得在给儿子的私信中写道：“为了我的国家和我的臣民，我甚至不惜付出自己的生命，而且就是现在我也随时准备牺牲自己。”① 从这些言行中可以看出彼得一世的民众意识。

一方面，彼得一世的改革“用野蛮来制服俄国的野蛮”，充满了血和泪；另一方面，彼得一世的改革总是与民众意识联系在一起。“历史上有作为的君王为了巩固自己的统治或造就自己的功业，总是自觉或不自觉

---

① 孙祥秀：《彼得一世改革》，求实出版社1987年版，第142、144页。

地具有这种人民主体意识。”① 彼得一世的“群臣造就伟大国王”的民众意识，正是他能成就配得上“世界历史个人”称号的伟大事业之根据。

第四节　社会自我批判历史案例引出的思考

历史的长河中没有例外，只有典型。“文景之治”“明治维新”和“彼得一世改革”都是社会自我批判中较为典型的案例。唐太宗在魏征死时说：“以铜为鉴，可以正衣冠；以史为鉴，可以知兴替；以人为鉴，可以明得失。”历史案例就是镜。研究这些案例就是为了在“知兴替”中，揭示一些对当今社会自我批判带有规律性的有意义的启示，以使当今正在进行的以社会主义改革形式呈现的社会自我批判更趋于自觉。

一　社会自我批判历史案例中的普遍与特殊

历史的规律性就在于贯穿于其中的体现为人文精神的普遍性。在《世界公民观点之下的普遍历史观念》中，康德指出，当历史学“考察人类意志自由的作用的整体时，它可以揭示出它们有一种合乎规律的进程，并且就以这种方式而把从个别主体上看来显得是杂乱无章的东西，在全体的物种上却能够认为是人类原始的禀赋之不断前进的、虽则是漫长的发展”②。康德指出了寓于人文精神中的人类意志自由作为规律实现在“个别主体上看来显得是杂乱无章的东西”中，在实际上谈到了历史事件中特殊与普遍之间的关系问题。

黑格尔在《逻辑学》中对历史中的普遍与特殊关系，从范畴角度做了相当深刻的阐述：特殊对待普遍，“并不象对待它的一个彼岸那样”，“它倒是普遍的东西自己特有的内在环节”；“普遍的东西在特殊性中，并不是在一个他物那里，而是完全在自己本身那里”。因此，既不能在特殊之外来寻找普遍，也不能在普遍之外来理解特殊，特殊和普遍的统一是任何事物存在的根据。这就是本体论意蕴中的普遍与特殊之间的关系。“特殊的东西不仅包含普遍的东西，而且也通过它的规定性展示了普遍的

① 陈新汉：《核心价值体系论导论》，上海大学出版社 2016 年版，第 230—231 页。

② ［德］康德：《历史理性批判文集》，何兆武译，商务印书馆 1990 年版，第 1 页。

东西；在这种情况下，普遍的东西构成一个领域，特殊的东西必须穷尽这一领域。”[①] 离开了特殊的规定性，普遍就无以体现，因此必须通过特殊性并“穷尽这一领域”的研究来揭示内蕴于其中的普遍性。这就是认识论意蕴中的普遍与特殊之间的关系。在普遍与特殊之间关系的本体论意蕴和认识论意蕴中，前者是后者的根据，然而前者又必须通过后者才能为人们所理解，才能以现实的形式呈现。这就为我们通过历史案例来研究社会自我批判提供了方法论的启示。

在历史领域里，“文景之治”“明治维新”“彼得一世改革”等作为社会自我批判的案例就是特殊，作为社会自我批判规律的普遍内蕴于这些案例之中，特殊和普遍都是实实在在的实在。根据“普遍性构成特殊的东西的实体”，我们甚至可以认为正是由于社会自我批判规律内蕴于作为历史案例的“文景之治”“明治维新”“彼得一世改革”等之中，这些历史案例才成为体现社会自我批判的实在，离开了社会自我批判的普遍，这些历史案例就毫无意义。“文景之治”“明治维新”“彼得一世改革”等“彼此互相差异”，处在不同的时间和空间之中，从而各有自己具体的规定性，不能用对一个案例的研究代替对其他案例的研究；然而，它们又“具有同一个普遍性”，这就是内蕴于其中的社会自我批判的规律，因而它们“本身也是普遍的”，这样就可以理解“特殊的东西是普遍的东西本身”。[②]

由此，我们就可以从作为历史案例的“文景之治”“明治维新”“彼得一世改革”等的特殊性来理解人类历史的丰富性和生动性，从这些历史案例所内蕴的普遍性来理解人类历史的规律性。人类历史的规律性通过人类历史的丰富性和生动性体现出来，人类历史的丰富性和生动性又离不开人类历史的规律性。黑格尔在《历史哲学》里把与人类历史的规律性相联系的“绝对观念”和与人类历史的丰富性和生动性相联系的“人类的热情”，理解为编织历史的“经线”和“纬线”，正是“绝对观念”和“人类的热情”两者“交织成为世界历史的经纬线”。[③]

---

① ［德］黑格尔：《逻辑学》下卷，杨一之译，商务印书馆 1976 年版，第 273 页。

② 同上。

③ ［德］黑格尔：《历史哲学》，王造时译，上海书店出版社 1999 年版，第 24 页。

特殊的"规定性展示了普遍的东西"，"是自己的向外映现"，[①] 对于体现为作为社会自我批判案例的"文景之治""明治维新""彼得一世改革"等特殊规定的研究就成为获得关于内蕴于其中普遍性认识的根据。在对作为社会自我批判案例的"文景之治""明治维新""彼得一世改革"等研究中，需要注意以下几点。

第一，"特殊性除了由普遍的东西本身所建立的规定性而外，并没有别的规定性"。尽管这三个历史案例各具特色，但特殊不是例外，特殊规定正是不同历史条件下普遍的特殊映现。在历史领域里从来就没有不体现普遍的例外，决不能以特殊来否定普遍，否则就会将我们的研究引入歧途。

第二，在历史研究中，"普遍的东西构成一个领域，特殊的东西必须穷尽这一领域"。这就要求，对于作为社会自我批判案例的研究必须尽可能地"穷尽这一领域"，这就意味着，史料的搜集越原始越好，第一手的史料永远是最有权威的；史实的搜集越丰富越好，越翔实越好，切忌片面，更要切忌"盲人摸象"。尽管"任何历史都是当代史"，但决不能为了当代的某种需要，而任意地剪裁史料，以便为我所用。

第三，历史领域中没有例外，但有典型。在历史领域的研究中必须否定例外，然而，不能由此忽视历史领域中的典型。历史中的任何事件是普遍和特殊的统一，但历史事件中却有一般事件和典型事件之分。典型与一般的区别就在于，它把一般事件中的特殊与普遍的统一，"作为矛盾双方鲜明地对立起来，亦即把一般事物中的这种矛盾激化起来和发展起来"，从而就能在特殊中更充分地体现普遍。[②] "文景之治""明治维新""彼得一世改革"等就是社会自我批判中的典型案例，这是我们研究历史必须予以重视的。

第四，对历史典型案例的研究具有审美意蕴。典型作为普遍和特殊的统一，把与必然相联系的且能充分反映必然的偶然完满地连贯在一起，成为表现必然的丰满生动、富有血肉的独特形态。这种独特形态是与第三章第三节的第五目"由真引出的美及之于社会自我批判"中的"社会

---

① ［德］黑格尔：《逻辑学》下卷，商务印书馆 1976 年版，第 273 页。

② 陈新汉：《审美认识机制论》，华东师范大学出版社 2002 年版，第 222 页。

自我批判既是追求真的过程，又是创造美的过程”是内在地联系在一起的。正是体现为典型的社会自我批判历史案例的形象所呈现的必然与偶然的完满，引发主客体之间的融洽和和谐，从而使人在情感上感到愉悦。由此，社会自我批判中的典型事件具有美，顺理成章，对历史典型事件的研究就具有审美的意蕴。

二 社会危机与社会自我批判

在作为历史案例的“文景之治”“明治维新”“彼得一世改革”等中都存在着表现各异的社会危机。这就意味着在这三种历史案例中处于不同历史阶段的社会都已陷入一种不能正常运转的紧急状态或者面临的一种普遍性的危机。正是这种社会危机，体现了内蕴于其中的社会基本矛盾运动的激化，形成了对现有社会秩序的很大破坏力。从根本上说，社会基本矛盾运动的激化总与生产关系“由生产力的发展形式变成生产力的桎梏”① 联系在一起。特定的社会危机是社会自我批判得以发生的前提和根据，正是这种社会危机使得社会不能照常运转，又给社会自我批判以动力和方向。特定的社会危机是人文精神在社会自我批判中生动体现的契机。

在“文景之治”中，汉王朝经过三十多年的“天下晏然”之后，在朝廷上出现了“诸吕之乱”，在朝野中出现了“亡等”“冒上”和“大不敬”等群体性事件，上下呼应，由此构成了汉初特有的社会危机。正是这种社会危机使得汉文帝“常战战栗栗，恐事之不终”，由此开启了以“文景之治”形式呈现的长达近 40 年的社会自我批判。“明治维新”中的社会危机既与天皇—幕府封建二元政体的矛盾联系在一起，又与日本与列国的矛盾联系在一起，还与“国诉”、檄文谣传、贴帖活动及为其高潮的“可好啦”社会骚乱等底层社会矛盾的尖锐化联系在一起。其中，天皇—幕府封建二元政体的矛盾作为特殊时期的特殊矛盾成为当时社会的主要矛盾。激烈的社会动荡使得即位后的明治天皇睦仁“朝夕恐惧不堪”，由此开始了以“明治维新”形式呈现的长达 50 余年的社会自我批判。“彼得一世”的改革同样与社会危机联系在一起，这就是沙皇与大贵

① 《马克思恩格斯选集》第 2 卷，人民出版社 1995 年版，第 38 页。

族杜马和缙绅会议的矛盾、沙皇世俗政权与东正教教权的矛盾、人民的纷纷起义中所体现的沙皇封建统治与社会底层之间的矛盾。正是这些矛盾使得俄国严重落后于西欧，使得彼得一世及一些有识之士产生深深的忧患意识。由此促进了“用野蛮制服了俄国的野蛮”方式完成“按照欧洲的面貌改造自己”的“彼得一世改革”。

尽管“文景之治”“明治维新”“彼得一世改革”中的社会危机以风起云涌的社会运动、社会事件和社会问题为载体具有不同的特征，经历的时间也长短不一样；但特殊中却体现了普遍，即其本质是一致的，体现着社会基本矛盾运动的激化。这种社会危机具有两个特点。

第一，社会危机相当严重。以社会危机形式体现的社会基本矛盾的激化使得社会基本矛盾的运行已经不能按照常规继续下去，以致在产生的一定程度动乱中，不仅“‘下层不愿’照旧生活下去”，而且“‘上层不能’照旧生活下去”。[①] 这就为社会自我批判提供了使主体和客体趋于成熟的条件，即在社会的意识形态和社会心理方面即社会的上层和下层都能进行“一种普遍意义的反思”[②]，社会基本矛盾运动辩证关系的丰富规定能通过风起云涌的社会运动、社会事件、社会问题呈现出来。“任务本身，只有在解决它的物质条件已经存在或者至少是在生成过程中的时候，才会产生”[③]，作为“物质条件”的主体和客体的成熟就使社会自我批判的“任务”发生了，以“文景之治”“明治维新”和“彼得一世‘欧化’和‘野蛮’改革”命名的社会自我批判就必然应运而生。

第二，社会危机的严重尚没有达到使社会崩溃。“无论哪一个社会形态，在它所能容纳的全部生产力发挥出来以前，是决不会灭亡的。”[④] 这就意味着社会自我批判中的这种社会危机尽管严重，但其所处的社会形态所容纳的生产力尚有发挥的余地。社会形态所容纳的生产力尚有发挥的余地是社会自我批判之能发生和能够成功的根据，因为这意味着这一阶段的社会形态尚处于上升时期，处于社会形态没落时期的社会自我评

---

① 《列宁选集》第2卷，人民出版社1995年版，第461页。

② ［德］黑格尔：《小逻辑》，贺麟译，商务印书馆1980年版，第7页。

③ 《马克思恩格斯选集》第2卷，人民出版社1995年版，第33页。

④ 同上。

价是不可能进行社会自我批判的。由此就可以理解马克思所说的社会“很少而且只是在特定条件下才能够进行自我批判”。当然这个特定条件离不开人创造历史的能动性，这是因为社会规律与自然规律的根本不同在于，前者以生活于社会之中的人的活动作为其发生作用的内在环节。

特定的社会危机是社会自我批判的触发机制和动力机制。正是在特定的社会危机中，才有了“批判的武器”和“武器的批判”环节，才有了贯穿于“两个批判”环节中的以“自上而下”态势呈现的国家权威批判活动和以“自下而上”态势呈现的社会民众批判活动，社会自我批判就能发生并趋于深刻。

三 社会自我批判中的“自上而下”和“自下而上”

“自上而下”和“自下而上”是贯穿在“批判的武器”和“武器的批判”两个环节中的体现为国家权威批判活动和社会民众批判活动的两种态势。由于历史条件不同，作为社会自我批判历史案例的“文景之治”“明治维新”和“彼得一世改革”中所存在着“自上而下”和“自下而上”态势表现出不同的特色，从而使社会自我批判具有不同的形态，必然通过偶然呈现出来，体现了历史的丰富性和生动性。

在“文景之治”的社会自我批判中，必须避免秦王朝“二世而亡”的“达摩克利斯之剑”，使得汉文帝通过废除诽谤妖言罪和颁发《日食罪己诏》等，对“自下而上”社会自我批判的发动，尤其是对在一定程度上反映了“亡等”“冒上”和“大不敬”等群体性事件的贾谊、晁错、贾山等的“积极上书言事，陈时政得失”产生了重大影响。因此，在“文景之治”中先是“自上而下”，然后是“自上而下”与“自下而上”的相互作用。由于日本特有的天皇—幕府二元政体给日本的思想解放活动创造了宽松的社会意识条件，于是产生了知识分子对幕府意识形态的批判和底层民众发动“可好啦”骚乱等引发的思想动荡，这两个方面在一定程度上体现了“自下而上”的社会自我批判。“明治维新”正是在由社会危机所引发的这种“自下而上”的社会自我批判中发生的。作为“明治维新”政治纲领的《王政复古大号令》《五条誓言》则是“自上而下”社会自我批判的旗帜。因此，在“明治维新”中先是“自下而上”，然后是“自上而下”与“自下而上”的相互作用。在“彼得一世改革”

中，由俄国社会危机引发的俄国严重落后于西欧的状况，使得一批有识之士具有与彼得一世相同的忧患意识，这批有识之士所阐发的思想在一定程度上体现了“自下而上”的社会自我批判，彼得一世的“自上而下”的改革正是与从中吸取体现着这种“自下而上”社会自我批判所获得的启示联系在一起的。如果我们把当时俄国社会危机中所体现的沙皇与大贵族杜马、缙绅会议的矛盾以及沙皇世俗政权与东正教教权的矛盾及其斗争理解为一定程度上的“自上而下”社会自我批判，把人民用起义等方式来反抗沙皇政权理解为一定程度上的“自下而上”社会自我批判，那么“彼得一世改革”正是与这两种社会自我批判联系在一起。尽管可以说，在“彼得一世改革”中不存在“自上而下”与“自下而上”之间在时间上的先后问题，但是存在着以“自上而下”为主的“自上而下”与“自下而上”之间的相互作用，这是无可怀疑的。

无论是“自上而下”和“自下而上”存在着时间先后还是不存在时间先后，必须存在着“自下而上”与“自上而下”的相互作用，并且“自上而下”往往起着主导作用，否则就不能形成社会自我批判。而“自上而下”和“自下而上”的发动和持续都与社会危机联系在一起。在社会危机中社会基本矛盾运动的辩证关系尤其是其中的矛盾冲突较为充分地展开时，这就意味着社会自我批判的主体趋于成熟，于是社会主体就能进行“一种普遍意义的反思”。这既意味着具有现实性的社会统治阶级能较为自觉地通过国家权威评价活动进行“自上而下”的社会自我批判，也意味着社会民众能较为自觉地通过社会民众批判活动进行“自下而上”的社会自我批判。于是，以“自上而下”态势呈现的国家权威批判活动和以“自下而上”态势呈现的社会民众批判活动就能在相互作用中使社会自我批判达到深刻。由于社会自我批判是社会非崩溃时期的社会革命，因此“自上而下”在其中的作用尤为重要，这体现在统治阶级能较为自觉地进行“一种普遍意义的反思”，这就使较为自觉地进行“自上而下”的国家权威批判活动的作用更为凸显。于是，统治阶级中的“世界历史个人”如汉文帝、睦仁天皇和彼得一世等就在历史长河中显得熠熠发光。

社会主体在“一种普遍意义的反思”中进行“自上而下”和“自下而上”的社会自我批判，这种社会主体意识的自觉往往与统治阶级中的和社会民众中的“世界历史个人”联系在一起。他们能从上和从下两个相反的方面深刻地感受到社会危机中社会基本矛盾的激化，从而自觉或不自觉地把握了“适应了时代需要的东西”，以对症下药，由此就能引领“自下而上”的以社会民众机制为形式的社会自我批判和“自上而下”的国家权威批判的形式的自我批判。“历史上这一个向前进展的‘精神’，是一切个人内在的灵魂，但是它是不自觉的‘内在性’，而由那些伟大人物带到自觉”，因此“这些人的职务是做‘世界精神的代理人’”。[①] 人们通过构建“为我而存在的关系”所创造的社会历史，“展示出一个具有特殊关系和联系的特有对象区域”，它“完全独立于”任何创造价值活动的个体。[②] 然而，贯彻在这个“具有特殊关系和联系的特有对象区域”的规律又是通过人的活动作为中介体现出来的。在人类历史的一些特殊时期，往往与伟大历史人物的名字联系在一起的由“自上而下”和“自下而上”构成的社会自我批判正意味着社会主体创造历史的能动性。关于这个问题，我们在第四章的第四节中已经予以阐述。

---

① ［德］黑格尔：《历史哲学》，王造时译，上海书店出版社 1999 年版，第 32 页。

② 冯平：《现代西方价值哲学经典：心灵主义路向》，北京师范大学出版社 2009 年版，第 210 页。

第六章
体现为社会主义改革的社会自我批判

对照历史上曾经出现的社会自我批判案例，当前我国正在进行的社会主义改革的本质就是社会自我批判。社会主义作为理论和实践分别有500年和100年的历史。西方学界对于社会主义经济和政治所进行的批判，为社会主义的自我批判提供了宝贵的资源。社会主义社会同历史上其他社会一样，存在着社会基本矛盾运动，从而存在着由社会基本矛盾运动激化所引起的社会危机。社会主义改革所体现的“两个环节”和“两种态势”，说明了作为社会自我批判正是为了解决社会危机而进行的“第二次革命”。在社会自我批判中，分析跨越“卡夫丁峡谷”的社会主义社会与从资本主义社会中“脱胎”出来的社会主义社会之间的异同，就能理解共和国历史中遭受挫折的根源。社会主义初级阶段是社会形态转化过程中从“不发达”到“发达”的过渡时期。确立社会主义初级阶段处于社会转型时期的历史地位具有深远的历史意义。

第一节　社会主义从乌托邦到现代的审视

社会主义作为理论已经有500年的历史了。不能把乌托邦社会主义等同于空想社会主义。从乌托邦社会主义到科学社会主义再到社会主义在一个民族国家的实践，这是社会主义发展史上的两个飞跃。社会主义成为现实后经历了曲折的历程，现在正处在改革的发展中。西方学界对社会主义经济运行和政治运行的批判中有宝贵的学术资源，需要我们认真对待。

一 “乌托邦”和《乌托邦》

在欧洲发展的思想史上，“乌托邦”（utopia）思想源远流长。“乌托邦”的源头根植于人类文明的童年时期，“乌托邦是希腊世界的理性精神和希伯来世界的历史意识相结合的产物”①。史学家们公认，柏拉图的《理想国》是欧洲乌托邦文本的“鼻祖”，“有这样一种共同的印象，即认为柏拉图是我们著述中记载的第一个描述完美无缺的未来世界的人，他的《理想国》乃是第一个乌托邦或理想共和国”②。

文艺复兴和宗教改革促进了乌托邦的希腊因素和犹太教基督因素融合中的世俗化发展。乌托邦世界不仅是理性思考的彼岸世界，而且是历史在进步中可以达到的此岸世界。这就使乌托邦对关于欧洲未来的想象思想发生了深刻的影响。“可以毫不夸张地说，500 多年的欧洲历史乃至世界历史的发展都或多或少地受到乌托邦思想的影响。”③ 正是在这一时期，被称为“乌托邦三部曲”的莫尔的《乌托邦》、康帕内拉的《太阳城》和安德里亚的《基督城》先后出版。在“乌托邦三部曲”中，《乌托邦》的出版最早且在世界上的影响最大。

2016 年是《乌托邦》出版 500 周年。1516 年，莫尔用拉丁文写成的《乌托邦》出版，1517 年和 1518 年连续再版，1548 年意大利文的《乌托邦》出版，1551 年英文的《乌托邦》出版，1562 年荷兰文和西班牙文的《乌托邦》分别出版，④ 由此可见此书在当时欧洲及至世界的影响。

“乌托邦”（“utopia”）一词是莫尔根据古希腊文自己创造的拉丁文名词。“utopia”由“u”和“topia”两部分组成，在古希腊文中“u”既源自“ou”，表示“否定”或“乌有”，又源自“eu”，表示“美好”或“完美”；“topia”意指“地方”或“地区”。因此，把“u”与“topia”相结合，既可以指“乌有之邦”，而“乌有”总与“空想”联系在一起，

---

① 谢江平：《反乌托邦思想的哲学研究》，中国社会科学出版社 2007 年版，第 17 页。

② ［美］乔·奥·赫茨勒：《乌托邦思想史》，张兆霖译，商务印书馆 1990 年版，第 8 页。

③ 杨希帅：《乌托邦、反乌托邦与历史主义》，《宁夏大学学报》2018 年第 5 期。

④ 高放：《〈乌托邦〉五百年来的三次形态转变和八个观念创新——纪念〈乌托邦〉出版和世界社会主义五百年》，《中共宁波市委党校学报》2016 年第 6 期。

由此亦可称“空想之邦”；也可以指“美好之邦”，而“美好”总与“理想”联系在一起，由此亦可称“理想之邦”。由此，“乌托邦”就具有双重含义，即既是“空想之邦”又是“理想之邦”。哲学上的理想是广义的，它是主体在对现实发展规律正确反映的基础上根据主体自我发展的需要所形成的关于未来的追求，具有实现自己的现实性，即“只有潜伏在它本身中的东西才得到发挥和实现”①。因而，哲学上的理想分别与不揭示事物发展必然展开的空想和以关于现实的虚假联系为根据的幻想相对立。

作为中文译名的“乌托邦”是由严复确定的。严复在1895年翻译赫胥黎的《天演论》时，把其中的第八篇“导言”的标题译为“乌托邦”，并为此指出，“乌托邦者，犹言无是国也，仅为涉想所有而已。然使后世果其有之，其致之也，将非由任天行之自然，而由尽力于人治，则断然可识者”。严复在此文中概述了《乌托邦》的内容后说，“央如是之群，古今之世未有也，故称之曰乌托邦”②。严复所译的《天演论》在清朝末年和民国初年影响极大，自1897年至1921年就先后出版了12个版本，商务印书馆在1921年出版的《天演论》就印了20次。由此，作为《天演论》的第八篇导言题目的“乌托邦”一词就在中国学术界流行了，而其内涵中的空想之义也凸显了出来。据《恩格斯〈社会主义从空想到科学的发展〉研究读本》的作者考证，早期中文译者多以“空想”来意译“utopie”，遂沿用至今。③

习近平在一次会议上指出：“1516年英国人莫尔发表的《乌托邦》一书。这本书深刻揭露资本主义原始积累过程中的悲惨景象。”④在《乌托邦》中，莫尔对当时资本主义私有制度造成“羊吃人”的悲惨局面予以犀利地揭露，“绵羊一向是那么驯服，那么容易喂饱，据说现在变成很贪婪很凶蛮，以至于吃人，并把你们的田地、家园、城市蹂躏成废墟”，这种现象体现的是“新贵族吃农民”“资本家吃工人”“富人吃穷人”。

---

① ［德］黑格尔：《小逻辑》，贺麟译，商务印书馆1980年版，第329页。

② ［英］赫胥黎：《天演论》，严复译，贵州教育出版社2005年版，第59页。

③ 薛俊强：《恩格斯〈社会主义从空想到科学的发展〉研究读本》，中央编译出版社2013年版，第51—53页。

④ 《习近平总书记系列重要讲话读本》，人民出版社2016年版，第19—20页。

莫尔进一步指出，任何一个地方只要“存在私有制，所有的人凭现金价值衡量所有的事物，那么一个国家就难以有正义和繁荣”，由此他主张建构称为“乌托邦国”的社会。在他的“乌托邦国”里：废除了私有制，生产资料和生活资料一律公有，每个人一无所有，而又十分富有；实行了普遍的劳动义务制，每天劳动六个小时；为了避免有人长期从事艰苦工作，住在城市的乌托邦人轮流到农村参加两年农业劳动，没有专职农民，城市与农村之间不再是完全对立的关系；实行按需分配，每30户安排一个集体食堂，免费供应丰富菜肴；从各级官员、外交使节到学者、教士，所有公职人员采取秘密投票方式产生，各级官员没有任何特权，恪守服务大家的职责；法律简洁明了，“法令极少而治理得宜，善必有赏”①；等等。莫尔的理想社会，“可以概括为四个基本特征，或四个基本原则：公有制度、以人为本、公平正义、民生幸福。或者可以更简明地归纳为公有、人本、公正、幸福”②。

二　社会主义和科学社会主义

习近平说，“从提出社会主义思想到现在，差不多500年时间”，《乌托邦》“这本书被称为社会主义的开山之作”。③ 这样就把“乌托邦”和“社会主义”联系了起来。

莫尔于1516年出版《乌托邦》时，世界上还没有“社会主义”（“socialism”）一词，二百多年后才出现了“社会主义”一词。“社会主义”这个新名词，源于古拉丁文“socialis”，原意是同伴的、善于社交的等。意大利传教士贾科莫·朱利安尼于1753年使用“社会主义”一词，本义是指上帝安排好的传统而友善的社会制度。1832年法国圣西门派在其刊发的《环球》杂志上使用“社会主义”一词，用它来指与资本主义社会制度相对立的新的社会制度。社会主义的本质特征用马克思对巴黎公社的概括是，“它所采取的各项具体措施，只能显示出走向属于人民、由人民掌权

① ［英］托马斯·莫尔：《乌托邦》，戴镏龄译，商务印书馆2012年版，第20、43页。

② 黄帅：《〈乌托邦〉与当代世界和中国——著名学者高放教授访谈录》，《当代世界社会主义问题》2016年第4期。

③ 《习近平总书记系列重要讲话读本》，人民出版社2016年版，第19—20页。

的政府的趋势”①，因而就必然具有“公有、人本、公正、幸福”。于是，社会主义就与乌托邦之间有了内在的关联。

马克思、恩格斯在1848年发表的《共产党宣言》第三章中第一次把“乌托邦”与“社会主义”连接起来，称为“批判的乌托邦社会主义和共产主义”。人民出版社出版的《马克思恩格斯选集》中把这段文字译为“批判的空想的社会主义和共产主义”，把“乌托邦”仅仅译为“空想”其实是不妥当的，因为这种翻译把“乌托邦”中的理想内涵遮蔽了。②

由乌托邦社会主义到科学社会主义离不开社会现实的巨大变化，也离不开作为“世界历史个人”的马克思和恩格斯的努力。马克思、恩格斯指出：“几十年来的工业和商业的历史，只不过是现代生产力反抗现代生产关系、反抗作为资产阶级及其统治的存在条件的所有制关系的历史”，在实际上揭示了资本主义社会的基本矛盾即生产的社会性和资本主义的私人占有性之间的内在矛盾；资本主义社会形成了新的阶级、新的压迫条件，从而使阶级对立简单化为资产阶级和无产阶级两大直接敌对的阵营，因此资产阶级“首先生产的是它自身的掘墓人”，这样就使“资产阶级的灭亡和无产阶级的胜利是同样不可避免的”了。③《共产党宣言》揭示了资本主义的必然灭亡规律和找到了实现这种历史必然性的阶级力量，为当时的“共产主义者同盟”开展革命活动提供了科学的思想武器，初步实现了社会主义由乌托邦到科学的历史性飞跃。

对于科学社会主义，恩格斯承认“在一定程度上独立地参加了这一理论的创立”时强调，其中的“绝大部分基本指导思想（特别是在经济和历史领域内），尤其是对这些指导思想的最后的明确表述，都是属于马克思的”。④ 恩格斯把马克思的贡献概括为，“这两个伟大的发现——唯物主义历史观和通过剩余价值揭开资本主义生产的秘密”，由此就使“社会

① 《马克思恩格斯选集》第3卷，人民出版社1995年版，第64页。

② 参见高放的《〈乌托邦〉五百年来的三次形态转变和八个观念创新——纪念〈乌托邦〉出版和世界社会主义五百年》（《中共宁波市委党校学报》2016年第6期）：根据《共产党宣言》的英文版原文，“outopia”应译为“乌托邦”，但在《马克思恩格斯选集》第1卷（人民出版社1995年版）的第302页上却译为“空想”，于是整个句子就成为“批判的空想的社会主义和共产主义”。

③ 《马克思恩格斯选集》第1卷，人民出版社1995年版，第278、284页。

④ 《马克思恩格斯选集》第4卷，人民出版社1995年版，第242页。

主义变成了科学"。[①] 可以说，科学社会主义的创立是马克思"两大发现"的必然结果，是马克思主义的哲学、政治经济学交融的集中体现，从而是马克思主义的精髓。

为此，恩格斯写了脍炙人口的经典《社会主义从空想到科学的发展》。此书最初是以德文发表的，原名是 *Die Entwicklungdes Sozialismus von der Utopie zur Wissenschaft*，可根据字面正确地直译为《社会主义从乌托邦到科学的发展》。而把此书的标题译为《社会主义从空想到科学的发展》，就把具有空想和理想双重含义的"乌托邦"演变为只剩下"空想"，从而就把"乌托邦社会主义"与"空想社会主义"相对等了。其实恩格斯否定乌托邦中的空想，然而并不否定其中的理想，科学社会主义是从乌托邦社会主义基础上发展起来的，这就是说，科学社会主义把乌托邦社会主义中的理想包含在内，而抛弃其空想成分，是对乌托邦社会主义的扬弃，是乌托邦社会主义的更高阶段。

马克思的社会主义之所以是科学的，就在于他剔除了空想成分，而把理想包括在内，"他相信他的工作是以对当今社会经验事实的观察为基础的系统、缜密的批判分析，这与经验研究不足的早期社会主义者试图本着善良愿望推导出'绝对真理'的努力在方法论上截然不同"[②]。关于社会主义和共产主义的学说是马克思运用这种科学方法通过"对当今社会经验事实的观察为基础的系统、缜密的批判分析"，在揭示了资本主义的必然灭亡的规律和找到了实现这种历史必然性的阶级力量的基础上必然形成的。"共产主义对我们来说不是应当确立的状况……我们所称为共产主义的是那种消灭现存状况的现实的运动"[③]，马克思将共产主义创造性地诠释为一种历史的、发展中的过程和运动。以"运动"规定为基本原则，来确立批判和改造现存的理念。"马克思恩格斯不曾自诩为未来社会的设计师和先知者，并没有如莫尔建构'乌托邦'、康帕内拉构造'太阳城'那般通过具体描画一个未来理想社会来实现自己重新构建社会的

---

① 《马克思恩格斯选集》第 3 卷，人民出版社 1995 年版，第 366 页。

② ［美］保罗·托马斯：《马克思主义与科学社会主义——从恩格斯到阿尔都塞》，王远河、王克军译，江苏人民出版社 2011 年版，第 26 页。

③ 《马克思恩格斯全集》第 3 卷，人民出版社 1960 年版，第 40 页。

愿望。”[①] 其根本原因就在于，如列维塔斯所认为的，将会在共产主义社会中发展起来的需要、欲求和才能因资本主义的限制而难以预见。[②] 这就通过社会主义的实践为其发展留下了极大的实践空间，也为其产生了很多理论争论的空间。

三　社会主义成为现实后的曲折历程

在第一次世界大战的最后一年即1917年，彼得堡于11月7日（俄历10月25日）爆发士兵起义，布尔什维克于当天晚上紧急召开全俄苏维埃第二次代表大会，宣布成立苏维埃政权，十月革命胜利；1922年12月，成立了包括俄罗斯、外高加索、乌克兰和白俄罗斯四个苏维埃联邦社会主义共和国在内的苏维埃社会主义共和国联盟。从此，社会主义的国家制度在人类历史上正式诞生。“可以说，世界历史天空最夺目的旗帜是从“阿芙乐尔”号巡洋舰的隆隆炮声中升起的。”由此，苏俄“完成了一次历史性的转换，即不再是西欧资本主义的仿效者，而是世界历史的引领者，开创着人类文明的新纪元”。[③] 这是社会主义从理论到实践的一次重大飞跃。

苏联在宣布进入社会主义社会后，粉碎了14国外国武装干涉，经过苏联人民的努力，社会主义取得重大成就。与当时发生“大危机”的资本主义世界相比较，30年代是苏联经济的黄金时代。苏联工业到1937年年底达到了1929年水平的428%，比战前水平增长了6倍以上；农业中的粮食产量从1913年的48亿普特（1普特=16.38千克）增长到1937年的68亿普特，籽棉产量从4400万普特增长到15400万普特，油料作物产量从12900万普特增加到30600万普特。苏维埃第八次代表大会于1936年12月召开。会议指出，“资本主义成分已完全消灭，社会主义体系已在国民经济一切部门获得了胜利”，“在社会主义建设年代又消灭了所有的剥削分子——资本家、商人、富农和投机分子。现在只留下了已被消

---

① 王田：《“运动”与“理念”：共产主义概念的双重规定》，《甘肃理论学刊》2018年第4期。

② Ruth Levitas, *The Concept of Utopia*, Oxford: Peter Lang, 2011, p. 50.

③ 徐觉哉：《2017年度世界社会主义研究报告》，《中国延安干部学院学报》2018年第2期。

灭的剥削阶级的少数残余，而完全消灭这些残余不过是最近时期的问题”。[①] 因此，在这次代表会议通过的宪法中宣布社会主义已经胜利。在1939 年召开的苏维埃第十八次代表大会中提出完成社会主义社会的建设和向共产主义过渡。

1945 年第二次世界大战结束后，苏联的战胜国地位更使斯大林认为，“自己搞的社会主义是唯一的科学社会主义的样板，把苏联的模式凝固化、绝对化、神圣化”，从而把苏联的社会主义模式推广到欧亚各国，致使波兰、匈牙利、罗马尼亚、保加利亚、捷克斯洛伐克、东德、阿尔巴尼亚以及中国、越南、蒙古、北朝鲜等新建立的社会主义国家普遍受其严重影响。如何看待苏联模式的社会主义，对于我们理解什么是社会主义有重大意义。对于这个重大问题尽管众说纷纭，但以下这段话是十分中肯的：“尽管它有很多弊病，但毕竟是苏联的社会主义理论，既有空想成分，又有科学成分；对马克思的科学社会主义既有照搬的，也有歪曲的；同时，又渗透着封建主义的色彩，是一种混合物，是不纯、不大好甚至有很多弊病的社会主义。”[②]

1961 年，苏联共产党第二十二次代表大会通过的党纲宣称，“我们这一代苏联人将要在共产主义制度下生活”[③]，把实现共产主义社会的时间敲定为 1980 年，并确定了两个十年规划：在第一个十年期间保证苏联人民的生活水平“比任何资本主义国家都高”；在第二个十年期间，“苏联将成为具有世界上最短的同时生产效率最高的和报酬最高的工作日的国家”。[④]

然而，事与愿违，苏联经济长期在高消耗、低效益、结构失衡状况中“带病运转”，从 1981 年到 1985 的第十个“五年计划”中，国民生产总值的年增长率依次为 5.1%、3.1%、2.2%、1.8%、1.4%，到 1990 年竟出现了负增长。据苏联《共青团真理报》报道，苏联的人均消费水

---

① ［苏］联共（布）中央特设委员会：《联共（布）党史简明教程》，人民出版社 1975 年版，第 377—378 页。

② 高放：《从传统社会主义到现代社会主义》，《马克思主义研究》1989 年第 3 期。

③ 人民出版社编辑：《苏联共产党第二十二次代表大会主要文件》，人民出版社 1961 年版，第 406 页。

④ 同上书，第 241、338 页。

平，1917 年占世界第七位，到 1990 年已降至第七十七位，退到了不少发展中国家后面；莫斯科在 1990 年年底竟发生了过冬燃料、食品危机，需要从西方紧急输入燃料和食品；人均最低生活费从每月 130 卢布跃升为 320 卢布，加上部分商品需从“黑市”购买，苏联当时的人均最低生活费约需 400 卢布，这就意味着全国约有三分之一以上到一半的人处于官方公布的贫困线以下。①

在苏联的严重社会危机中，苏联总统戈尔巴乔夫于 1991 年 12 月 25 日宣布辞职，一面俄罗斯红、蓝、白三色国旗代替飘扬了 74 年的苏联镰刀锤子国旗，徐徐上升在克里姆林宫上空，苏联最高苏维埃于翌日举行最后一次会议，在会上宣布苏联停止存在。“74 年之后，这样一个横跨欧亚的超级帝国，没有被资本主义国家的军事干涉扼杀于襁褓之中，没有在纳粹德国的战争机器面前溃败，却戏剧般地坍塌于内部意识形态的瓦解。”②

苏联最终解体，地球上第一个社会主义国家分裂成俄罗斯、乌克兰等 15 个独立的国家。在 20 世纪 80 年代末的苏联衰亡过程中，东欧发生了一系列剧变。这个剧变“最先在波兰人民共和国出现，后来扩展到德意志民主共和国、捷克斯洛伐克、匈牙利人民共和国、保加利亚人民共和国、罗马尼亚社会主义共和国等华沙条约组织国家”③。这个世界性的剧变以苏联解体告终。历史上一般把苏联解体理解为自第二次世界大战开始的长达 46 年冷战的结束。

国际共产主义运动在 20 世纪的 80 年代至 90 年代发生了剧变，“到 20 世纪 80 年代中期，各国共产党最兴盛时，全世界 100 多个国家中共有 200 多个共产党，党员总数为 8000 多万（包括中共 4000 多万）。苏东剧变后，全世界降到只有 130 多个共产党，共产党员仍然还有 8000 多万（包括中共 7000 多万）。资本主义世界的共产党员大大减少，从原来的 4000 万左右降至目前的大约 700 万”④。“那些信奉欧洲共产主义和仍紧

---

① 戴德铮：《苏联解体的经济原因与教训探析》，《江汉论坛》1998 年第 3 期。

② 徐觉哉：《2017 年度世界社会主义研究报告》，《中国延安干部学院学报》2018 年第 2 期。

③ 崔友平等：《历史的轨迹》，北京联合出版公司 2019 年版，第 127 页。

④ 高放：《当前世界共产主义运动的三大热点问题》，《江苏行政学院学报》2008 年第 2 期。

跟莫斯科的政党在选举中急剧下滑，成为苏联解体后欧洲共产主义的真正溃败。”[①] 对此，弗朗西斯·福山在其著作《历史的终结》中，把马克思看作“历史终结论”的先驱，历史的终点“对马克思来说，则是共产主义社会”，他在此基础上认为，苏联东欧国家的剧变凸显了这个终点的临近。[②]

毋庸讳言，苏联东欧的剧变使国际共产主义运动陷于低潮，然而当今世界共产主义运动仍在继续前进。“从欧洲现实状况看，在伊比利亚半岛和地中海流域国家中，除意大利之外，激进左翼近年来获得了巨大发展，希腊、西班牙、法国、葡萄牙和塞浦路斯的左翼势力联合起来，并在政治舞台上发挥着重要作用；在中欧，激进左翼在德国、荷兰已拥有相当强大的选举实力”。[③] “纽约左翼论坛”每年举办一次，数百名北美及世界各地的左翼学术组织代表、左翼政党领袖、左翼社会活动家与左翼学者采用大会发言、专题研讨、电影放映、剧场演出、书报展览等多种形式对当代世界进行评述。该论坛2016年的主题是“愤怒、反抗、革命：组织我们的力量”，他们意识到“社会主义标签不再像以往那么可怕”；2017年的主题是“抵抗——战略、策略、斗争、团结与乌托邦”，他们号召制定统一的战略和战术，加快世界向社会主义转变；2018年的主题为“为左翼制定新策略”，其中《没有共产党就没有社会主义》的演讲及专题讨论引发会议热烈响应。当然，“我们应当辩证地分析左翼学者的观点和诉求”。[④]

四　社会主义各国的改革探索

现在世界上有五个由共产党长期执政的社会主义国家，其中中国共产党执政72年，有9000万党员；朝鲜劳动党执政73年，有500多万党

---

① 徐觉哉：《2017年度世界社会主义研究报告》，《中国延安干部学院学报》2018年第2期。

② ［美］弗兰西斯·福山：《历史的终结》，黄胜强、许铭原译，远方出版社1998年版，第2页。

③ 徐觉哉：《2017年度世界社会主义研究报告》，《中国延安干部学院学报》2018年第2期。

④ 参见张新宁、张晓明《马克思主义与北美左翼新战略——2018年纽约左翼论坛述论》，《毛泽东邓小平思想研究》2018年第8期。

员；越南共产党执政76年，有300多万党员；古巴共产党执政62年，有100多万党员；老挝人民革命党执政46年，有10多万党员。从20世纪70年代末到90年代初，共产党执政的五个社会主义国家先后实行改革，由此摆脱了苏联的社会主义模式，焕发了生气。兹举二例说明之。

越南于1945年宣布独立，1975年解放了南方而全国统一，1976年更国名为越南民主共和国。苏联的社会主义模式使越南在全国统一后逐渐积累起来的一系列矛盾，在20世纪80年代酝酿成全面的社会危机。1986年执政的越南共产党召开第六次全国代表大会，标志着全面改革的开始。在经受了苏东剧变的考验后，越南在社会主义革新的道路上砥砺前行。“从1991年开始，越南就已经摆脱延续多年的经济危机”，并在2006年越共十大上宣布“越南社会主义定向市场经济已经初步建立”。① 以经济革新为重点的越南社会主义革新取得了重要成就，2015年人均GDP达到2200美元，2016年人均GDP达到2215美元，2017年人均GDP则比2016年增加170美元即达到2385美元，2017年越南国内生产总值（GDP）比2016年增长6.81%，高于原订计划6.7%的增长水平。这些数据表明，越南已经步入中等发展国家。

越南的政治革新尤其瞩目。越共中央理论委员会副主席黎友义在2016年出版的越共中央刊物《共产主义》上发文指出，“越南共产党在有关民主的理论认识和践行民主中迈出了重要步伐，在实现社会生活民主化中取得了重要成就，使得社会主义民主成为国家革新和发展的动力”②。2002年越共九届五中全会引入质询制度，规定中央委员可以对总书记及政治局委员、书记处成员提出质询，也可以对政治局、书记处及监察委员会提出集体质询。“被质询者应如实作答，直到质询者得到满意的答复为止，质询过程面向社会全程直播，具有相当的透明度与影响力。”③ 2002年，越南第十一届国会做出规定，如果五分之一的国会代表或国会专门委员提出要求，国会常务委员会将向国会提出对国家主席、

---

① 徐秦法、郑玉琳：《越南共产党90年的历史进程、主要成就和基本经验》，《科学社会主义》2020年第2期。

② ［越］黎友义：《革新30年间践行和发扬民主》，《共产主义》2016年第880期。

③ 林怀艺、洪祖雅：《越南共产党在革新开放中对政治建设的探索》，《马克思主义理论学科研究》2018年第1期。

国会主席、政府总理等高级官员进行不信任投票，如果三分之二以上国会代表投不信任票，即可对高级官员进行罢免。2006 年越共“十大”通过的党章把原来的“越南共产党是越南工人阶级的先锋队，是工人阶级、劳动人民和全民族利益的忠实代表”修改为“越南共产党是越南工人阶级的先锋队，同时又是劳动人民和全民族的先锋队；忠实代表工人阶级、劳动人民和全民族的利益”。这样就把越南共产党的阶级基础大大地扩充了。更显著的是，越南共产党进行了多方面的政治革新，如废除职务终身制，越共党章规定总书记任期不超过 2 届；加强党内竞争淘汰机制，实行中央委员差额选举，越共“十大”的 1176 名大会代表在 2006 名候选人中选出 185 人组成中央委员会；在越共“十一大”上，“越共中央委员的差额比例为 24. 57%，而中央候补委员的差额比例达到 144%”，并出现了“政治局提名的候选人落选的情况”。[①] 越共还试行直接选举，试行总书记差额选举；加强集体领导，重大问题集体讨论实现表决制；等等。“这些都是苏联高度集中的政治经济模式所不具备的要素，是对苏联社会主义模式的重大突破。”[②]

越南在实现社会主义民主和政治体制革新方面取得了很大成就，然而问题仍然存在。曾任越南《共产主义》杂志总编辑的何登认为：“我们也应当承认，在政治体制革新领域内，仍存在许多不足之处。在政治体制内，尤其是国家行政机关仍存在机构设置臃肿、关系杂乱不清和中间环节过多、活动的质量和效果不理想等问题。干部、公务员队伍不论是在业务能力还是在责任感上都不能令人满意。”他尤其指出，“最令人担忧的是，干部、党员中的官僚主义、贪污受贿、蜕化变质等现象不但没有减少，反而有所增加，情况严重，并已在人民群众当中引起不满”[③]。尤其是越南在社会主义民主和政治体制革新中的“这种自我革命的方式能否把控好底线，真正成为所谓‘可控的民主’”[④]，还需要在实践中进

① 潘金娥：《越南政治权力结构特征探析》，《当代世界与社会主义》2017 年第 6 期。

② 郭春生、陈婉莹：《越南革新开放在世界社会主义改革浪潮中的地位和作用》，《理论与改革》2017 年第 3 期。

③ ［越］何登：《越南政治体制革新的实践问题》，载李慎明主编《社会主义：理论与实践》，社会科学文献出版社 2001 年版，第 353 页。

④ 潘金娥：《越南政治权力结构特征探析》，《当代世界与社会主义》2017 年第 6 期。

一步探索。

古巴全称古巴共和国，是北美洲加勒比海的一个岛国。1959 年古巴赢得独立，1961 年 5 月宣布进行社会主义革命和建设。1961 年 7 月，古巴的三个革命组织“七·二六运动”“三·一三革命指导委员会”和人民社会党合并为古巴革命统一组织，又于 1963 年 5 月改称古巴社会主义革命统一党，后又于 1965 年 10 月改为古巴共产党，是古巴唯一的政党。1963 年年底，古巴基本上完成国民经济的社会主义改造，开始了社会主义建设时期。1968 年 3 月，古巴发动“革命攻势”，采取接管小商小贩、扩大免费社会服务、取消农业税收、取消工资级别等超越现实国情的措施，给国民经济造成了严重困难。古巴于 1971 开始对“革命攻势”实施调整，结果是改变了原来的独立探索而转为全面照抄苏联模式，并于 1980 年按照苏联模式建立了“古巴式”的“经济领导和计划体制”。20 世纪 90 年代，由于苏东剧变，再加上美国封锁，古巴陷入了前所未有的危机。

1990 年 9 月，古巴开始调整原有的路线、方针和政策，提出建设“有古巴特色的社会主义”，启动社会主义更新模式。古巴官方说的“更新”或“改变、变革”意在突出并不是要否定原来的社会主义模式，而是要在原来的基础上“升级”，因此古巴官方将“更新”一词的英文译为“Update”，即升级和更新换代。2011 年 4 月举行的古共“六大”上出台了《党和革命的经济社会政策纲要》，指出社会主义不可逆转，更新的目的是完善和巩固社会主义制度，在坚持社会主义的前提下，提高人民生活水平。2016 年 4 月在古共“七大”后出台的《古巴社会主义发展的经济和社会模式的理论化》对更新进程的目标模式进行了厘定：在政治上强调古巴共产党是古巴社会和国家的最高领导力量；在经济上坚持生产资料的社会主义全民所有制的主导地位，强调社会主义计划的决定性作用，承认私人所有制等其他经济形式的补充作用；在分配上，主张机会平等，反对平均主义和财富集中两种极端倾向。政府将闲置土地承包给农民，使农民享有农业经营的自主权，调动农民的劳动积极性，并在 2017 年决定将农民的土地承包期限从 10 年延长至 20 年。非国有经济继续扩大，国有企业从 2010 年的 81.2% 减少到了 2015 年的 70.8%。

根据 2017 年 10 月古巴劳动和社会保障部公布的数据，个体户已经达到578421户，较上年增长了11%。在2013年2月举行的全国人民政权代表大会第一次会议上，劳尔·卡斯特罗提议修改宪法，将古巴国家高层领导人任期制度化，宣布自己任期满五年后将不再连任国务委员会主席等国家最高领导职务。2018年4月19日，古巴全国人民政权代表大会宣布，迪亚斯·卡内尔当选古巴国务委员会主席。这意味着古巴的政治体制改革告别了卡斯特罗时代。

五个由共产党执政的社会主义国家所实行的改革可概括为三个共同点：(1)"苏东剧变不是社会主义的终结，要坚持共产主义目标，不应改变共产党的名称"；(2)"在对社会主义、共产主义的认识上都有新意，认为社会主义是'自由、平等、人的解放和消灭剥削'，在坚持'两个必然'的基础上，更加突出民主的地位和人民的参与意义"；(3)"各党在基本否定苏联模式的同时，都主张从实际出发，重视各自的民族特点，吸收人类文明成果，建立适合本国国情、有自己特色的社会主义"①。尽管时间又过了好几年，但基本的估价仍然是适用的。

五 西方学者对社会主义的批判及其启示

乌托邦社会主义自产生以来，就不断地受到批判；科学社会主义理论产生后，更是不断地受到批判。马克思和恩格斯在《共产主义信条》《共产主义原理》，尤其是在《共产党宣言》中对诸如"封建的社会主义""小资产阶级的社会主义""德国的或'真正'的社会主义""保守的或资产阶级的社会主义"等各种型号的社会主义以及对于质疑和否定社会主义的观点予以回应和批判。由于社会主义还没有成为现实，最具代表性的实践只有仅存在了72天的巴黎公社，因此西方学者对社会主义的批判尚较少涉及社会主义社会运行方面的问题。

20世纪的第一次世界大战使社会主义实现了继从乌托邦社会主义到科学社会主义飞跃后的第二次飞跃，这就是十月革命的胜利使得社会主义从理论转化为一个民族国家的实践。这就使西方学者对社会主义的批判直接指向社会主义的实践。苏联是世界上第一个社会主义国家，在第

① 孟鑫：《当前国际共产主义运动发展状况和趋势分析》，《当代世界与社会主义》2010年第6期。

二次世界大战后又出现了一系列社会主义国家，形成了以苏联为首的社会主义阵营。因此对社会主义实践的批判首先是指向苏联的社会主义实践，随后也指向一系列社会主义国家的实践。我们可以把以苏联模式为主要特征的社会主义称为传统社会主义，以示与经过改革的社会主义予以区别。一个社会总可以析分为经济基础和上层建筑两大部分，前者主要与经济的运行联系在一起，后者主要与政治的运行联系在一起，由此对于传统社会主义实践的批判就可以大致地归纳为这两个方面。

其一，对于传统社会主义经济运行的批判。

在苏联人民的努力下，苏维埃社会主义国家取得了社会主义建设的重大成就，30 年代是苏联经济的黄金时代。这就使西方许多思想家如罗素、维特根斯坦等相信社会主义这种新型社会制度将是克服资本主义社会矛盾的有效路径，也相信中央集权的计划经济必然优越于自由放任的市场经济，并最终取而代之。然而，已经有学者提出了社会主义“无法进行资源有效配置”的问题。

奥地利经济学家米塞斯早在 1920 年就发表了《社会主义国家的经济计算》论文，否定社会主义计划经济体制下实现经济计算以及合理配置资源的可能性，“正是在市场交易中，形成了所用的一切种类的货物和劳动的市场价格（被当作计算的基础）；在没有自由市场的地方，也就没有价格机制，没有价格机制，也就没有经济计算”，因此“那些期望社会主义带来一个合理的经济制度的人将被迫重新检查一下自己的看法”。[①] 在中国改革开放的 80 年代重新刊发该文时，编辑部在按语中说，“文章提出了这样一个尖锐的问题：取消了商品和货币，就不仅不可能有真正合理的经济计算，而且根本不可能有一个高效率的经济机制”。两年后，米塞斯在此文的基础上出版了《社会主义：经济与社会学的分析》专著，系统地阐述自己的观点，从而逐渐形成一个流派。

泰勒不同意米塞斯的观点，对这种观点公开提出了反对意见，在 1929 年发表的《社会主义国家中的生产指导》一文中指出，社会主义国家的“中央计划局根据商品或生产要素的数量的多少，不断调整价格，

---

① ［奥］路·冯·米塞斯：《社会主义制度下的经济计算》（陈国雄摘译），《经济社会体制比较》1986 年第 6 期。

最后实现供给与需求的一致性，国家计划局根据这种价格进行资源配置，就可以实现资源的最佳配置”[①]。

1974 年诺贝尔经济学奖得主哈耶克是 20 世纪最重要的自由主义思想家之一，也是 20 世纪批判社会主义的主将之一，他在《通往奴役的道路》等著作中集中阐述了关于社会主义的观点。我们在此处着重分析他对社会主义计划经济的批判。哈耶克认为，“理性的有限性决定了依靠理性获得的有关自然和社会以及人本身的系统知识也是有限的”，而实现计划经济则“要求行动者对所有相关的事实拥有完全的知识”，因此在社会主义的经济运行中，“一个单一的计划对一切经济活动加以集中的管理，规定社会资源应当如何‘有意识地加以管理’以便按照一定方法去为个别的目的服务”。[②] 即用中央计划取代自由市场是行不通的，因此“社会主义不可能达到或贯彻它的目标和计划；进而言之，它们甚至在逻辑上也是不能成立的”[③]。他进一步认为，对于计划的盲目崇拜和迷信会使计划无限扩大，会将计划运用于社会生活的方方面面，会造成社会生活的极权主义恶果。他把计划经济与公有制等同，把市场经济与私有制等同，把苏联模式社会主义中的计划经济体制视为社会主义的根本特征，显然是错误的。然而，他确实看到了从落后的俄罗斯农奴制基础上建立的社会主义制度实行计划经济体制所存在的内在问题。

波兰经济学家兰格在分析各个派别提出的种种观点之后，提出了“竞争的社会主义模式”的命题，后人一般称为“市场社会主义”。他在《社会主义经济理论》一书中，针对反对派的“社会主义没有市场”，他设想了一个“模拟市场”，由社会主义的中央计划局代替市场；针对“价格问题”，他提出用“试错法”确定价格实现供求平衡；针对“信息计算与信息不全问题”，兰格认为，不需要数学，并且不需要对需求和供给函数的任何知识，只要注意需求数量和供求数量就能求出正确的物价。

自 20 世纪 50 年代起，东欧社会主义国家纷纷探索“市场与计划结

---

① 徐俊峰：《国际视野下的社会主义改革脉络辨微》，《河南社会科学》2012 年第 7 期。

② ［英］哈耶克：《通往奴役的道路》，滕维超、朱宗风译，商务印书馆 1962 年版，第 38 页。

③ ［英］哈耶克：《致命的自负——社会主义的谬误》，冯克利等译，中国社会科学出版社 2000 年版，第 2 页。

合”的改革实践，例如南斯拉夫的“自治的社会主义”、匈牙利“调节式市场社会主义”等改革模式，此外还有布鲁斯的“含有受控制市场机制的计划经济”模式、奥塔·锡克的“以市场机制为基础的分配计划”模式、科尔奈的“有宏观控制的市场协调”模式、亚历克·诺夫的“可行的社会主义经济”模式等理论模式和实践。这些探索都力图把市场经济引入社会主义的计划体制内部，以解决传统社会主义所面临的发展困境，进而激发传统社会主义的活力。虽然这些社会主义改革的理论和实践遭到苏联的干涉而最终停滞，但毕竟为后来社会主义改革高潮的出现在实践和理论方面提供了资源。①

其二，对于传统社会主义政治运行的批判。

由于苏联是第一个社会主义国家，苏联的社会主义模式对其他社会主义国家有重大影响。由此之故，西方学者对社会主义政治运行的批判就主要集中在对苏联极权主义的批判上。

哈耶克在对社会主义计划经济的批判中，最早触及苏联社会主义模式中的过度集权问题，此后他“毕生以最大的精力致力于唤醒人们对极权主义国家或者说有极权主义性质的国家的警惕”。他认为，国家干预在社会主义计划经济中的作用不仅会损伤人们经济活动中的自主性，进而还将导致对包括私人生活在内的各个生活领域的干预和控制，最终通往全面奴役之路。在这里，他把极权与个人独裁相区分，个人独裁必然导致极权，但极权并不一定就是个人独裁。他分析了极权主义产生的原因。（1）科学理性精神的自负。“理性主义拒绝接受任何它没有完全理解的东西的支配”，相信“通过对我们的任务进行更为理智的思考，甚至是更为恰当的设计和‘理性的协调’，就能消灭一切依然存在的不可取现象”，②于是就以这种科学理性为支撑，声称掌握了社会发展的规律，由此就会走向极权。（2）我们的“社会公正”的本能。在人类生活的原始群体中就有“受保护的共同疆界”的“有着严格的支配制度”，“那时产生的许

① 以上几个自然段的文字，参阅了徐俊峰的《国际视野下的社会主义改革脉络辨微》（《河南社会科学》2012 年第 7 期）中的部分内容。

② ［英］哈耶克：《致命的自负——社会主义的谬误》，冯克利等译，中国社会科学出版社 2000 年版，第 58 页。

多道德情感，不但通过教育或模仿在文化中传递下来，并且变成了一种内在的或由遗传决定的因素”,[①] 这种情感不仅成了一种文化传统，而且演变成一种遗留至今的类本能。(3) 对自由与责任的逃避和对安定感的追求。在一个极权主义群体中，个体既有“免除选择”的心理安定感，又有领袖或者他们所信奉的思想体系所承诺的“光明彼岸”，那么，他们只是付出行动的热情和绝对的服从就可以了，与自由状态所带来的压力和惶惑感相比，这对于社会中的大多数人来说，在心理上也许是一个更佳的选择。(4) 贫穷者对富裕者的忌妒。“尤其在一个存在着暴富者和赤贫者的严重两极分化社会中，富裕者的财富往往被一并反对，套上不正义的标签，不管这些财富得来的是不是正当，而极权主义最懂得在一个多元化的社会中唤起不加限制的、公开的或隐伏的忌妒，从而形成一批追随者，用‘通过更多的再分配实现更多公正’的承诺来刺激他们”[②]。

在批判极权主义的著作中，汉娜·阿伦特的《极权主义的起源》(1951) 被公认为是批判极权主义的“奠基之作”。该著作在第一版时主要致力于揭示纳粹主义形成的原因，在7年后的修订版中将社会主义的苏联模式也纳入批判视野，并将极权主义区分为右的纳粹类型和“左”的布尔什维克类型两大类型。弗里德利克和布热津斯基合著的《极权主义独裁和独裁》于1956年出版，该书集中批判了斯大林的极权主义。阿兰·卡索夫在1964年出版的《社会管理：无恐怖的极权主义》[③] 中提出了“无恐怖的极权”。胡安·林兹在70年代中期提出了专指希特勒的法西斯主义和斯大林模式的“极权主义”。这些著作努力从学理上分析极权主义的心理学、文化学、政治学及哲学根源。尽管其中的一些观点是值得商榷的，但所做的学理探讨是有意义的。

在20世纪90年代发生的苏东危机前后，西方学者对社会主义的批判进一步升级。尼克松于1988年出版的《1999：不战而胜》，布热津斯基

---

① ［英］哈耶克：《通往奴役的道路》，滕维超、朱宗风译，商务印书馆1962年版，第300页。

② 这一自然段的内容主要参阅了娄和标的《本能的渴求和理性的自负——哈耶克对极权主义的深层批判》(《内蒙古社会科学》2005年第3期)。

③ Allen Kassof, “The Administered Society: Totalitarianism without Terror”, *World Politics*, Vol. 16, No. 4, 1964.

于1989年出版的《大失败——二十世纪共产主义的兴亡》以及福山于1992年出版的《历史的终结》等影响很大。福山就苏东崩溃背景中的极权主义指出："自由民主可能形成'人类意识形态进步的终点'"，即"历史的终结"，这是因为崇尚极权主义的人认为，"以前的统治形态有最后不得不崩溃的重大缺陷和非理性，自由民主也许没有这种基本的内在矛盾"。[①] 中国在改革开放后突飞猛进式的发展使福山改变了一些看法。福山在接受日本的《中央公论》记者采访时认为，这些年来中国的发展表明，可能西方民主并非人类历史进化的终点。[②] 福山在接受中国人民大学重阳金融研究院执行副院长王文采访时进一步表示："就上升而言，中国将变得更加强大。这是肯定的！"[③]

自乌托邦社会主义诞生尤其是社会主义从理论转化为一个国家乃至多个国家的实践后，社会主义的理论和实践就受到西方学者的批判。这是正常的历史现象，反之倒是不正常的。认真研究社会主义从乌托邦转化为科学，尤其是研究社会主义从理论转化为实践中的经验教训，既是当今各国社会主义必须直面的现实问题，也是社会主义在21世纪进一步发展必须研究的基础问题，更是中国特色社会主义进入新时代必须关注和回答的重大问题。我们应该从这个高度来梳理和审视20世纪西方学者对于社会主义的批判。

西方学者对社会主义的批判，既有疏于深入调查研究所形成的误读，也有出于意识形态偏见而主观臆断的歪曲，但也有切中要害的真知灼见。对于西方学者的批判持这样的分析，既适用于他们对于传统社会主义经济运行的批判，也适用于他们对于传统社会主义政治运动的批判。他们把计划经济体制和极权体制与社会主义体制等同，这确实是错误的；然而，同样确实的是，他们对计划经济体制和极权体制的批判确实击中了苏联社会主义模式的两个主要问题，他们在实际上已经不自觉地接触到了马克思所设想的从资本主义社会中"脱胎"出来的作为共产主义初级

---

① ［美］弗兰西斯·福山：《历史的终结》，黄胜强、许铭原译，远方出版社1998年版，第1页。

② 萧元胜：《福山谈"中国模式"》，《天涯》2010年第1期。

③ 王文：《美国兴衰与民主体制是两回事——访弗朗西斯·福山》，《红旗文稿》2013年第16期。

阶段的社会主义社会与跨越“卡夫丁峡谷”而形成的作为世界上第一个社会主义国家的苏维埃政权之间的不同。这是一份极其重要的也是非常宝贵的学术资源。

然而在一个很长的历史时期，我们对西方学者的研究成果没有给予学术化的关注和研究，而是假以资产阶级之名视如敝屣，这样就“使本可以避免的某些错误终因对逆耳忠言的逆反无视而发展为既成事实的失误或错误，实在令人痛心”[①]。这就说明了，对于社会主义的批判不仅需要外在的，更需要内在的，这就是社会主义的“人体解剖”式的自我批判。中国的改革作为社会主义的自我批判正说明了这种视角的必要性和正确性。

第二节　社会自我批判是社会主义改革的本质

社会危机是由社会基本矛盾运动尖锐化引发的。社会主义社会存在着社会危机，同样是由社会基本矛盾运动尖锐化引发的，尽管由于条件不同，在苏联和中国具有不同的形态，产生了不同的结果。中国的社会主义改革是不同于“第一次革命”的“第二次革命”，这就是在本质上是处于社会非崩溃时期的社会自我批判。分析社会主义改革中的“两个环节”和“两种态势”就可以使我们更具体地理解社会主义改革的社会自我批判本质。

一　社会基本矛盾运动引发的社会危机

从1917年十月革命胜利到第二次世界大战结束后一系列社会主义国家诞生，社会主义在世界上呈现了欣欣向荣的景象。在社会主义的巨大胜利面前，斯大林认为社会主义的“生产关系同生产力状况完全适合”，苏联的社会主义国民经济是生产关系完全适合生产力性质的例子，“苏联的社会主义生产没有周期性的生产过剩危机，没有同危机相联系的荒谬现象”，“生产力在这里以加快的速度发展着，因为适合于生产力的生产关系使生产力有这样发展的充分广阔的天地”，因此“这里已经没有剥削

---

① 刘晨晔：《20世纪西方学者社会主义批判史演进轨迹初探》，《教学与研究》2015年第7期。

者，也没有被剥削者。生产出来的产品是根据‘不劳动者不得食’的原则按劳动分配的”。[①]

斯大林在晚年尽管承认社会主义社会有基本矛盾，但认为它“是被生产资料公有制的存在、被国民经济有计划发展这一规律的作用限制着的”[②]，因而不在根本上发生作用。然而，苏维埃社会主义的实践说明这个规律是在根本上发生作用的，由这个规律所引发的社会危机，在整个东欧社会主义国家中发生了多米诺骨牌式的社会动荡，最终造成苏联解体和东欧剧变。

对于造成苏联社会危机的主要原因，邓小平说，苏联搞了很多年的社会主义，但没有搞清楚“社会主义究竟是个什么样子”，“可能列宁的思路比较好，搞了个新经济政策，苏联的模式僵化了”。[③] 对于苏联的社会主义模式，邓小平说，“制度问题更带有根本性、全局性、稳定性和长期性”，“关系到党和国家是否改变颜色，必须引起全党的高度重视”。在说此话时，邓小平还说“要健全社会主义制度”，否则人们会说“为什么资本主义制度所能解决的一些问题，社会主义制度反而不能解决呢”，“斯大林严重破坏社会主义法制，毛泽东同志就说过，这样的事件在英、法、美这样的西方国家不可能发生”。[④] 邓小平在这里所说的“制度”是广义地包括“体制”在内的，既指组织的具体制度，也指社会或国家的体制。邓小平在实际上指出了，当时苏联社会的生产力与生产关系、经济基础与上层建筑之间的辩证运动发生了问题，社会基本矛盾空前尖锐化。

毛泽东在新中国成立前夕召开的中国共产党第七届中央委员会第二次全体会议中指出：“夺取全国胜利，这只是万里长征走完了第一步”，“革命以后的路程更长，工作更伟大，更艰苦”，“这一点现在就必须向党内讲明白”。[⑤] 新中国成立后的最初几年，在党的领导下，经过全国人民

---

① ［苏］联共（布）中央特设委员会：《联共（布）党史简明教程》，人民出版社 1975 年版，第 140—141 页。

② ［苏］斯大林：《苏联社会主义经济问题》，人民出版社 1952 年版，第 18 页。

③ 《邓小平文选》第 3 卷，人民出版社 1993 年版，第 139 页。

④ 《邓小平文选》第 2 卷，人民出版社 1994 年版，第 333 页。

⑤ 《毛泽东选集》第 4 卷，人民出版社 1991 年版，第 1438 页。

的努力，社会主义在经济建设方面取得了重大成就，“从一九五三年到一九五六年，全国工业总产值平均每年递增百分之十九点六，农业总产值平均每年递增百分之四点八”，“建立和发展了社会主义经济，基本上完成了对生产资料私有制的社会主义改造，基本上实现了生产资料公有制和按劳分配”。[①] 这些煌煌成就是任何人都不能予以否定的。

与斯大林否认社会主义中存在社会基本矛盾运动或社会基本矛盾运动不起根本作用不同，毛泽东在 1957 年发表的《关于正确处理人民内部矛盾的问题》中指出，在社会主义社会中，根本上发生着作用的“基本的矛盾仍然是生产关系和生产力之间的矛盾，上层建筑和经济基础之间的矛盾”。但是他把社会结构的基本矛盾与社会成员的矛盾区分开来，认为前者不可能激化，能够容许生产力“不断扩大”，以“使人民不断增长的需要能够逐步得到满足”，否则“旧制度就不会被推翻，新制度就不可能建立”；[②] 而后者却有可能不断地激化，“整个社会主义阶段，存在着阶级和阶级，这种阶级斗争是长期的、复杂的，有时甚至是很激烈的”[③]。

在 1962 年 8 月北戴河中央工作会议和 9 月党的八届十中全会上，毛泽东提出了“党在整个社会主义历史阶段的基本路线”，这就是：“社会主义社会是一个相当长的历史阶段。在社会主义这个历史阶段中，还存在着阶级、阶级矛盾和阶级斗争，存在着社会主义同资本主义两条道路的斗争，存在着资本主义复辟的危险性。要认识这种斗争的长期性和复杂性，要提高警惕，要进行社会主义教育，要正确理解和处理阶级矛盾和阶级斗争，正确区分和处理敌我矛盾和人民内部矛盾。不然的话，我们这样的社会主义国家，就会走向反面，就会变质，就会出现复辟。我们从现在起，必须年年讲，月月讲，天天讲，使我们对这个问题有比较清醒的认识，有一条马克思列宁主义的路线。”[④] 这段话写进了党的八届十中全会公报，部分内容写进了经党的九大修改的党章和党的十大的政治报告，并把它概括为“无产阶级专政下继续革命的理论”。这就导致社

① 《中国共产党中央委员会关于建国以来党的若干历史问题的决议》，人民出版社 1981 年版，第 8、14 页。

② 《毛泽东文集》第 7 卷，人民出版社 1999 年版，第 214 页。

③ 《毛泽东文集》第 8 卷，人民出版社 1997 年版，第 297 页。

④ 《无产阶级专政下进行革命的理论武器》，《红旗》1976 年第 10 期。

会基本矛盾不断激化。

针对我国从1958年至1978年出现的情况，邓小平说："在这二十年中我们并不是什么好事都没有做，我们做了许多工作，也取得了一些重大成就"，但"就整个政治局面来说，是一个混乱状态；就整个经济情况来说，实际上是处于缓慢发展和停滞状态"。① 于从1966年5月开始至1976年10月结束的长达十年的"文化大革命"，党的十一届六中全会对此的定性是，"使党、国家和人民遭到建国以来最严重的挫折和损失"。由此，就可以深切地理解"一九七六年十月粉碎江青反革命集团的胜利，从危难中挽救了党，挽救了革命，使我们的国家进入了新的历史发展时期"。②

马克思在《〈政治经济学批判〉导言》中说："社会的物质生产力发展到一定阶段，便同它们一直在其中运动的现存生产关系或财产关系（这只是生产关系的法律用语）发生矛盾。于是这些关系便由生产力的发展形式变成生产力的桎梏。那时社会革命的时代就到来了。"③ 从社会基本矛盾运动及其激化的角度来理解，社会危机的根源就是马克思指出的，生产关系"由生产力的发展形式变成生产力的桎梏"。在过去，人们总是把马克思所揭示的社会危机机制与考察资本主义社会和前资本主义社会的社会危机联系起来，即这些社会形态中的社会危机源于生产关系"由生产力的发展形式变成生产力的桎梏"；其实对于社会主义社会的社会危机来说，马克思关于社会危机机制的思想也是适用的，即社会主义社会的社会危机也源于生产关系"由生产力的发展形式变成生产力的桎梏"。苏联20世纪90年代前后的社会情况和中国"文化大革命"期间的社会情况都属于社会危机，都是在社会基本矛盾运动激化中由生产关系"由生产力的发展形式变成生产力的桎梏"所引发的。

二　改革是中国的"第二次革命"

标题所示的中国的"第二次革命"是与中国的"第一次革命"相比

① 《邓小平文选》第3卷，人民出版社1993年版，第264页。

② 同上书，第33页。

③ 《马克思恩格斯选集》第2卷，人民出版社1995年版，第32—33页。

较而言的。经过中国的“第一次革命”，中华人民共和国成立于1949年，毛泽东在天安门城楼上向全世界庄严地宣告：“中国人民从此站起来了。”“这一伟大事件，彻底改变了近代以后100多年中国积贫积弱、受人欺凌的悲惨命运，中华民族走上了实现伟大复兴的壮阔道路。”[①] 中华人民共和国成立至今已经72年了。中国的“第二次革命”是指自以1979年12月召开的中国共产党十一届三中全会为标志所开创的社会主义改革开放以来的新时期，至今已走过了40多年的历程。这个时间节点就把中华人民共和国成立以来的70年分成了改革开放前和改革开放后两个时期。这是两个相互联系又有重大区别的时期，既不能相互割裂更不能彼此否定。“如果没有1978年我们党果断决定实行改革开放，并坚定不移推进改革开放，坚定不移把握改革开放的正确方向，社会主义中国就不可能有今天这样的大好局面，就可能面临严重危机，就可能遇到像苏联、东欧国家那样的亡党亡国危机”；同样，“如果没有1949年建立新中国并进行社会主义革命和建设，积累了重要的思想、物质、制度条件，积累了正反两方面经验，改革开放也很难顺利推进”。[②] 我们正是在这两个历史时期既不相互割裂，更不彼此否定的前提下来研究“改革是中国的‘第二次革命”这个主题的。

由社会基本矛盾运动引发的社会危机往往导致社会崩溃，在中国历史上几百次的农民起义和农民战争使社会在崩溃中改朝换代。苏联20世纪90年代前后的社会危机最终导致苏联解体，地球上第一个社会主义国家分裂成俄罗斯、乌克兰等15个独立的国家。这是国际共产主义运动史上的一个重大历史事件。

对于苏联解体，普京说了一段意味深长的话：“苏联完全不需要分崩离析就能走上民主改革的道路。苏联能够进行改革，包括民主性质的改革。”[③] 社会规律与自然规律的不同就在于，前者以生活于社会之中的人的活动作为其发生作用的内在环节，这就为人民创造历史的能动性提供

---

① 习近平：《在庆祝中华人民共和国成立70周年大会上的讲话》，人民出版社2019年版，第2页。

② 习近平：《关于坚持和发展中国特色社会主义的几个问题》，《求是》2019年第7期。

③ Путин заявил，чтоСССР《не надо было разваливать》，23 сентября 2016《Известия》. 转引自李瑞琴的《俄罗斯对苏联解体的新审思》（《世界社会主义研究》2017年第6期）。

了机制——当然人的活动决不能随心所欲，而必须以一定的条件为根据——，于是历史的发展就会以不同的结果体现出来。确实，如习近平所说，“历史发展有其规律，但人在其中不是完全消极被动的”，只要“抓住历史变革时机，奋发有为，锐意进取，人类社会就能更好前进”。①

在历史唯物主义的视域中，社会发展的客观趋势或道路不存在一个预定的目标或外在的目的，否则就会陷入历史神秘主义，而是由内在于社会的人的有意识活动实现的。历史造就现实，现实又谱写未来，辉煌的未来是与在合理性中展开的现实联系在一起的，而在合理性中展开的现实就与人在构建价值形态世界活动中能动性的发挥联系在一起。因此，历史发展的趋势是多重的，社会经历的道路是多样的。这样我们就可以理解，由社会基本矛盾运动激化所引发的社会危机在苏联以社会崩溃的形式体现出来，在中国就以社会非崩溃的形式体现出来。在中国，“文化大革命”就是这样的社会危机，以至于“如果现在再不实行改革，我们的现代化事业和社会主义事业就会被葬送”②。于是，社会危机就通过人活动于其中的能动性的中介与社会自我批判联系在一起。

邓小平说“我们有文化大革命的教训”，紧接着又说，“‘文化大革命’耽误了十年。如果加上一九五七开始的‘左’的错误所耽误的时间，总的算起来应该是二十年”。③“冰冻三尺，非一日之寒”，社会主义社会基本矛盾运动的辩证关系以政治危机即“混乱状态”、经济危机即“缓慢发展和停滞状态”，尤其是以社会危机即“文化大革命”状态深刻地呈现出来，期间经历了二十年，尤其是最后十年。这就为社会自我批判提供了主客体条件，即在“文化大革命”后期，从社会主体方面来说，社会弥漫着酝酿“一种普遍意义的反思”④ 的忧患意识；从社会客体方面来说，社会基本矛盾辩证运动的丰富规定性通过风起云涌的社会运动、社会事件和社会问题等，以社会国民经济陷于崩溃边缘的形式，把社会基本矛盾运动中的否定因素凸显出来。于是，以社会主义改革形式呈现的

① 习近平：《在庆祝改革开放40周年大会上的讲话》，人民出版社2018年版，第3—4页。

② 《邓小平文选》第2卷，人民出版社1994年版，第150页。

③ 《邓小平文选》第3卷，人民出版社1993年版，第264页。

④ ［德］黑格尔：《小逻辑》，贺麟译，商务印书馆1980年版，第7页。

社会自我批判“在解决它的物质条件已经存在或者至少是在生成过程中”[①]，就必然地发生了。改革作为社会主义的社会自我批判就是，反映作为客体的由人们的所作所为构成的社会所形成的政治危机和经济危机尤其是社会危机对于社会主体的生存和发展所具有的否定意义，揭示社会存在中的否定环节，反思蕴含其中的否定因素，通过“批判的武器”和“武器的批判”两个环节及贯穿于其中的“自上而下”和“自下而上”两种态势之间的相互作用，以解放被束缚了的社会生产力，从而促进社会主义社会的发展。

邓小平在与日本自由民主党副总裁二阶堂谈及中国的社会主义改革时说：“现在我们正在做的改革这件事是够大胆的。但是，如果我们不这样做，前进就困难了。改革是中国的第二次革命。这是一件很重要的必须做的事，尽管是有风险的事。”[②] 当美国记者迈克·华莱士谈到“看来中国现在在进行一场新的革命，至少是试图进行一场新的革命”时，邓小平肯定地说，“这个话是对的，我们也讲现在我们搞的实质上是一场革命。从另一个意义来说，我们现在做的事都是一个试验。对我们来说，都是新事物，所以要摸索前进。既然是新事物，难免要犯错误”。[③] 邓小平的这两段文字对于我们理解社会主义改革十分重要，可以从以下四个方面来分析之。

其一，改革是一场革命。如果我们把“革命”理解为就是要变革使生产力发展成为桎梏的生产关系，以解放被束缚了的生产力；那么改革就是要变革成为生产力桎梏的生产关系，以解决源于社会基本矛盾运动尖锐而引发的社会危机，即“那时社会革命的时代就到来了”[④]，因此改革就是一场旨在解决社会危机的“社会革命”。生产关系是以生产力为内容的生产方式的形式，生产方式作为生产力和生产关系的统一是社会存在的主体部分。变革生产关系必然使生产方式发生变化，从而使体现生产方式运行的经济体制发生变化。就中国改革的情况来说，就是要使计

---

① 《马克思恩格斯选集》第2卷，人民出版社1995年版，第33页。

② 《邓小平文选》第3卷，人民出版社1993年版，第113页。

③ 同上书，第174页。

④ 《马克思恩格斯选集》第2卷，人民出版社1995年版，第33页。

划经济体制转变为市场经济体制，这种经济领域的根本变化，由于其对于社会的基础作用，必然要带动政治领域、思想领域和文化领域的变化。因此改革是一场深刻的社会革命。

其二，改革是与“第一次革命”不同的“第二次革命”。如前所述，第一次革命是指民主时期的革命，成立了中华人民共和国；第二次革命是指自党的十一届三中全会以来所进行的社会主义改革即社会自我批判。尽管这两次革命都是为了变革使生产力发展成为桎梏的生产关系，以解放被束缚了的生产力，但两者是不同的。这可以从两个方面来理解之。

第一，两次革命的运行方式不同。第一次革命是以革命战争的方式来解决生产关系束缚生产力发展问题的；第二次革命是以改革的方式即以社会自我批判的方式来解决生产关系束缚生产力发展问题的。前者是狂风暴雨式的，后者尽管有时也表现为很大的风浪，但毕竟与狂风暴雨不同，解决问题的不同运行方式对社会产生的影响必然不同。第二，两次革命使社会发展呈现为不同状态。如前所述，社会的发展一般表现为质变和量变两种状态。中国的民主革命是社会发展的质变状态，是“一种质态向另一种质态的突变即飞跃”，因而是“连续与渐进的中断”，①从而必然与社会的崩溃联系在一起；“总的量变过程中有部分质变，即事物在整体上、全局上没有发生根本质变，而在这个过程的不同阶段、不同领域，却发生了质的变化”②，中国的社会主义改革就是社会主义发展过程中的部分质变，属于总体上的量变状态，即“不显著的、逐渐的和缓慢的变化”③，从而必然与社会的非崩溃联系在一起。但社会主义改革作为部分质变又与单纯的量变不同，即在“不同阶段、不同领域”发生了质的变化，质变不是量变，仍然是一种质态的变化，这是必须予以注意的。

其三，改革是“一个试验”。对于狂风暴雨式的革命，中国共产党人有20多年斗争的成功经验，新中国的成立就是明证；对于社会主义发展

---

① 冯契主编：《哲学大辞典》，上海辞书出版社2001年版，第1984页。

② 同上书，第1985页。

③ 同上书，第853页。

纯粹量变状态的工作，中国共产党人也有新中国成立初期成功的经验；但是对于作为部分质变的改革，由于既不同于完全质变又不同于纯粹量变，因此“对我们来说，都是新事物”。对于这个新事物，没有经验，因此一定要谨慎，“要摸索前进”，“不断总结经验”；然而，即使如此，仍然可能“难免犯错误”，“有错误就赶紧改，小错误不要变成大错误”，[①]对此要有思想准备，即要“摸着石头过河”。

其四，改革是“一件很重要的必须做的事”。尽管改革是“有风险的事”，但改革是“必须做的事”，否则就不能解决源于社会基本矛盾运动尖锐化而引发的社会危机，从而丧失政权，即“我们的现代化事业和社会主义事业就会被葬送”。对此，邓小平语重心长地说，“坚持改革开放是决定中国命运的一招”。[②] 习近平也说：“改革开放是决定当代中国命运的关键一招，也是决定实现‘两个一百年’奋斗目标、实现中华民族伟大复兴的关键一招。”[③] 正是通过改革，中华民族才能从“第一次革命”后的“站起来”进入“富起来”，只有坚持改革，才能迎来中华民族从“富起来到强起来的伟大飞跃”。[④] 同时，把改革理解为“必须做的事”，正说明了中国共产党领导中国人民创造历史的能动性。

值得提出的是，要正确地理解中国的“第二次革命”就“必须对改革开放前的社会主义有正确评价”，“不能用改革开放后的历史时期否定改革开放前的历史时期，也不能用改革开放前的历史时期否定改革开放后的历史时期”，“改革开放前的社会主义实践探索为改革开放后的社会主义实践探索积累了条件，改革开放后的社会主义实践探索是对前一个时期的坚持、改革、发展”。[⑤]

三　社会主义改革中的“两个环节”和“两种态势”

我们在第二章中分析社会自我批判的机制时，分析了“批判的武器”

---

① 《邓小平文选》第3卷，人民出版社1993年版，第174页。

② 同上书，第368页。

③ 《习近平关于全面深化改革论述摘编》，中央文献出版社2014年版，第3页。

④ 习近平：《决胜全面建成小康社会　夺取新时代中国特色社会主义伟大胜利——在中国共产党第十九次全国代表大会上的报告》，人民出版社2017年版，第10页。

⑤ 习近平：《关于坚持和发展中国特色社会主义的几个问题》，《求是》2019年第7期。

和“武器的批判”两个环节以及贯穿于其中的“自上而下”和“自下而上”两种势态。把中国的社会主义改革作为社会自我批判的现实进行分析，在现实进展中“批判的武器”和“武器的批判”两个环节是交织在一起的；贯穿在两个环节中的以“自上而下”态势呈现的国家权威批判活动和以“自下而上”态势呈现的社会民众批判活动也是自我缠绕在一起的，尽管我们可以在逻辑上分析这两个环节和两种态势的先后顺序。

社会基本矛盾运动的辩证关系以“文化大革命”社会危机的形式深刻地体现出来。在“文革”后期，1976 年 1 月周总理逝世，全国人民以各种方式纪念周总理，首都百万人自发在长安街为周总理灵柩车送行，以及同年 4 月“在全国范围内掀起了以天安门事件为代表的悼念周总理、反对‘四人帮’的强大抗议运动”①，在实际上体现了“自下而上”态势的社会民众批判活动。1976 年 9 月 9 日毛泽东逝世，中央政治局于 10 月上旬执行党和人民的意志，一举粉碎了江青反革命集团，结束了“文化大革命”这场灾害，并进一步在全国肃清流毒，则在一定程度上体现了“自上而下”态势的国家权威批判活动。

1977 年 2 月 7 日，《人民日报》《解放军报》《红旗》杂志联合发表社论《学好文件抓住纲》。社论首先论证：“什么时候，我们执行毛主席的革命路线，遵循毛主席的指示，革命就胜利；什么时候离开了毛主席的革命路线，违背了毛主席的指示，革命就失败，就受挫折。”在论证后，社论提出了“两个凡是”：“凡是毛主席作出的决策，我们都坚决维护，不能违反；凡是毛主席的指示，我们都始终不渝地遵循。”这就是著名的“两个凡是”，它把人们的思想紧紧地禁锢了起来，不能越雷池一步。这就意味着要开创结束“文化大革命”后的拨乱反正新局面，必须解放思想，冲破“两个凡是”的禁锢。

1977 年 9 月，南京大学哲学系教师胡福明写成《实践是检验真理的标准》一文。不约而同，中共中央学校理论研究部的孙长江也写了一篇题目非常相近的文章。时任《光明日报》总编辑的杨西光请胡福明和孙长江另加《光明日报》编辑一起修改撰稿，两篇文章由孙长江“捏”在

① 中共中央文献研究室：《改革开放三十年重要文献选编》上，中央文献出版社 2008 年版，第 197 页。

一起，数易其稿，最后以《光明日报》特约评论员文章《实践是检验真理的唯一标准》（加了“唯一”两个字）为题，于1978年5月10日在中共中央党校《理论动态》上发表，第二天在《光明日报》上发表，第三天《人民日报》《解放军报》又全文转载此文。文章有针对性地强调，任何理论都要不断地接受实践的检验，检验真理的标准只能是社会实践。“华国锋、汪东兴很快就觉察出这些文章对他们的思想地位，也就是他们作为领导人的合法地位构成了威胁。”① 于是，从中央到地方，形成一股反对、围攻这篇文章的潮流。对此，邓小平于1978年9月旗帜鲜明地指出，“现在对这样的问题还要引起争论，可见思想僵化”②。于是，关于真理标准问题的讨论在全国掀起。对此，有人描述：“全国人民的思想活跃起来了。中国，就好像一个疲惫瘫软的旅人，突然服用了兴奋剂，一下子又恢复了青春活力，马上生机勃勃起来。”③ 真理标准的大讨论体现了“自上而下”的国家权威批判，尤其是体现了“自下而上”社会民众批判。关于真理标准的大讨论所激发的思想解放，实际上就是在铸就一把作为利剑的“批判的武器”。体现为社会主义改革的社会自我批判，其“批判的武器”环节正酝酿于“自上而下”与“自下而上”两种态势的相互作用中。

粉碎“四人帮”后，“由于‘两个凡是’的指导思想的影响，还经历了两年徘徊时间”，④ 尽管进行了真理标准的讨论，但“文化大革命”形成的社会危机并没有获得实质性的破解，这就使全党形成了深深的忧患意识。邓小平在1978年12月的中央工作会议上指出：“一个党，一个国家，一个民族，如果一切从本本出发，思想僵化，迷信盛行，那它就不能前进，它的生机就停止了，就要亡党亡国。”⑤ 这种忧患意识在随后召开的党的十一届三中全会上产生了深刻的影响。党的十一届三中全会

---

① ［英］理查德·伊文思：《邓小平传》，武市红等译，上海人民出版社1996年版，第251页。

② 《邓小平文选》第2卷，人民出版社1994年版，第128页。

③ 马立诚、凌志军：《交锋——当代中国三次思想解放实录》，今日中国出版社1998年版，第57页。

④ 《邓小平文选》第3卷，人民出版社1993年版，第264页。

⑤ 《邓小平文选》第2卷，人民出版社1994年版，第143页。

的公报指出："会议高度评价了关于实践是检验真理的唯一标准问题的讨论，认为这对于促进全党同志和全国人民解放思想，端正思想路线，具有深远的历史意义。"公报接下去就一字不漏地把邓小平的上述讲话复述了一遍，标志着社会主义社会自我批判的开始。忧患意识揭示现实事物的内在否定方面，并以惊世骇俗的形式表达出来，从而体现为一种积极的进取精神。邓小平的忧患意识正是中国共产党人的忧患意识，体现了对中国未来"吉凶成败的深思熟虑而来的远见"，"要以己力突破困难而尚未突破时的心理状态"和"直接对事物发生责任感的表现"。我国的社会主义改革即社会自我批判就由党的十一届三中全会开始，正式拉开了帷幕，由此实现了"新中国成立以来党的历史上具有深远意义的伟大转折"，"开启了改革开放和社会主义现代化的伟大征程"。①

作为社会自我批判的社会主义改革在"批判的武器"环节中体现着"自上而下"与"自下而上"两种态势的辩证统一。党的十一届三中全会后，平反和纠正了一大批冤假错案，召开了理论务虚会，开展了一波又一波的思想解放运动。"我国的经济体制改革从党的十一届三中全会开始后，就涉及到传统的计划经济与市场经济的关系问题"，邓小平在南方讲话中明确指出："计划经济不等于社会主义，资本主义也有计划；市场经济不等于资本主义，社会主义也有市场"，于是"在讲话精神的鼓舞下，全国的改革浪潮滚滚向前"；20 世纪末，"'改革已经摸到了深水区'，在所有制问题上，'公'与'私'的争论作为改革的核心问题提了出来"，于是就有了"在十五大报告中'关于所有制结构'的论述，即公有制为主体，多种所有制经济共同发展，是我国社会主义初级阶段的一项基本经济制度"；等等。②

"批判的武器"的一个根本作用就在于"理论一经掌握群众，也会变成物质力量"，即转化为"武器的批判"。这可以从党的十一届三中全会以后的历届党的中央会议的公报中体现出来。从 1982 年到 1985 年，中央连续出台了四个一号文件，最终确立了以家庭承包经营为基础、统分结合的双层经营体制，取代了原有的"三级所有、队为基础"的人民公社

① 习近平：《在庆祝改革开放 40 周年大会上的讲话》，人民出版社 2018 年版，第 1—2 页。

② 陈新汉：《邓小平认识论思想论纲》，上海人民出版社 2001 年版，第 80—81 页。

制度，改变了农村生产关系。党的十二大以后，以城市为重点的经济体制改革全面展开。党的十二届三中全会通过《经济体制改革的决定》，“改革是为了建立充满生机的社会主义经济体制”，因此要进一步解放思想，走自己的路。党的十四届三中全会通过了《关于建立社会主义市场经济体制若干问题的决定》，进一步勾画了社会主义市场经济体制的总体框架。10 年后，2003 年党的的十六届三中全会，又通过了《关于完善社会主义市场经济体制若干问题的决定》。两个决定在标题上就差一个词：一个是“建立”，一个是“完善”，浓缩了我国社会主义市场经济发展的历史进程，标志着我国的经济体制改革跨入了一个新的历史发展阶段。

我国的社会主义改革，无论在“批判的武器”环节还是在“武器的批判”环节，总体上体现着以“自上而下”态势呈现出来的国家权威批判活动在其中的指导作用，然而以“自下而上”态势呈现出来的社会民众批判活动总在其中起着根本的推动作用。人民群体以切身利益变化的方式感受着以“文化大革命”社会危机的形式所体现的社会基本矛盾运动中的否定因素，并以社会民众批判的体制外和体制内的途径“自下而上”地表达出来。

粉碎“四人帮”前广大民众自发纪念周总理逝世的活动，粉碎“四人帮”后广大民众为批判“两个凡是”而踊跃参与的真理标准大讨论，都反映了人民主体在社会自我批判中的作用。值得一提的是安徽凤阳县的小岗村事件。1978 年安徽发生了百年不遇的特大旱灾，夏收结束后小岗村生产队的每个劳动力才分到 3.5 公斤麦子，全村 18 户只有两户没有外出要过饭。此年 12 月的一个夜里，18 户农民联名签订分田和包干到户契约，“如此后能干，每户保证完成每户全年上交公粮”，“如不成我们干部作（坐）牢杀头也干（甘）心，社员们也保证把我们的小孩养活到 18 岁”。实行包干到户后，小岗村生产队第二年生产获得大丰收，全年粮食产量由原来的 1.5 万多公斤猛增到 6 万多公斤，第一次向国家交了公粮，还清了贷款。小岗村事件体现的是“武器的批判”，然而“小岗的突破，在全国产生了极大的示范效应，也引起了激烈的争论”，在客观上又成了

“批判的武器”。[1] 对此，邓小平说，“农村搞家庭联产承包，这个发明权是农民的”[2]。

正是在小岗村分田和包干试验所引发的贯穿在全国范围内的“批判的武器”和“武器的批判”环节中的以“自下而上”态势呈现的社会民众批判活动的基础上，中央于1980年9月召开了全国各省市自治区第一书记会议，会后印发了《关于进一步加强和完善农业责任制的几个问题的通知》，终于公开接受用包产到户的办法解决中国农村的贫困。从1980年初通知下发到1980年年底，全国实行包产到户的生产队从年初的1%猛升到15%。体现为“武器的批判”环节中“自上而下”态势的中央1982年一号文件指出，“目前实行的各种责任制，包括小段包工定额计酬，专业承包联产计酬，联产到劳，包产到户、到组，包干到户、到组等等，都是社会主义集体经济的生产责任制”[3]。

回顾自党的十一届三中全会至党的十八大前的30多年的社会主义改革经历，确实有过体现民意的好几次重大社会思潮，从而以“自下而上”的态势给“自上而下”态势的社会主义改革在内容上和策略上施以重大影响。孙志刚事件发生后，互联网上的社会民众批判活动汹涌澎湃。2003年4月25日某网站转帖《谁为一个公民的非正常死亡负责》的新闻，而后的几个小时内，跟帖就达到上万条。当天，纪念孙志刚的网站“天堂里不需要暂住证”建立，几天之内就有25万人次浏览。网络舆论迅速转化为3位法学博士和5位法学家两次上书全国人大常委会要求审查《城市流浪乞讨人员收容遣送办法》的行动。很快，国务院于6月20日发布第381号令，废除实行了20多年的“收容遣送制度”，同时公布《城市生活无着者流浪乞讨人员救济管理办法》，提出自愿求助的原则，取消了强制手段。2005年湖北佘祥林“杀妻”冤案曝光，再次掀起“自下而上”态势的社会民众批判活动。2006年10月30日十届全国人大常委会通过对人民法院组织法的修改决定，将死刑核准权统一收归最高人

① 陈新兴编：《土地之子——陈庭元纪念文集》，安徽人民出版社2010年版，第218—240页。

② 《邓小平文选》第3卷，人民出版社1993年版，第382页。

③ 中共中央文献研究室：《三中全会以来重要文献选编》下，人民出版社1982年版，第1063—1064页。

民法院行使。这是20多年来我国对死刑适用程序所做的最重大的调整。时隔没有几年，2010年又出现了赵作海“杀人”冤案曝光；2016年又出现了聂树斌“杀人”冤案曝光。社会民众批判又掀起大的波澜。人们把佘祥林事件和赵作海事件等一系列事件联系起来，思考冤案背后的体制问题，这就是司法独立问题。从孙志刚和佘祥林、赵作海、聂树斌等事件中，可以看到社会民众批判活动在通过体制外和体制内途径的“自下而上”态势与国家权威批判活动“自上而下”态势之间互动中的重大作用，从而对推动社会自我批判的“批判的武器”和“武器的批判”以决定性的影响。

但如前所述，社会民众批判活动的“无机”形式往往具有自发性和盲目性，在某些特殊场合下甚至会成为“脱缰之野马”，这就需要“有机”的国家权威批判活动予以引导，在社会自我批判中尤其如此。首先是“自上而下”态势的社会自我批判，然后是“自下而上”态势的社会自我批判，以及“自下而上”态势和“自上而下”态势的社会自我批判之间的相互作用，并由此形成矛盾运动，这就成为当代中国社会自我批判的基本特点。

第三节　在社会自我批判中确立社会主义的历史地位

我国的社会自我批判深入地分析以“文化大革命”社会危机形式呈现出来的社会基本矛盾运动的辩证关系，运用“普遍意义的反思”这把辩证法的“刀子”，解剖正在进行着的社会主义改革，集中在关于社会主义历史地位的分析上。社会形态有“五形态论”和“三形态说”，在社会主义改革的思想解放中对“什么是社会主义”进行了再思考，在跨越“卡夫丁峡谷”的社会革命辨析中，全党思想统一在社会主义初级阶段的定位上。从社会形态转型的角度来确立社会主义初级阶段的历史定位，是社会自我批判的伟大的理论和实践成果。

一　社会形态发展中的“五形态论”和“三形态说”

马克思在《〈政治经济学批判〉序言》中指出：“大体说来，亚细亚的、古代的、封建的和现代资产阶级的生产方式可以看作是经济的社会形态演进的几个时代。”[①] 马克思在《哥达纲领批判》中把在资本主义社会后的社会称为共产主义社会，并把它划分为初级阶段和高级阶段。前者又称为社会主义社会，在这个阶段，“在经过长久阵痛刚刚从资本主义社会产生出来”，实行的是“等价交换的原则，即按劳分配的原则”；在后者即“在共产主义社会高级阶段”，“只有在那个时候，才能完全超出资产阶级权利的狭隘眼界，社会才能在自己的旗帜上写上：各尽所能，按需分配！”[②]

斯大林在《论辩证唯物主义和历史唯物主义》一书中总结性地提出了历史上生产关系有五大类型：“原始公社制的、奴隶占有制的、封建制的、资本主义的、社会主义的”，社会形态的演进以这五种生产关系为基础；并在论述了这五种所有制的依次演进之后，下结论说：“这就是人类史上社会生产关系发展的情景”，[③] 也就断定了五种社会形态依次更替的社会发展观。他把此书作为《联共（布）党史简明教程》中第四章第二节的内容，以党中央文献的形式确定下来。[④]

毛泽东说，“中国人找到马克思主义，是经过俄国人介绍的”，这就是“十月革命一声炮响，给我们送来了马克思列宁主义”。[⑤] 在1919年“五四”运动以后的20多年里，由于处于革命战争环境中，我国马克思主义工作者对马克思列宁主义的基本知识所知相当零碎，诚如毛泽东所说的，“我们对于马克思列宁主义的认识……是何等肤浅，何等贫乏”[⑥]。直到20世纪30年代中叶，中国共产党在延安建立革命根据地，才有了比较稳定的学习条件。1938年出版的斯大林的《论辩证唯物主义和历史唯物主义》传到中国，延安于1942年开展的整风运动中就把它作为学习的中心材料，认为它是“一百年来全世界共产主义运动的最高的综合和总

---

① 《马克思恩格斯选集》第2卷，人民出版社1995年版，第33页。

② 《马克思恩格斯全集》第25卷，人民出版社2001年版，第20页。

③ ［苏］联共（布）中央特设委员会编：《联共（布）党史简明教程》，人民出版社1975年版，第137、141页。

④ 参见《联共（布）党史简明教程》扉页，上有“联共（布）中央审定。1938年”字样。

⑤ 《毛泽东选集》第4卷，人民出版社1991年版，第1470—1471页。

⑥ 《毛泽东选集》第3卷，人民出版社1991年版，第795—796页。

结，是理论和实际结合的典范”[①]。于是，斯大林的五种社会生产关系或以此为基础的五种社会形态依次更替的观点即“五形态论”，就成了我国马克思主义理论界关于人类社会发展形态的基本理论。如郭沫若在1930年出版的《中国古代社会研究》的导论中，就把“五形态论”作为其研究的指导思想，认为这是“社会发展之一般法则”，由这个一般法则出发“回头来看我们中国社会发展的程序”，[②] 从而证明了中国历史典型地经历了马克思所说的“经济的社会形态演进的几个时代”[③]。

新中国成立后，我国学者对中国古代至现代社会形态演化的阐述，乃至对世界历史发展过程的阐述，很自然都以“五形态论”为基本理论框架。解放初的高校把“社会发展史”作为大学生政治思想课的主要课程。艾思奇在1950年出版的《历史唯物主义社会发展史》中认为生产方式决定社会形态，他把人类生产方式分为五种类型：原始共产主义的、奴隶制的、封建主义的、资本主义的和共产主义的，与这些生产方式相对应的，就有五种社会形态；在共产主义的生产方式及相对应的共产主义社会形态里又分为社会主义和共产主义两个阶段。[④] 艾思奇在关于此书1955年的再版中强调，此次再版把以前讲的“五种生产方式”改为“五种生产关系”，就是“要采用斯大林同志的‘辩证唯物主义与历史唯物主义’里的提法”，这是因为“生产方式固然是对社会面貌起决定作用的社会物质生产条件，但在生产方式中，生产关系又是构成社会经济基础而对于社会性质直接具有决定性规定的因素”。[⑤] 我国的意识形态把这种理论定为正宗的马克思主义理论，从而成为“指导我们思想的理论基础”。于是凡是对于此观点稍有异议者，就被视为马克思主义的异端。如“1957年，雷海宗、李鸿哲等学者就因为不同意‘中国经历过奴隶社会’便被作为右派批判”[⑥]。

---

① 《毛泽东选集》第3卷，人民出版社1991年版，第802—803页。

② 《郭沫若全集·历史编》卷1，人民出版社1982年版，第18页。

③ 《马克思恩格斯选集》第2卷，人民出版社1995年版，第33页。

④ 艾思奇：《历史唯物论——社会发展史》，生活·读书·新知三联书店1950年版，第71—92页。

⑤ 艾思奇：《历史唯物论——社会发展史》中《修改声明》，生活·读书·新知三联书店1955年版，第1页。

⑥ 张凌云：《马克思的社会形态理论与当代社会主义》，武汉出版社1999年版，第4页。

然而，人类历史进程的事实和我国社会主义实践的现实使得很多学者对“五形态论”提出了质疑，尤其是改革开放以来解放了被禁锢的思想后。1990 年吴于廑在《中国大百科全书・外国历史卷》上以“世界历史”的总论为题，对于“五形态论”指出“除了少数如西方古典奴隶制的一些中心而外，这个划限的方式很难说明前于此限的依附劳动者和自由劳动者怎样一越此限。”① 曹大为等在《中国大通史》的编纂中明确指出：“不再套用斯大林提出的‘五种社会形态’单线演变模式作为截断中国历史分期的标准”，“事实证明，并非所有地区或国家都完全按照这一模式一成不变地发展”，“马克思并没有把这种局部国家、地区社会形态演进的序列作为世界通行图式”。②

在向“五形态论”提出质疑的同时，不少学者赞同马克思在 1857 年《经济学手稿》中以人同社会环境关系为中心把人类社会划分为三大社会形态的说法：“人的依赖关系（起初完全是自然发生的），是最初的社会形态”，在这种形态下，人的生产能力只是在狭窄的范围内和孤立的地点上发展着。“物的依赖性为基础的人的独立性，是第二大形式，在这种形式下，才形成普遍的社会物质交换、全面的关系、多方面的需要以及全面的能力的体系。建立在个人全面发展和他们共同的社会的生产能力成为从属于他们的社会财富这一基础上的自由个性，是第三个阶段。第二个阶段为第三个阶段创造条件。”③ 所谓“人的依赖关系”的社会，就是以自然经济为基础的社会形态；所谓“以物的依赖性为基础的人的独立性”的社会，就是以商品经济为基础的社会形态；所谓人的“自由个性”发展的社会，就是以产品经济为基础的社会形态。这就是马克思的社会发展“三形态说”。

马克思的“三形态说”指明了人类不同阶段的基本特征，揭示了三大社会形态与三种经济形态之间的联系。在第一大社会形态中，社会生产力极其低下，人们只能相互依赖、结成某种形式的共同体，才能生存

① 胡绳主编：《中国大百科全书・外国历史卷》，中国大百科全书出版社 1990 年版，第 8 页。

② 曹大为：《关于新编〈中国大通史〉的几点理论思考》，《史学理论研究》1998 年第 3 期，第 16—29 页。

③ 《马克思恩格斯全集》第 30 卷，人民出版社 1995 年版，第 107—108 页。

下来。这种共同体最初表现为以血缘为基础的原始公社，后来表现为以地域为基础的农村公社和城市公社。在这种共同体中，“物质生产的社会关系以及建立在这种生产的基础上的生活领域，都是以人身依附为特征的”①。分工是劳动产品转化为商品的基础，交换是造成人的独立化的主要手段。随着生产的发展及在此基础上的分工和交换的发展，导致以往构成共同体基础的各种生产方式解体，于是人类社会进入了第二大社会形态。在这种社会形态中，人与人之间发生关系“必须采取物的形式，通过某种第三者，即通过货币”②。这种通过物即货币为中介的联系形式，其经济形态就是商品经济或市场经济。在这种社会形态中，个人脱离了自然性的狭隘共同体的限制，建立起广泛的世界性的社会联系；摆脱了等级从属、人身依附关系的束缚，建立起以对于财富的物化关系来表现的人与人之间的平等关系。至于人的全面发展和他们共同的社会生产能力成为人们共同财富的第三大社会形态，只能建立在消灭了商品生产和商品交换的产品经济基础之上。由此可知，三大社会形态以三大经济形态为基础。

三大社会形态依次更替的历史必然性正是根植于自然经济、商品经济、产品经济三种经济形态依次更替的必然性之中。三大经济形态依次更替必然性的根据，在于生产力的发展是社会发展的最终动力。而生产力的发展则以生产工具的进步为标志。对此，马克思说：“各种经济时代的区别，不在于生产什么，而在于怎样生产，用什么劳动资料生产。”③正是在这个意义上，马克思指出：“手推磨产生的是封建主的社会，蒸汽磨产生的是工业资本家的社会。”④ 习近平指出，“马克思主义为中国革命、建设、改革提供了强大思想武器”⑤，我们可以说，马克思的“三形态说”就为社会主义改革中确立中国社会主义社会的历史定位提供了“强大思想武器”。

---

① 《马克思恩格斯全集》第 44 卷，人民出版社 2001 年版，第 95 页。

② 《马克思恩格斯选集》第 1 卷，人民出版社 1995 年版，第 103 页。

③ 《马克思恩格斯选集》第 2 卷，人民出版社 1995 年版，第 179 页。

④ 《马克思恩格斯选集》第 1 卷，人民出版社 1955 年版，第 142 页。

⑤ 习近平：《在纪念马克思诞辰 200 周年大会上的讲话》，人民出版社 2018 年版，第 14 页。

二　跨越“卡夫丁峡谷”的社会革命辨析

现代的中国社会主义社会是处在“五形态论”的第五个形态，还是处在“三形态说”的由第一形态向第二形态过渡的所谓“社会形态转型”时期？不管是回答前者还是后者，都必须首先回答马克思提出的关于跨越“卡夫丁峡谷”所蕴含的问题。

“卡夫丁峡谷”的典故出自古罗马史。萨姆尼特人于公元前321年在古罗马城附近的卡夫丁峡谷击败罗马军队，并迫使战俘在峡谷中通过用长矛架起的形似城门的“牛轭”，以此来羞辱战俘和罗马。后来人们就用“卡夫丁峡谷”来形容耻辱或耻辱性的经历。马克思用“卡夫丁峡谷”来称谓对劳动人民意味着苦难耻辱的资本主义制度。

1877年，马克思在《给〈社会纪事〉杂志编辑部的信》中指出，“如果俄国继续走它在1861年所开始走的道路，那它将会失去当时历史所能提供给一个民族的最好的机会，而遭受资本主义制度所带来的一切极端不幸的灾难”。其中“当时历史所能提供给一个民族的最好的机会”，就是指“不经受资本主义制度的一切苦难而取得它的全部成果”。俄国是否应该“首先摧毁农村公社以过渡到资本主义制度呢，还是与此相反，发展它所特有的历史条件，就可以不经受资本主义制度的一切苦难而取得它的全部成果？”[①] 马克思的答案显然是后者。1881年2月16日，俄国的女革命家维·伊·查苏利奇致信马克思说，俄国正围绕着农村公社的命运和意义进行激烈的争论，“要是您肯对我国农村公社可能遭到的各种命运发表自己的观点，要是您肯对那种认为由于历史的必然性，世界上所有国家都必须经过资本主义生产的一切阶段这种理论阐述自己的观点，那么您会给我们多大的帮助啊”。马克思对此信十分重视，从1881年2月到3月期间，前后写了四稿复信，最后一稿才作为正式复信发出。正是在这些复信的草稿中，马克思提出俄国可以“不通过资本主义制度的‘卡夫丁峡谷’，而吸取资本主义制度所取得的一切积极成果”。[②] 这个思想与4年前给《给〈社会纪事〉杂志编辑部的信》中的思想是一致的。

---

① 《马克思恩格斯全集》第19卷，人民出版社1963年版，第129页。

② 《马克思恩格斯全集》第25卷，人民出版社2001年版，第479页。

对于马克思的这一思想可以从多方面予以解读。就我们的论题而言，就是如何理解马克思的作为跨越资本主义“卡夫丁峡谷”的社会革命所形成的社会形态。“五形态论”者认为，“不通过资本主义的‘卡夫丁峡谷’”就是跨越了人类历史发展中的资本主义社会形态，由此使人类历史“避免遭受资本主义制度所带来的一切极端不幸的灾难”，从而由封建主义社会形态直接进入共产主义社会形态的初级阶段即社会主义；由于社会主义社会是共产主义社会的“初级阶段”，这个“初级阶段”也就理所当然地属于产品经济社会形态。于是，跨越了“‘卡夫丁峡谷’”，也就跨越了人类历史发展的以商品经济为基础的社会形态。然而，“三形态说”者把“不通过资本主义的‘卡夫丁峡谷’”理解为用社会主义制度替代资本主义制度。在这里，跨越“资本主义制度的‘卡夫丁峡谷’”后的社会主义社会不是建立在资本主义社会基础之上的，即不是“经过长期阵痛”从资本主义社会中“脱胎”出来的社会形态，而是“吸取资本主义制度所取得的一切积极成果”而建立的社会制度。

显然，不是从资本主义社会中“脱胎”出来的社会主义社会（即跨越“卡夫丁峡谷”的社会主义社会）不同于从资本主义社会中“脱胎”出来的社会主义社会。这是因为，这样的社会主义社会远远没有达到马克思和恩格斯所设想的作为共产主义初级阶段的社会主义社会所具有的基本特征：（1）全社会占有生产资料。“这种新的社会制度首先必须剥夺相互竞争的个人对工业和一切生产部门的经营权，而代之以所有这些生产部门由整个社会来经营，就是说，为了共同的利益、按照共同的计划、在社会全体成员的参加下来经营。”[①]（2）消除商品生产。“在一个集体的、以生产资料公有为基础的社会中，生产者不交换自己的产品；用在产品上的劳动，在这里也不表现为这些产品的价值，不表现为这些产品所具有的某种物的属性，因为这时，同资本主义社会相反，个人的劳动不再经过迂回曲折的道路，而是直接作为总劳动的组成部分存在着。”[②]（3）按劳分配。劳动者从社会中领得“一张凭证，证明他提供了多少劳动（扣除他为公共基金而进行的劳动），他根据这张凭证从社会储存中领

---

① 《马克思恩格斯选集》第1卷，人民出版社1995年版，第237页。

② 《马克思恩格斯全集》第25卷，人民出版社2001年版，第18页。

得一份耗费同等劳动量的消费资料。他以一种形式给予社会的劳动量，又以另一种形式领回来”[①]。

其实，列宁经过苏维埃的早期社会主义建设实践已经接触到了这个问题。十月革命胜利后，苏维埃俄国实现“战时共产主义政策”，到1919年年底把3000多家大中小企业全部收归国有，个体农民生产的粮食绝大部分要上交国家，停止货币商品市场交易，大城市实现定量分配少量粮食。列宁等错误地以为通过“战时共产主义可以超过过渡时期而直接进入到共产主义”，“1921年初发生工人罢工、农民起义和水兵暴动”。[②] 于是，在1921年召开的布尔什维克第十次代表大会上通过了由战时共产主义过渡到新经济政策的决定。新经济政策以粮食税代替余粮收集制，允许农民自由出卖余粮，并且将一部分小工厂还给私人，还准备把一些企业租给外国资本家。列宁说：“我们计划用无产阶级国家直接下命令的办法在一个小农国家里按共产主义原则来调整国家的产品生产和分配”，但现实生活说明“我们错了”。[③] 列宁已经看到了跨越“卡夫丁峡谷”后的社会主义社会中存在着商品经济，他的错误在于把实行体现商品经济原则的新经济政策仅仅看成暂时向资本主义的妥协。

马克思十分反对把他对西欧资本主义社会所做的阐述变成一般国家发展道路的历史哲学，这样做“会给我过多的荣誉，同时也会给我过多的侮辱”[④]。在马克思看来，人类社会从封建主义社会经过资本主义社会，然后进入共产主义社会的第一阶段，强调这一运动的“历史必然性”仅限于西欧各国；[⑤] 而在东方，由于条件的特殊性，人类社会可以“跨越‘卡夫丁峡谷’”，即跨越资本主义制度，进入不是从资本主义社会中“脱胎”出来的社会主义社会，然而这种社会主义社会显然不具有从资本主义社会中“脱胎”出来的社会主义社会的大部分特征，因而也就不能成为共产主义社会的低级阶段。

---

① 《马克思恩格斯全集》第25卷，人民出版社2001年版，第18页。

② 黄帅：《〈乌托邦〉与当代世界和中国——著名学者高放教授访谈录》，《当代世界社会主义问题》2016年第4期。

③ 《列宁选集》第4卷，人民出版社1995年版，第570页。

④ 《马克思恩格斯全集》第25卷，人民出版社2001年版，第145页。

⑤ 同上书，第482页。

三 处于社会转型中的社会主义初级阶段

针对理解社会主义问题上的混乱，邓小平指出："什么叫社会主义，什么叫马克思主义？我们过去对这个问题的认识不是完全清醒的。"[①] 搞不清楚什么是社会主义，就搞不清楚马克思主义在当代如何发展；而搞不清楚马克思主义的当代形态，就搞不清楚什么是社会主义、怎样建设社会主义的问题。就我们的论题而言，就是在社会主义实践的基础上，把跨越"卡夫丁峡谷"的社会主义社会与从资本主义社会中"脱胎"出来的社会主义社会予以区分。这个区分没有搞清楚，什么是社会主义就搞不清楚，如何建设社会主义就搞不清楚，马克思主义的当代形态也就无从谈起。为此，邓小平语重心长地说："我们的经验教训有许多条，最重要的一条，就是要搞清楚这个问题。"[②]

改革开放前，我们在上面曾分析过的"五形态论"者认为东方民族在革命中跨越了"卡夫丁峡谷"，我国社会形态的发展不仅超过了第一形态即自然经济社会形态，而且超过了第二形态即商品经济社会形态，已经或正在向第三形态即产品经济社会形态发展。1978 年的关于真理标准的大讨论，解放了被僵化教条禁锢了的思想，人们用实践标准来检验，终于发现，以前对我国社会形态的定位是错误的，对社会主义的理解是极其片面的。在而后的认识中，全党逐渐统一在我国正处在社会主义初级阶段的定位上。初级阶段的一个基本特征就是"不发达"[③]，就是从"不发达"到"发达"的过渡。

以往，人们总是把不发达理解为物质生活水平的低下或工业的不发达。经过 20 年的改革，认识丰富多了。党的十五大政治报告对此做了总结，指出："社会主义初级阶段，是逐步摆脱不发达状态，基本实现社会主义现代化的历史阶段"，并且把摆脱不发达的首要目标规定为"实现工业化和经济的社会化、市场化、现代化"。[④] 这就把发展生产力，实现工

---

① 《邓小平文选》第 3 卷，人民出版社 1993 年版，第 63 页。

② 同上书，第 116 页。

③ 同上书，第 252 页。

④ 中共中央文献研究室：《十五大以来重要文献选编》上，人民出版社 2000 年版，第 15 页。

业化，同实现“经济的社会化、市场化、现代化过程”联系在一起。在我国，实现“经济的社会化、市场化、现代化过程”就是从计划经济体制向社会主义市场经济体制转变的过程。

传统计划经济的基本特征就是一切“资源配置”的决策，都由中央计划当局做出，包括生产性资本在各个生产部门中的分配、各部门的生产保持一定的比例、收入的分配、社会剩余产品的利用以及消费品的分配，等等。在传统的计划经济体制中，人们都依附在单位之中。单位是中国自 1949 年以来特有的一种组织形式，中国城市实际上是由一个个单位组合而成的一个体系。这一体系我们可以称为“单位社会”①，它既是“就业的场所”，也是“再分配的体制”。它给予社会成员以权利、身份和地位，从而成为“整合和控制”社会成员的有效机制。② 国家只要实现了对单位的控制，社会的整合与秩序的维持就成为顺理成章的结果。单位是计划经济体制的最基层细胞，而由于对于与传统计划体制相联系的中国社会面貌产生着决定性的影响，因而总与无产阶级的政权巩固与否联系在一起。

以计划经济体制为基础的社会所具有的两个特征，即由中央计划当局配置资源和人人都依附于单位表明，以这种经济体制为基础的社会在本质上仍然是“以人的依附为特征”的自然经济的社会形态。在这种社会形态中，经济问题或其他问题总是与社会的整合和控制联系在一起，因而很容易具有政治性质。事实上，人们也总是习惯于从阶级斗争的角度来看待经济问题或其他问题。阶级斗争愈演愈烈，与计划经济体制的弊端不断显现并越来越严重地成为生产力发展的桎梏是内在地联系在一起的。这是共和国历史中社会危机产生的深层社会根源。

社会主义初级阶段作为“从不发达”到“发达”的过程，就是经过改革，从计划经济体制向社会主义市场经济体制转变的过程。从资本主

---

①　李汉林：《关于中国单位社会的一些议论》，载潘乃谷、马戎主编《社区研究与社会发展》下，天津人民出版社 1996 年版，第 1151 页。

②　参见李猛等《单位：制度化组织的内部机制》，《中国社会科学季刊》（香港）1996 年第 16 期。

义社会中"脱胎"出来的社会主义社会，在"一个集体的、以生产资料公有为基础的社会里，生产者不交换自己的产品"①，因而就不存在商品经济。然而，跨越"卡夫丁峡谷"的社会主义社会，尽管在理论上可以"吸取资本主义制度所取得的一切积极成果"，但不能跨越商品经济社会形态。

在市场经济中，一切主要的资源配置不是通过中央计划当局，而是通过市场，市场是社会资源配置的基本方式；个人是商品或货币的所有者，每一个个体都是独立活动的主体，市场经济是人与人之间"必须通过物的形式"发生社会关系的基本载体。市场经济是商品经济社会形态运行的基本机制。社会经济领域的这种变化必然引起政治领域和文化领域等社会众多领域的变化，必然引起社会形态的转型。

社会主义初级阶段从"不发达"到"发达"的过程就是跨越"卡夫丁峡谷"的社会主义社会从自然经济社会形态向商品经济社会形态的转型过程。离开了这个从前者到后者的转化，就不能理解跨越"卡夫丁峡谷"的社会主义社会，也就不能理解"什么是社会主义"和"如何建设社会主义"。作为社会主义初级阶段基本特征的"不发达"有三个含义。

其一，与发达商品经济社会形态相比较，处在不发达阶段。西欧国家在15、16世纪已经开始了由自然经济社会形态向商品经济社会形态的过渡，商品经济社会形态的完成及其发展已经有200多年的历史。我国尽管通过民主革命成立了新中国，但依然处在"以人的依附为特征"的自然经济社会形态，只是从20世纪的70年代末和80年代初才开始的社会自我批判，促使了由自然经济社会形态向商品经济社会形态的过渡，直到今天这个过渡阶段还远没有完成，还需要发展。"建设现代化经济体系是跨越关口的迫切要求和我国发展战略目标"②，而建设现代化经济体系就要坚持市场逻辑，"核心问题是处理好政府和市场的关系"。因此与处于发达商品经济社会形态的国家相比较，"不发达"是显而易见的。

其二，与经济体制改革相比较，存在着经济体制改革和政治体制改

---

① 《马克思恩格斯全集》第25卷，人民出版社2001年版，第18页。

② 习近平：《决胜全面建成小康社会 夺取新时代中国特色社会主义伟大胜利——在中国共产党第十九次全国代表大会上的报告》，人民出版社2017年版，第30页。

革之间的不平衡。社会基本矛盾运动是生产力与生产关系的矛盾运动和经济基础与上层建筑的矛盾运动的辩证统一。经济基础与上层建筑之间矛盾运动的展开以生产力与生产关系之间矛盾运动的展开为基础；生产力与生产关系之间矛盾运动的解决又依赖于经济基础与上层建筑之间矛盾运动的解决。社会基本矛盾运动中两对矛盾运动之间的辩证关系，说明了经济体制改革与政治体制改革之间的辩证关系。因此，早在1986年邓小平就指出，“我们提出改革时，就包括政治体制改革”，当然这“需要审慎从事”。[①] 2017年，习近平又指出，新时代我国社会主要矛盾的转化使得“人民美好生活需要日益广泛，不仅对物质文化生活提出了更高要求，而且在民主、法治、公平、正义、安全、环境等方面的要求日益增长”[②]，民主、法治、公平、正义等方面要求的日益增长与与之相应的“不平衡不充分的发展之间的矛盾”，正说明了政治体制改革的必要性。社会自我批判就是“现代的社会政治现实本身受到批判”[③]，否则就不能从根本上体现其深刻性。

其三，与共产主义社会初级阶段的社会主义社会相比较，处在前社会主义阶段。跨越“卡夫丁峡谷”的社会主义社会直接从前资本主义社会或初级资本主义社会中产生，与马克思设想的经过长期“阵痛”从资本主义社会中“脱胎”而来的作为共产主义初级阶段的社会主义社会相比较，“不发达”也是显而易见的。因此，社会主义初级阶段的直接目标不是向共产主义社会发展，而是向共产主义社会的初级阶段即社会主义社会发展。大跃进、人民公社化以及“文化大革命”中的“左”的错误，就在于把社会主义社会的目标直接指向共产主义社会的高级阶段了，从而就形成了乌托邦社会主义所内含的空想的悲剧。

把跨越“卡夫丁峡谷”的社会主义社会与商品经济社会形态联系在一起的一个逻辑结论就是，把社会主义初级阶段与资本联系在一起。马克思认为资本尽管总与“物”的外观相联系，如地产、商品、货币等，

---

① 《邓小平文选》第3卷，人民出版社1993年版，第176页。

② 习近平：《决胜全面建成小康社会　夺取新时代中国特色社会主义伟大胜利——在中国共产党第十九次全国代表大会上的报告》，人民出版社2017年版，第11页。

③ 《马克思恩格斯选集》第1卷，人民出版社1995年版，第6页。

但“资本显然是关系”[①]，资本的本质就是以物为媒介的人与人之间的关系。马克思着重揭示了商品经济社会形态中社会关系的物化问题，即“人与人之间的社会关系可以说是颠倒地表现出来的，就是说，表现为物和物之间的社会关系”[②]。这就是社会关系的物化。

马克思把物化社会关系放在历史过程中来理解，肯定了它的积极意义，“在资本的简单概念中必然自在地包含着资本的文明化趋势等等”[③]。资本“创造了这样一个社会阶段，与这个社会阶段相比，一切以前的社会阶段都只表现为人类的地方性发展和对自然的崇拜”[④]，因而都可以称为“史前社会”。很显然，社会主义改革以来，中国在经济上所取得的举世瞩目成就是与资本的这种伟大的文明作用联系在一起的。

马克思更多地批判了物化社会关系的消极方面。对于社会关系在人面前以物与物关系的虚幻形式体现出来的现象，马克思说：在宗教那里，“人脑的产物表现为赋有生命的、彼此发生关系并同人发生关系的独立存在的东西。在商品世界里，人手的产物也是如此。我把这叫做拜物教”，“拜物教是同商品生产分不开的”[⑤]，这就是“商品拜物教”。马克思进一步分析了“拜物教”的三种形式，“商品拜物教”“货币拜物教”和“资本拜物教”。“商品拜物教”是“拜物教”的一般形式，“货币拜物教”和“资本拜物教”是“拜物教”的特殊或成熟形式。对于“货币拜物教”和“资本拜物教”，马克思说：“货币拜物教的谜就是商品拜物教的谜”[⑥]，“在这个世界里，资本先生和土地太太，作为社会的人物，同时又直接作为单纯的物，在兴妖作怪”[⑦]。

在我国，发展市场经济不仅推动了经济的快速发展，而且有力地推动了人、社会关系和整个社会的发展。但是，我们不得不面对商品社会

---

① 《马克思恩格斯文集》第 8 卷，人民出版社 2009 年版，第 168 页。
② 《马克思恩格斯全集》第 31 卷，人民出版社 1998 年版，第 426 页。
③ 《马克思恩格斯全集》第 30 卷，人民出版社 1995 年版，第 395 页。
④ 同上书，第 390 页。
⑤ 《马克思恩格斯全集》第 44 卷，人民出版社 2001 年版，第 90 页。
⑥ 《马克思恩格斯文集》第 5 卷，人民出版社 2009 年版，第 113 页。
⑦ 《马克思恩格斯选集》第 2 卷，人民出版社 1995 年版，第 579 页。

形态中社会关系物化所产生的消极后果。马克思所分析的“商品拜物教”及作为其特殊或成熟形式的“货币拜物教”和“资本拜物教”，在我国的社会生活中都有体现。资本具有一种经济的权力，这种权力只能在经济领域发生作用。然而，由于“拜物教”的作用，资本的权力必然会向社会生活包括政治领域在内的其他领域渗透，于是就会产生政治、经济、道德等方面的消极现象。“商品拜物教”及“货币拜物教”和“资本拜物教”是当前存在的很多社会问题的基础和表现。

当前中国的一个重要任务就是要研究如何避免或弱化物化社会关系的消极影响。社会主义市场经济与资本主义市场经济同属于商品经济社会形态，因而都存在着社会关系的物化。但两者又是有区别的，这个区别就在于“社会主义”。在资本主义社会，虽然有些人，如马克思能解开“拜物教”的谜；但就整个社会而言，并不能理解这个谜的谜底，从而使商品、货币和资本成为盲目崇拜的对象。在社会主义社会，尽管在不少人看来，商品、货币和资本仍然很神秘，从而拜倒在它们的脚下；但就整个社会而言，有可能消除其神秘的光环。这就是说，在把商品经济与社会主义结合的过程中，不使“资本”成为“主义”，从而弱化“拜物教”的影响。以此来限制物化社会关系的消极作用、消除社会中对抗性因素的出现。社会主义制度中的这种机制的重要方面就是要“使人的世界和人的关系回归于人自身”①，即把人的全面发展作为社会关系构建的最终目标。这就需要社会主体发挥创造历史的能动性，在跨越“卡夫丁峡谷”后的社会转型中，努力“使人的世界和人的关系回归于人自身”②。

① 《马克思恩格斯全集》第3卷，人民出版社2002年版，第189页。

② 同上。

第七章
关于新时代社会自我批判深化的若干思考

自 20 世纪 70 年代末 80 年代初开启的以社会主义改革呈现的社会自我批判已经进入了深化的新时代。社会自我批判已取得了巨大成就，然而，“随着改革进入攻坚期和深水区，遇到的阻力越来越大，面对的暗礁、潜流、漩涡越来越多”，“发展中的问题和发展后的问题、一般矛盾和深层次矛盾交织叠加、错综复杂”。[①] “问题是时代的格言”[②]，这就为社会自我批判的深入指出了方向。从“为人民服务”到“以人民为主体”，是中国共产党人民主体意识的重大发展，要有人民“主人翁”心理失落的忧患意识，要提防人民主体与人民主体的核心之间的错位。新时代社会主要矛盾的转化是社会自我批判深化的必然，可从需求侧和供给侧两方面研究其提供的内容。这就要求在社会自我批判中研究与“人民当家作主”相关的为使“自上而下”深入展开和为使“自下而上”广泛展开的若干问题。

第一节　关于新时代中国社会深层问题的忧患

党的十八大后，体现为社会自我批判的社会主义改革逐步进入了“新时代”。从社会自我批判的角度来审视，社会在变革中的快速发展积

---

① 中共中央宣传部：《习近平新时代中国特色社会主义思想学习纲要》，学习出版社、人民出版社 2019 年版，第 81 页。

② 《马克思恩格斯全集》第 1 卷，人民出版社 1995 年版，第 203 页。

聚了不少深层次的问题。“问题却是公开的、无所顾忌的、支配一切个人的时代之声。”其中的经济体制改革问题、贫富收入悬殊问题以及进一步反腐倡廉问题等，作为时代“表现时代自己内心状态的最实际的呼声”①，是社会自我批判深化阶段必须予以思考的。对此务必要引起全党的忧患意识。以下三个目的标题都选自党的十九大报告，体现着中国共产党人所具有的忧患意识。

一　“建设现代化经济体系是跨越关口的迫切要求”

党的十九大把全面建成小康社会到基本实现现代化再到全面建成现代化作为战略目标。经济作为社会存在的主要部分永远是整个社会的基础。“社会主义现代化最基本的是经济现代化，经济现代化主要就是经济体系现代化。”②“经济体系”包括产业结构、城乡结构、地区经济结构、实体经济以及虚拟经济等的构成状况、社会生产交换分配消费等经济活动的状况等。处于不同发展阶段的人类社会具有不同特征的经济体系。“建设现代化经济体系是跨越关口的迫切要求和我国发展战略目标”，需要“转变发展方式、优化经济结构、转换增长动力”。③

总体而言，现有经济体系所存在的问题是发展的不平衡、不充分的问题；就经济运行内部的各环节而言，“产业结构欠优，无效供给过剩，有效供给不足，高新技术产业和现代服务业还需要加强，产业价值链的地位还有待提升”④。我国经济运行面临突出矛盾的“根源是重大结构性失衡”⑤。重大结构性失衡的焦点，“在于多年的投资高速增长带来的各行业产能过剩，以及对需求结构较低的适应性，导致经济循环不畅”⑥。产

① 《马克思恩格斯全集》第1卷，人民出版社1995年版，第203页。

② 简新华：《中国特色社会主义政治经济学重大疑难问题研究》，安徽大学出版社2018年版，第310页。

③ 习近平：《决胜全面建成小康社会　夺取新时代中国特色社会主义伟大胜利——在中国共产党第十九次全国代表大会上的报告》，人民出版社2017年版，30页。

④ 简新华：《新时代现代化经济体系建设几个关键问题》，《人民论坛·学术前沿》2018年第1期。

⑤ 中共中央文献研究室：《习近平关于社会主义经济建设论述摘编》，中央文献出版社2017年版，第113页。

⑥ 藏旭恒：《如何实现供求关系新的动态均衡》，《人民论坛》2018年第1期。

能过剩集中在制造业，尤其突出在钢铁、煤炭、水泥、玻璃等传统工业中。

现就我国钢铁产能过剩问题做一些分析。钢铁素有“工业粮食”的美称，是国民经济的重要基础产业。改革开放后，由于在社会自我批判中解放了被束缚了的生产力，我国的钢产量步入快速发展阶段。1996 年粗钢产量突破 1 亿吨，位居世界第一，2014 年达到 8.2 亿吨，成为名副其实的钢铁大国。由此极大地推动了我国工业化和现代化进程，促进了民生改善和社会发展。然而，由于受国内经济调整增长拉动、地方政府片面追求发展速度、企业盲目投资扩张等因素影响，钢铁行业积累了庞大的生产能力，产能过剩到了严重的地步。2014 年，我国粗钢产能达到 12 亿吨，产量达到 8.2 亿吨，产能利用率只有 68.5%。2013 年国务院下发《关于化解产能严重过剩矛盾的指导意见》，规划近 3 年内淘汰落后钢铁产能 9000 多万吨。文件中特别指出：“仍有一批在建、拟建项目，产能过剩呈加剧之势。如不及时采取措施加以化解，势必会加剧市场恶性竞争。”[①] 然而到了 2016 年，国务院又特别地为钢铁产能过剩问题下发了《关于钢铁行业化解产能过剩实现脱贫发展的意见》，从 2016 年起，计划花三年至五年时间，再退出粗钢产能 1 亿至 1.5 亿吨，并再次强调“严禁新增产能”[②]。

从上述资料可以分析出两个问题。一是钢铁产能严重过剩，去 2 亿多吨产能意味着要浪费多少人民财富以及由此要引起多少民生问题，为什么会导致如此严重的钢铁产能过剩问题？二是 2013 年国务院已经发文要在 3 年内淘汰落后钢铁产能，在 2016 年国务院再次下文要三年至五年内更多地化解钢铁产能，并重申“严禁新增产能”，为什么从 2013 年到 2016 年钢铁产能过剩问题不是减轻了反而是更加严重了，从而导致了第二次去产能的任务比第一次更为严峻？对于这两个问题，我们可以做很多分析，但最重要的是要理解“制度安排层面深刻变革的取向是坚定不移的市场化，但又不能简单限于、止步于市场化概念下的作为”[③] 这一要

① 张军立：《着力化解钢铁煤炭等产能过剩》，中国言实出版社 2016 年版，第 2—3 页。

② 同上书，第 8—9 页。

③ 贾康等：《中国需要构建和发展以改革为核心的新供给经济学》，《财政研究》2013 年第 1 期。

点。这就要求在社会自我批判深化阶段的建设现代化经济体系中要注意以下两点。

其一，建设现代化经济体系必须坚持市场逻辑。

作为社会自我批判的当前中国改革就在于实现以从计划经济体制到市场经济体制转型为基础的社会转型。对此，我们在经济建设上取得了举世瞩目的成就，但市场化改革远远没有完成，市场经济体制远远没有完善。虽然在商品和服务等市场上，市场关系发展得很充分了，市场机制在很大程度上能够发挥它的作用，但是在要素市场上情况远远不是这样，包括资本市场、土地市场、劳动力市场以及其他一些资源市场上，市场机制远没有能够充分发挥作用。可以说，在要素市场上，控制市场和支配资源配置的力量在相当大的程度上仍然是行政权力，中国经济在一定程度上仍然是“权力经济”①！推动钢铁等很多行业产能严重过剩并且不断严重，意味着大量的资源被错误地配置了，而大量资源被错误配置的直接原因就是在要素市场上主要是行政权力在支配资源配置。中国经济和社会发展中很多突出矛盾和问题的根源正在于这里。

党的十八届三中全会指出：“经济体制改革是全面深化改革的重点，核心问题是处理好政府和市场的关系”，这是因为，“市场决定资源配置是市场经济的一般规律，健全社会主义市场经济体制必须遵循这条规律，着力解决市场体系不完善、政府干预过多和监管不到位的问题”。② 当然，这并不意味着政府可以不作为，政府的作用不在于自己如何更好地直接参与配置资源，而在于更好地使市场在资源配置中起决定性作用，即在“发挥国家发展规划的战略导向作用，健全财政、货币、产业、区域等经济协调机制”中“实现产权有效激励、要素自由流动、价格反应灵活、竞争公平有序、企业优胜劣汰”。③ 然而，从 2013 年党的十八届三中全会以后，经济体制改革的问题并没有根本解决，这就使 2016 年的钢铁、煤炭等工业去产能的任务比 2013 年更为严峻。党的十九大报告把目前所处

---

① 周为民：《半途中的中国改革》，2015 年 11 月 13 日，共识网。

② 白永秀、王颂吉：《城乡发展一体化的实质及其实现路径》，《复旦学报》2013 年第 4 期。

③ 杨宜勇：《如何建设现代化经济体系》，《人民论坛》2017 年第 S2 期。

的“转变发展方式、优化经济结构、转换增长动力”过程称为“攻关期”，说明“关”还没有过，这个问题还没有获得决定性的解决。

没有获得决定性解决的阻力在哪里？至少以下两个问题是值得深思的。第一，市场化改革中的“过渡措施”问题。周为民在2015年有一段意味深长的话：中国的改革是渐进式改革，然而在渐进过程中，不能长期回避一些实质性的改革，不能总是试图用其他一些办法来替代、绕开实质性的改革；渐进改革中固然会出现不少所谓的过渡措施，但要注意，只有那些符合市场的逻辑、具有向更健全的市场经济体制过渡能力的那些措施，才能够叫作过渡措施，必须避免那些过多迁就或延续旧体制因素的所谓过渡措施，否则改革就会脱离市场的逻辑。① 第二，市场改革中的“政策扭曲”问题。在中国的政府治理结构中，地方政府拥有管理辖区事务的财权和事权，中央拥有考核和任命地方官员的绝对权力；为调动地方政府发展经济的积极性，中央在对地方官员的政绩考核制度中把GDP作为核心指标之一，这就使地方官员展开了为增长而竞争的“晋升锦标赛”，这就在推动中国经济腾飞和市场化转型的同时，也造成了生产要素和社会资源配置的政策扭曲，从而阻碍了市场机制作用的发挥②。

其二，建设现代化经济体系必须坚持富民目标。

作为社会自我批判的当前中国改革，目标在于建设不同于资本主义的社会主义现代化经济体系。西方发达国家的经济体系与中国的现代化经济体系相比较，从生产力角度来理解有很多共性，但又存在着本质区别。这个区别就在于，前者在于实现资本的最大化，而后者在于共同富裕和人的自由发展。因此“‘社会主义’几个字是不能没有的，这并非多余，并非‘画蛇添足’，而恰恰相反，这是‘画龙点睛’”③。坚持市场逻辑，通过优胜劣汰的竞争压力和追求利益的内在冲动转化为利润最大化的机制，目的在于为人民日益增长的美好生活需要提供物质基础。

---

① 周为民：《半途中的中国改革》，2015年11月13日，共识网。

② 周黎安：《中国地方官员的晋升锦标赛模式研究》，《经济研究》2007年第7期。

③ 中共中央文献研究室：《江泽民论有中国特色社会主义》，中央文献出版社2002年版，第69页。

40多年改革的经历也说明，种种具体的改革措施，凡是贯彻了富民目标的，就能够得到广大民众的认同，其推行就比较顺利，效果就比较好。应该承认，改革过程中确有一些措施和政策的推行得不到民众认同，实践中很难推行，并且“往往产生矛盾或者加剧矛盾，甚至成为乱源”。症结就在于这些在改革名义下的措施、政策，脱离了或者说背离了富民的目标，“往往仅仅是出于政府财政的目的”，“或者是为了尽可能地增加政府的财政收入，或者是为了尽可能地卸掉政府的财政负担、财政包袱”。[①] 于是，这些措施和政策在实践中就不能够得到好的效果。“必须始终把人民利益摆在至高无上的地位，让改革发展成果更多更公平惠及全体人民”[②]，这不仅意味着要坚守党的崇高宗旨，而且意味着是必须坚持地体现着具体改革措施成功的重要经验。这就说明了人民群体在以“自下而上”态势呈现的社会自我批判中的作用。

二 “城乡区域发展和收入分配差距依然较大”

党的十九大报告从“民生领域还有不少短板”的角度提出：“城乡区域发展和收入分配差距依然较大。”[③] 这个命题包括两个相互联结在一起的命题，即全国的“城乡区域发展差距依然较大”和国民的“收入分配差距依然较大”。

其一，关于“城乡区域发展差距依然较大”的思考。

其实，“城乡区域发展差距依然较大”里还可以进一步分析为“城乡发展差距较大”和“区域发展差距较大”两个子命题。城乡差别自古有之，人类社会发展中的城乡关系经历着从城乡依存到城乡分离再到城乡融合的历史过程。区域差别也是自古有之，在中国的长期发展中，形成了由沿海向内地、由东部向中部和西部地区较明显的发展水平递降的梯度，再加上东北地区，在全国形成了四大区域。自改革开放以来，随着市场经济的发展，地域间差距的拉大，固然体现在四大区域之间，更体

---

① 周为民：《半途中的中国改革》，2015年11月13日，共识网。

② 习近平：《决胜全面建成小康社会 夺取新时代中国特色社会主义伟大胜利——在中国共产党第十九次全国代表大会上的报告》，人民出版社2017年版，第45页。

③ 同上书，第9页。

现在“以大都市或城市群所在地区为核心的发达、较发达地区与其外围的以农村为主的欠发达或贫困地区之间”，例如“在东部地区的河北省，实为京津都市区外围的欠发达省，其与京津都市区发展水平的差距，大于西部地区与东部地区的平均差距”。① 因此，区域发展差距归根到底是城乡发展差距。

从低中收入国家成功跨入高收入国家必须经历从城乡二元到城乡一体的转型发展。城乡发展一体化是一个涉及经济、社会、文化、人口、资源、生态等复合因子的复杂系统。有学者把它概括为五个方面：“城乡空间结构一体化”，它是城乡发展一体化的载体，与城乡之间的人口迁移、交通通信网络、生产要素和商品在地域中的流动和流通等联系在一起；“城乡经济结构一体化”，它是城乡发展一体化的基础，与生产要素、商品流通所形成的经济结构和居民收入等联系在一起；“城乡基础设施一体化”，它是城乡发展一体的依托，与城乡道路、信息网络、电力、燃气、水力等联系在一起；“城乡公共服务一体化”，它是城乡一体化发展的保障，与城乡基础教育、医疗卫生、社会保障、文化设施等联系在一起；“城乡生态环境一体化”，它是城乡一体化可持续发展的条件，与城乡生态系统以及环保产业等联系在一起。② 根据经济发展是社会发展基础的唯物史观基本原理，这五个方面中最重要的是“城乡经济结构一体化”。有学者根据《新中国六十年统计资料汇编》、《中国统计年鉴》(2004—2015)、《中国农村统计年鉴》(2004—2015) 以及历年各省、直辖市、自治区统计年鉴，选取 28 个省、直辖市、自治区统计年鉴中的 2004—2014 年统计数据予以分析，“城乡经济结构一体化指数曲线与中国城乡发展一体化指数曲线走势高度一致”，“这意味着城乡经济一体化对中国城乡一体化的影响最大”。③ 这个统计数据的实证分析结论与根据唯物史观基本原理得出的结论是完全一致的。

在城乡经济结构一体化指标中，“城乡收入结构”（城乡居民人均收入比即城镇居民人均可支配收入/农村居民人均纯收入）、“城乡消费结

① 胡序威：《有关我国区域与城乡发展的政策建议》，《经济地理》2015 年第 7 期。

② 高波、孔令池：《中国城乡发展一体化区域差异分析》，《河北学刊》2017 年第 1 期。

③ 同上。

构”（城乡家庭人均消费比即城镇家庭人均消费/农村家庭人均消费和城乡居民恩格尔系数比即城镇居民恩格尔系数/农村居民恩格尔系数）最能综合体现城乡经济一体化状况。对此，李克强于2012年12月28日主持召开的“长江沿线部分省份及城市负责人参加的区域发展与改革座谈会”上，用“城乡收入结构”来概括城乡差距，“从城乡看，6亿多农民与6亿多城镇人口的收入差距超过3倍”，并把缩小收入差距理解为“现代化建设最大的难题”。①

经过多年的努力，城乡收入结构和城乡消费结构的差距在缩小，但城乡经济一体化失衡的状况仍然十分严重。城乡二元结构的本质是自然经济和市场经济这两种经济形式的并存和对立，“城乡二元结构向一元转变的过程就是市场经济取代自然经济的过程”②。城乡之间和各经济区域之间，都不是行政区域，市场力量是行政力量难以替代的，这就要求在社会自我批判的深化阶段，为缩小城乡区域发展差距，必须“促使城乡建立统一的商品市场和要素市场”，在发展市场经济中“促使城乡产业融合”。③ 李克强在前几年就指出，“要培育建立统一的大市场，使要素流动跟着市场规律走，给社会腾出更多流动空间，增强发展的动力与活力。跨区域交通基础设施怎么连接，劳动力市场和社会保障体系怎么统一，都需要探索”④。

其二，关于“收入分配差距依然较大”的思考。

法国经济学家托马斯·皮克迪于2013年3月出版的《21世纪资本论》在一个月内就卖出8万多册，并立即被译成多国文字。皮克迪在“导论”中指出：本书“从大历史的角度审视收入分配的历史变化”，发现“20世纪50年代之后，经济学逐渐认同库涅茨曲线，即随着经济增长，收入不平等程度会先升后降”，然而这是误读，“导致收入不平等程

① 李克强：《逐步缩小城乡区域差距是发展的潜力富民的动力》，《人民日报》2012年12月29日。

② 白永秀、王颂吉：《城乡发展一体化的实质及其实现路径》，《复旦学报》2013年第4期。

③ 高波、孔令池：《中国城乡发展一体化区域差异分析》，《河北学刊》2017年第1期。

④ 李克强：《逐步缩小城乡区域差距是发展的潜力富民的动力》，《人民日报》2012年12月29日。

度扩大的因素超过了缓解收入不平等趋势的因素，21 世纪的不平等可能要赶上甚至超过 19 世纪”。[①]

该书中与我们的论题相关的观点有以下几点。（1）国民收入可分为资本收入和劳动收入，收入不平等的主要来源不是劳动收入之间的不平等，而是资本收入与劳动收入之间不平等。（2）一个社会可以分为收入最低的“50%”，几乎没有财富；收入中间的“40%”，基本依靠劳动收入；收入最高的“10%”，其中又可以分为“9%”和“1%”，财富的集中主要体现在“1%”。（3）不管财富的最初来源是什么，当财富积累到一定程度后，就会变得一样。资本会不断自我增值，带来“富者愈富，贫者愈贫”的“马太效应”。（4）资本加速积累的结果是中产阶级的财富比例下降。这将带来中产阶级的相对贫困化和被剥夺感。（5）如果人们的财富增长不是靠“拼搏”，而是靠“拼爹”，那么越来越多的人就会觉得不满。尽管此书中的某些观点可以进一步讨论，但“关于收入分配格局的认知十分需要把资本、财富的存量与收入流量结合作出动态的关联性考察研究”，因此“皮克迪研究成果的贡献应得到充分肯定”。[②] 以皮克迪上述观点来观察我国情况，确实能提供很多有益的启示。

40 多年前开启的体现为改革的社会自我批判，使以“人的依赖关系”为主要特征的社会形态向以“物的依赖性”为主要特征的社会形态转型。由于“资本的文明化趋势”[③]，正在转型中的市场经济极大地解放了生产力，带来了以经济取得巨大成就为基础的社会很多方面的进步。但是，如《21 世纪资本论》所言，收入不平等程度不会随着经济增长而自动降低，只要“导致收入不平等程度扩大的因素超过了缓解收入不平等趋势的因素”，收入不平等程度必然会越来越严重。必须看到，由于物质财富的聚合方式、社会财富的流动方式、虚拟资本的膨胀、特殊利益群体的扩大等因素，“富者愈富，贫者愈贫”所产生的“马太效应”，致使我国社会中分配不公的矛盾激化。

① ［法］托马斯·皮克迪：《21 世纪资本论》，巴曙松译，中信出版社 2014 年版，第 65—70 页。

② 贾康、苏京春：《收入分配差距：理论与实际结合的考察及对中国的启示》，《中央社会主义学院学报》2018 年第 1 期。

③ 《马克思恩格斯全集》第 30 卷，人民出版社 1995 年版，第 395 页。

应该实事求是地承认，分配不公必然导致社会贫富矛盾激化。2007年国家统计局公布的数据表明，中国成为全球贫富两极分化最严重的极少数国家之一。“世界银行报告显示，美国是5%的人口掌握了60%的财富，而中国则是1%的家庭掌握了全国41.4%的财富。”① 西南财经大学与中国人民银行总行金融研究所联合发布了《2012年中国家庭金融调查报告》。这份报告是“基于全国25个省市，320个社区，8438个随机家庭样本”的调查数据分析而成的。该报告披露：家庭“资产分布不均情况远胜于收入不均”，截至2011年8月，“从数据中发现有0.5%的中国家庭年可支配收入超过100万元，即有150万中国家庭年可支配收入超过100万元，10%的收入最高的家庭收入占整个社会总收入的57%，说明中国家庭收入不均等的现象已经较为严重”。②

确实，自党的十八大以后，居民收入在提高，收入差距在趋于缩小。国家统计局2017年7月6日发表的数据显示，“2016年全国居民人均可支配收23821元，与2010年相比实际增长62.6%”，“扣除价格因素，2016年全国居民人均可支配收入比2012年增长44.3%，实际增长33.3%，年均实际增长7.4%，快于同期GDP年均增速0.2个百分点，更快于同期人均GDP年均增速0.8个百分点”；更为可喜的是，“2016年，全国居民人均可支配收入基尼系数为0.465，比2012年的0.474下降了0.009，居民收入差距总体在不断缩小”③。然而，中国中产阶层的总人数尽管高于任何国家，但由于基数大，占中国人口的比例仍偏低。澎湃新闻2017年12月21日报道：我国中产阶层，占全国人口总数的比例远远低于美国的33.8%和日本的59.5%，④ 以至于李克强总理在2018年的全国人大第十三届第一次会议上说：“脱贫攻坚任务艰巨，农业农村基础仍然薄弱，城乡区域发展和收入分配差距依然较大。”⑤ 李克强在2020年的

---

① 丛亚平、李长久：《世行称中国1%家庭掌握41.4%财富两极分化严重》，《经济参考报》2010年5月22日。

② 中国家庭金融调查与研究中心：《中国家庭金融调查报告·2012》，西南财经大学出版社2012年版，第257页。

③ 张翼：《十八大以来我国居民收入差距不断缩小》，《光明日报》2017年7月7日。

④ 《世界人口最多的中等收入群体对中国意味着什么》，澎湃新闻（http/www.thepaper.cn/newsDetail_ forward_ 1915939）。

⑤ 李克强：《政府工作报告（2018）》，人民出版社2018年版，第25页。

全国人大第十三届第三次会议后的记者会上具体地指出："我们人均年收入是3万元人民币，但是有6亿人每个月的收入也就1000元，1000元在一个中等城市可能租房都困难，现在又碰到疫情，疫情过后民生为要"，"我们采取的纾困政策有相当一部分就是用于保障基本民生的"。① 我国人口14亿中有超过40%即6亿人月收入是1000元!② 对此数据可做些延伸分析。

首先，这里的月收入是指国家统计局使用的月人均可支配收入，即在扣除了个人所得税、各种社会保险费及私人转移支付后还能用于实际使用的月家庭人均可支配收入。其次，在这6亿人中，月收入为零的有546万人，月收入为500元以下的有2.2亿人，月收入低于800元的有4.2亿人，月收入低于1000元的有5.5亿人，月收入低于1090元的有6亿人。如果把中低收入者的标准定为月家庭人均收入为1090—2000元，那么这个群体就有3.64亿人。这就是说，9.64亿人的月收入低于2000元。③

中国在改革中所积累的贫富不均尽管也有产生于社会经济转型的应当得到鼓励的"由于努力工作而导致的不平等"④，但主要不是这个因素。早在21世纪初吴敬琏就指出："在转型期间，有多种原因会导致少数人得以靠掠夺多数人和掠夺公共财产致富。"接着他指出两种情况：一是"由于在转型期间行政权力对经济生活继续保持强大的干预力量和'双轨

① 《李克强总理出席记者招待会并回答中外记者提问》，《人民日报》2020年5月29日，政府工作网。

② 中国经济网2020年6月1日报道：近日，国内著名收入分配领域专家李实教授在接受采访的时候，表示："这6亿月收入仅1000元的人，不仅包括着在就业有收入的人口，同时那些无就业、无收入的老人、儿童、学生等需要被赡养的人口都被算进去了。""这6亿人中有一部分人的月收入还是要比1000元要高的。但是，同时可能也会有一部分人的月收入要比1000元更低。""这次，国家领导人能够直言说出中国社会的真实情况，网友们在对数据表示震惊之余，还是感到非常欣慰的。""不管怎样，这都充分说明了我国依旧还是世界上最大的发展中国家，发展的不平衡不充分特征也较为明显……提高居民收入水平十分重要，任重而道远!"2020年6月1日，www.ce.cn/xwzx/gnsz/gdxw/202006/01/t20200601_35010703.shtml。

③ 上述数据源自2019年北京师范大学中国收入分配研究院课题组分层线性随机抽取了7万个代表性样本所调查。参见万海远、孟凡《月收入不足千元，这6亿人都在哪》，财新网，2020年6月3日。

④ 转引自贾康、苏京春《收入分配差距：理论与实际结合的考察及对中国的启示》，《中央社会主义学院学报》2018年第1期。

制’的存在，能够接近权力的人便有许多‘设租’的机会”；二是“计划经济的制度基础是大一统的国家所有制”，为了给市场经济奠定制度基础，就需要在“放开搞活中小企业”中实现部分国有企业的转型，在这过程中“出现了掌权者或掌权者的‘亲信’和‘关系户’蚕食和鲸吞公共财产的问题”。[①] 这两种情况都与腐败联系在一起。因此，在社会自我批判深化阶段，必须建立法制的市场经济。

这就又一次说明，改革尚在半途，市场经济的进一步改革必须通过建立法治社会来完善。对此，吴敬琏说，“确立宪法的至高无上权威和施行宪政”；“建立透明的法律框架”，透明性的根本要求就是“要有民众的广泛参与”；“保证司法的公正性和独立性”，“各级党委对司法工作的监督保证作用应该体现为监督保证法律程序的公正性，而不是干预具体案件的审判和决定审判结果”。[②] 这些建议的提出在时间上已经过去了十几年，但随着时间的推移，反而不断证实了这些建议切中时弊的正确性。因而，这些建议是社会自我批判深化阶段必须予以认真考虑的。

三　“反腐败斗争形势依然严峻复杂”

我国的社会自我批判确立了社会主义的历史地位，促进了以计划经济体制向市场经济体制转型为基础的社会转型。由于社会转型中新旧体制的交错，使得腐败泛滥。对此，人民有深深的忧患意识。在共和国进入 50 年之际，《人民论坛》发表《未来 10 年 10 大挑战》的“人民论坛‘千人问卷’调查报告”，该报告根据网民选择，把“腐败问题突破民众承受底线”放在十大问题之首。[③]

党的十八大以来，党中央审时度势，把党风廉政建设和反腐败斗争作为全面从严治党的重要内容，五年来反腐斗争取得了巨大胜利。“全国纪检监察机关共处置问题线索 267. 4 万件，立案 154. 5 万件，处分 153. 7 万人，移送司法机关 5. 8 万人；共立案审查省军级以上党员干部及其他中管干部 440 人，纪律处分厅局级干部 8900 人，处分县处级干部 6. 3 万人，

---

① 吴敬琏：《建设法制的市场经济》，《中国改革》2003 年第 11 期。

② 同上。

③ 《“未来 10 年 10 大挑战”》，《人民论坛》2009 年第 24 期。

其中‘百名红通人员’已有48人落网；共修订颁布90余部党内法规，依规治党和依法治国相互促进，相得益彰。”①

尽管反腐斗争成效卓越，但党的十九大报告提出，“夺取反腐败斗争压倒性胜利的决心必须坚如磐石”。这就说明反腐斗争仅仅是取得了“压倒性态势”，还没有取得“压倒性胜利”，“反腐败斗争形势依然严峻复杂”。② 可以从权力腐败的一般根源和社会转型期的特殊根源来理解我国反腐斗争的艰巨性。

其一，权力运行中“公”与“私”的基本矛盾与腐败。

马克思把由劳动基础上获得的消费理解为“整个人类生存的条件”③。在商品经济社会形态中，人们用货币来表示从事劳动所获取的“收入”，劳动由此就成为可以衡量大小的经济行为。可以认为，在实行“按劳分配”的社会主义阶段，处于权威机构中各级职位上的官员行使权力的行为，作为谋生手段的劳动，必然要按照“理性行为最大化假设”④ 来行动。“最大化”是指在一定约束条件下的“最大化”，包括社会等关系的约束和人们面对各种信息条件的约束。官员作为具体职位的人格化，应该“毫不利己”地体现权威机构所属群体主体的利益；作为具体的人承担着诸如父亲、儿子、丈夫等社会角色，具有与各种社会角色相对应的具体需要，为满足自己效用最大化目标，必然在经济活动中按照“理性行为最大化假设”来行为。“确有人同时也会以全民利益或他人利益作为自己目标函数的组成部分”，然而“不能将少数人或个别人的这种行为方式当作我们理论分析的典型情况”。⑤

共产党的立党宗旨决定了以人民的利益作为自己的最高利益，要求它所隶属的各级党组织以及它在其中起领导作用的各级政府机构制定权力运行规则，以践履其为人民服务的立党宗旨。为此，“理性行为最大化

---

① 《党的十九大举行第一场记者招待会 杨晓渡齐玉介绍加强党建工作和全面从严治党有关情况》，《中国纪检监察报》2017年10月20日。

② 习近平：《决胜全面建成小康社会 夺取新时代中国特色社会主义伟大胜利——在中国共产党第十九次全国代表大会上的报告》，人民出版社2017年版，第66—67页。

③ 《马克思恩格斯文集》第6卷，人民出版社2009年版，第359页。

④ 樊钢等：《公有制宏观经济理论大纲》，生活·读书·新知三联书店1992年版，第46—47页。

⑤ 樊钢等：《公有制宏观经济理论大纲》，生活·读书·新知三联书店1992年版，第49页。

假设”在官员行使权力的劳动中通过两种方式予以体现：（1）官员在行使权力的劳动中遵循或创造性地遵循所属党组织和政府机构制定的权力运行规则，从而获得劳动“收入”或获得更多“收入”。（2）官员在行使权力的劳动中违背所属组织和机构制定的权力运行规则，从而获得体制外的所谓劳动“收入”。可以把前者大致地称为“公”，这里的“公”应广义地理解为在行使权力的劳动中有益于人民利益；可以把后者大致地称为“私”，这里的“私”应狭义地理解为在行使权力的劳动中损害人民利益。这里所说的“公”与“私”与我们通常所理解的公与私的含义不完全一样。于是，由特定含义的“公”与“私”所构成的矛盾就成为权力运行中的基本矛盾。

在现实生活中确实存在着两种类型的官员。一种官员在行使权力的劳动中遵循或创造性地遵循权力运行规则，通过对社会做出贡献获取正当的回报。这些官员，在为社会做出贡献的同时实现了自身利益的最大化。尽管在工作中兢兢业业、恪尽职守，然而如黑格尔所说，在“事实上它总是在国家权力之外还保留着它自己的意见和特殊的利益”①。另一种官员在行使权力的劳动中违背权力运行规则，通过非正当手段获取非正当利益，以此来实现自身利益的最大化，这就产生了以权谋私的腐败。只要权力运行中“公”与“私”之间的基本矛盾运动存在，那么权威机构中这两种官员就存在，由后一种官员的行为所产生的腐败就不可能灭绝。这就决定了党中央所说的“反腐败斗争形势依然严峻复杂”②。

其二，社会转型中的“两个拜物教”与腐败。

马克思说，“迄今为止人们总是为自己造出关于自己本身、关于自己是何物或应当成为何物的种种虚假观念。……他们头脑的产物不受他们支配。他们这些创造者屈从于自己的创造物”③。如前在分析社会主义初级阶段时所提及的，“拜物教”的本质就是人们之间的真实社会关系以虚幻的形式出现在人们面前，于是人们对这种虚幻的偶像顶礼膜拜。中国

① ［德］黑格尔：《精神现象学》下卷，贺麟、王玖兴译，商务印书馆 1979 年版，第 54 页。

② 习近平：《决胜全面建成小康社会　夺取新时代中国特色社会主义伟大胜利——在中国共产党第十九次全国代表大会上的报告》，人民出版社 2017 年版，第 67 页。

③ 《马克思恩格斯文集》第 1 卷，人民出版社 2009 年版，第 509 页。

正在经历着以从传统的计划经济体制向现代化的市场经济体制转型为基础的社会转型，社会腐败的高发与社会转型中的“权力拜物教”和“商品拜物教”及其相互作用是联系在一起的。

权力就是“一些人发号施令，另一些人服从”[①]，其所体现的对人的支配总与对物的支配联系在一起。权力具有使客体服从主体的支配性、可与其他价值进行交换的价值性、在使用中逾越自身界限的超越性。这是权力的自蚀本性。“在权力不易受到监督的情况下，权力的这种自蚀本性就会充分地暴露出来。”[②] 公共权力是人民赋予的，是用来为人民服务的。权力的“自蚀本性”就有可能使公共权力的真实社会关系与人民之间的关系以颠倒的、虚幻的形式出现在某些人的面前，于是就会对这种虚幻偶像顶礼膜拜。以权力等级制为核心的社会结构是以人对人的依赖关系为特征的社会存在和运行的社会机制。“权力拜物教是在计划经济体制条件下必然形成的一种以权力等级制为核心的社会结构、以权力为中介的社会行为方式、以权力崇拜为精神形态与人格类型的综合形成的畸形的社会现象。”[③]

关于商品拜物教，如我们在前面引用马克思的话所述：“劳动产品一旦作为商品来生产，就带上拜物教性质。”[④] 劳动产品一旦作为商品来生产，人们之间真实的社会关系就会通过物与物之间关系的虚幻形式表现出来，商品拜物教也就产生了。于是，商品拜物教就与物的依赖关系为主要特征的商品经济社会形态联系了起来。商品拜物教是一般形式，货币拜物教和资本拜物教是其更为成熟、更为发展的形式。

在当前的社会转型时期，既存在着与自然经济社会形态联系着的“权力拜物教”，又存在着与商品经济社会形态联系着的“商品拜物教”，并且两者相互作用。尽管共产党的立党宗旨是为人民服务，然而社会转型中与自然经济社会形态联系在一起的“权力拜物教”仍然不仅在政治领域发生作用，而且向社会生活包括经济领域在内的其他领域渗透。尽

---

① ［英］罗素：《权力论》，吴三友译，商务印书馆 1991 年版，第 8 页。

② 陈新汉：《权威评价论》，上海人民出版社 2006 年版，第 377 页。

③ 姜赞东：《权力拜物教略论——兼析前苏东社会主义转型的深层原因》，《学术前沿》2004 年第 7 期。

④ 《马克思恩格斯全集》第 23 卷，人民出版社 1972 年版，第 89 页。

管发展市场经济不仅推动了经济发展，而且有力地推动了人和社会关系发展，但社会转型中与商品经济社会形态联系在一起的“商品拜物教”不仅在经济领域发生作用，而且向社会生活包括政治领域在内的其他领域渗透。在当今社会中，既存在着“权力拜物教”，又存在着“商品拜物教”，于是两者必然会相互作用，从而产生了政治、经济、文化、道德等方面的腐败现象。只要社会中存在着“权力拜物教”和“商品拜物教”，那么社会中的腐败就不可能灭绝。这就决定了“反腐败斗争形势依然严峻复杂”。

当前体现为社会主义改革的社会自我批判进入新时代，只要权力运行中“公”与“私”的基本矛盾运动存在，只要社会转型中的“权力拜物教”和“商品拜物教”依然存在，滋生腐败的“土壤”和“气候”就必然存在。再加上社会转型中一些体制性的矛盾远没有得到妥善解决，等等。这就使得“反腐败斗争形势依然严峻复杂”。这就需要在社会自我批判的深化阶段，研究如何遏制“权力拜物教”和“商品拜物教”相互勾结在权力运行的“公”与“私”矛盾运动中发生作用，研究如何构建具有中国特色的反腐倡廉机制，研究如何在反腐机制中发挥人民群众创造历史的能动性。

第二节　新时代人民主体意识的思考

中国共产党人的人民主体意识是一以贯之的，然而在不同的历史时期又通过不同的侧重面体现出来。从“为人民服务”到“以人民为中心”，是人民主体意识的重大发展。进入新时代的社会自我批判深化阶段，要有人民“主人翁”心理失落的忧患意识，要理解人民主体核心的地位不是一劳永逸的，要时刻提防人民主体与人民主体领导核心之间的错位。

一　从“为人民服务”到“以人民为中心”

马克思指出，“人不是抽象的栖息在世界以外的东西。人就是人的世界，就是国家，社会”[①]，国家和社会是由人组成的，人是国家和社会的主体。正是在这种唯物史观的基础上，马克思指出了共产党与其他政党的不同之处在于：“一方面，在无产者不同的民族的斗争中，共产党人强调和坚持整个无产阶级共同的不分民族的利益；另一方面，在无产阶级和资产阶级的斗争所经历的各个发展阶段上，共产党人始终代表整个运动的利益。”[②] 马克思强调把为具有共同性和整体性的世界无产阶级利益而奋斗作为共产党的立党宗旨，鲜明地体现了人民主体意识。

中国共产党人以马克思主义为指导思想，人民主体意识集中体现在毛泽东为中国共产党所概括的立党宗旨：“我们这个队伍完全是为着解放人民的，是彻底地为人民的利益工作的。”[③] “为人民服务”就是为人民的利益服务。毛泽东把“为人民服务，一刻也不脱离群众”与“一切从人民的利益出发而不是从个人或小集团的利益出发”并列，认为“这些就是我们的出发点”；毛泽东把人民的利益以及由此形成的人民对共产党的态度作为共产党人言论行动的标准，“共产党人的一切言论行动，必须以合乎最广大人民群众的最大利益，为最广大人民拥护为最高标准”。[④] 一切从中国最广大人民群体的最大利益出发，这就是中国共产党立党宗旨中“为人民服务”的基本内涵。

这里的“为人民服务”，从字面上看似乎是摆正共产党与人民群众之间的关系，共产党要为人民服务，共产党的干部是人民的公仆而不是人民的主人；而实质上则是从立党宗旨的高度确立了人民主体意识，即人民是主人，共产党“自觉地认定自己是人民群众在特定的历史时期为完成特定的历史任务的一种工具”[⑤]，“不反映人民群众的要求，哪一个人都不行”[⑥]。人民当家作主是中国共产党立党的根据和执政的根据，其间充满着对人民的敬畏情感。

邓小平在 1978 年 12 月为党的十一届三中全会做准备的中央工作会议

---

① 《马克思恩格斯全集》第 1 卷，人民出版社 1956 年版，第 452 页。
② 《马克思恩格斯选集》第 4 卷，人民出版社 1995 年版，第 180 页。
③ 《毛泽东选集》第 3 卷，人民出版社 1991 年版，第 1004—1005 页。
④ 同上书，第 1094—1096 页。
⑤ 《邓小平文选》第 1 卷，人民出版社 1994 年版，第 217—218 页。
⑥ 《毛泽东文集》第 8 卷，人民出版社 1999 年版，第 324 页。

上强调了要把“为人民造福，为发展生产力、为社会主义事业作出积极贡献”作为“主要的政治标准”。[①]“为人民造福”就是为人民服务。“为人民造福”必须落实于实处，对此，邓小平说：“我们要想一想，我们给人民究竟做了多少事情呢？我们一定要根据现在的有利条件加速发展生产力，使人民的物质生活好一些，使人民的文化生活、精神面貌好一些。”[②]根据改革开放中出现“姓资”和“姓社”的争论问题，邓小平把“为人民服务”的立党宗旨具体化为“人民拥护不拥护”“赞成不赞成”“高兴不高兴”“答应不答应”的价值标准，以此来作为他提倡“不争论”的根据。仔细地品味，在这个“人民”标准里，就包含着对于人民主体意识的敬畏之情。

社会主义改革所取得的重大成就是与中国共产党人坚持人民主体意识内在地联系在一起的。仔细分析，社会在变革中所积聚的不少问题，尤其是成为我们党“面临的最大威胁”[③]的腐败高发，从主观方面来分析，总是与某些人或某些部门的人民主体意识的异化或缺位联系在一起的。

党的十八大以来，党的领导和从严治党、经济发展理念以及增长方式、国家治理体制、治理方式等都发生了历史性的变革，其中的一条根本经验就是“贯彻以人民为中心的发展思想”；作为进入新时代后继续深化改革的一条基本原则，就是“坚持以人民为中心”。[④]“为人民服务”与“以人民为中心”两者是前后相承的，在本质上是一致的；然而，又有区别，即前者的主词是共产党，后者的主词是“人民”，更强调人民在其中的主体地位和主体作用，从而“无疑更为深刻、更为根本、更符合马克思主义的深层思想”。[⑤]因此，从“为人民服务”到“坚持以人民为中心”，是习近平在新时代对“人民主体意识”的重大发展。可从以下几个方面来分析“坚持以人民为中心”中所内含的思想。

---

① 《邓小平文选》第2卷，人民出版社1994年版，第151页。

② 同上书，第128页。

③ 《习近平谈治国理政》第2卷，外文出版社2017年版，第44页。

④ 习近平：《决胜全面建成小康社会　夺取新时代中国特色社会主义伟大胜利——在中国共产党第十九次全国代表大会上的报告》，人民出版社2017年版，第5、21页。

⑤ 董德刚：《论人民主体理念及其落实问题》，《党政干部学刊》2016年第11期。

第一，人民是历史创造的主体。“人民是历史的创造者，是真正的英雄”[①]，“中国人民依靠自己的勤劳、勇敢、智慧，开创了各民族和睦共处的美好家园，培育了历久弥新的优秀文化”[②]，人民是物质财富和精神财富的创造者，人民是历史的创造者。人民中拥有无限的力量，“人民是决定我们前途命运的根本力量”[③]，“只要我们万众一心，众志成城，就没有克服不了的困难”[④]，人民群众是力量的源泉，是推动发展的根本动力和伟大力量。人民中拥有无穷的智慧，因此“必须充分尊重人民群众所表达的意愿、所创作的经验、所拥有的权利、所发挥的作用”[⑤]，“好措施、好办法哪里来？答案是从群众中来”[⑥]，人民是改革和创新智慧的源泉。

第二，人民是当家作主的主体。“保证和支持人民当家作主不是一句口号、不是一句空话，必须落实到国家政治生活和社会生活之中”[⑦]，这是坚持中国的国体和政体的根本。这就要求必须把人民当家作主体现在共产党人的执政理念和执政立场之中。关于执政理念，“为人民服务是共产党人的天职”[⑧]，“民心是最大的政治”[⑨]，“党的一切工作，必须以最广大人民根本利益为最高标准”；[⑩] 关于执政立场，“人民立场是中国共产党的根本政治立场，是马克思主义政党区别于其他政党的显著标志”[⑪]。这种执政理念和执政立场必须落实到执政的一切方面，“必须落实到国家政

---

① 习近平：《在庆祝中国共产党成立95周年大会上的讲话》，人民出版社2016年版，第6页。

② 习近平：《在十八届中共中央政治局常委同中外记者见面时的讲话》，《人民日报》2012年11月16日。

③ 《十八大以来重要文献选编（上）》，中央文献出版社2014年版，第697页。

④ 习近平：《在十八届中共中央政治局常委同中外记者见面时的讲话》，《人民日报》2012年11月16日。

⑤ 习近平：《在纪念毛泽东诞辰120周年座谈会上的讲话》，《人民日报》2013年12月27日。

⑥ 习近平：《之江新语》，浙江人民出版社2007年版，第61页。

⑦ 《习近平谈治国理政》第2卷，外文出版社2017年版，第291页。

⑧ 《习近平关于“不忘初心、牢记使命”论述摘编》，党建读物出版社、中央文献出版社2019年版，第127页。

⑨ 《习近平关于全面从严治党论述摘编》，中央文献出版社2016年版，第190页。

⑩ 《习近平谈治国理政》，外文出版社2014年版，第28页。

⑪ 习近平：《在庆祝中国共产党成立95周年大会上的讲话》，人民出版社2016年版，第18页。

治生活和社会生活之中”①。

第三，人民是发展成果共享的主体。改革发展成果共享中的不平衡和不充分是“人民日益增长的美好生活需要和不平衡不充分的发展之间的矛盾”题中应有之义。为要解决这个矛盾，就要让人民“共同享有人生出彩的机会，共同享有梦想成真的机会，共同享有同祖国和时代一起成长与进步的机会”,②“使人民获得感、幸福感、安全感更加充实、更有保障、更可持续”③。这就诠释了最广大人民的根本利益与中华民族最高利益的统一性。“让人民群众有更多获得感”④，必须体现在改革的具体历程和方方面面之中，必须通过实践予以实现，这就需要“一分部署，九分落实”⑤。

第四，人民是改革效果评价的主体。“我们党的执政水平和执政成效都不是由自己说了算，必须而且只能由人民来评判”，“检验我们一切工作的成效，最终都要看人民是否真正得到了实惠，人民生活是否真正得到了改善，人民权益是否真正得到了保障”。⑥ 人民是改革的主考官，只有如此才能“向历史、向人民交出一份合格的答卷”⑦。

习近平的“以人民为中心”思想的上述四条是一个整体，第一条体现的是历史唯物主义的基本原理，第二条体现的是人民当家作主的国体和政体，第三条体现的是人民主体与人民利益之间的价值关系，第四条体现的是人民主体在评价中的最终作用。缺少了其中任何一条，都不能使人民作为“中心”的主体地位得到应有的充分体现。

关于人民主体地位，党的十八大政治报告中有一个诠释：“中国特色社会主义是亿万人民自己的事业。要发挥人民主人翁精神，坚持依法治国这个党领导人民治理国家的基本方略，最广泛地动员和组织人民依法

---

① 《习近平总书记系列重要讲话读本》，学习出版社、人民出版社 2016 年版，第 170 页。

② 《习近平谈治国理政》，外文出版社 2014 年版，第 40 页。

③ 习近平：《决胜全面建成小康社会　夺取新时代中国特色社会主义伟大胜利——在中国共产党第十九次全国代表大会上的报告》，人民出版社 2017 年版，第 45 页。

④ 习近平：《在省部级主要领导干部学习贯彻党的十八届五中全会精神专题研讨班上的讲话》，人民出版社 2016 年版，第 28 页。

⑤ 《习近平谈治国理政》，外文出版社 2014 年版，第 101 页。

⑥ 习近平：《在纪念毛泽东同志诞辰 120 周年座谈会上的讲话》，《人民日报》2013 年 12 月 27 日。

⑦ 《习近平谈治国理政》，外文出版社 2014 年版，第 5 页。

管理国家事务和社会事务、管理经济和文化事业、积极投身社会主义现代化建设，更好保障人民权益，更好保证人民当家作主。”① 这段关于人民主体地位的文字中有三个关键词：人民自己的事业、主人翁精神、当家作主。后两个关键词是对第一个关键词的说明和展开，主人翁精神是应有的状态，而人民当家作主则是落脚点，“可以说人民主体的基本含义就是人民当家作主”②。由于政治是经济的集中体现，因此人民当家作主必须体现在政治上，同时也必须体现在经济和文化等社会生活的各个方面。正是从这个意识上来说，上述“以人民为中心”的四条中，第二条最为重要，这是我们在理解中要予以注意的。

二 关于人民主体核心的思考

毛泽东在 1954 年指出：“领导我们事业的核心力量是中国共产党，指导我们思想的理论基础是马克思列宁主义。”③ 这里的“事业”当然是指社会主义建设事业。中国共产党之所以能够成为社会主义建设事业的领导核心，从历史的角度看，是与中国共产党是中国民主革命解放事业的领导核心联系在一起的。中国共产党在民主革命时期领导人民建立了新中国。中国共产党成为中国人民解放事业的领导核心是历史造就的。新中国成立后，在社会主义现代化建设事业中，历史事实证明着共产党仍然是“领导我们事业的核心力量”。新中国成立 70 多年来，尽管风风雨雨，但中国人民仍团结在共产党的周围，经过全国人民的努力，把一个落后贫穷的旧中国建设成为立于世界民族之林的新中国。尤其是改革开放 40 多年来，取得了社会主义现代化建设的举世瞩目的成就。我们同样可以说，中国共产党成为中国人民在社会主义现代化建设事业中的领导核心是历史造成的。

回顾中国民主革命和社会主义建设的历史，共产党之所以能成为“领导我们事业的核心力量”并不是天然的，而是因为：共产党代表了人民的利益，从而能把人民紧紧地团结在其周围；共产党能为人民指出前

① 《中国共产党第十八次全国代表大会文件汇编》，人民出版社 2012 年版，第 13 页。

② 参见董德刚的《论人民主体理念及其落实问题》，《党政干部学刊》2016 年第 11 期。

③ 《毛泽东文集》第 6 卷，人民出版社 1999 年版，第 350 页。

进的方向，从而人民就有了为之奋斗的目标；共产党员能身先士卒地为之奋斗，从而人民就能紧紧地跟随其后。

社会主义现代化建设的“路程更长，工作更伟大，更艰苦”[①]，“党的先进性和党的执政地位都不是一劳永逸、一成不变的，过去先进不等于现在先进，现在先进不等于永远先进；过去拥有不等于现在拥有，现在拥有不等于永远拥有”[②]。胡锦涛的这段文字，字里行间充满了忧患意识，对人民主体的核心提出了更加高的要求。

其一，共产党要在中国社会主义现代化事业中始终代表人民的利益。

党的立党宗旨决定了共产党代表人民的利益。这正是共产党的立党宗旨与其他政党的立党宗旨不同的地方。然而在中国革命的不同历史时期，面对着不同的任务，党的立党宗旨有其不同的侧重点和表现形式。在中国的民主革命时期，毛泽东认为党的立党宗旨就是在中国人民的解放事业中坚持全心全意为人民服务：“我们这个队伍是为着解放人民的。”[③] 经过“文化大革命”的十年，邓小平强调，在中国社会主义建设的新的历史阶段，坚持党的立党宗旨就是要全体党员全身心地投入到这个伟大的事业之中，“中国一定要发展，改革开放一定要继续，生产力要以适当的速度持续增长，人民生活要在生产发展基础上一步步改善”[④]。舍此就不能使“人民高兴，国家高兴”。在改革开放的新时代，习近平指出：“就是要团结带领全党全国各族人民，继续解放思想，坚持改革开放，不断解放和发展社会生产力，努力解决群众的生产生活困难，坚定不移走共同富裕的道路”，只有如此才能“向历史、向人民交出一份合格的答卷”。[⑤] 共产党的立党宗旨，在不同的历史时期，面对着不同的任务，有其不同的侧重点和表现形式。唯有如此，共产党才能把广大民众紧紧地团结在党的周围，党才能成为人民主体的核心。

其二，共产党要在中国社会主义现代化事业中不断地提出适合时代

---

① 《毛泽东选集》第4卷，人民出版社1991年版，第1438页。

② 胡锦涛：《在纪念党的十一届三中全会召开30周年大会上的讲话》，人民出版社2008年版，第31—32页。

③ 《毛泽东选集》第3卷，人民出版社1991年版，第1004页。

④ 《邓小平文选》第3卷，人民出版社1993年版，第327页。

⑤ 《习近平谈治国理政》，外文出版社2014年版，第4、5页。

要求的奋斗目标。

马克思提出了共产党的总的奋斗目标：在“推翻全部现存的社会制度”后，“代替那存在着阶级和阶级对立的资产阶级旧社会的，将是这样一个联合体，在那里，每个人的自由发展是一切人的自由发展的条件”。[①]然而，共产党的这个总目标必须在不同的历史时期体现为适合时代要求的具体奋斗目标，于是马克思就当时的具体奋斗目标指出：“工人革命的第一步就是使无产阶级上升为统治阶级，争得民主”；然后，“无产阶级将利用自己的政治统治，一步一步地夺取资产阶级的全部资本，把一切生产工具集中在国家即组织成立为统治阶级的无产阶级手里，并且尽可能快地增加生产力的总量”。[②]

就我们的论题而言，在新中国成立后的社会主义建设时期，就要搞清楚在如第六章所述的两种类型社会主义基础上的不同奋斗目标问题。如果把两种类型的社会主义社会予以混淆，那么共产党的奋斗目标就会发生错误。从计划经济体制向社会主义市场经济体制转变的过程在本质上就是从“以人的依赖关系为基本特性”的自然经济社会形态向“以物的依赖关系为基本特征”的商品经济社会形态的转变过程。中国共产党自觉地把握了这个社会转型，就把握了适应时代要求的总的奋斗目标。改革开放40多年来，中国共产党的历届全国代表大会把所把握的关于社会主义初级阶段的总的奋斗目标转化为各个时期具体的奋斗目标，带领全国人民为之奋斗，并且取得了丰硕的成就。

中国特色社会主义进入新时代以来，随着社会主要矛盾的转化，“更加突出的问题是发展不平衡不充分，这已经成为满足人民日益增长的美好生活需要的主要制约因素”[③]。为此，共产党就提出了“两个一百年”的发展纲领和奋斗目标。不断地围绕着总的奋斗目标提出适合时代要求的具体奋斗目标，全国人民就能围绕着具体目标进行奋斗，由此中国共产党就能成为“领导我们事业的核心力量”，顺理成章地也就成了人民主

① 《马克思恩格斯选集》第4卷，人民出版社1995年版，第730—731页。

② 《马克思恩格斯选集》第1卷，人民出版社1995年版，第293页。

③ 习近平：《决胜全面建成小康社会　夺取新时代中国特色社会主义伟大胜利——在中国共产党第十九次全国代表大会上的报告》，人民出版社2017年版，第11页。

体的核心。

其三，共产党的各级组织及其成员要在中国社会主义现代化事业中发挥堡垒和先锋模范作用。

共产党的核心作用是通过党的各级组织和所领导的各级政府及其成员在为党的目标而奋斗的过程中的所作所为体现出来的。具体地说，就是党的各级组织应该在为党的目标而奋斗中成为带领中国人民前进的坚强堡垒，党的全体成员应该在为党的目标而奋斗中成为中国人民的光辉榜样。在这里，尤其要强调的是党的各级组织没有自己的特殊利益。然而，在现实生活中，有一些党组织和政府机构的运行是与此背道而驰的，尽管是少数，但影响恶劣。反腐斗争中所揭示的大量腐败事例对此做了惨痛的说明。这就要求：一方面，执政党及其所领导的各级政府必须为人民谋求利益，而不是为自己谋求利益，实现以人民群众的利益为利益的执政理念；另一方面，要规范权力运行，使人民赋予的权力能切实地服务于人民。政府的权力从根本上说属于人民，只有人民才有权力使政府实施权力，这就要求"健全权力运行制约和监督体系"①。

共产党的核心作用是通过党的各级组织和全体党员在为党的目标而奋斗的过程中的所作所为体现出来的。共产党的先进性决定了其成员的先进性，对于全体党员的要求就是要"提倡和表彰'全心全意为人民服务'、'个人服从组织'、'大公无私'、'毫不利己，专门利人'、'一不怕苦，二不怕死'"②。榜样的力量是无穷的。党的各级组织和全体成员应该在为党的目标而奋斗的过程中成为人民的榜样和楷模。

上面我们分析了共产党成为人民主体的领导核心所必须具有的三个条件。在这三个条件中，最重要的是第一条。这是因为第一条是共产党的立党宗旨，背离了这一条，共产党就与其他政党没有区别了，也就不称其为共产党了。第二条指出了人民奋斗的具体目标。如果目标不正确，人民的奋斗就会南辕北辙，必然要离开党的领导。第三条是共产党的模范作用。榜样的力量是无穷的，如果不能身先士卒甚至腐化堕落，人民就不能跟随其后，更谈不上赴汤蹈火，党的凝聚力就没有了。这三个条

① 《习近平谈治国理政》，外文出版社2014年版，第388页。

② 《邓小平文选》第2卷，人民出版社1994年版，第367页。

件缺一不可，丢失了其中的一个条件，就丧失了共产党在社会主义现代化事业中成为人民主体领导核心的资格。

人民是国家的主人，是社会的主体；共产党是带领全体人民建设社会主义伟大事业的核心力量，从而就成为人民主体的核心。是否可以用主体的领导核心来代替主体，即把人民主体替换为共产党主体？显然，“主体”和“主体的领导核心”是两个不同的概念。党作为人民主体的领导核心作用必然要通过权威机构的作用体现出来。党的宗旨决定了国家权威机构应该代表所属人民主体的利益，但能否在实际上真正代表所属人民主体的利益，取决于两方面：从认识论上分析，国家权威机构能否正确认识所属人民主体的利益；从本体论上分析，国家权威机构能否在权力运行中真正体现所属人民主体的利益。

从认识论上进行分析。国家权威批判活动作为国家权威评价活动的特殊类型，其机制中有两个环节，即选择评价标准和反映、整合经过选择的价值信息。就第一个环节而言，国家权威批判活动决定了权威机构必须以所属人民的需要作为其出发点，由于国家权威批判活动的主体与社会主体不直接同一，社会主体的需要就要通过较为曲折的途径为国家权威机构所意识。社会主体需要的不同方面在空间排列顺序上和时间发展顺序上被国家权威机构意识到的程度是不同的。这就增加了国家权威机构选择评价标准的困难性。就第二个环节而言，经过第一个环节所确定了的价值关系以社会现象的形式呈现在国家权威机构面前。社会现象总是纷繁复杂的，本质隐藏在现象背后，现象总以与本质不一样的形态体现出来。这就增加了国家权威机构反映和整合价值信息的困难性。国家权威批判活动两个环节中的困难性，就是其正确地认识作为社会主体的人民的需要和利益的困难性，由此就转化为其正确运行的困难性。国家权威批判活动一旦在认识过程中发生错误，在客观上就不能真正体现其所属人民主体的利益。这在共和国的历史上是有教训的。

从本体论上分析。我们在前面已经就国家权威机构存在着的权力运行过程中的“公”与“私”矛盾运动进行了分析，这个矛盾运动就决定了国家权威机构能否在权力运行中体现其所属人民主体的利益。这里就不再赘述。

在现实生活中确实存在着一些把人民主体与党作为人民主体领导核

心相混淆的情况，把两者混淆的必然结果是把党凌驾于人民之上。这正说明了对于主体和主体之领导核心问题认识的模糊性。当然，人民主体离不开作为人民主体领导核心的共产党，没有中国共产党就没有新中国，进入新时代的中国特色社会主义就无从谈起。

第三节　社会自我批判深化中的社会主要矛盾转化

社会主要矛盾的转化是社会自我批判深化的必然，又为社会自我批判的深化提供了动力和方向。基本国情不变中的社会主要矛盾转化为我们从需求侧和供给侧两个方面分析社会自我批判的深化提供了启示。从需求侧方面来分析，“他们的需要即他们的本性”决定了人的需要是研究人及其活动的出发点。从供给侧方面来分析，物质文化方面发展的不平衡不充分既是一个老问题，也是一个新问题；除此之外，还有一个全新的问题，即与人的尊严相联系的民主等方面发展的不平衡不充分。这就为社会自我批判的深化指出了方向。

一　基本国情不变中的新时代社会主要矛盾转化

对于我国所处社会主义初级阶段基本国情的认识与对于社会主义社会两种类型的认识联系在一起。跨越了“卡夫丁峡谷”的社会主义社会到底是跨越了资本主义社会制度还是跨越了资本主义社会所在的市场经济社会形态？在社会自我批判的实践中，全党对于中国所处社会主义的认识逐渐统一在社会主义初级阶段的定位上。关于这个问题，我们在前面已经做了思考。

经过改革开放30多年的努力，我国的国内生产总值（Gross Domestic Product，GDP）于2012年达到了世界第二位，并且与世界第一位国家之间的距离逐年缩小，这确实是巨大的成就。但人们往往有意或无意地把GDP的排名第二理解为“国家综合国力”（National Comprehensive Power，NCP）的排名第二，甚至理解为社会生产力发展水平（Social Productivity Development Level，SPDL）的排名第二。把这三者混淆或等同起来，这里面可能有一种认识上的误解，然而确实存在着一种值得警惕的浮躁风气。尽管国内生产总值与国家综合国力、社会生产力发展水平之间有密切的联系，并且前者在后两者中起着重要的作用，但毕竟是三个不同的概念，不能予以混淆。

确实，我国的GDP这些年来牢固地稳居世界第二，并且只要目前的发展趋势保持下去，可以预言必将达到世界排名第一。然而，“我国仍处于并将长期处于社会主义初级阶段的基本国情没有变，我国是世界最大发展中国家的国际地位没有变”①。关于社会主义初级阶段的长期性，党的十九大报告提出了“两个一百年”的时间表。到建党100年时，我国将全面建成小康社会；到新中国成立100年时，我国将建成社会主义现代化国家。“如果按照社会主义初级阶段持续百年的时间来计算，20世纪50年代到本世纪中叶正好是一百年，也就是说到本世纪中叶我们将会跨越社会主义初级阶段。”②“全党要牢牢把握社会主义初级阶段这个基本国情”，初级阶段的一个基本特征就是“不发达”，就是从“不发达到发达的过渡”。③ 这就决定了我国所处的社会主义初级阶段的根本矛盾没有变，这就是“先进的社会主义制度同落后的社会生产力之间的矛盾”④。

这个社会主义初级阶段的根本矛盾体现为1956年党的八大政治报告中关于社会主要矛盾的判断，即“人民对于建立先进的工业国的要求同落后的农业国的现实之间的矛盾”，“人民对于经济文化迅速发展的需要同当前经济文化不能满足人民需要的状况之间的矛盾”；⑤ 体现为1981年党的十一届六中全会所再次确立的关于社会主要矛盾的判断，即“人民日益增长的物质文化需要与落后的社会生产之间的矛盾”⑥。之后，历届党代会都确认了这一基本判断。1987年召开的党的十三大再次重申：“我

---

① 习近平：《决胜全面建成小康社会 夺取新时代中国特色社会主义伟大胜利——在中国共产党第十九次全国代表大会上的报告》，人民出版社2017年版，第12页。

② 张云飞：《借助〈矛盾论〉深入理解新时代社会主要矛盾的变化》，《新视野》2018年第2期。

③ 《邓小平文选》第3卷，人民出版社1993年版，第252页。

④ 中共中央文献研究室：《建国以来重要文献选编》第9册，中央文献出版社1994年版，第341页。

⑤ 《中共中央文件选集（1949年10月—1966年5月）》第24册，人民出版社2013年版，第248页。

⑥ 《中国共产党中央委员会关于建国以来党的若干历史问题的决议》，人民出版社1981年版，第54页。

们在现阶段所面临的主要矛盾是人民日益增长的物质文化生活需要同落后的社会生产之间的矛盾……就必须大力发展商品经济，提高劳动生产率，逐步实现工业、农业、国防和科学技术的现代化。”① 于1997年召开的党的十五大没有改变社会主要矛盾的提法，并强调“这个主要矛盾贯穿我国社会主义初级阶段的整个过程和社会生活的各个方面”②。

然而，这个社会主要矛盾的表述并没有“贯穿我国社会主义初级阶段的整个过程”，而在2017年召开的党的十九大报告中改变为：“中国特色社会主义进入新时代，我国社会主要矛盾已经转化为人民日益增长的美好生活需要和不平衡不充分的发展之间的矛盾”③。“这一重大政治论断，反映了我国社会发展的客观实际，指明了解决当代中国发展主要问题的根本着力点”④。尽管社会主义初级阶段的国情没有变，但我国生产力发展实现了新的飞跃，生产力水平上升到了一个新的高度，这是我国社会主要矛盾发生转化的根本原因，“社会主要矛盾的转化是中国特色社会主义进入新时代的表现和必然结果”⑤。对此习近平指出，“经过改革开放40年的发展，我国社会生产力水平明显提高；人民生活显著改善，对美好生活的向往更加强烈，人民群众的需要呈现多样化多层次多方面的特点”⑥。而“社会生产力水平明显提高”和“人民生活显著改善”是与以社会主义改革形式呈现的社会自我批判密切地联系在一起的，因此新时代社会主要矛盾的转化是社会自我批判的结果，也必然要求社会自我批判进一步深化。

应当明确，“转化后的社会主要矛盾与转化前的社会主要矛盾的内涵是一种相互联系、一脉相承的关系，是矛盾内涵的提升与拓展，而不是相

---

① 《中国共产党第十三次全国代表大会文件汇编》，人民出版社1987年版，第12页。

② 中共中央文献研究室：《中共十三届四中全会以来历次全国代表大会中央全会重要文献选编》，中央文献出版社2002年版，第423页。

③ 习近平：《决胜全面建成小康社会　夺取新时代中国特色社会主义伟大胜利——在中国共产党第十九次全国代表大会上的报告》，人民出版社2017年版，第11页。

④ 中共中央宣传部：《习近平新时代中国特色社会主义思想学习纲要》，学习出版社、人民出版社2019年版，第17页。

⑤ 卫兴华：《辨析我国当前社会主要矛盾转化问题解读的理论是非》，《人文杂志》2018年第4期。

⑥ 《习近平谈治国理政》第2卷，外文出版社2017年版，第61页。

互否定与排斥的关系”，两者“具有抽象的一致性和共同点，即供给不能满足需求的矛盾”；然而，随着社会生产力在改革中的发展，体现为社会主要矛盾的供给不能满足需求的矛盾在内容上确实有了不同的变化，“原来是绝对落后的生产不能满足低水平的生活需求；现在是发展了的生产和社会供给不能充分满足提高和扩展了的生活需求，即对美好生活的需求”。[①]

需求和供给原是一对经济学范畴，两者相互作用，以使社会经济领域中的生产和再生产过程保持动态平衡。其实，不管是需求和还是供给都是多方面的，不仅仅限于经济。需求和供给之间的矛盾实质上是对贯穿于各种社会形态、涵盖各种社会关系的生产和再生产过程中基本矛盾运动的哲学抽象。由此，需求和供给在本质上就属于历史唯物主义范畴。这就为我们提供了从与需求相对应的需求侧和与供给相对应的供给侧两个方面研究社会运行机制的方法论。由此我们就对进入中国特色社会主义新时代的在本质上体现为“供给不能满足需求”的社会主要矛盾，从需求侧和供给侧两个方面予以分析。

二 新时代社会主要矛盾需求侧的新内容

对于新时代社会主要矛盾，人们往往根据传统的生产决定消费的原则从供给侧来研究，其实离开了对需求侧的研究，对于供给侧的研究就会“无的放矢”。新时代社会主要矛盾的需求侧的主要内容是“人民日益增长的美好生活需要”，兹做以下三点分析。

其一，马克思的需要观及其启示。

马克思不同意黑格尔“从意识出发，把意识看作是有生命的个人”，而认为应该“从现实的、有生命的个人本身出发，把意识仅仅看作是他们的意识”。[②] 由此，马克思把现实的人作为社会科学研究的出发点，正是现实的人及其各种活动构成了现实的社会，“在现实生活面前，正是描述人们实践活动和实际发展过程的真正的实证科学开始的地方”[③]。现实

---

① 卫兴华：《辨析我国当前社会主要矛盾转化问题解读的理论是非》，《人文杂志》2018年第4期。

② 《马克思恩格斯选集》第1卷，人民出版社1995年版，第73页。

③ 同上。

的人及其活动是与人的需要联系在一起的，与以往的哲学在理解人及其社会活动“习惯于用他们的思维而不是用他们的需要来解释他们的行为”[①] 不同，马克思强调，“在任何情况下，个人总是‘从自己出发的’……由于他们的需要即他们的本性，以及他们求得满足的方式，把他们联系起来（两性关系、交换、分工），所以他们必然要发生相互关系”[②]。马克思提出了需要是人的本性的重要命题。马克思的上述需要观可以引出两个启示。

（1）人的需要是研究人及其活动的出发点。研究社会现象就是要研究构成社会现象的人及其活动，研究人及其活动不能从意识出发，而是要从人及其活动本身出发。需要是人的本性，对人的研究离不开对作为其本性的需要的研究；人的活动在本质上与满足需要联系在一起，对人及其活动的研究离不开对需要的研究。因此，是从人们的实际需要出发，还是从人们的意识出发；是认为实际需要决定人们的思想，还是认为思想决定着人们的实际需要，就成为能否真正坚持从现实的人出发的一个关键，由此也就成为区分唯物史观和唯心史观的分水岭。

（2）人的需要与人的全面发展的关系。“已经得到满足的第一个需要本身、满足需要的活动和已经获得的为满足需要用的工具又引起新的需要”[③]，于是需要启动生产，生产又刺激需要，“生产本身就创造需要”。[④] 由于需要就是人的本性，于是人的需要无限多样的发展及其不断满足就意味着，“人以一种全面的方式，就是说，作为一个总体的人，占有自己的全面的本质”[⑤]，这就是人的趋向于自身的全面发展，这“不是自然的产物，而是历史的产物”。[⑥] 人的全面发展不仅与人的无限丰富需要的发展联系在一起，而且更与发展中的无限丰富需要的满足联系在一起。而需要的满足作为实实在在的过程是与人的能力的发展联系在一起的，这

---

① 《马克思恩格斯选集》第 4 卷，人民出版社 1995 年版，第 381 页。
② 《马克思恩格斯全集》第 3 卷，人民出版社 1960 年版，第 514 页。
③ 《马克思恩格斯文集》第 1 卷，人民出版社 2009 年版，第 531 页。
④ 《马克思恩格斯全集》第 30 卷，人民出版社 1995 年版，第 399 页。
⑤ 《马克思恩格斯全集》第 3 卷，人民出版社 2002 年版，第 303 页。
⑥ 《马克思恩格斯全集》第 30 卷，人民出版社 1995 年版，第 112 页。

就意味着“能力的发展就要达到一定的程度和全面性”[①]，于是“作为目的的本身的人类能力的发挥，真正自由的王国，就开始了”[②]。人的全面发展与人的自由发展是在本质上相通的两个方面，正是这两个方面构成了人的发展。

其二，美好生活需要中的“对物质文化生活提出了更高要求”。

物质文化生活包括物质生活和（精神）文化生活。人作为有生命的存在，“第一个需要确认的事实就是这些个人的肉体组织以及由此产生的个人对其他自然的关系”[③]。人与其他自然物的关系是双重的，“人直接地是自然存在物”[④]，既是感性的受动的对象性的存在物，又具有通过自然力和生命力体现出来的能动性，因而人是受动与能动的统一。人的这种既能动又受动的自然存在物本性决定了人的生存和发展离不开对于物质生活资料的需要，“人们首先必须吃、喝、住、行”，然而人的这种物质生活需要又不是单纯地通过自然界的赏赐来满足的，而在本质上是通过自己的实践活动来满足的，这就使“直接的物质的生活资料的生产，从而一个民族或一个时代的一定的经济发展阶段，便构成基础”[⑤]，这就使历史破天荒地第一次被置于它的真正基础之上。

人的生活不仅是物质的，而且是文化的。广义地理解，文化就是人类创造的物质和精神成果之总和，包括器物性文化、制度性文化和精神性文化。制度性文化在本质上属于精神性文化，因此就能理解费孝通说的，文化总体上可分为“文化的物质面和精神面”[⑥]。狭义的文化是指精神性文化，以观念的形式存在于人脑中，又通过一定的符号体系外化在物理形态事物的载体上，从而就能离开具体的人脑而存在于社会中，文化在本质上就是与社会存在相对应的社会意识。我们这里讲的文化主要是指狭义的文化。人的生活的文化性与人生活于作为“人们交互活动的产物”的社会联系在一起，“人类社会与动物界的最大区别就是人是有精

① 《马克思恩格斯文集》第8卷，人民出版社2009年版，第56页。
② 《马克思恩格斯全集》第46卷，人民出版社2003年版，第929页。
③ 《马克思恩格斯选集》第1卷，人民出版社1995年版，第67页。
④ 《马克思恩格斯文集》第1卷，人民出版社2009年版，第209页。
⑤ 《马克思恩格斯选集》第3卷，人民出版社1995年版，第776页。
⑥ 费孝通：《文化与文化自觉》，群言出版社2005年版，第19页。

神需求的"[1]。根据马克思说的"只有在社会中，自然界才是人自己的合乎人性的存在的基础"[2]中所体现的原理，可以说，人的物质生活和物质需要总是被打上了精神的烙印。"吃上饭是最主要的，所以说'民以食为天'"，但是"人民对精神文化生活的需求时时刻刻都存在"，[3]即使是解决吃饭问题，"用刀叉吃熟肉来解除的饥饿不同于用手、指甲和牙齿啃生肉来解除的饥饿"[4]。"没有物质生活，人类就不能存在；没有文化生活，真正意义上的人也就不存在。"[5]

进入中国特色社会主义新时代后，与社会主要矛盾的转化相对应，与过去重视物质文化生活的量的增长相比较，就需要更重视物质文化生活的质的提高，这就意味着要重视物质生活需要中的转型升级和精神文化生活需要中多样化、个性化、品质化方面的发展。

其三，美好生活需要中的"在民主、法治、公平、正义、安全、环境等方面的要求日益增长"。

值得注意的是，"人民美好生活需要"不仅对社会主要矛盾转化前已经规定的"物质文化生活需要"内容提出了更高要求，而且对社会主要矛盾转化前没有规定的"民主、法治、公平、正义、安全、环境等"内容提出了日益增长的要求。"现在，人民群众对美好生活的向往更多向民主、法治、公平、正义、安全、环境等方面延展"[6]，这是美好生活不可缺少的一部分，是必须予以正视的。与物质文化生活相对应，可以把与"民主、法治、公平、正义、安全、环境等方面"相关的生活大致地理解为政治生活和社会生活。"政治生活、社会生活等亦可称之为有尊严的生活"，因为这些生活内容，尤其是"民主、自由、公平、正义等，都与人的尊严直接相关"。[7]

---

① 习近平：《在文艺工作座谈会上的讲话》，《人民日报》2015 年 10 月 15 日。

② 《马克思恩格斯文集》第 1 卷，人民出版社 2009 年版，第 187 页。

③ 习近平：《在文艺工作座谈会上的讲话》，《人民日报》2015 年 10 月 15 日。

④ 《马克思恩格斯文集》第 8 卷，人民出版社 2009 年版，第 16 页。

⑤ 张三元：《科学认识新时代中国特色社会主义的主要矛盾》，《思想理论教育》2017 年第 12 期。

⑥ 习近平：《加强党对全面依法治国的领导》，《求是》2019 年第 4 期。

⑦ 张三元：《科学认识新时代中国特色社会主义的主要矛盾》，《思想理论教育》2017 年第 12 期。

对于尊严，康德说："一个有价值的东西能被其他东西所代替，这是等价；与此相反，超越于一切价值之上，没有等价物可以代替，才是尊严。"[①] 物与物之间可以相互替代，因此物有价值，但没有尊严；人的价值超越于一切价值之上，"没有等价物可替代"，因而人有尊严；在人与人之间，即"无论是你的人格中的人性，还是其他任何一个人的人格中的人性，你在任何时候都同时当做目的，绝不仅仅当做手段来使用"，"人是目的"，[②] 作为目的的人"没有等价物可以替代"，就意味着尊严。在人与物之间的关系中引出的尊严可称为生命的尊严，在人与人之间关系中引出的尊严可称为人格的尊严。

在黑格尔看来，"人间（Mensch）最高贵的事就是成为人（Person）"[③]。范扬和张企泰在译这句话时特别在注中指出，黑格尔使用了不同语词以示区分："人间"是"Mensch"，而"成为人"中的"人"是"Person"，后者"指在法的意义上的人，与自然意义上的人（Mensch）不尽相同"。[④] 如果说生命的尊严主要与"Mensch"相联系，那么人格的尊严就主要与"Person"相联系。由此，黑格尔把康德的"人是目的"理解为"所以法的命令是：'成为一个人，并尊敬他人为人'"。[⑤] 人格的尊严是在社会中实现的，法律不是对人格尊严的赋予或创造，而是在法律上予以保障。正是这种人格尊严使得我们有了人的精神生命，"当我们有了人格意识或尊严感，我们也就有了属于自己的精神生命，侮辱我们的人格，并没有毁伤我们的肉体，但毁害了我们的人格，这往往比肉体的生命更严重"[⑥]。

随着物质文化生活的发展，人们的政治热情不断高涨，对民主、法治、公平、正义等方面的要求日益增加，与之相联系的尊严概念"深嵌于现代人的生活思考之中，尊严价值已经成为现代人的共同价值"[⑦]。对

---

① ［德］康德：《道德形而上学原理》，苗力田译，上海人民出版社 1986 年版，第 87 页。

② 《康德著作全集》第 4 卷，李秋零译，中国人民大学出版社 2005 年版，第 437 页。

③ ［德］黑格尔：《法哲学原理》，范扬、张企泰译，商务印书馆 1961 年版，第 46 页。

④ 同上书，第 45 页。

⑤ 同上书，第 46 页。

⑥ 龚群：《论人的尊严》，《天津社会科学》2011 年第 2 期。

⑦ 同上。

此，习近平指出，“各国和各国人民应该共同享受尊严”①，没有例外。由此就能理解，与人的尊严相关的政治生活和社会生活就成为新时代人们对于美好生活的内在要求和核心内容。

三　新时代社会主要矛盾的供给侧及对深化改革的意义

党的十九大报告对于新时代社会主要矛盾供给侧的说明是：“我国社会生产力水平总体上显著提高，社会生产能力在很多方面进入世界前列，更加突出的问题是发展不平衡不充分，这已经成为满足人民日益增长的美好生活需要的主要制约。”② 供给侧的发展不平衡不充分作为“更加突出的问题”就成为新时代社会主要矛盾的矛盾主要方面。

发展的不平衡不充分问题在社会主要矛盾转化前已存在，成为“落后的生产力”的题中应有之义，然而被当时由“落后的生产力”引出的“短缺经济”问题所掩盖，但掩盖并不意味着不存在。从这个意义上说，这是一个老问题。发展的不平衡不充分问题之所以在社会主要矛盾转化后更加突出，是与我国进入新时代后社会生产力在总体上已获得显著提高和社会生产能力在很多方面已进入世界前列联系在一起的。从这个意义上说，这又是一个新问题。对于这个问题的解决必须与社会生产力已获得显著提高和社会生产能力在很多方面已进入世界前列以及尤其是以此为前提或基础所形成的“人民日益增长的美好生活需要”需求侧的变化联系起来予以思考。这是我们研究新时代社会主要矛盾中供给侧问题的前提。

与需求侧的日益增长的物质文化生活相对应，我国学者对于供给侧方面的发展的不平衡不充分做了很多研究。就发展的不平衡而言，可概括为以下几方面：地区之间的发展不平衡，东部地区借助于地域优势先一步改革和开放，也先一步发展，由此导致区域发展的不平衡；城乡之间的发展不平衡，目前我国城乡发展和收入分配差距依然较大，二元结构矛盾突出，随着城镇化的发展，农村的“空心化”将会更加严重；产业之间的发展不平衡，传统产业产能饱和乃至过剩，而新兴产业发展不

① 《习近平谈治国理政》，外文出版社2014年版，第273页。

② 习近平：《决胜全面建成小康社会　夺取新时代中国特色社会主义伟大胜利——在中国共产党第十九次全国代表大会上的报告》，人民出版社2017年版，第11页。

足，一些产业已经达到世界领先水平，一些产业还处于价值链的底端；社会文明、国民素质与社会经济发展水平的不平衡；等等。就发展的不充分而言，主要是指“公共服务的发展水平不够高”。上面所指出的发展不平衡，使得处于强势一端的社会成员过多占有发展资源，致使处于弱势一端的社会成员不能在公共服务供给方面享受充分待遇。主要表现为：“优势教育发展不充分”，当前优质教育资源发展中存在数量不足、分布不均等问题；“住房资源普及不充分”，随着城市化的不断发展，大城市房源供不应求，房价居高不下；“医疗建设体量不充分”，致使人民群众“看病难”“看病贵”；“自主创造力不充分”，制造业大而不强，“凭借‘世界工厂’的‘廉价劳动力和‘高投入、高排放、高污染、低质量、低效益’的粗放型方式赚取微薄利润”；“精神文明发展不充分”，物质文明和精神文明在很多方面存在着“一条腿长、一条腿短”的问题，无法满足人们对精神世界的更高追求；[①] 等等。

解决与物质生活需求侧相对应的供给侧方面的发展不平衡不充分问题，首先在于建设现代化经济体系，在供给侧结构改革中要坚持市场逻辑和富民目标，“大力提升发展质量和效率”，把创新作为发展的第一动力。其次在于“需要通过优化收入分配制度和分配体制，提高低收入阶层的生活水平，扩大中等收入阶层比重，缩小贫富差距”。[②] 地区发展不平衡不充分实质上是城乡发展不平衡不充分，归根到底体现在贫富悬殊上，因此不但要使“我国经济发展的‘蛋糕’不断做大”，而且必须“使全体人民朝着共同富裕方向稳步前进，决不能出现‘富者累巨万，而贫者食糟糠’的现象”。[③]

经济发展作为社会发展的基础是非常重要的，经济发展的不平衡不充分必然导致文化发展的不平衡不充分。然而，如果认为把经济发展的不平衡不充分问题解决了，文化发展的不平衡不充分问题就自然而然地解决了，那就是“缘木求鱼——异想天开”了。更何况，由于“文化是

---

① 刘新玲、栗显淇：《准确理解新时代我国社会主要矛盾》，《红旗文稿》2018 年第 4 期。

② 卫兴华：《辨析我国当前社会主要矛盾转化问题解读的理论是非》，《人文杂志》2018 年第 4 期。

③ 中共中央文献研究室：《习近平关于社会主义经济建设论述摘》，中央文献出版社 2017 年版，第 25 页。

一个国家、一个民族的灵魂"[1]，文化发展的不平衡不充分问题必然会影响到经济发展不平衡不充分问题的解决，没有文化发展的平衡和充分，经济发展的不平衡不充分问题是不能从根本上予以解决的。

意识形态作为社会意识属于文化，"社会文化是意识形态必须浸淫于其中的文化背景"[2]；意识形态作为经济上占统治地位阶级的观念体系，"调节着自己时代的思想的生产和分配"[3]。"自己时代的思想"，包括意识形态的文化和非意识形态的文化。由此，意识形态就成为文化领域中的"精神的太阳"。[4] 它不仅自觉地调节着属于"自己时代"的作为意识形态的文化的"生产和分配"，而且自觉地调节着属于"自己时代"的作为非意识形态的文化的"生产和分配"，还自觉地调节着属于"自己时代"的作为意识形态的文化的"生产和分配"与属于"自己时代"的作为非意识形态的文化的"生产和分配"之间关系的"生产和分配"。

新时代社会主要矛盾转化中与文化需求侧相对应的供给侧方面发展不平衡不充分问题，在本质上与文化的"生产和分配"中的问题相关，既涉及文化在"生产和分配"中的异化问题，又涉及文化在"生产和分配"中由多元冲撞所导致的无序问题。关于这两个问题，笔者在《核心价值体系论导论》中分别做了分析，[5] 从而就与文化的"生产和分配"中社会主义核心价值观密切地联系在一起。为使社会主义核心价值观更自觉地在文化的"生产和分配"起着调节作用，就必须培育和践行社会主义核心价值观。这就要求在理论和实践上研究社会主义核心价值观与国民融合在微观层面的认同机制和宏观层面的共识机制，"强化教育引导、实践养成、制度保障"，增强以社会主义核心价值观为核心的意识形态的主导权和凝聚力。

人民日益增长的美好生活需要不仅包括"对物质文化生活提出了更高要求"，而且包括"民主、法治、公平、正义、安全、环境等方面的要

---

① 习近平：《决胜全面建成小康社会　夺取新时代中国特色社会主义伟大胜利——在中国共产党第十九次全国代表大会上的报告》，人民出版社2017年版，第40—41页。

② 杨文华：《论意识形态的文化形构》，《兰州学刊》2008年第6期。

③ 《马克思恩格斯文集》第1卷，人民出版社2009年版，第551页。

④ 《马克思恩格斯全集》第1卷，人民出版社1956年版，第7页。

⑤ 陈新汉：《核心价值体系论导论》，上海大学出版社2016年版，第149—168页。

求日益增长”。上面我们主要分析了新时代社会主要矛盾转化中与物质文化生活需求侧相对应的供给侧方面的发展不平衡不充分问题，与“民主、法治、公平、正义、安全、环境等方面”需求侧相对应的供给侧方面的发展不平衡不充分问题是社会主要矛盾转化后提出的新问题。作为需求侧的“民主、法治、公平、正义、安全、环境等方面”中“民主”被排在第一位，这绝不是偶然的。下面我们就对以“民主”为首位的政治生活需求侧相对应的供给侧方面的发展不平衡不充分问题做些分析。

第四节 在深化社会自我批判中凸显“人民当家作主”

“人民当家作主”是社会主义的本质特征，也是“人民日益增长的美好生活需要”中政治生活的根本需要，是社会自我批判深化阶段中社会主义民主进一步完善和发展的重要内容。因而本节实际上是第三节中第三个目“新时代社会主要矛盾供给侧及对深化改革的意义”内容的继续。在新时代社会主义深化改革的“自上而下”态势和“自下而上”态势相互作用中，进一步理解“人民当家作主”与“党的领导”“依法治国”之间的辩证关系，进一步落实“权为民所赋”的授权机制，进一步保障促进社会民众批判活动所必需的言论自由，是社会自我批判深化必须予以研究的重要内容。

一 “人民当家作主”是社会主义民主的本质特征

民主已经成为当今世界大多数人的共识，即使在实际上实行独裁或专制的人，也要在口头上大谈民主，这不能不承认是人类历史进步的一个重要标志。1998 年诺贝尔经济学奖得主阿玛蒂亚·森指出：在 19 世纪议论一个国家或另一个国家“是否适合于民主制度”是十分自然的；然而到了 20 世纪，“人们开始承认，这样提问题本身就是错误的，根本不需要去判定一个国家是否适合于民主制度，相反，每个国家都在民主化的过程中变成适应民主制度的社会”，“民主并不是一种非得达到普遍富裕后才可享用的奢侈品”已经成为一种共识。由此他断言，“若要在 20 世纪发生的诸多进步当中选择一项最重要的，那么我会毫无困难地指出，那就是民主的兴盛”，当然这并不是要贬低其他重要进步，“我想指出的是，到了遥远的将来，当人们回首这个世界的历程时，他们就会发现，民主制度出现后被广泛地接纳为政府的组成方式，除此之外恐怕没有比这意义更重大的事了”。[①]

民主是世界的潮流，可谓顺者昌、逆者亡，中国理所当然地处在这个潮流之中。中国共产党在领导中国人民的革命和建设中，经历了从工农民主到新民主主义民主，再到社会主义民主和有中国特色社会主义民主的形成和演变，“民主”是贯穿其中的主线。然而，走什么样的民主政治道路，并没有一种固定模式。根据习近平引用的“橘生淮南则为橘，橘生淮北则为枳”[②] 所体现的方法论思想，中国实行什么样的民主机制，既不能拿西方“标准”来评判，不能拿别人的尺寸来选自己的鞋；也不能脱离中国特定的社会政治条件和历史文化传统来抽象地评判，不能定于一尊。在本质上体现社会自我批判的社会主义改革中，中国坚持和发展着具有中国特色的社会主义民主政治，“中国全方位迅速发展，恰好证明了当代中国正走在人类文明潮流的康庄大道之上”[③]。

对于社会主义民主，党的十九大报告指出，“发展社会主义民主政治就是要体现人民意志、保障人民权益、激发人民创造活力，用制度体系保证人民当家作主”[④]。发展社会主义民主政治是为了保证“人民当家作主”，人民当家作主是民主的目的，是民主的机制，也是民主的标志。人民当家作主是“以人民为中心”的人民主体意识的最主要的具体体现，是社会主义民主的本质要求。只要人民真正当家做了主，“人民意志”“人民权益”“人民创造活力”的激发等也就在其中了。

“人民当家作主”是马克思民主观的核心。马克思对巴黎公社的评价就是，巴黎公社的伟大社会措施就是它本身的存在和工作，“它所采取的各项具体措施，只能显示出走向属于人民、由人民掌权的政府的趋势”[⑤]。

---

① ［美］阿玛蒂亚·森：《民主价值观的普适性》，陈晓农译，载韩少功、蒋子丹主编《是明灯还是幻象：经典文献卷》，云南人民出版社 2003 年版，第 198—205 页。

② 《习近平谈治国理政》第 2 卷，外文出版社 2017 年版，第 286 页。

③ 韩震：《中国才是当今世界最大的民主国家》，《求是》2017 年第 22 期。

④ 习近平：《决胜全面建成小康社会　夺取新时代中国特色社会主义伟大胜利——在中国共产党第十九次全国代表大会上的报告》，人民出版社 2017 年版，第 36 页。

⑤ 《马克思恩格斯选集》第 3 卷，人民出版社 1995 年版，第 64 页。

马克思批判黑格尔"从国家出发，把人变成主体化的国家"，"在君主制中是国家制度的人民"；他进一步指出，"正如同不是宗教创造人，而是人创造宗教一样，不是国家制度创造人民，而是人民创造国家制度"，"民主制从人出发，把国家变成客观化的人"，因为"国家在这里毕竟只是人民的一个定在环节"。① 因此，应该从人民出发来规定民主，而不能从民主出发来规定人民。尽管"民主政治需要一整套机制，它并非一个孤立的机械的由多数人实行统治之类的原则"②，因而它在不同的国家和不同的时期具有不同的形式，然而只要国家制度确实体现为"人民的一个定在环节"，那么这样的国家就是马克思说的民主国家。"人民当家作主"的国体和政体就是马克思所说的民主国家。只有自己为自己做主才能有自己的尊严。从这个意义上说，人民当家作主与人是最高目的所具有的尊严联系在一起，从而就成为政治生活和社会生活中美好生活需要的不可缺少的甚至最为重要的需要。

人民当家作主不仅具有与人是最高目的相联系的尊严的内在价值，而且具有手段价值。价值的主体—客体结构即"我"与"为我"结构决定了作为价值主体的人与作为价值客体的利益相联系。只有人民当家作主，才能保证为人民谋利益，由此当家作主对于人民主体就具有了手段价值。可以从以下几个方面来理解之。（1）人民当家作主，依法享有基本的权利，从而自主地决定自己的事务，这本身就是人民的重大利益，不能当家作主就损害了人民的利益，人民的利益至少是残缺的。（2）人民当家作主地参与社会事务，"需要在社会成员之间展开讨论并彼此交换意见"，与此相关的"那些与保障言论、争辩、批评及持异议的自由有关的权利"就成为"核心条件"，③ 由此就能使国家和社会的各项决策兼顾到各个方面利益诉求，就能做到符合绝大多数人的利益。（3）人民当家作主就能充分地发挥自己的聪明才智，促成包括自然科学和社会科学在内的更多的发明创造，以此促进社会发展，从而增进人民利益。（4）人

① 《马克思恩格斯全集》第3卷，人民出版社2002年版，第40页。

② ［美］阿玛蒂亚·森：《民主价值观的普适性》，陈晓农译，载韩少功、蒋子丹主编《是明灯还是幻象：经典文献卷》，云南人民出版社2003年版，第203页。

③ 同上书，204页。

民当家作主就能切实地监督和制约国家权威机构，“只有让人民来监督政府，政府才不敢松懈；只有人人起来负责，才不会人亡政息”[①]，从而就能跳出旧政权“其兴也勃焉”“其亡也忽焉”的政权兴衰周期率，这就从根本上维护了人民利益。（5）人民在当家作主的实践中学习当家作主，个人要使自己正确地当家作主，就需要在当家作主的实践中学习；这对于人民来说也是如此，只有在当家作主的实践中才能学习当家作主，由此才能在当家作主的实践中维护人民的利益。

阿玛蒂亚·森独辟蹊径地对民主的手段价值做了很有启示的概括，与市场经济能提供经济的激励机制相对应，民主政治“所提供的政治激励机制就显现出巨大的现实意义”[②]。回顾共和国历史中1958年到1978年期间所出现的“实际上是处于缓慢发展和停滞状态”的整个经济状况，固然直接地与当时实行的计划经济体制相联系，但也与“就整个政治局面来说，是一个混乱状态”相联系，[③] 而政治上的“混乱状态”与党的以“阶级斗争为纲”的指导思想直接地联系在一起，这个指导思想之所以能在党内成为指导思想，又与以下情况必然地联系在一起，即如邓小平所说的，“从一九五八年批评反冒进、一九五九年‘反右倾’以来，党和国家的民主生活逐渐不正常，一言堂、个人决定重大问题、个人崇拜、个人凌驾于组织之上一类家长制现象，不断滋长”[④]。在党的十一届三中全会所开启的以社会自我批判为本质的社会主义改革中，坚持和发展具有中国特色的社会主义民主政治，从而各方面取得了巨大成就，我国的国民生产总值达到世界第二是与此密切地联系在一起的。共和国历史中的这两个反正事例说明了民主政治提供的政治激励机制所具有的意义。需要说明的是，“在西方，人民是有了投票权，却没有广泛的参与权”，因此西方民主制度“只是民主在当下历史条件中的一种暂时的历史形态”。[⑤] 真正能提供政治激励机制的是人民当家作主的民主机制，这正是

---

① 《十六大以来重要文献选编》上，人民出版社2005年版，第144页。

② ［美］阿玛蒂亚·森：《民主价值观的普适性》，陈晓农译，载韩少功、蒋子丹主编《是明灯还是幻象：经典文献卷》，云南人民出版社2003年版，第205页。

③ 《邓小平文选》第3卷，人民出版社1993年版，第264页。

④ 《邓小平文选》第2卷，人民出版社1994年版，第330页。

⑤ 韩震：《中国才是当今世界最大的民主国家》，《求是》2017年第22期。

社会主义制度优越于西方社会制度的本质之处。

以人民当家作主为本质特征的中国特色的社会主义民主不仅体现在政治领域，而且贯穿于经济、文化、社会等各个领域，确实是“维护人民根本利益的最广泛、最真实、最管用的民主”①。然而，对于社会自我批判而言，民主政治建设仍然有很大的发展和提升空间，共和国的历史说明了这一点，社会主义改革的实践过程也说明了这一点。上面我们提到的因快速发展而积淀的很多深层次问题所引发的在社会自我批判深化阶段必须予以解决的三大问题，即“建设现代化经济体系是跨越关口的迫切要求”“城乡区域发展和收入分配差距依然较大”“反腐败斗争形势依然严峻复杂”等，都直接或间接地与新时代社会主要矛盾中关于民主政治供给侧方面的“不平衡和不充分的发展”联系在一起。“古今中外，由于政治发展道路选择错误而导致社会动荡、国家分裂、人亡政息的例子比比皆是。”② 这就从忧患意识的角度说明了，在社会自我批判深化阶段中需要进一步推动以人民当家作主为本质特征的社会主义民主政治的完善和发展。

社会主义改革的社会自我批判本质决定了国家权威批判活动的“自上而下”态势在社会自我批判深化阶段中的主导地位，同时也决定了社会民众批判活动在“自下而上”态势的基础地位和决定作用。为要在社会自我批判深化阶段进一步推动以人民当家作主为主要内容的社会主义民主政治的完善和发展，根据我国社会转型期间所暴露的涉及在民主政治建设中需要完善和提升的问题，在国家权威批判活动和社会民众批判活动及其相互作用中至少需要思考以下四个问题：理解“人民当家作主”与“坚持党的领导”“依法治国”之间的辩证关系、落实“权为民所赋”的授权机制、体现“人民当家作主”的法治建设、在言论自由中凸显“人民当家作主”。前三个问题主要与“自上而下”态势的国家权威批判活动相联系，但离不开“自下而上”态势的社会民众批判活动；第四个问题主要与“自下而上”态势的社会民众批判活动相联系，但离不开

① 习近平：《决胜全面建成小康社会 夺取新时代中国特色社会主义伟大胜利——在中国共产党第十九次全国代表大会上的报告》，人民出版社 2017 年版，第 35—36 页。

② 《习近平谈治国理政》第 2 卷，外文出版社 2017 年版，第 285 页。

“自上而下”态势的国家权威批判活动。这四个问题的解决是彼此地联系在一起的，是“自上而下”态势与“自下而上”态势相互作用的结果。

二　理解“人民当家作主”与坚持党的领导、依法治国之间的关系

在当前中国的深化改革中，需要把人民当家作主放在“坚持党的领导”和“依法治国”的关系中来理解。党的十九大报告在“健全人民当家作主制度体系，发展社会主义民主政治”的专题下列了六方面的内容，即“坚持党的领导、人民当家作主、依法治国有机统一”“加强人民当家作主制度保障”“发挥社会主义协商民主重要作用”“深化依法治国实践”“深化机构和行政体制改革”“巩固和发展爱国统一战线”。① 把“坚持党的领导、人民当家作主、依法治国有机统一”作为六个内容之首，说明了正确把握这三者之间的关系对于“健全人民当家作主制度体系，发展社会主义民主政治”所具有的重要意义。

在这三者关系中，“人民当家作主是社会主义民主政治的本质特征”最为根本；人民当家作主离不开党的领导，否则人民当家作主和保障人民当家作主的依法治国就没有根本保证，然而坚持党的领导的目的是使人民当家作主通过依法治国能得到切实实现；坚持依法治国的目的是使党通过依法治国的基本方式领导人民来治理国家，使人民当家作主在治理国家的实践中得到切实贯彻。有很多学者在论述这三者关系时，在强调“坚持党的领导”的重要性时往往忽视了坚持党的领导的目的，甚至把坚持党的领导本身就直接地理解为目的。邓小平说，“工人阶级的政党不是把人民群众当作自己的工具，而是自觉地认定自己是人民群众在特定的历史时期为完成特定的历史任务的一种工具”②。这就是说，共产党是人民群众的工具。习近平说，“为人民服务是共产党人的天职”，“党的一切工作，必须以最广大人民根本利益为最高标准”。③ “共产党人的天职”和“党的一切工作”的提法都意味着党以人民为目的。党是人民的

① 习近平：《决胜全面建成小康社会　夺取新时代中国特色社会主义伟大胜利——在中国共产党第十九次全国代表大会上的报告》，人民出版社2017年版，第35—40页。

② 《邓小平文选》第1卷，人民出版社1994年版，第218页。

③ 《习近平关于“不忘初心、牢记使命”论述摘编》，党建读物出版社、中央文献出版社2019年版，第127页。

工具，共产党以人民为目的，坚持党的领导的重要性就在于作为人民工具的重要性。

我们在第二章的第四节中分析了韦伯的价值理性和工具理性。根据我们的题意，“人民当家作主”在社会主义中所具有的内在价值和手段价值，使得人民当家作主成为“行为的最后基准点和在行为过程中始终如一地有计划地以此为取向”，就其把行为目的的确立所依据的“价值及其追求作为关注焦点”而言，属于价值理性范畴；共产党领导以及依法治国把“业已存在的主观需要的冲动，纳入经过他有意识权衡过的轻重缓急的刻度表上”，就其以“实现目的的工具及其效用作为考量的重点”而言，属于工具理性范畴。工具理性的重要性在于，价值理性所设立的目标没有工具理性的运用就不能实现。然而，工具理性无论如何重要仍然是工具理性，把工具理性所关注的工具转化为价值理性所关注的目的，就是工具理性的异化。西方学者在经济领域或技术领域里对工具理性的异化做了很多研究，发表了大量的论著，然而对工具理性在政治领域里的异化却几乎没有研究。其实，工具理性在政治领域同样会异化，这是严肃的马克思主义者应该承认的。

这就是说，在社会自我批判的深化阶段，一方面，由于人民当家作主的价值理性已经确立——否则就是价值理性的异化，就必须强调作为工具理性的共产党领导的根本保证作用，任何时候都不能削弱共产党的领导，否则人民当家作主就不能实现。对于作为工具理性的依法治国同样如此，要强调依法治国对于人民当家作主的制度保障作用。另一方面，必须警惕工具理性的异化，把共产党作为社会主义时期阶级斗争的工具，这是异化，这在共和国史上有惨痛教训；把人民公仆蜕化为人民主人，这也是异化，直到现在“依然严峻复杂”的腐败给人以深刻教训；把人民主体的核心错位为人民主体本身，即把共产党与人民等同，这同样是异化，如此就不能正确摆正党与人民之间的关系；等等。同样，必须警惕依法治国的异化，把依法治国全盘“西化”，以此来削弱共产党在依法治国中的作用，这就是异化；把依法治国完全独立于党的领导，以此从根本上抽空人民当家作主中的核心力量，这同样是异化。

因此在社会自我批判的深化阶段，无论是在“批判的武器”环节，还是在“武器的批判”环节，都必须坚持以人民当家作主为目的的价值理性，从工具理性的角度，“坚定不移全面从严治党”，以提高体现人民当家作主根本保证的执政能力和领导水平；“加强人民当家作主制度保障”的法制建设，以确保依法治国中的人民当家作主。时时用体现人民当家作主的价值理性来批判社会自我批判深化中的社会主义改革，尤其要防止可能会发生的工具理性的异化。这就意味着在国家权威批判活动和社会民众批判活动的相互结合中，对“加强人民当家作主制度保障”进行理论和实践的创新研究，以切切实实地落实习近平说的“保证和支持人民当家作主不是一句口号，不是一句空话，必须落实到国家政治生活和社会生活之中”[①]。

三　落实“权为民所赋”的授权机制

习近平说：“马克思主义权力观，概括起来是两句话：权为民所赋，权为民所用。前一句话指明了权力的根本来源和基础，后一句话指明了权力的根本性质和归宿。”[②] 权力的来源决定权力的归宿，“权为民所赋”决定“权为民所用”。《宪法》总纲的第 2 条第 1 款规定“中华人民共和国的一切权力属于人民”[③]。这说明了在共产党执政的中国，“人民是权力的唯一合法泉源”和所具有的“原始权威”，[④] 人民赋予国家机构以权力就是为了接受国家机构的服务，以便享受当家作主的主人待遇。然而在现实生活中，从“权为民所赋”并不会必然地转化为“权为民所用”。根据中国特色社会主义改革的实际情况，兹从社会行为的动力机制方面，对源自民所赋的权力如何实现为民所用做些分析。

任何一种社会行为都有其动力，否则就既不合理也难以持久。权为民所用作为一种社会行为需要动力。然而，作为权力来源的人民本身并不直接形成使权力必须“为民所用”的动力。“权为民所赋”能否转化为“权为民所用”，固然需要权力运用者对于由人民赋予权力的信任产生的道德责任所形成的动力，许多“先天下之忧而忧，后天下之乐而乐”的

---

① 《习近平总书记系列重要讲话读本》，人民出版社 2016 年版，第 170 页。

② 习近平：《领导干部要树立正确的世界观权力观事业观》，《学习时报》2010 年 9 月 6 日。

③ 《中华人民共和国宪法》，人民出版社 2018 年版，第 8 页。

④ ［美］汉密尔顿：《联邦党人文集》，程逢如等译，商务印书馆 1980 年版，第 257 页。

志士仁人为此做了彪炳史册的榜样；然而，掌握了由民所赋权力的官员能否使权为民所用，关键不在于道德责任中所引申出的爱民责任感，因为道德不具有强制性。根据“权力只对权力授予者服务”的政治学基本原理①，只有当人民成为权力的实际授予者时，才会形成权为民所用的动力。怎样才能使人民成为权力的实际授予者呢？

对于如上所述的大多数把运用权力的劳动理解为“谋生手段”的官员而言，他们在权力运行的劳动中会按照“理性行为最大化假设”② 来行动。实现由民所赋的权力为民所用必须要有由政治和法律形成人民授予权力的机制所产生的动力。政治机制是保障人民授予权力的制度安排，法律机制就是设置由民所赋权力不为民所用的限制，“法律的用处通常是限制政府绝对权力”，而不是相反。③ 这种由政治和法律形成的人民授予权力的机制切实地确立起来，由民所赋的权力才能具有为民所用的动力，这种动力就能推动官员使权力的运行在按照“理性行为最大化假设”来行动的过程中为民所用。“只有当权力是人民授予的时候，权力才能为人民服务，而且只能为人民服务，不为人民服务还不行。”④

党的十八大以来反腐斗争取得了巨大成就，然而这个成就的巨大从另一方面说明了“反腐败斗争形势依然严峻复杂”。腐败在本质上就是以权谋私，也就是权为己所用，而不是权为民所用。腐败问题之所以如此严重的一个重要根源就在于没有很好地解决好人民赋予权力的机制问题。毋庸讳言，我们在观念形态上强调为人民服务和权为民所赋的责任，在这方面做了很多工作；但在如何切实地解决人民授予权力的机制方面还很不够。在社会自我批判的深化阶段，“夺取反腐败斗争压倒性胜利的决心坚如磐石”说明了切实地解决权为民所赋问题的必要性和紧迫性。

马克思在对巴黎公社的分析中把人民赋予权力的机制概括为：“它把

---

① 蒋德海：《马克思的权为民所赋思想及对我国法制建设的意义》，《同济大学学报》2011年第5期。

② 樊钢等：《公有制宏观经济理论大纲》，生活·读书·新知三联书店1992年版，第46—47页。

③ 《马克思恩格斯全集》第12卷，人民出版社1962年版，第576页。

④ 蒋德海：《马克思的权为民所赋思想及对我国法制建设的意义》，《同济大学学报》2011年第5期。

行政、司法和国民教育方面的一切职位交给由普选选出的人担任，而且规定选举者可以随时撤换被选举者。”[①] 把国家权威机构中的一切职位交给由普选选出的人担任，说明由人民来直接选拔运用权力的官员，这些官员组成的国家就能运行由人民赋予的权力；选举者可以撤换被选举者，撤换以监督和评判为前提，这就意味着由人民来直接监督和评判官员运用权力的情况，通过监督和评判机制，官员对赋予权力的人民负责。这两个“直接”很重要，说明没有中间环节。这两个方面缺一不可，前者从正面赋予权力，这是运用权力合法性的基础；后者从反面限制权力，这是因为，权力容易滥用，“有权力的人们使用权力一直到遇有界限的地方才休止”[②]，这两方面构成了人民授予权力的机制。由人民来直接决定权力的去留，对于权力的运行具有根本的意义。我们在前面讲到权力运行中“公”与“私”的基本矛盾，只有真正解决了由人民来赋予权力的机制问题，那么权力要想成为权力就必须为人民服务，想不为人民服务就不行，于是“公”就成为矛盾的主要方面。于是，在权力动行中出现的很多社会问题，都可以由此迎刃而解。

应该明确，自党的十八大以来，中国共产党作为领导我们事业的核心力量已经在人民授予权力的机制方面从政治和法律层面做了很多建设，很有成效。然而，新时代社会主要矛盾中的“不平衡不充分的发展”体现在民主政治方面尤其是从政治和法律层面完善和提升人民授予权力的机制方面，仍有很多工作需要做，这就给社会自我批判深化阶段的国家权威批判在“批判的武器”和“武器的批判”中提出了方向。

在进一步深化改革中，必须在政治和法律方面形成机制，以使全社会形成“人民群众能够平等地参与公共事务、集体事务，拥有了解情况、发表意见、表达诉求、参与决定”的社会氛围，以便使人民赋予权力的机制能在这种民主的氛围中确立。为确立人民赋予权力机制的实行，需要指出的是：“人民作为政治主体、主人，最终必须体现为他对于各级人民代表和政府官员拥有选举权以及罢免权、撤换权”[③]，这是人民赋予权

① 《马克思恩格斯选集》第3卷，人民出版社1995年版，第13页。

② ［法］孟德斯鸠：《论法的精神》上册，张雁深译，商务印书馆1994年版，第154页。

③ 董德刚：《论人民主体理念及其落实问题》，《党政干部学刊》2016年第11期。

力机制的重要环节，协商民主机制不能替代这个环节。对此，党的十九大报告在“加强人民当家作主制度保障”中强调“人大依法行使立法权、监督权、决定权、任免权”。[①] 在社会主义深化改革中就要使这些权力切实地落到实处，“保证和支持人民当家作主不是一句口号、不是一句空话”[②]。

在社会自我批判的深化阶段必须形成具有政治和法律效力的人民赋予权力的机制与坚持共产党的领导，这两者不仅不矛盾而且必须以坚持共产党的领导为根本保证。这是因为共产党以人民的利益为利益，没有自己的特殊利益；坚持共产党自上而下地对形成具有政治和法律效力的人民赋予权力的机制建设，在本质上就是“党要努力创造人民群众最拥护、最喜爱、最适用的民主的条件”，就是要实行竞争性选举、规范竞争选举的规则，“逐步实现让人民群众自己选择代表者，自己决定把本来就属于人民群众自己的权力赋予谁”。只有切实地实行了人民赋予权力的机制，“用制度体系保证人民当家作主”，[③] 才能改变很多官员只对上负责而不对下负责的痼疾，真正落实习近平同志所说的“权为民所赋”[④]。

四　对于体现“人民当家作主”法制建设的若干思考

党的十九届四中全会从“固根基、扬优势、补短板、强弱项”[⑤] 方面对推进我国的国家治理体系和治理能力做了战略部署。本书对国家治理体系和治理能力中的“坚持和完善人民当家作主制度体系，发展社会主义民主政治”[⑥] 中法制建设的一些问题做些形而上的思考。

其一，法治国家的根本是人民“当家作主”。

---

① 习近平：《决胜全面建成小康社会　夺取新时代中国特色社会主义伟大胜利——在中国共产党第十九次全国代表大会上的报告》，人民出版社 2017 年版，第 37 页。

② 《习近平谈治国理政》第 2 卷，外文出版社 2017 年版，第 291 页。

③ 习近平：《在庆祝改革开放 40 周年大会上的讲话》，人民出版社 2018 年版，第 30 页。

④ 习近平：《领导干部要树立正确的世界观权力观事业观》，《学习时报》2010 年 9 月 6 日。

⑤ 《中国共产党第十九届中央委员会第四次全体会议公报》，人民出版社 2019 年版，第 7 页。

⑥ 同上书，第9 页。

启蒙思想家“本身都是非常革命的”[①]。如前所述，黑格尔在康德的基础上把“成为一个人，并尊敬他人为人”作为法的最高宗旨；卢梭则提出，国家是人们以法律为根据而结合的政治形式，“这种政治结合的目的是维护和保障每个结合者的人身和财产”[②]。当然，这些思想家们“没有能够超出他们自己的时代使他们受到的限制”，理性的国家“在实践中表现为，而且也只能表现为资产阶级的民主共和国”。[③] 然而启蒙思想家的思考对于现实所具有的启示是意味深长的，“法治国家不能简单地等同于法律国家，不能以为有了法律就是法治国家”[④]，而必须与“人是目的”所蕴含的内容相联结。

马克思在法治国家与人民之间关系的问题上如上面所述的“不是国家制度创造人民，而是人民创造国家制度”，“在这里法律是人的存在”。[⑤] 法治国家在本质上就是民主国家，人民当家作主是社会主义民主的本质特征，就成为法制国家的根本之所在。

人民当家作主决定了法制国家的性质和基础，同时人民当家作主通过法治国家建设予以保障，从而使人民对当家作主的权力具有基础的控制作用。为此，“就必须在全面推进依法治国上作出总体部署、采取切实措施、迈出坚实步伐”[⑥]，即在法治国家的建设中，在“坚持和完善人民代表大会这一根本政治制度”“坚持和完善中国共产党领导的多党合作和政治协商制度”“坚持和完善民族区域自治制度”“健全充满活力的基层群众自治制度”的过程中“扩大人民有序政治参与，保证人民依法实行民主选举、民主协商、民主决策、民主管理、民主监督”。[⑦] 如何具体地实现这些目标，就成为社会主要矛盾在供应侧方面解决政治民主发展不平衡不充分问题的题中应有之义。

其二，维护体现“人民当家作主”的法律权威。

---

① 《马克思恩格斯选集》第3卷，人民出版社1995年版，第355页。

② ［法］卢梭：《社会契约论》，李平沤译，商务印书馆2013年版，第95页。

③ 《马克思恩格斯选集》第3卷，人民出版社1995年版，第356页。

④ 蒋德海：《试析法治国家的民主内涵》，《学术界》2017年第10期。

⑤ 《马克思恩格斯全集》第3卷，人民出版社2002年版，第40页。

⑥ 《习近平关于全面依法治国论述摘编》，中央文献出版社2015年版，第7页。

⑦ 习近平：《决胜全面建成小康社会　夺取新时代中国特色社会主义伟大胜利——在中国共产党第十九次全国代表大会上的报告》，人民出版社2017年版，第37页。

我国宪法规定："中华人民共和国的一切权力属于人民"，"人民依照法律规定，通过各种途径和形式，管理国家事务，管理经济和文化事业"。这就决定了人民当家作主的国体和政体。维护法律权威的核心就是要维护宪法的权威，"宪法是国家的根本法"，"具有最高的法律地位、法律权威、法律效力"，[①] "坚持依法治国首先要坚持依宪治国"[②]。维护宪法的权威就是要不折不扣地实施宪法，"宪法的生命在于实施，宪法的权威也在于实施"[③]，这就需要用系统完备的制度体系保证宪法实施。

"法律是治国之重器，良法是善治之前提"[④]，由此以宪法为根本法所制定的法律体系就能成为"人民自由的圣经"[⑤]。然而，现实生活中的种种事例说明，"有法不依、执法不严、违法不究"的现象时有存在，究其原因与以下几种关系没有厘清是联系在一起的。

（1）法治与人治究竟是什么关系？法治与人治的对立，并不在于法治中有没有人的问题，而在于当法与人发生冲突时，是法的权威高还是人的权威高的问题。诚然，法的实施需要人，但不能由此把人的作用扩大化。法治要求在法律面前人人平等，任何人都不能拥有超越法律的特权。

（2）怎么理解"依法独立"？法治的权威与办案过程中的"依法独立"联系在一起。2018 年修改的新宪法第 131 条规定："人民法院依照法律规定独立行使审判权，不受行政机关、社会团体和个人的干涉。"[⑥] 能否依法独立的实质仍然是法治与人治问题，"如何让司法工作者在适用法律的时候听命和服从于法律，而不是领导和权力"，这个问题还有待于司法体制改革的进一步深入[⑦]。

（3）"党大还是法大"？从表面上看，这是对法治权威挑战的一个尖锐问题。然而，这是"一个政治陷阱，是一个伪命题"。[⑧] "社会主义法

---

① 《习近平关于全面依法治国论述摘编》，中央文献出版社 2015 年版，第 41 页。

② 同上书，第 22 页。

③ 同上书，第 42 页。

④ 《十八大以来重要文献选编》中，中央文献出版社 2016 年版，第 537 页。

⑤ 《马克思恩格斯全集》第 1 卷，人民出版社 1995 年版，第 176 页。

⑥ 《中华人民共和国宪法》，人民出版社 2018 年版，第 58 页。

⑦ 蒋德海：《试析法治国家的民主内涵》，《学术界》2017 年第 10 期。

⑧ 《习近平关于全面依法治国论述摘编》，中央文献出版社 2015 年版，第 34 页。

治必须坚持党的领导，党的领导必须依靠社会主义法治”，“党领导人民制定法律，党领导人民遵守法律，党自身又必须在宪法和法律范围内活动”。[①]“如果说‘党大还是法大’是一个伪命题，那么对各级党政组织、各级领导干部来说，权大还是法大则是一个真命题”，即按法的规定来行使权力、用法来约束权力。

其三，在选举民主与协商民主的结合中体现人民当家作主。

“以人大和政协作为载体发挥选举民主和协商民主的功能性优势”[②]，是我国健全“人民当家作主”制度体系的主要内容。选举民主是“在特定的政治境遇中，政治参与者按照少数服从多数契约，通过投票、抽签等方式进行选举或竞选的民主实践形式”，就当前的政治机制而言，就是通过选举选出各级人大代表和公职人员；协商民主是“通过协商和辩论来选择公共利益的民主模式”[③]，就当前的政治机制而言，就是通过政党协商、人大协商、政府协商、政协协商、人民团体协商、社会组织协商等就利益及决策达成共识。此两项制度设置“拓展了中国特色社会主义民主的深度和广度”[④]。

李君如指出：从中国的民主革命史看，“在中国是先有协商民主，后有选举民主，协商民主不是以选举民主的补充形式出现的，而且有自己长期的实践经验”[⑤]。这在实际上指出了两点：一是尽管与人民政协联系在一起的协商民主在先，但新中国的诞生必须产生与人大相联系的选举民主，协商民主不能替代选举民主；二是与人民政协相联系的协商民主不是以与人大相联系的选举民主的补充形式出现的，这两项制度体系“形成了今天人们常说的‘两会’”[⑥]。

与选举民主相联系的人大和与协商民主相联系的人民政协之所以能

---

① 李龙：《全面依法治国这五年》，《光明日报》2017年6月25日。

② 董树彬：《人大选举民主与政协协商民主的协同发展》，《理论探讨》2015年第6期。

③ 宁超、郭小聪：《论新时代协商民主与选举民主的协同发展》，《湖北社会科学》2018年第12期。

④ 政协全国委员会办公厅，中共中央文献研究室：《人民政协重要文献选编》下，中央文献出版社、中国文史出版社2009年版，第791页。

⑤ 李君如：《完善两种民主形式形成中国民主理论》，《中国政协理论研究》2013年第2期。

⑥ 同上。

成为人民当家作主制度体系的主要内容，是因为：首先，两者对于人民当家作主都非常重要，不可缺少。就前者而言，“人民通过各级人民代表大会行使宪法法律规定的国家大政方针的决策权、立法权、监督权、选举权，使人民民主得以从根本上实现”。就后者而言，尤其是把与人民政协相联系的协商民主发展为“社会主义协商民主”，就能“集协商、监督、参与、合作于一体，是社会主义协商民主的重要渠道”。其次，两者结合就能“相互补充、相得益彰”。“在选举民主中增加民主协商环节”，“在协商民主中增加投票环节”。[①] 改革开放以来，我党逐渐认识到“人民通过选举、投票行使权利和人民内部各方面在重大决策之前进行充分协商，尽可能就共同性问题取得一致意见，是中国社会主义民主的两种重要形式”，由此就构成了“中国社会主义民主政治的制度特点和优势”。[②] 40 多年来的改革开放历程证明了这种政治体制是行之有效的，同时也说明了需要在今后改革开放历程中进一步完善和发展。

五 在言论自由中凸显“人民当家作主”

宽松的社会条件是历史上任何一个社会自我批判活动得以发动和顺利进行的“很少而且只是在特定条件下”的题中应有之义，宽松的社会条件离不开一定程度的言论自由。马克思把与言论自由相连的自由报刊理解为“人民精神的洞察一切的慧眼”，是把“个人同国家和世界联结起来的有声的纽带”。[③] 言论自由是人身自由的标志，直接地与“人民当家作主”相联系，从而与人的尊严内在地联系在一起，是“人民日益增长的美好生活需要”的政治生活中根本需要之一。言论自由既是社会自我批判得以发动和进行的条件，也是社会自我批判是否彻底的标志。

《中华人民共和国宪法》第 35 条规定人民有言论自由，并且规定任何人不得打击报复。当然，言论自由是相对的，在行使言论自由的权利时不得损害国家的、社会的、集体的利益和其他公民的合法的自由和权

① 李君如：《完善两种民主形式形成中国民主理论》，《中国政协理论研究》2013 年第 2 期。

② 《习近平谈治国理政》第 2 卷，外文出版社 2017 年版，第 293 页。

③ 《马克思恩格斯全集》第 1 卷，人民出版社 1995 年版，第 179 页。

利。言论自由内在地包含着写作自由和出版自由等。改革开放以来，我国的言论自由有了巨大的发展。为此，据新浪新网于2018年11月8日在“中国压制言论自由？副外长怒斥”为题的报道中指出，中国外交部副部长乐玉成在有150个国家参加的联合国人权理事会第三轮国别人权审查会上说：“中国有8亿网民，近1.2万种报纸期刊，每月微博活跃用户超过4亿，网民每天产生的信息量多达300亿条。可以说，中国拥有世界上最大的信息产生量，也拥有世界上最丰富最活跃的思想。这样的国家，还有人说没有言论自由，这是什么逻辑?”① 确实在保障言论自由方面，中国取得了很大的成就。然而，这并不意味着中国言论自由的社会条件已经十全十美了，言论自由的社会环境还需要进一步完善，言论自由还需要进一步发展。

根据题意，兹从言论自由的意蕴、言论自由在民主中的作用、自媒体言论自由的特点以及言论自由的制度建设等方面予以分析。

其一，言论自由的两重意蕴。

言论自由的哲学意蕴。言论自由是作为体现自愿和自觉相统一的自由在社会生活中的具体体现，言论自由就在于主体能自愿而自觉地对所发生的社会事件发表自己的意见。如果主体不能自愿或自觉地发表自己的意见，那么主体就不会感到自由。当然，言论自由决不意味着主体想说什么就说什么，因为没有条件的“为所欲为”，“恰好由此证明它的不自由”。② 人们取得认识和实践的自由，才能自愿而自觉地对社会事件发表自己的意见，言论自由才是有意义的。

言论自由的政治学意蕴。言论自由与“社会成员大体上能直接或间接地参与或可以参与影响全体社会成员的决策”③ 的民主联系在一起。民主构成了社会生活中权利和义务的动态平衡体系，其中平等参与是关键。平等参与离不开言论自由。主体在什么问题和大多范围内能够享受言论自由，从表明哪些社会群体真正享受公民权利而言，就与国体相联系；

① 《联合国150国“全景式”查中国人权答卷不出意外》，2019年9月18日，https://news.sina.com.cn/c/2018-11-07/doc-ihnprhzv9920509.shtml。

② 《马克思恩格斯选集》，第3卷，人民出版社1995年版，第456页。

③ ［美］卡尔·科恩：《论民主》，商务印书馆1988年版，第10页。

从表明在多大范围和哪些方面享受言论自由而言，就与政体相联系。

哲学的言论自由，与主体能力相联系；政治学的言论自由与主体所处政治环境相联系。没有前者，纵然有言论自由的政治环境，言论自由不能正常地展开；没有后者，纵然有言论自由的主体能力，言论自由也不能正常地展开。体现主体能力的言论自由从较为深沉的意义上发生作用，体现政治民主的言论自由从较为直接的意义上发生作用。然而就我们的论题而言，后者的意义更直接，它是人民当家作主的重要标志。

其二，言论自由与人民意愿的本真表达和发泄作用。

我国的人民代表大会制度是人民实现当家作主的根本政治制度。人民当家作主就是要让人民对社会事件能够自由地表达自己的意愿，并付诸实施。“言论自由的程度是衡量一个国家民主、法治和文明的重要尺度。”① 在我国的人民当家作主的政治制度中，如果没有言论自由，在国体中就谈不上人民当家，在政体中就谈不上人民做主；因此，反对言论自由就是反对人民当家作主，也就是反对我国的根本政治制度。

人民能表达自己的意愿而不是违心地或盲目地表达来自权威机构或舆论领袖的思想，这就是民意表达的本真性。民意表达的本真性离不开言论自由。当然，民意的本真性与民意的正确性尽管有联系，但不是一回事。民意表达的本真性与民意在表达过程中能否畅通联系在一起，由此就与言论自由相联系。要使体制内的民意表达体现本真性，就要实行“不打棍子、不戴帽子、不抓辫子”，体现言论自由的民主氛围。在这种言论自由的民主氛围中，权威机构就能在林林总总的意见中，感受到社会主体的“真实的和绝对的东西”。要使体制外表达的民意体现本真性，就要尽量减少民意形成过程中因舆论领袖误导或权威机构操纵所形成的盲目性。民主氛围浓厚，人与人之间能平等地交往，自由地表达自己的意见，即使是舆论领袖的意见或权威机构的宣传也只能作为与众多个体意见相平等的意见发生作用。众多个体就能较为全面地接触各种意见，并根据自己的意愿进行分析，从而就能使民意本真地体现社会主体的意志。

言论自由对于民意表达的另一个作用就是能使其正常地表达出来。民意与群众的利益联系在一起，总是要表达出来的。如果民意不能通过

① 唐芳：《刑事司法报道规制研究》，人民出版社 2017 年版，第 24 页。

体制外和体制内的常规途径表达出来，就会以非常规的方式表达出来，这在“实际上是中国底层民众参与政治的一种方式”①。如果社会挤压达到一定程度，愤怒民意就会通过民众的一些实际的社会行为表达出来。一个社会如果不允许甚至从未想到设立“出口”，这样的社会“实际上是一个缺乏体内自动平衡机制的有缺陷的社会，是一个不具备自我警报系统的社会。长此以往，无疑充满了危机和陷阱”，“结果，隐含在社会中的种种严重问题和潜在的社会冲突被一再掩饰过去，直到某一时刻不可避免地突然爆发”。②

其三，自媒体时代的言论自由。

自媒体本身不是言论自由，但在信息源和信息渠方面引发的革命对言论自由起到了巨大的促进作用。首先，自媒体提高了个体主体的参与意识。如第四章所述，符号化是自媒体的一个基本特征，改变了传统人际交往形式，就能实现平等交往。在自媒体中人人都是独立的主人，“由你自己决定何人可以‘入境’与你一起生活”③。由你自己决定的自媒体交往既是个体意识养成过程，也是个体意识凸显过程。正是这种个体主体意识的凸显，使得个体更关注自己的利益，更关注社会与自己利益的关系，从而就能形成较为强烈的参与意识。个体主体参与意识的提高就能对言论自由的社会氛围提出要求，从而就能促进言论自由的发展。

其次，自媒体提升了个体主体对于信息获得的效率。数字技术的发展使作为自媒体载体的电脑和手机智能化程度提高，操作简便和使用费用低廉，帮助公众越过低文化和低收入的障碍；互联网信号的宽覆盖，又使公众能随时交流，从而产生和获得越来越多的海量的和迅速扩散的信息，突破国家权威机构对信息的垄断。自媒体提高个体主体对于信息的获得，就能遏制国家权威机构话语权的中心化，从而有利于言论自由的有效展开。

再次，自媒体促进了公众话语权的彰显。人与世界、人与人之间的

---

① 于建嵘：《自媒体时代公众参与的困境与破解路径——以 2012 年重大群体性事件为例》，《上海大学学报》2013 年第 4 期。

② 萧功秦：《后全能主义时代的来临：世纪之交中国社会各阶层政治态势与前景展望》，《当代中国研究》1999 年第 1 期。

③ 姜奇平：《数字化时代的人与商业》，中国文联出版社 1999 年版，第 158 页。

关系构建离不开话语，“话语构建了我们的生活世界”，然而每个人的话语权不一样，“话语的生产是同时受一定数量程序的控制、选择、组织和重新分配的”，其中包括“言说主体的资质限定”，话语团体对话语控制的限定，宗教、政治和哲学信条对话语生成的限定，由话语的社会性占有如教育系统等对话语权限定。[①] 这就决定了虽然每个人都拥有话语权，但就其社会声音的表达而言，有些人音量大，而有些人音量小。人与人之间的关系构建离不开话语，政治权、经济权等的构建离不开话语权的构建。权力从本质上说就是一种影响力，话语权的拥有就成为权力拥有的一个要素。自媒体在促进言论自由发展的基础上，使分散的众多个体在表达上更加便捷自由，使众多观点的聚合更加快速。于是，言论自由通过自媒体，就能使公众话语权得到有效的彰显，就能通过“自下而上”态势形成的话语权与“自上而下”态势形成的话语权相对应，从而就能在“自下而上”与“自上而下”的相互作用中推动社会主义的社会自我批判。

其四，保障言论自由的制度建设。

“言论自由既是一项公民权利，又是一项政治权利”[②]，这就要求在“批判的武器”和“批判的武器”环节中研究保障公民私人领域的言论自由和公民公共事务领域中的言论自由。应该把保障言论自由提到“保证和支持人民当家作主不是一句口号、不是一句空话”的高度，把保障言论自由的制度建设提到把“人民当家作主”“必须落实到国家政治生活和社会生活”的基本制度建设的高度。

自社会主义改革以来，为进一步实现宪法规定的言论自由，全国人大和人大常委会制定了《刑法》《民法通则》等 12 部法律。这就说明，中国法律保护言论自由的范围极为广泛。但在保障言论自由的制度建设方面仍有很多工作需要做，例如《出版法》《新闻法》和《结社法》等在 20 世纪 80 年代已经启动起草，但至今仍未出台。

保障公民在社会民众批判活动中的言论自由，应把言论自由的边界

---

① ［法］米歇尔·福柯：《话语的秩序》，载许宝强等编《语言与翻译的政治》，中央编译出版社 2001 年版，第 3 页。

② 李忠：《论言论自由的保护》，《法学论坛》2000 年第 2 期。

确定作为题中应有之义，这是因为，“言论自由具有两面性，既可以为善，也可以为恶”[①]。我国政府于1998年10月签署了联合国大会在1966年通过的《公民权利和政治权利国际公约》，该公约指出，当出现有害于“他人的权利和名誉、国家安全或公共秩序、公共卫生或道德”情况时，“可以依法对言论自由进行限制”。[②] 但如何避免对言论自由施加过多的、不合理的限制，需要在社会自我批判深化阶段从制度层面做进一步的研究。

在自媒体时代尤其需要从国家层面对新媒体进行导向。在2016年实施经过修订的《网络出版服务管理规定》中指出，“对于自媒体尤其是一般个人的自媒体账号来说，在坚持言论自由的同时也要遵守法律和社会道德的约束，注重主流文化和正能量的传播”[③]。在社会自我批判的深化阶段，对于自媒体相关的互联网立法就更显得重要。在网络立法中，以下几点的方法论思想是需要的：第一，网络言论自由不容侵犯。网络言论自由是言论自由在网络公共领域的具体体现。第二，以促进和保护网络言论自由为主旨，以限制网络言论自由为例外。当然，这种限制尽管是例外，但很重要。对滥用自媒体自由予以限制，本身就是对网络言论自由的保障。[④] 例如，国家网信办于2017年10月发表《互联网跟帖评论服务管理规定》，新增了“后台实名、前台自愿”原则，即网上发言实名制原则，就体现了这个精神。实行“后台实名、前台自愿”原则，“不仅不会有碍正常的网民表达自由，反而更能强化网民的知情权，因此，实名制之下的民意更为可靠”。[⑤] 然而，“由于互联网本身的特质和发展的历史，现代各国对网络舆论的限制比传统媒体更加谨慎”，“限制网络言论自由的立法必须明确、具体，不能采用过于宽泛和模糊的表述，否则容易对言论自由造成潜在的威胁”。[⑥]

---

① 李忠：《论言论自由的保护》，《法学论坛》2000年第2期。
② 《国际法资料》第6辑，法律出版社1990年版，第75页。
③ 张敏、顾杰：《从网络出版新规看自媒体管理》，《传媒》2016年第12期。
④ 黄惟勤：《论网络表达自由》，博士学位论文，中国社会科学院，2010年，第107页。
⑤ 陈小燕、李仲坤：《网络言论自由有边界》，《中国教育报》2017年12月21日。
⑥ 陈纯柱、韩兵：《我国网络言论自由的规制研究》，《山东社会科学》2013年第5期。

主要参考文献

Ⅰ

《马克思恩格斯文集》第 1 卷，人民出版社 2009 年版。

《马克思恩格斯选集》第 1 卷、第 2 卷、第 3 卷、第 4 卷，人民出版社 1995 年版。

《马克思恩格斯全集》第 3 卷、第 25 卷、第 30 卷、第 40 卷、第 46 卷，人民出版社 1959、2003 年版。

《列宁选集》第 2 卷、第 4 卷，人民出版社 2012 年版。

《列宁全集》第 31 卷、第 38 卷、第 55 卷，人民出版社 1990 年版。

《毛泽东选集》第 3 卷、第 4 卷，人民出版社 1991 年版。

《毛泽东文集》第 6 卷、第 7 卷、第 8 卷，人民出版社 1999 年版。

《邓小平文选》第 2 卷、第 3 卷，人民出版社 1993 年版、1994 年版。

《习近平谈治国理政》，外文出版社 2014 年版。

《习近平谈治国理政》第 2 卷，外文出版社 2017 年版。

Ⅱ

（春秋）老子：《道德经》。

（西汉）司马迁：《史记》。

（东汉）班固：《汉书》。

［英］洛克：《政府论》，刘晓根编译，北京出版社 2007 年版。

［德］康德：《形而上学导论》，庞景仁译，商务印书馆 1982 年版。

［德］康德：《道德形而上学原理》，苗力田译，上海人民出版社 2002 年版。

［德］康德：《判断力批判》，邓晓芒译，人民出版社 2002 年版。

［德］康德：《纯粹理性批判》，邓晓芒译，人民出版社 2004 年版。

［德］黑格尔：《哲学史讲演录》第 3 卷，贺麟、王太庆译，商务印书 1959 年版。

［德］黑格尔：《法哲学原理》，范扬、张企泰译，商务印书馆 1961 年版。

［德］黑格尔：《逻辑学》上卷、下卷，杨一之译，商务印书馆 1966 年版。

［德］黑格尔：《小逻辑》，贺麟译，商务印书馆 1980 年版。

［德］黑格尔：《历史哲学》，王造时译，上海书店出版社 1999 年版。

［德］费尔巴哈：《基督教的本质》，商务印书馆 1984 年版。

［法］孟德斯鸠：《论法的精神》上卷，许明龙译，商务印书馆 1961 年版。

Ⅲ

［美］卡尔·科恩：《论民主》，商务印书馆 1988 年版。

［美］C. 诺斯：《制度、制度变迁与经济效绩》，刘守英译，生活·读书·新知三联书店 1994 年。

［美］冯川主编：《罗洛·梅文集》，中国言实出版社 1996 年版。

［美］尼葛洛庞帝：《数字化生存》，胡泳、范海燕译，海南出版社 1997 年版。

［美］弗兰西斯·福山：《历史的终结》，远方出版社 1998 年版。

［美］曼纽尔·卡斯特：《网络社会崛起》，夏铸九译，社会科学文献出版社 2006 年版。

［美］伯特尔·奥尔曼：《辩证法的舞蹈：马克思方法的步骤》，田世钉、何霜梅译，高等教育出版社 2006 年版。

［美］约翰·杜威：《评价理论》，冯平等译，上海译文出版社 2007 年版。

［美］唐纳德·戴维森：《真理、意志与方法——戴维森哲学文选》，牟博译，商务印书馆 2008 年版。

［美］保罗·托马斯：《马克思主义与科学社会主义——从恩格斯到

阿尔都塞》，王远河、王克军译，江苏人民出版社 2011 年版。

［美］克里斯·马修斯：《硬球——政治是这样玩的》，林猛、吴群芳译，新华出版社 2015 年版。

［英］伯尔基：《马克思主义的起源》，华东师范大学出版社 2007 年版。

［英］哈耶克：《通往奴役的道路》，滕维超、朱宗风译，商务印书馆 1962 年版。

［英］哈耶克：《致命的自负——社会主义的谬误》，冯克利等译，中国社会科学出版社 2000 年版。

［德］考茨基：《唯物主义历史观》第 6 分册，《哲学研究》编辑部编译，上海人民出版社 1965 年版。

［德］恩斯特·卡西尔：《人论》，甘阳译，上海译文出版社 1985 年版。

［德］马克斯·韦伯：《经济与社会》上卷，林荣远译，商务印书馆 1997 年版。

［德］卡尔·曼海姆：《意识形态与乌托邦》，黎鸣、李书崇译，商务印书馆 2000 年版。

［德］伽达默尔：《真理与方法》上卷，洪汉鼎译，上海译文出版社 2004 年版。

［德］海德格尔：《存在与时间》，陈嘉映、王庆节译，生活·读书·新知三联书店 2006 年版。

［法］让·梅松纳夫：《群体动力学》，殷世才、孙兆通译，商务印书馆 1997 年版。

［法］埃米尔·涂尔干：《社会分工论》，渠东译，生活·读书·新知三联书店 2000 年版。

［法］古斯塔夫·勒庞：《乌合之众——大众心理研究》，冯克利译，中央编译出版社 2000 年版。

［法］米歇尔·福柯：《话语的秩序》，许宝强等译，中央编译出版社 2001 年版。

［法］托马斯·皮克迪：《21 世纪资本论》，巴曙松译，中信出版社 2014 年版。

［意］克罗齐：《历史学的理论和实际》，傅任敢译，商务印书馆 1982 年版。

［奥］特纳：《普通人与媒介——民众化转向》，北京大学出版社 2011 年版。

［荷］托马斯·莫尔：《乌托邦》，戴镏龄译，商务印书馆 2012 年版。

［瑞士］荣格：《原形与集体无意识》，徐德林译，国际文化出版公司 2001 年版。

［匈］卢卡奇：《历史与阶级意识——关于马克思主义辩证法的研究》，杜章智、任立、燕宏远译，商务印书馆 1992 年版。

［捷］弗·布罗日克：《价值与评价》，李志林、盛宗范译，知识出版社 1988 年版。

［苏］普列汉诺夫：《论个人在历史中的作用问题》，唯真译，生活·读书·新知三联书店 1961 年版。

《普列汉诺夫哲学著作选集》第 3 卷，生活·读书·新知三联书店 1962 年版。

联共（布）中央特设委员会编：《联共（布）党史简明教程》，人民出版社 1975 年版。

［苏］尼·伊·帕甫连科：《彼得大帝传》，斯庸译，生活·读书·新知三联书店 1982 年版。

［苏］洛斯基：《意志自由》，董友译，生活·读书·新知三联书店 1992 年版。

［日］信夫清三郎：《日本政治史》第 1 卷、第 2 卷，周启乾等译，上海译文出版社 1988 年版。

冯平主编：《现代西方价值哲学经典：心灵主义路向》，北京师范大学出版社 2009 年版。

Ⅳ

人民出版社编辑：《苏联共产党第二十二次代表大会主要文件》，人民出版社 1961 年版。

中共中央文献编辑室：《三中全会以来重要文献选编》上，人民出版社 1982 年版。

中共中央文献研究室：《十五大以来重要文献选编》上，人民出版社2000年版。

中共中央文献研究室：《中共十三届四中全会以来历次全国代表大会中央全会重要文献选编》，中央文献出版社2002年版。

中共中央文献研究室：《改革开放三十年重要文献选编》上，人民出版社2008年版。

人民出版社编：《中国共产党第十八次全国代表大会文件汇编》，人民出版社2012年版。

人民出版社编：《中国共产党第十九次全国代表大会文件汇编》，人民出版社2017年版。

武安隆、王家骅：《日本明治维新》，商务印书馆1984年版。

夏甄陶：《认识发生论》，人民出版社1991年版。

樊钢等：《公有制宏观经济理论大纲》，生活·读书·新知三联书店1992年版。

薄一波：《若干重大决策与事件的回顾》，中共中央党校出版社1993年版。

冯契：《认识世界和认识自己》，华东师范大学出版社1996年版。

冯契：《人的自由和真善美》，华东师范大学出版社1996年版。

陶惠芬：《俄国彼得大帝的欧化改革》，广西师范大学出版社1996年版。

潘乃谷、马戎主编：《社区研究与社会发展》，天津人民出版社1996年版。

高清海：《高清海哲学文存》第4卷，吉林大学出版社1997年版。

张凌云：《马克思的社会形态理论与当代社会主义》，武汉出版社1999年版。

徐复观：《中国人性论史·先秦篇》，生活·读书·新知三联书店2001年版。

李德顺、马俊峰：《价值论原理》，陕西人民出版社2002年版。

李德顺：《价值论》，中国人民大学出版社2007年版。

张明仓：《实践意志论》，广西人民出版社2002年版。

费孝通：《文化与文化自觉》，群言出版社2005年版。

马立诚、凌志军:《交锋——当代中国三次思想解放实录》，今日中国出版社 2011 年版。

赵玉芳:《社会转型时期群体性事件的心理学研究》，东南大学出版社 2016 年版。

张军立:《着力化解钢铁煤炭等产能过剩》，中国言实出版社 2016 年版。

V

Loui Altruser, *Essays in Self-Criticism*, London New Left, 1972.

Gary Teeple, *Marx's Critique of Politics* 1842 - 1847, Toronto Buffalo London: University of Toronto Press, 1984.

Hume, *A Treatise of Human Nature*, Oxtord University Press, 1986.

Comter & Marks, *Main Current in Sociological Thought Bantam Doubleday*, Dell Oublishing Group, Ine New York, 1989.

Lin Nan, *Social Capital*: *A Theory of Social Structure and Action*, Cambridge University Press, 2001.

Smith H. J. , Ortiz D. J. , *Is it Just Me? The Different Consquences of Personal and Group Relative Deprivation*, UK: Combridge University Press, 2002.

Ruth Levitas, *The Concept of Utopia*, Oxford: Peter Lang, 2011.

后　记

本著作是在国家哲学社会科学基金项目“评价论视域中的社会自我批判研究”（编号 14BZX007）结题报告基础上形成的。该课题于 2018 年年底完成，2019 年 6 月通过国家结项，到 2020 年 9 月完成初稿。从序言中可以知道，从课题开始到成书稿之前，我把与该课题研究内容相关的成果转化为单篇论文发表，在转化为单篇论文的过程中又对课题内容做了修改。我的另一国家哲社课题《自我评价活动机制研究》的结题报告以《自我评价论》书稿形式于 2010 年入选“国家哲学社会成果文库”，由此我想把这次课题的结题报告以《社会自我批判论——以马克思“人体解剖”思想为视域》申报国家哲学社会科学成果文库，从 2019 年 10 月直到 2020 年 9 月中旬才得知没有成功。2019 年年底，考虑到申报国家哲学社会科学成果文库的难度，我想申请上海市马克思主义学术著作出版基金资助出版，我有 5 本著作都是由该基金资助出版的，但该基金已于 2018 年停止了。感谢上海大学社会科学学部资助我出版此著作。

我是 1947 年 10 月出生的，人生的道路已经走过了一大半。我作为恢复高考后的第一届毕业并留校从事哲学研究的毕业生，几十年来一直主要在评价论领域“挖一口”，留下了十余本评价论方面的专著和数百篇评价论和价值论方面的论文。这些专著和论文，在没有电脑的时期，是我一字一字地写下来的；在有电脑的初期，是我夫人帮我一字一字地敲下来的，后来就完全是我一字一字地敲下来的。记得炎热的夏天，我住在华东师范大学的教工筒子楼里，我用一条干手巾填在 500 格纸质稿子上一字一字地誊写，以至于干手巾都湿了；由于天热，有一次竟把一个塑料台灯的灯头部分熔化了！我是用我的人生在写这些文字，既没有懈怠，也没有投机。我看到不少博士生和硕士生的论文把我的文字作为参考文献，有不少专著和论文也把我的文字作为参考文献，我也看到不少专著和论文引用了我的文字，我感到十分欣慰。关于评价论的研究以后肯定会有很大的发展，我的文字能为以后发展的大道上起到几粒铺路石子的作用，我就满足了。

马克思把劳动理解为“不以一切社会形式为转移的人类生存条件”。古往今来，劳动一直是人们谋生的手段。从人生时间资源的使用角度来理解，劳动是为了不劳动而享受闲暇。在现代社会，前者往往与人们从事的职业生涯相联系，后者往往与人们的享受生活相联系。我很高兴我所从事的高校教师工作，它能在一定程度上把作为教师职业的教学和科研劳动与我的享受生活密切地联系在一起。当然，随着年龄的变动，劳动意味和享受生活意味之间的比重在不断地变动。就我现在而言，从事学术研究就成为我的一种人生关怀。

以下是我在《自我评价论》的后记中写下的片断：“我的追求还有什么，人生的意义怎样体现？我很欣赏加缪对于古希腊神话的西西弗斯（即推石上山的巨人）故事所揭示的人生意义的悖论。……生活的悖论就在于：似乎越是不去意识、洞穿全过程，则越有可能建立所谓的‘意义’；而越是不能意识、洞察全过程，则越是远离、失去‘意义’。人类的伟大之处就在于，它既是宇宙合目的性显示的高级形态，又能意识到自身的处境，从而执着于每一个‘现在’，并穷尽和享受每一个‘现在’。只有带着这种对于全过程的悲剧意识，才能充分体验人类一代代每个局部过程的生命意义，也才能充分体验一个个个体过程的生命意义。”这段文字我曾多次写下，但每一次写下，感受都不一样。这一次更不一样。在“向死而在”的人生过程中，每多了一份经历，对于人生价值悖论的理解也就深了一个层次。作为人生的此在把自己筹划到最本己的能在和此在必然地会“不再此在”之间的悲剧意识体观看本真的“向死存在”。正是无数个怀着“向死存在”的剧情意识的此在，在把自己筹划到“最本己”的必然会“不再此在”的能在上去，使价值世界的构建不断地发展。由此，我把哲学研究作为我的人生关怀，我还是执着于我的学术研究。

2021 年春于沪北